»Richtig reisen«

USA – Der Westen

D1929333

In der vorderen Umschlagklappe: Der Westen der USA

In der hinteren Umschlagklappe: Der Westen der USA

POWELL AND MARKET
HYDE BEACH FISHERMANS WHARF
11
"Meet me at the St. Francis"

»Richtig reisen«

USA – Der Westen

Reise-Handbuch

Ulf Müller-Moewes

DUMONT

Umschlagvorderseite: Cowboy in Wyoming
Umschlaginnenklappe: Im Columbia State Historic Park, Kalifornien
Umschlagrückseite oben: Windfarm in Kalifornien
Umschlagrückseite unten: Auch mit der Kopfbedeckung läßt sich Patriotismus ausdrücken
S. 2: Cable Car in San Francisco

3. Auflage 1995

Satz: Fotosatz Harten, Köln
Druck und buchbinderische Verarbeitung: Boss-Druck, Kleve

Printed in Germany ISBN 3-7701-2823.0

Inhalt

Der Westen der USA im Überblick

Städte und Landschaften im Westen der USA

Der Pazifische Nordwesten

Die Südwest-Staaten

Die Rocky Mountains-Staaten

UNION BANK

Praktische Reiseinformationen

Der Westen der USA im Überblick

Geographie, Flora und Fauna

Der Westen der USA ist ein dehnbarer geographischer Begriff. Für die einen verbindet sich damit vornehmlich die kalifornische Küste, andere wiederum schließen auch die benachbarten Gebirge und Hochebenen mit ein.

Dieser Reiseführer faßt den Westen noch weiter und läßt ihn in den Prärien, an den Flußsystemen von Red River und Missouri, enden, womit fast die Hälfte der USA dieser Region zugerechnet wird. Im Norden wird das Gebiet von Kanada begrenzt, im Süden von Mexiko und dem gleichnamigen Golf. Die maximale Nord-Süd-Ausdehnung beträgt rund 2500 km, die maximale Ost-West-Ausdehnung etwa 4500 km.

Ganz willkürlich ist die dem Buch zugrunde liegende Definition des Westens allerdings nicht, verlief doch entlang des 98. Längengrads lange Zeit die ›Nahtstelle‹ zwischen der europäisch beeinflußten Zivilisation der Ostküste und der ›Wildnis‹ des Westens, die es nach dem Landerwerb von 1803 zu erobern und zu besiedeln galt.

Damals hatten die USA das Louisiana-Territorium für 15 Mio. Dollar von Frankreich gekauft – nahezu ein Drittel des heutigen Staatsgebiets. Der 98. Längengrad markiert zudem die Klimagrenze zwischen dem feuchten Osten und dem trockenen Westen und damit auch die Trennlinie zwischen zwei ganz unterschiedlichen Wirtschaftsräumen.

Somit wird der Westen der USA als eigenständiger Kulturraum verstan-

In den Guadaloupe Mountains, Texas

Ortsnamen
Spiegel der Besiedlungsgeschichte

Erklärungen für Ortsnamen pflegen oft im Dunkel der Vergangenheit verlorenzugehen. Nicht so in den Vereinigten Staaten, wo Historiker die Besiedlungsgeschichte eines ganzen Kontinents von Anfang an gleichsam mit gespitztem Bleistift mitstenographieren konnten. An den Namen der Orte lassen sich die unterschiedlichen Phasen und kulturellen Einflüsse verfolgen, denen die USA in den letzten 300 Jahren unterworfen waren.

So spiegelt sich der frühe spanische Einfluß an der Pazifikküste und im Südwesten nicht nur im hohen Anteil der spanischsprachigen Bevölkerung wider, sondern vor allem in der Namensgebung der Siedlungen, wobei die Vorliebe der Kolonialherren für christliche Bezüge, vor allem für die Heiligen der römisch-katholischen Kirche, auffällt. Namen wie San Antonio, San Francisco, San Diego oder Santa Barbara belegen die Rolle der Kirche als Träger der frühen Kolonisation, die tiefe Religiosität ihrer Abgesandten und deren demütiges Eingeständnis, in der Neuen Welt ohne den Beistand des Himmels wohl auf verlorenem Posten zu stehen. Erst als Siedler aus dem mexikanischen Mutterland nach Norden strömten, füllten auch weltliche Namen die Landkarte, wie etwa El Paso (der Übergang), Socorro (Hilfe) oder Casa Grande (großes Haus).

Zuweilen ließ sich auch ein Gouverneur oder Feldherr verewigen, wie in Alamogordo oder Albuquerque. Der Personenkult spielte jedoch bei den ehemals spanischen Besitzungen eine viel geringere Rolle als später bei den Gründungen durch anglo-amerikanische Pioniere. Bemerkenswert ist, daß die aus Mexiko stammenden Neusiedler ihren Königen in Spanien wenig Dankbarkeit zollten; vergeblich sucht man einen größeren Ort, der an das spanische Herrscherhaus erinnert.

Angesichts der restriktiven US-amerikanischen Indianerpolitik muß die hohe Anzahl von Orten und Staaten verwundern, die bis heute indianische Namen tragen, wie Utah, Kansas und Dakota, die auf Stammesbezeichnungen zurückzuführen sind. Am deutlichsten bekannte sich Seattle zu seinem indianischen Erbe, als es den großen Häuptling der Squamish zum Namenspatron erkor (vgl. S. 128). Aber auch Omaha, Cherokee oder Yuma erinnern an ehemals in der jeweiligen Region ansässige Stämme. Daß die Spanier bei der Benennung ihrer Siedlungen nur im Ausnahmefall auf indianische Bezeichnungen zurückgriffen, wie etwa in Taos, liegt sicherlich weniger an Animositäten gegenüber der Urbevölkerung als vielmehr im Bestreben, die Indianer der eigenen Kultur zu entfremden, sie zu europäisieren und zu christianisieren.

Zwar verdankt so manche Gründung im Westen der USA ihr Dasein Funden von Bodenschätzen, im Ortsnamen allerdings wird dies nur selten verraten, wie etwa in Silver City, Placerville oder Golden. Weitaus häufiger hingegen gab das Landschaftsbild den Ausschlag; Salt Lake City, Great Falls, Three Forks oder Bay View sind nur einige Beispiele. Dem Hang zu Selbstdarstellung und Personenkult vermochten die Siedler des 19. Jh. nicht zu widerstehen. So tragen denn unzählige Niederlassungen Namen von Persönlichkeiten, wobei sich die frühen Präsidenten Washington und Lincoln besonderer Beliebtheit erfreuen. Aber auch einige Städtegründer hinterließen ihre dauerhaften Visitenkarten, mögen sie nun Houston, Austin, Bozeman oder Cody heißen.

Amüsanter ist es da schon, nach skurrilen Ortsnamen Ausschau zu halten, aus denen der Geist der zuweilen kauzigen Pioniere spricht. So verzeichnet die Karte von New Mexico die recht große Ortschaft Truth or Consequences (Wahrheit oder die Folgen), in Texas gibt es ein Muleshoe (Maultierhufeisen), in Oregon heißt ein Dorf Sublimity (Erhabenheit), ein anderes gar Plush (Plüsch).

Zuweilen flossen Vision und Hoffnung, mit denen sich wohl die meisten Neusiedler wappneten, in entsprechend hochtrabende Ortsnamen ein; nur selten allerdings verwirklichte sich das Wunschdenken wie etwa in Phoenix. Orte wie Imperial, Superior oder Eldorado in Nebraska hingegen warten noch heute auf die Erfüllung des Versprechens, das sich mit ihren Namen verbindet.

Es soll niemand behaupten, die Pioniere des 19. Jh. hätten nicht über Belesenheit und Kultur verfügt. Sie brachten ihre humanistische Bildung über den Atlantik und sahen keinen Grund, trotz oder gerade wegen der Armseligkeit ihrer Dörfer und der Bodenständigkeit ihrer Arbeit ihren intellektuellen Anspruch aufzugeben; in Nebraska gibt es ein Homer, im südlich angrenzenden Kansas wird Seneca mit einem Ortsnamen geehrt, in New Mexico liegt Shakespeare, und auch der große deutsche Gelehrte Alexander von Humboldt kommt mehrfach zu Ehren.

Die vielen europäischen Städtenamen halten für alle Zeiten fest, woher die ersten Immigranten stammen. Auch daß sie die Neue Welt schweren Herzens betreten hatten, eher der Not gehorchend als der Sehnsucht nach der Ferne, läßt sich unschwer erahnen – in Namen wie Berlin, New Braunfels, Odessa, Genua oder Dublin, die in ihrer Provinzialität den großen Vorbildern zu spotten scheinen, schwingt immer noch das Heimweh ihrer Gründer nach, vielleicht aber auch das Bedürfnis, vor der Realität erst einmal die Augen zu verschließen. So gleicht die Landkarte der USA einer geographischen Momentaufnahme jener Tage, als sich Russen noch als Russen, Italiener noch als Italiener und Deutsche noch als Deutsche fühlten.

den, geprägt von der Kolonisierung durch den ›Weißen Mann‹, der mit dem selbstbewußten ›Westward Ho!‹ die Vereinigten Staaten in nur wenigen Jahrzehnten zur Weltmacht führte, den hochgesteckten Zielen aber bedenkenlos Natur und Urbevölkerung opferte.

Trotz der gewaltigen Größe weisen die USA eine recht einfache, von einer Nord-Süd-Orientierung gekennzeichnete physiogeographische Gliederung auf. Der Pazifikküste im Westen folgt ein parallel verlaufendes Gebirgsmassiv, das sich in mehrere Teilräume gliedert und nach Osten schließlich zu den Ebenen der Great Plains abfällt. Jenseits des Mississippi hebt sich das Mittelgebirge der Appalachen-Kette, dem sich ein nach Süden hin breiter werdender, vom Atlantik bis zum Golf von Mexiko ziehender Küstenstreifen anschließt.

Das Relief ist im wesentlichen Ergebnis der Kontinentalverschiebung. Vor etwa 200 Mio. Jahren begann sich die Amerikanische Platte von der Afrikanischen zu lösen und westwärts zu driften. Während sich die aus Sedimenten gebildeten, großen Tiefländer bis heute wenig gewandelt haben, erfuhr der Westen der amerikanische Kontinentalplatte eine dramatische Umgestaltung. Unaufhaltsam schob sie sich über eine weitere Tafel, die weniger schnell treibende Pazifische Platte, und führte zur Auffaltung der westlichen Kordillere. Wie die rege Erdbebentätigkeit entlang der US-Westküste zeigt, birgt dieser noch immer nicht abgeschlossene Prozeß unkalkulierbare Risiken für alles Leben zwischen Alaska und Feuerland.

Die **pazifische Küste** der USA teilen sich die drei Bundesstaaten Washington, Oregon und Kalifornien, die sich auf einer Entfernung von etwa 2000 km von der kanadischen bis zur mexikanischen Grenze aneinanderreihen und die in ihrer Oberflächengestalt von der West-Kordillere geprägt werden. Zwei Gebirgszüge bestimmen das Bild: die unmittelbar der Küste folgende Coast Range und die weiter im Landesinnern parallel dazu verlaufende, wesentlich höhere Cascade Range. Mit Höhen zwischen 3000 und 4000 m bildet diese geschlossene Kette nicht nur eine Klimabarriere, sie erwies sich auch bei der Besiedlung als ein nur schwer überwindbares Hindernis. Getrennt sind die beiden Gebirgszüge in ihrem nördlichen Abschnitt durch das Tal des Columbia River, das durch die Klamath Mountains abgeriegelt wird,

Der Mono Lake, Kalifornien

die eine Verbindung zwischen den beiden Ketten herstellen. Östlich des Kaskadengebirges schließt sich die Hochfläche des Columbia Plateaus an, das im Osten von den Rocky Mountains und im Süden von den Blue Mountains begrenzt wird.

Südlich der Klamath Mountains schiebt sich erneut ein breites Tal zwischen das Küstengebirge und die Cascades, die nunmehr den Namen Sierra Nevada tragen und nur an wenigen Stellen einen bequemen Übergang nach Osten ermöglichen. Die als Sacramento oder Central Valley bezeichnete, mit Erosionsmaterial der benachbarten Gebirge aufgefüllte Senke ist heute eine der größten Siedlungsräume der USA – das Herzstück des Bundesstaates Kalifornien.

Bei Bakersfield, etwa 100 km nördlich von Los Angeles, nähert sich die Sierra Nevada in einem Bogen wieder dem Küstengebirge, das sich noch ein Stück nach Süden fortsetzt, dann allmählich in der Wüste von Sonora versinkt, um erst wieder auf der mexikanischen Halbinsel Baja California deutlichere Konturen zu gewinnen. Bis fast an den Pazifik reicht bei Los Angeles die Wüstenlandschaft des Great Basin, der Hochfläche zwischen der Sierra Nevada und den weiter östlich verlaufenden Rocky Mountains.

Die Pazifikküste weist von allen Regionen der USA die größten klimatischen Unterschiede auf. Im Norden fallen an den Hängen des Mount Olympus mit über 2500 mm die höchsten Niederschläge des kontinentalen Staatenverbands, während die südlichen Wüsten manchmal jahrelang gar keine Regen empfangen, und den Gletschern des Mount Rainier in Washington steht die hitzeflimmernde Senke des Death Valley gegenüber.

Dementsprechend vielfältig mußte sich die Vegetation entwickeln. Im nördlichen, nebel- und regenreichen Küstenabschnitt treten dichte Wälder bis unmittelbar an den Pazifik, wie etwa die berühmten Sequoia-Wälder *(Sequoia sempervirens)* von Oregon und Nord-Kalifornien. Daneben bestimmen Eichen- und Chaparral-Bestände die natürliche Vegetationsdecke der Coast Range. Die dem Pazifik zugewandten Westhänge des Kaskadengebirges sind mit Douglasienwäldern bedeckt, an der trockeneren Ostabdachungen finden nur die genügsamen Gelbkiefern ihr Auskommen. Ein ähnliches Bild zeigt sich bei der natürlichen Vegetation der Sierra Nevada. Die Westhänge tragen in ihren tieferen Lagen bis etwa 1000 m Chapparal, eine der südeuropäischen Macchia entsprechende Hartlaubvegetation, der ein Gürtel von Kiefern folgt, an den sich ab 2200 m Bestände der Mammutbäume *(Sequoia gigantea)* anschließen. Wie beim Kaskadengebirge herrschen am östlichen Gebirgsabfall infolge der geringeren Niederschläge Gelbkiefern und Wacholder vor, die in tieferen Lagen in Buschvegetation übergehen.

Kaum weniger vielgestaltig präsentiert sich die Fauna der Pazifikküste. Die nährstoffreichen, kühlen Küstengewässer bieten Seehunden, Seelöwen und Seeottern einen idealen Lebensraum. Durch die unkontrollierte Jagd russischer, später auch amerikanischer Pelztierjäger wurden die Bestände im letzten Jahrhundert fast bis zur Ausrottung dezimiert. Heute stehen diese Tiere jedoch unter Natur-

Canyon de Chelly, Arizona

schutz und haben sich wieder stark vermehrt. Auch Schwarzbären, die früher die nördlichen Wälder durchstreiften, findet man nun wieder in sehr abgelegenen Regionen. Häufiger hingegen können Reisende in den Grasniederungen entlang der Flüsse Herden von Wapiti- oder Virginia-Hirschen beobachten. Die geschützten Täler, insbesondere die Klamath-Niederung, sind das bevorzugte Winterquartier von den Zugvögeln aus Alaska und dem kalten Osten der USA. Viele Tiere der Wälder und Flußauen jedoch, etwa Fischotter oder Nerze, bezeugen ihre Existenz häufig genug allein durch zahlreiche Spuren und lassen sich nur mit viel Geduld und Glück in freier Wildbahn beobachten.

Im Gegensatz zur Küstenregion zeichnen sich die vier Binnenstaaten des **Südwestens** – Nevada, Utah, Arizona und New Mexico – durch ein recht einheitliches, überwiegend von Trokkenheit bestimmtes Klima aus. Daß sie dennoch in ihrer landschaftlichen Vielfalt der Westküste keineswegs nachstehen, dokumentieren so imposante Nationalparks wie Bryce- und Grand Canyon, White Sands, Petrified Forest oder Big Bend. Landschaftsbestimmende Elemente dieser Region sind die südlichen Ausläufer der Rocky Mountains im Osten und intermontane Becken sowie Plateaus im Süden und Südosten.

Wichtigste Großlandschaft ist das Great Basin (Großes Becken), die südliche Fortsetzung des Columbia Plateaus, eine steppenartige Hochfläche zwischen Kaskadengebirge und Rocky Mountains. Zahlreiche von Nord nach Süd verlaufende, bis 3000 m ansteigende Gebirge vermitteln ein abwechslungsreiches Bild und schaffen kleine, oft abflußlose Becken. In deren Zentren liegen nicht selten Salztonpfannen, die sich nach Regenfällen in flache Seen verwandeln. Nach Süden gewinnt das Great Basin in den Wüsten von Sonora und Mojave ausgeprägt trockene Züge.

Ostwärts folgt das Colorado Plateau, in dessen Westflanke sich der Grand Canyon tief eingeschnitten hat. Begrenzt wird diese eindrucksvolle Landschaft, in der die meisten Indianerreservate liegen, im Osten durch die Rocky Mountains, im Süden und Südosten durch das Hochland von Arizona und New Mexico. Das Colorado Plateau bildet in seiner östlichen, bis über 300 m ansteigenden Randzone die Fortsetzung der

Rocky Mountains und grenzt beim Pecos River an die Great Plains. Im Süden geht es in die mexikanische Mesa Central über, während es im Westen ohne deutlichen Grenzverlauf mit der Wüste von Sonora verschmilzt.

Yucca-Blüte

An die von Hitze und Trockenheit geprägten Lebensbedingungen dieser Region haben sich die Pflanzen und Tiere besonders gut angepaßt. Strauchsteppen beherrschen das ansonsten recht einförmige Bild der natürlichen Vegetation, die unter dem Namen *chaparral* zusammengefaßt wird. Im südlichen Abschnitt bestimmt bereits die Wüstenvegetation mit weit ausladenden Saguaro-Kakteen, den kugeligen Igelkakteen und den baumartigen Yucca die Landschaft. Wo sich Flüsse den Weg durch das trockene Land bahnen, haben kleinwüchsige Eichen, Wacholder, Weiden und Cottonwood ihren eng begrenzten Raum.

Die isolierten Gebirgszüge der Sacramento und Guadalupe Mountains, die sich bis in die feuchten Luftströmungen der Pazifikwinde recken, tragen in den Höhen eine dichte Bewaldung von Gelbkiefern, Fichten, Tannen und Espen, während am Fuß der Berge nur die *Chaparral*-Strauchsteppe ihr Auskommen findet. Die abflußlosen Beckenlandschaften und die hohe Verdunstung haben vielerorts zu einer starken Versalzung der Böden geführt, der sich nur einige Pflanzen wie Salzgras und Salzmelde anpassen konnten.

Aufgrund des beschränkten Nahrungsangebots leben in der Trockenzone vorwiegend Kleintiere, die meist nachtaktiv sind und ihre Behausungen in Felsspalten und Erdhöhlen haben. Wüstenratten und Wollschwanzkaninchen zählen dazu, aber auch Antilopen-Erdhörnchen und Canyon-Streifenmäuse. In dieser Region findet man überdies die nicht ungefährlichen Klapperschlangen sowie die harmlosen Stachelleguane.

Die **Rocky Mountains,** die wohl bekanntesten Gebirge Nordamerikas, bilden mit bis zu 600 km Breite das Rückgrat der West-Kordillere und gleichzeitig deren östliche Begrenzung. Kennzeichnend ist eine starke Verschachtelung in zahlreiche Ketten, die sich in drei Hauptgruppen zusammenfassen lassen.

Von der kanadischen Grenze bis zum Plateau von Yellowstone bestimmt die Lewis Range das Gesicht der Rockies mit vergletscherter Hochgebirgsszenerie. Im mittleren Teil, der bis zum Wyoming-Becken reicht, steigen die Berge bis über 4000 m Höhe an. Auch dort ist eine Aufgliederung in zahlreichen Ketten charakteristisch, von denen die Tetons, die Wind River Range und die Absaroka Range die bekanntesten sind. Der Gebirgszug der Laramie Range markiert den Beginn des südlichen Abschnitts, der sich fast bis zur Grenze mit Mexiko hinunterzieht und dort in das Hochland von Arizona und New Mexico übergeht.

Im Gegensatz zum Kaskadengebirge sind die Rocky Mountains in ihrer gesamten Länge noch immer dicht bewaldet. Im nördlichen Abschnitt herrschen Douglasien und Weißkiefern vor, im mittleren Gelbkiefern, während die südlichen Ketten überwiegend von Wacholder- und Pinyonbeständen überzogen sind.

Die ungekrönten Könige dieser Gebirgsregion, gleichermaßen gefürchtet wie bewundert, sind Braun- und Schwarzbären. Die mächtigen Braunbären, die in den USA *grizzly* heißen, wurden in den Rocky Mountains fast ausgerottet, da sie den Siedlern gefährlich werden konnten und sie sich immer wieder an Haustieren vergriffen. Der kleinere Schwarzbär hat sich im Schutz der Gesetze, die seine Jagd verbieten, mancherorts zu einer rechten Plage entwickelt. Im Yellowstone Park sah sich die Verwaltung gar gezwungen, die keineswegs ungefährlichen Bären zwangsweise auszusiedeln. Ausgesprochen scheu hingegen sind die Rotluchse, die ihre Beute vor allem unter den zahlreichen im Wald heimischen Vogelarten suchen.

Zu den Waldbewohnern der Rocky Mountains zählen auch die Virginia- und Wapiti-Hirsche, während die Dickhornschafe und Schneegemsen sich die unwegsamen Felsregionen zum Lebensraum erkoren haben. Hier sieht man auch die kleinen Murmeltiere. Aufmerksam beobachten sie von den Eingängen ihrer Höhlen die Umgebung, um bei nahender Gefahr mit lautem Warnpfiff blitzschnell zu verschwinden. Ein klagender Pfeifton ist das Merkmal der kleinen Pfeifhasen oder Picas, die Meerschweinchen ähneln und in großen Kolonien leben. Zuweilen sind sie so selbstvergessen darin vertieft, das Polstermaterial ihrer feuchten Erdlöcher zum Trocknen in der Sonne auszubreiten, daß sie Bussarden, Rotluchsen oder Mardern zum Opfer fallen.

Die relativ ebene Region der Plains zwischen der Ostabdachung der Rocky Mountains im Westen, den Appalachen im Osten und Mexiko im Süden läßt sich in mehrere, nicht immer eindeutig abzugrenzende Teilbereiche untergliedern. Herzstück zwischen Kordillere, Zentralem Tiefland und Texas sind die **Great Plains,** die von etwa 400 bis 500 m Höhe im Osten auf über 1500 m am Fuß der Rocky Mountains ansteigen und von verschiedenen Schichtstufen gebildet werden, die von West nach Ost von durchschnittlich 1300 m auf 400 bis 500 m absinken. Ihre Nord-Süd-Erstreckung beträgt etwa 2000 km, ihre Breite bis zu 700 km.

Als natürliche Vegetation herrschte bis zur Ankunft weißer Siedler Grasland vor, das im feuchten Osten als Langgrassteppe in Erscheinung trat, im trockeneren, unfruchtbareren Westen hingegen nur einen kurzen Wuchs zeigte. Die Prärien waren der Lebensraum riesiger Bisonherden, die von nomadisierenden Indianern gejagt wurden. Zu Fuß, später mit Pferden, folgten sie den Herden, bis die Kolonisation des Westens dieser ›Lebensgemeinschaft‹ ein Ende bereitete. Keine Landschaft der USA hat ihr Gesicht durch die Besiedlung deutlicher gewandelt als die Prärie. Aus Grasland wurden Äcker, statt Bisons durchstreifen Rinder die alten Weidegründe.

Von der Veränderung wurden auch Präriehunde betroffen, die unterirdische Gänge graben und damit für die Auflockerung des Bodens sorgen. Die Tiere leben in großen Kolonien, deren einzelne Bereiche durch ein Ganglabyrinth miteinander verbunden sind. Da Bisons und Präriehunde keine anderen Pflanzen aufkommen ließen, wurden sie zum Bewahrer der Grasländer. Ihre Dezimierung hatte eine Ausbreitung anderer Pflanzen zur Folge, insbesondere des zähen Mesquitebaums und zahlreicher Distelarten.

Farmland in Nebraska

Klima

Das Klimageschehen in den USA wird einerseits von der geographischen Lage in den gemäßigten Breiten, andererseits vom Relief und den angrenzenden Meeren bestimmt.

Bezogen auf die Niederschlagsverteilung lassen sich die Vereinigten Staaten in eine östliche, feuchte und eine westliche, trockene Region untergliedern, wobei die Grenze entlang des 98. Längengrads verläuft, der sich durch die Bundesstaaten Oklahoma, Kansas und Nebraska zieht.

Eine ganz wesentliche Rolle bei den klimatischen Unterschieden spielen die küstennahen Gebirge, verwehren sie doch maritimen Einflüssen den Weg ins Landesinnere, so daß sich das Wettergeschehen an der Pazifikküste deutlich von jenem der Ebenen unterscheidet. Fallen dort die Niederschläge überwiegend im Juni und liegen unter 500 mm, so erreichen sie am nordwestlichen Gebirgsrand im Staate Washington beachtliche 2000 mm, wobei sich die Hauptregenzeit auf den Januar verschiebt.

Ein wichtiger Faktor für das Klima in den USA ist das Fehlen westöstlich verlaufender Gebirgsbarrieren, wie sie als ausgeprägte Wetterscheiden beispielsweise das Relief von Europa (Alpen) oder Asien (Himalaya) kennzeichnen. Dadurch wird in Nordamerika ein freier Luftmassenaustausch zwischen den arktischen Zonen des hohen Nordens und dem subtropischen Klimagürtel des Golfs von Mexiko ermöglicht, der extreme Gegensätze zusammenführt und damit immer wieder dramatische Wettergeschehen in Gang setzt.

Im Winter können die Temperaturen mit Durchzug polarer Luft in den Great Plains bis auf – 50° C absinken, im Sommer auf + 47° C ansteigen. Überdies können Kaltluftvorstöße aus dem Norden zu kaum vorstellbaren Temperaturstürzen von mehr als 30° C führen, nicht selten begleitet von den berüchtigten *blizzards*, den Schneestürmen, die einen Landstrich in wenigen Stunden unter Eis und Schnee begraben können.

Auch Tornados und Hurrikans haben ihre Ursache im Zusammenstoß kalter und warmer Luftmassen. Trotz einer durchschnittlichen ›Lebensdauer‹ von nur 25 Minuten entfaltet ein Tornado mit seinem etwa 200 m messenden Wirbel zerstörerische Kräfte. Vermehrt treten diese lokalen Wirbelstürme zwischen April und Juni in den weiten Ebenen der Great Plains auf. Sie haben, obwohl regional begrenzt, zwischen 1953 und 1979 fast 20 000 Menschenleben gefordert.

Als noch gefährlicher gelten Hurrikans, tropische Wirbelstürme aus der Karibik, die Durchmesser von 200 km und Windgeschwindigkeiten bis 240 km/h erreichen können. Immer wieder berührt ihre Bahn auch den Süden der USA, vor allem Florida, die Atlantikküste und die Golfstaaten. Besonders gefürchtet sind die durch den Orkan hervorgerufenen Springfluten.

Bevölkerung

Den ersten weißen Siedlern, die Ende des 16. Jh. an der Ostküste Fuß faßten, erschien die Herkunft der Ureinwohner rätselhaft. So hielten manche

Indianischer Patriotismus

die Indianer für Nachfahren der verlorenen Stämme Israels, andere sahen in ihnen gar die Erben Trojas. Den Beinamen ›Rothäute‹ erhielten sie erst im 19. Jh. durch den schwedischen Forscher Carl von Linné, der sein anthropologisches Farbschema zu vervollständigen suchte, das bis dahin nur aus Weißen (Europäern), Gelben (Asiaten) und Schwarzen (Afrikanern) bestanden hatte.

Die Ursprünge der Besiedlung reichen etwa 30 000 Jahre zurück, als erste Jägernomaden die Beringstraße auf der damals bestehenden Landbrücke von Asien her überquerten und, den Tierherden folgend, allmählich südwärts zogen. Offenbar gab es zwei Wanderrichtungen. Während sich einige Gruppen entlang der Kordillere verbreiteten, besiedelten andere die östlich angrenzenden Prärieländer. Vor etwa 12 000 Jahren setzte eine weitere Aufsplitterung ein, die auch zur Besiedlung der Pazifikküste, der Wüstenregionen und des östlichen Waldgürtels führte.

Die nun geographisch getrennten, unterschiedlichen Lebensräume wiesen nicht nur den Sprachen der Urbevölkerung eigene Richtungen, sondern auch ihren kulturellen Entfaltungsmöglichkeiten.

Die höchste Kulturstufe vermochten die Pueblo-Völker des Südwestens zu erklimmen, die seit dem 7. Jh. in stadtähnlichen Siedlungen, den Pueblos, lebten und eine ausgefeilte Bewässerungstechnik entwikkelten. Die nicht weit entfernt in Kali-

Indianergruppen im Westen der USA

Die Urbevölkerung Nordamerikas unter dem Begriff Indianer zusammenzufassen wird der Tatsache nicht gerecht, daß zahlreiche unterschiedliche Kulturen bestanden und zum Teil noch immer bestehen, die kaum oder nur wenig Kontakt miteinander pflegten, obwohl sie aus der gleichen, weit zurückliegenden Zuwanderung über die Beringstraße hervorgingen. So konnte es geschehen, daß sich unterschiedliche Sprachen, Religionen und Gebräuche herausbildeteten.

Die Indianer der Nordwestküste hatten aufgrund des Nahrungsüberflusses und des Holzreichtums eine außerordentlich komplexe, auf materiellem Besitz und Prestige beruhende Gesellschaftsstruktur, die kapitalistischen Lebensformen ähnelte. Die Sippen waren streng in ein hierarchisches System eingebunden, dem Häuptlinge vorstanden. Sozialer Aufstieg war durch besondere Leistungen auf kriegerischem oder künstlerischem Gebiet möglich oder durch Ausrichtung eines *Potlatch.* Die aufwendigen Feste dienten vor allem dazu, sich durch großzügige Geschenke eine privilegierte Stellung zu erkaufen oder zu erhalten. In der Religion spielten, wie bei vielen anderen Stämmen, auch Tiergeister und Schamanismus eine bedeutende Rolle. Göttliche Kraft schrieb man Lachsen zu, die jedes Jahr an ihre Laichplätze zurückfanden. Überdies waren alle männlichen Stammesangehörigen in Geheimbünden organisiert, die im Winter Zeremonien zelebrierten. Die Nordwestküstenindianer haben zwar überlebt, ihre Kultur allerdings ging verloren und damit auch die traditionellen sozialen Bindungen.

Die Stämme in Kalifornien und im trockenen Great Basin, von der Natur weit weniger verwöhnt, mußten ihre ganze Kraft zur Nahrungsmittelbeschaffung einsetzen. Sie lebten in kleinen autonomen Gemeinschaften, geführt von einem Häuptling. Die tatsächliche Macht lag jedoch oftmals in den Händen des Schamanen, der als Heiler und Regenzauberer fungierte, im Great Basin auch die Jagd leitete, die von mehreren Gruppen gemeinsam betrieben wurde. Rituelle Höhepunkte im Leben der kalifornischen Indianer bildeten die Kuksu- und Toloache-Kulte, Initiationsriten, bei denen die Beteiligten Tänze zu Ehren des Totengottes Kuksu aufführten und sich mit narkotischen Getränken berauschten, die Visionen auslösten und es so ermöglichten, mit der Welt der Geister Kontakt aufzunehmen.

Dem Klischee des berittenen, kriegerischen Indianers, wie es durch Abenteuerbücher und Filme geistert, entsprachen am ehesten die Indianer der Plains, von denen die Comanchen, Apachen, Sioux, Blackfeet und Cheyenne die bekanntesten sind. Während die östlichen, in der Prärie beheimateten Gruppen seßhafte Maisbauern waren, lebten die westlichen Stämme zunächst noch recht bescheiden von der Bisonjagd. Erst mit der Übernahme des Pferds von den Spaniern vollzog sich zu Beginn des 18. Jh. ein tiefgreifender kultureller Wandel, der zu einer Stärkung und Verbreitung der nomadisierenden Bisonjäger führte.

Die seßhaften Präriestämme waren in Clans strukturiert, die Plains-Indianer hingegen jagten und lebten vorwiegend in kleinen Gruppen, deren Zusammen-

Navajo-Weberin bei der Arbeit

halt durch kriegerische Männerbünde gewährleistet war. Rache, Beutegier und persönliche Selbstbestätigung dienten als Hauptmotive für ihre Kriegszüge, die sich nicht nur gegen weiße Eindringlinge richteten, sondern auch gegen die seßhaften Nachbarstämme der Pueblo-Völker. Zwar stand ein Stammesführer oder Häuptling an der Spitze, er mußte seine Autorität aber ständig unter Beweis stellen und wurde vom Rat der Ältesten kontrolliert, in deren Händen die wichtigsten Entscheidungen lagen. Bei den seßhaften Prärie-Indianern hingegen konnte sich ein stabiles Häuptlingstum etablieren, das sogar die Erbfolge vorsah.

Wie die meisten anderen Stämme in Nordamerika pflegten die Prärie- und Plains-Indianer eine animistische Glaubensvorstellung. Im Mittelpunkt stand der persönliche Schutzgeist, der den rechten Weg durchs Leben wies. Die Kraft des Geistes manifestierte sich in einem Medizinbündel, das die Indianer immer bei sich trugen. Stieß die Macht des persönlichen Schutzgeistes an Grenzen, trat der Medizinmann auf den Plan, um mit schamanistischen Riten die Kraft seines eigenen Geistes auf den Hilfesuchenden zu übertragen.

Aber auch kollektive Stammesriten waren bei den Plains- und Präriestämmen üblich. Dazu zählt vor allem der Sonnentanz, bei dem sich die Tänzer, bis zur Ohnmacht stampfend, um einen zentralen Pfosten bewegten. Das Ritual verbreitete sich gegen Ende des 19. Jh. weit nach Westen, die Ute zelebrieren es noch heute. Eine recht interessante Verschmelzung westlicher und indianischer Elemente tritt im Peyote-Kult zutage, in dessen Mittelpunkt der Große Geist steht, der oft mit Gott oder Jesus verglichen wird. Die Zeremonie besteht aus dem gemeinsamen Verzehr der mescalinhaltigen Wurzeln des Peyote-Kaktus, der zu Halluzinationen und Visionen führt.

Im Südwesten kam es zu einer Mischung mehrerer Indianerkulturen. Als unmittelbare Nachfahren präkolumbischer Hochzivilisationen, von denen die Anasazi die bedeutendsten waren, leben bis heute die seßhaften Pueblo-Völker, zu denen vor allem die Hopi, die Zuni und kleinere Stämme wie die Tewa, Acoma und Laguna zählen, in ihren Dörfern. Die bindende soziale Klammer ist der maternale Klan, der sich nach der mütterlichen Abstammungslinie richtet.

Die enge Beziehung vor allem der Hopi zu ihrer Umwelt kommt besonders deutlich in den zahlreichen religiösen Zeremonien zum Ausdruck, mit denen sie den Ablauf des Jahres begleiten. In tief von Symbolik durchdrungenen Riten dokumentieren sie den Glauben an die Göttlichkeit der Natur und an das Universum als organische Einheit. Die Zeremonien dienen dazu, die Harmonie zwischen Menschen und Natur zu bewahren.

Wie bei vielen Indianerstämmen Nordamerikas werden auch bei den Pueblo-Bewohnern Zeremonien in Bünden vollzogen. Als Mittler zwischen dem Übernatürlichen und den Menschen spielen Kachinas eine zentrale Rolle. Sie verkörpern die in den Naturerscheinungen vermuteten Geister und manifestieren sich für jeweils sechs Monate nach geheimen Vorbereitungen im Schutz der heiligen *Kivas* in den Maskentänzern, zu deren Darbietungen Weiße keinen Zutritt haben. Die geheimen Rituale werden von Kachina-Bünden ausgerichtet, in die jedes männliche Mitglied des Pueblos in früher Jugend durch Initiation aufgenommen wird. Durch die Bedeutung der Rituale lag bei den Pueblo-Gesellschaften die Macht in Händen des obersten Kultpriesters. Noch heute ist in einigen traditionellen Pueblos, wie den der Kares, die Stellung des sakralen Häuptlings ungebrochen, obwohl den Pueblos schon von den Spaniern weltliche Führer verordnet worden waren.

Weniger komplex als bei den Pueblo-Bewohnern sind die sozialen und religiösen Strukturen bei den Navajo und Apachen, die erst um 1300 von Norden zugewandert waren. Während die Navajo durch Einfluß der Hopi bald zur Seßhaftigkeit übergingen, führten die Apachen bis zu ihrer Dezimierung durch amerikanische Truppen ein nomadisierendes Leben. Ähnlich wie bei den Präriejägern verfügte der Stammesführer über nur geringe Autorität, obwohl sich im Kampf gegen die Amerikaner einige Häuptlinge wie Cochise oder Geronimo als glänzende Strategen hervortaten.

Mit der Hinwendung zum Ackerbau machten sich die Navajo den Gedanken der universellen Harmonie zueigen, der auch das Leben der Pueblo-Völker prägt. Anders als bei den Hopi sind ihre magischen Zeremonien jedoch nicht auf das Wohl der Gemeinschaft gerichtet, sondern, wie bei den nomadisierenden Gruppen üblich, auf das Individuum. Im Mittelpunkt der Navajo-Rituale steht die Heilung von Krankheiten. Die Therapie erfolgt zum einen durch den Gruppengesang, die *Navajo chants,* zum anderen mit Hilfe magischer Sandbilder. Der Kranke wird auf das in den Sand gezeichnete Bildnis gesetzt, um in Kontakt mit den Heiligen Leuten zu treten, auf deren Hilfe er hofft. Aufgabe des Schamanen ist es, die Diagnose zu stellen und die geeigneten Gesänge und Sandbildmuster festzulegen, von denen hunderte existieren.

Mit dem Wiedererstarken indianischen Selbstbewußtseins gewinnen alte Traditionen zunehmend an Bedeutung. Glichen die Zeremonialtänze bis vor kurzem noch eher folkloristischen Darbietungen, mit denen sich zahlungskräftige Touristen anlocken ließen, so werden sie nunmehr als heiliges Erbe betrachtet und immer öfter unter Ausschluß der Öffentlichkeit abgehalten.

fornien ansässigen Monos und Cahuilas hingegen verharrten bis zu ihrer Ausrottung im 19. Jh. auf der Stufe steinzeitlicher Jäger und Sammler.

Als Weiße den Boden der Neuen Welt betraten, verteilten sich vermutlich 1 Mio. Indianer in 400 Hauptstämmen auf dem nordamerikanischen Kontinent. Heute leben allein in den USA etwa 1,9 Mio. Indianer aus 542 Stämmen, meist in den über 200 Reservaten. Den größten Stamm stellen die Cherokee mit 308 000 Angehörigen, gefolgt von den Navajo (219 000), Chippewa (104 000) und den Sioux (103 000). Zwei Drittel der Stämme zählen weniger als 1 000 Mitglieder, die Siuslaw mit nur 44 gelten als kleinster.

Wenn sich auch die Zahl der Indianer seit Ankunft der Weißen wahrscheinlich mehr als verdoppelt hat, ihre Lebensformen vermochten sich nach der Kollision mit denen der Alten Welt nicht mehr zu erholen. Statt dessen degenerierten sie oftmals zur Subkultur, die nicht selten von Apathie und Hoffnungslosigkeit geprägt ist. Erst in den letzten Jahren scheinen unter der indianischen Bevölkerung Stolz und Selbstbewußtsein wieder zu keimen, etwa im gleichen Maße, wie im weißen Amerika das Begreifen des begangenen Unrechts zum Allgemeingut reift. Dieser Denkwandel spiegelt sich nirgends so deutlich wider wie in den Produktionen von Hollywood, wo Indianer ihre klassische Rolle als wilde, skalplüsterne Rothäute längst gegen die der gedemütigten und unverstandenen, auf jeden Fall aber ›besseren Menschen‹ eingetauscht haben – der Spielfilm »Der mit dem Wolf tanzt« mag dafür als Beispiel gelten.

Schon während der ersten Begegnungen mit der ihnen unbekannten Kultur brachten die Weißen ihre Überheblichkeit und Ängste vor der fremden Zivilisation deutlich zum Ausdruck. Da nur der eigene Lebensstil als gottgefällig galt, ließen sich die Siedler bei der Beurteilung der Indianer sehr schnell zu Attributen wie ›wild‹, ›unkultiviert‹, ›barbarisch‹, ›verlogen‹ und ›hinterhältig‹ hinreißen. Die Indianer wurden immer mehr zu Menschen zweiter Klasse, je geringer die Erfolge der Missionierung ausfielen. Als die gottesfürchtigen weißen Siedler trotz heftiger Bemühungen nach 30 Jahren erst 1000 Indianer zum Christentum bekehrt hatten, erklärten sie die Urbewohner schlicht für nicht erlösungsfähig und mit dem Teufel im Bunde.

Daraus ließ sich auch trefflich die Rechtfertigung zu ihrer Bekämpfung ableiten, wobei allerdings religiöse Motive weniger schwer wogen als Landhunger. Die biblische Forderung »machet Euch die Erde untertan« nahmen die Siedler durchaus wörtlich. In den Händen der Indianer, so meinte Pastor Salomon Stoddard 1722, sei das Land von nur geringem Wert, so daß die Europäer mit ihrer Kolonisierung nur einen göttlichen Auftrag erfüllten.

Vor allem den Prärie-Indianern der nördlichen Ebenen war ein Besitzdenken völlig fremd. »Wie kann ich einen Teil des Windes, einen Teil der Wolken, einen Teil der Erde als etwas erklären, das nur mir allein gehört?« fragte der Sioux-Häuptling Red Cloud (1822–1909) in seinen Reden an der Ostküste.

Die ackerbautreibenden Stämme hingegen paßten sich problemloser den Weißen an und kopierten sie zuweilen mit großem Erfolg. Die Cherokee beispielsweise hielten sich Sklavenheere nach dem Vorbild der Südstaaten und erhoben Wegezölle für den Durchzug von Vieh durch ihre Reservate. Aber nicht mehr als fünf Indianerstämme des Südens (Cherokee, Chickasaw, Choctaw, Creek und Seminolen) hatten diesen Adaptionsprozeß vollzogen und dafür die Bezeichnung ›zivilisierte Stämme‹ erhalten, freilich ohne daß man ihnen deshalb sehr viel größere Achtung zollte. Bereits in den 30er Jahren des vergangenen Jahrhunderts hatten sich diese Stämme zu einem Staatswesen mit demokratischer Verfassung zusammengeschlossen, das von den USA als souveräne Republik anerkannt worden war, schließlich aber dem Expansionsdrang der weißen Siedler zum Opfer fiel.

Während die Weißen bis heute indianisches Kulturgut gern als exotisch betrachten, haben einige Indianerstämme sehr früh eine weitaus größere Flexibilität gezeigt. Die Kiowa und Comanchen des Südens eigneten sich bereits Ende des 16. Jh. das Pferd an, das die Spanier in die Neue Welt gebracht hatten. Etwas später machten sich auch die Sioux das Pferd zueigen und stiegen damit zum Herrscher der nördlichen Prärien auf.

Die Indianerstämme lebten vor Ankunft der Weißen allerdings keineswegs in paradiesischer Unschuld, sondern standen oft in heftiger Fehde

Indianer warten auf eine Lebensmittelzuteilung, historisches Photo aus dem 19. Jh.

zueinander, allen voran die Comanchen, ein recht kriegerischer Stamm, der die Apachen immer weiter nach Süden drängte und später die Spanier vertrieb. Und als die Chippewa, ein Stamm aus Wisconsin, von den Franzosen die ersten Gewehre erhielten, hatten sie nichts Eiligeres zu tun, als ihre neuen Waffen gegen die benachbarten Sioux zu richten. Die Todfeindschaft der Stämme untereinander war der wohl wichtigste Verbündete der immer weiter westwärts vordringenden Weißen.

Schon lange bevor Siedlertrecks durch die Prärien zogen, kam es zu ersten blutigen Auseinandersetzungen, bei denen die Zuwanderer ihrem Schöpfer dankten »... for thinning the Indians to make room for the English« (für die Ausdünnung der Indianer, um Raum für Engländer zu schaffen). Der kriegerische Stamm der Pequot im Gebiet des heutigen Ostküstenstaats Connecticut war der erste, der ausgelöscht wurde. »Wir hatten genug Erleuchtung durch das Wort Gottes«, rechtfertigte Captain John Underhill die grausamen Massaker an Männern, Frauen und Kindern.

Daß die Indianer eine eigene Kultur besaßen, ignorierten die Weißen bis in unser Jahrhundert hinein. Der religiös untermauerte Überlegenheitsanspruch, mit dem schon die spanischen Eroberer den Hochkulturen Lateinamerikas den Todesstoß versetzt hatten, fand bei der Erschließung Nordamerikas durch die Weißen seine Fortsetzung, zuweilen mit den gleichen grausamen Methoden, zuweilen mit subtileren Mitteln.

Als Mäntelchen der Legalität dienten die Abtretungsverträge zwischen Washington und den einzelnen Indianerstämmen unter der Rubrik ›Friede gegen Land‹. Über 100 davon wurden allein zwischen 1827 und 1837 unterzeichnet – kaum mehr als Atempausen im verzweifelten Kampf der Ureinwohner gegen eine technisch überlegene Zivilisation. Nicht selten allerdings hatte das Militär zuvor durch blutige Aktionen den Stämmen keine Alternative gelassen, als sich von ihrem Land zu trennen. Das Muster war immer das gleiche: Verträge wurden unterschrieben, von den Weißen aber nicht eingehalten. Die Proteste der Indianer verhallten ungehört, ihre verzweifelte Auflehnung dagegen wurde mit massivem Armee-Einsatz beantwortet. Ein weiterer Friedensvertrag war das Ergebnis, neues, schlechteres Land wurde den Besiegten zugewiesen und das Spiel wiederholte sich, bis die Indianer Ende des vergangenen Jahrhunderts in meist unfruchtbare Regionen abgedrängt waren, in denen sie bis heute, in Reservate gepfercht, ein oft menschenunwürdiges Dasein fristen.

Die Reaktion der Stämme auf die Expansion der Weißen verlief durchaus zwiespältig. Einige kopierten die Lebensformen der Siedler, insbesondere die sogenannten *civilized nations.* Andere ruinierte der Kontakt zu den Weißen in kurzer Zeit, vor allem durch Alkohol und eingeschleppte Krankheiten, allen voran Syphilis und Tuberkulose.

Im Jahre 1830 erließ Präsident Andrew Jackson den *Indian Removal Act,* der die Zwangsumsiedlung der Urbevölkerung in die Gebiete westlich des Mississippi vorsah. Vor allem die ackerbautreibenden Seminolen, die bereits zwischen 1816 und 1818 aus Florida nach Georgia vertrieben

Bei einem *Pow Wow* in South Dakota

worden waren, setzten sich vehement zur Wehr, nachdem ihnen das Klagerecht vor Gericht abgesprochen worden war. Auf dem *Trail of Tears* (Weg der Tränen) wurden sie ins heutige Oklahoma vertrieben, das den Ureinwohnern 1834 durch den *Indian Intercourse Act* als neue Heimat zugewiesen worden war. Die fünf hier angesiedelten Stämme Cherokee, Chickasaw, Choctaw, Creek und Seminolen waren christianisiert, hatten eigene Schulen, Gesandte am Hof des englischen Königs, Rechtsanwälte und eine moderne Verfassung nach dem Vorbild der USA. An der bereits 1825 in der Stammheimat Georgia ins Leben gerufenen Nationalakademie unterrichteten Cherokee-Professoren die Studenten.

Nach der Vertreibung hatten die Leiden der Indianer noch lange kein Ende gefunden, ja, sie sollten erst richtig beginnen. Als die USA 1848 nach dem Sieg über Mexiko die Ausdehnung des Territoriums bis zum Pazifik ins Auge faßten, stand der *Indian Intercourse Act* der Expansion im Wege, wurde 1907 mit der Proklamation Oklahomas zum 46. Bundesstaat schließlich gebrochen und damit der Selbstregierung der Indianer ein Ende gesetzt.

Die erbittertsten Auseinandersetzungen zwischen den USA und den Indianern fanden zwischen 1864 und 1890 statt, als die Kolonisation auch die von Bisonjägern bewohnten Grasländer erfaßte. Am heftigsten wehrten sich die nomadisierenden Prärie-Indianer gegen das Vordringen der Siedler. Seit sie von den Spaniern das Pferd übernommen hatten, durchstreiften sie große Räume im Mittleren Westen und lebten von der Bisonjagd. Zu ihnen zählten vor allem die Sioux, Comanchen, Kiowa und Cheyenne. Die Dezimierung der Herden bis zur fast völligen Ausrottung durch vorrückende Siedler und Soldaten darf als bewußte Taktik gesehen werden, die Lebensgrundlage der Indianer zu zerstören.

Seit mit der »Mayflower« im Jahre 1620 die ersten Siedler an der Ostküste in Plymouth landeten, haben sich unzählige Einwandererwellen über den damals fast menschenleeren Kontinent ergossen und jenen vermeintlichen Schmelztiegel, den *melting pot of nations*, entstehen lassen, der das Bevölkerungsbild der heutigen USA prägt.

Die regionale Verteilung der Gruppen ist durchaus unterschiedlich. In den landwirtschaftlich genutzten Regionen des Mittleren Westens und der nordwestlichen Küstenzone überwiegt die weiße Bevölkerung. Besonders ausgeprägt ist die Dominanz der Weißen im Mormonen-Staat Utah. Das nördliche Kalifornien, insbesondere der Ballungsraum der Bay-Area um San Francisco, zeichnet sich durch ein mosaikhaftes Nebeneinander asiatischer, schwarzer und weißer Bewohner aus. Der Südwesten wiederum steht stark unter hispanischem Einfluß, der durch – häufig illegale – Zuwanderung aus Mexiko unaufhaltsam weiter anwächst.

Bis in die vergangenen Jahrzehnte wanderten Europäer ein, die sich, selbst wenn sie zunächst der englischen Sprache nicht mächtig waren, sehr schnell der amerikanischen Lebensweise anpaßten und sich mit ihrer neuen Heimat identifizierten. Das einigende Band des *American way of life,* das ein mehr oder minder friedliches Zusammenleben zu garantieren schien, droht allerdings brüchig zu werden, da sich die Herkunft der Einwanderer gewandelt hat. Nicht mehr aus Europa strömen heute die Menschen in die USA, sondern vorwiegend aus Lateinamerika und Asien. Diese neuen Einwanderer zeigen weit weniger Bereitschaft, ihre Traditionen aufzugeben und sich dem angloamerikanischen Kulturmuster zu unterwerfen. Im Gegenteil, im Süden der USA, zwischen Florida und Kalifornien, hat bereits eine selbstbewußte Latinisierung eingesetzt, die das anglo-amerikanische Element zunehmend verdrängt und einen eigenständigen Kulturraum heranwachsen läßt.

Seit ihrer Ankunft im 19. Jh. haben die vor allem in den Chinatowns der Westküste lebenden Chinesen an ihren Lebensformen festgehalten, wurden aber aufgrund ihrer vergleichsweise geringen Zahl nicht als ›Gefahr‹ für die dominierende angelsächsische Kultur angesehen. Seitdem jedoch Asien in vorderster Reihe der Einwandererregionen steht, richtet sich das Augenmerk verstärkt auch auf diese Gruppe, die statt Assimilierung den Weg zu einer multikulturellen Gesellschaft propagiert und praktiziert.

Die schwarzen US-Bürger, deren Vorfahren im Gegensatz zu allen übrigen Einwanderern unfreiwillig kamen, wurden trotz der Bürgerrechtsbewegung in den 60er Jahren nie vollends in die Gesellschaft integriert. Zwar sind viele soziale und politische Barrieren gefallen, die Diskriminierung der Afro-Amerikaner, die einen überproportionalen Anteil an Arbeitslosen und Sozialhilfeempfängern stellen, ist jedoch geblieben. Wie die Los Angeles Riots 1992 zeigten, bestehen auch starke Spannungen zwischen ›alten‹ und ›neuen‹ Minderheiten. Nach dem rassistischen Fehlurteil eines Bezirksgerichts in der südkalifornischen Metropole hatten schwarze Jugendliche vor allem Geschäfte und Häuser von koreanischen Zuwanderern zerstört. Die wachsende Intoleranz und Diskriminierung der Nationalitäten untereinander spiegelt sich auch in den jugendlichen Straßenbanden der Großstädte wider, die sich, streng national getrennt, bis aufs Blut befehden.

Es mag zwar unmöglich sein, den Typus ›des Amerikaners‹ zu konkretisieren, einige charakteristische Denkschemen und Lebensweisen lassen sich dennoch herausfiltern. »I have a dream« – »Ich habe einen Traum«: Das Bekenntnis des Martin Luther

In der Chinatown von San Francisco

King, des schwarzen Bürgerrechtlers, 1964 zum Motto seiner Rede vor dem Lincoln Memorial in Washington erhoben, war weit mehr als der Kunstgriff eines Predigers, die Aufmerksamkeit der Gemeinde zu erhalten. Die Worte, ebenso sorgfältig gewählt wie der Ort, ähnelten einer Beschwörungsformel, erinnerten sie doch an den *American dream*, den wohl jeder Amerikaner träumt. Seit je zieht sich der Wunsch nach der Verwirklichung des ›amerikanischen Traums‹ unübersehbar wie ein roter Faden durch die Geschichte des Landes. Ohne ihn hätten nicht Tausende von Unzufriedenen, Verfolgten und Glücksrittern ihre europäische Heimat verlassen, wären nicht die Trecks der Planwagen immer weiter nach Westen gerollt. Hinter dem Schlagwort *American dream* verbirgt sich die feste Überzeugung, durch eigenes Streben soziale Anerkennung und materiellen Besitz zu erlangen. Und daß dies nicht nur ein Traum ist, sondern immer wieder zur Realität wird, beweisen unzählige Biographien, die dem märchenhaften Muster ›vom Tellerwäscher zum Millionär‹ folgen.

»Millionen Menschen marschieren zur gleichen Zeit dem gleichen Horizont entgegen; ihre Sprache, ihre Religion, ihre Sitten sind unterschiedlich, doch ihr Ziel ist das gleiche«, schrieb Alexis de Tocqueville um das Jahr 1835, der Graf aus der Normandie, der die noch jungen USA genau beobachtete und seine geradezu prophetischen Schlüsse zog. Die von ihm aufgezeigte Dynamik ist geblieben, genährt vom Glauben an

Die Frontier

Eine fast mythische Kraft geht von dem Begriff *frontier* – Grenze – aus, der zum Leitmotiv für die Besiedlung des Westens wurde. Die Frontier-Zeit setzte für den Westen der USA 1803 ein, als Präsident Jefferson eine Expedition zur Erkundung der von den Franzosen neu erworbenen Gebiete westlich des Missouri aussandte.

Definiert war die *frontier* als Grenzlinie zu einem mit weniger als zwei Personen pro Quadratmeile besiedelten Landstrich. Mit der vollständigen Besitzergreifung des Landes büßte der Begriff zwar seinen geographischen Bezug, nicht aber seinen Inhalt ein. *Frontier* ist noch immer gleichbedeutend mit Herausforderung und Besinnung auf ein gemeinsames, stolzes Erbe. Ganz bewußt bediente sich Präsident Kennedy Anfang der 60er Jahre anläßlich seiner Antrittsrede in populistischer Manier des emotionalen Inhalts, als er die Bürger auf eine *new frontier* einschwor.

Eine ungeheure Faszination ging einst von dieser sich immer weiter westwärts schiebenden Grenze aus, versprach sie doch Freiheit und Reichtum und damit die Verwirklichung des amerikanischen Traums. Die Gazetten des Ostens waren voller unglaublicher Geschichten, etwa vom berühmten Waldläufer Davy Crockett, der so gut schießen konnte, daß die Waschbären freiwillig von den Bäumen stiegen, wenn sie ihn nur sahen. In unzähligen Romanen wurde die *frontier* mystifiziert und romantisiert, bis heute hat sie ihre Faszination nicht verloren. Die Western-Filme, die Erzählungen von Mark Twain, James Fenimore Cooper und Jack London und nicht zuletzt die Zigarettenwerbung unserer Tage mit so verheißungsvollen Forderungen wie »Go West« halten den Mythos *frontier* am Leben. Sie verdecken allerdings auch die Realität jener Tage, mit der sich die US-Amerikaner noch heute nur ungern konfrontiert sehen.

Mag sich das entbehrungsreiche Leben auf den gefährlichen Trecks entlang der Oregon-, Santa-Fe- oder California Trails noch als heroische Leistung darstellen lassen, für die systematische Ausrottung der Tierwelt, vor allem aber die Dezimierung der indianischen Urbevölkerung wird sich aus heutiger Sicht kaum eine Rechtfertigung finden lassen. Die ständige Auseinandersetzung zwischen ›friedlichen‹, in ihren Planwagen westwärts ziehenden Siedlern und ›blutrünstigen‹ Indianern, früher unermüdlich in Filmen und Comic-Heften in Szene gesetzt, gehört übrigens in den Bereich der Legende. Nicht mehr als 362 Weiße und 426 Indianer sollen in den zwei Jahrzehnten vor dem Bürgerkrieg bei Auseinandersetzungen auf den *trails* ihr Leben verloren haben. Am Untergang des ›Roten Mannes‹ trägt vor allem die Armee Schuld, die gewaltsam den Weg nach Westen öffnete und so die *frontier* Stück für Stück dem Pazifik entgegenschob.

Der Weg zum Ozean war politisch geebnet, als Mexiko nach dem verlorenen Krieg 1846/47 weite Gebiete des Westens, darunter auch Kalifornien, an die USA abtreten mußte. Der kurz darauf ausbrechende Goldrausch und die Fertigstellung der transkontinentalen Bahnverbindung in den 70er Jahren (vgl. S. 159 f.) taten ein übriges, die *frontier* zu überspringen und schließlich völlig zu verwischen. Die Grenzlinie zwischen der anglo-amerikanischen und der indianischen Kultur verläuft seither entlang der Reservate.

die noch immer ›unbegrenzten Möglichkeiten‹, die es zu nutzen gilt.

Die Suche nach dem Neuen ist fast zur fixen Idee geworden, das Vorwärtsstreben zum Lebensziel. Nicht von ungefähr wurde der Schaukelstuhl, der auch während der Phase des Ausruhens Bewegung ermöglicht, in den USA erfunden – von keinem Geringeren als Benjamin Franklin. Daß diese Orientierung auf die Zukunft den Blick für die Vergangenheit trübt, liegt nahe. Gern werden Tatsachen verdrängt oder gefärbt, die sich so gar nicht mit dem Mythos von ›Gottes eigenem Land‹ vereinbaren lassen.

Eine herausragende Rolle in der Ausformung der amerikanischen Gesellschaft spielte die Religion. Die ersten Siedler, die in der Neuen Welt Zuflucht fanden, waren beseelt vom Gedanken, ein neues Jerusalem zu schaffen, einen Staat christlicher Tugend und Ordnung. Es folgten holländische Juden und englische Katholiken, die einträchtig, wenn auch räumlich getrennt, nebeneinander lebten. Der den christlichen Religionen innewohnende Missionsgedanke übertrug sich auch auf die Politik. Noch heute haben religiöse Anspielungen selbst in den Reden ›seriöser‹ Politiker ebenso ihren Platz wie die Vision vom friedlichen Gottesstaat, in dem alle Menschen in Glück und Eintracht leben – Europäern mag das zuweilen befremdlich erscheinen. Der so streng befolgte Grundsatz der Glaubensfreiheit hat zu einer schier unübersehbaren Vielzahl von religiösen Strömungen ge-

Typisch amerikanisch?

führt, in der tiefe Frömmigkeit und Bigotterie ebenso ihren Platz haben wie Sektierertum und kommerzielle Interessen – etwa der millionenschweren Fernsehprediger.

Mögen die USA in Wissenschaft und Technik auch nach den Sternen greifen, ihr Moralkodex zeigt, daß sie noch immer fest im Traditionalismus ihrer englischen Urheimat verwurzelt sind. Religiöse Gruppen haben in allen öffentlichen und vielen privaten Belangen ein gewichtiges Wort mitzureden, wenn es um die Bewahrung der ›Sitten‹ geht. Ohne sie wäre die Prohibition in den 20er Jahren nicht durchzusetzen gewesen und die weitverbreitete Prüderie nicht noch immer ein von Europäern belächelter Anachronismus – etwa das Verbot schulterfreier Kleidungsstücke in einigen Südstaaten.

Die bunten Plakate der Reiseunternehmen und die Selbstdarstellung in den Medien könnten leicht den Blick für die Realität trüben. Schon längst sind die USA nicht mehr das Land der unbegrenzten Möglichkeiten, das leuchtende Vorbild jenseits des Atlantik. Über 13% der Bevölkerung und gar 40% der Haushalte mit Kindern (in der Bundesrepublik 18%) leben unterhalb der Armutsgrenze, fast jeder zehnte US-Bürger ist auf staatliche Lebensmittelmarken angewiesen, 8 Mio. Arbeitnehmer sind ohne Job, und jede vierte amerikanische Stadt steht vor dem Bankrott.

Staat und Verwaltung

Die Vereinigten Staaten sind eine Präsidialrepublik mit bundesstaatlicher Verfassung, bestehend aus 50 Staaten und dem District Columbia (D.C.), in dem die Hauptstadt Washington angesiedelt ist. An der Spitze des Staates steht der Präsident, der die Mitglieder seines Kabinetts ernennt. Das Parlament besteht aus den beiden Kammern *Senate* und *House of Representatives.* Die 100 Senatsmitglieder werden alle sechs Jahre neu gewählt (jeweils ein Drittel alle zwei Jahre), die 435 Abgeordneten des Repräsentantenhauses alle zwei Jahre. Den Vorsitz des Senats führt der *Speaker*, den des Repräsentantenhauses der Vizepräsident der USA.

Der Präsident der USA wird für eine Amtsdauer von vier Jahren gewählt, er darf höchstens acht Jahre an der Spitze des Staates stehen. Bei Vorwahlen, den *primaries,* wählen registrierte Parteimitglieder unter mehreren Kandidaten denjenigen aus, den sie in das Rennen um die Präsidentschaft schicken wollen. Der Sieger der *primaries* wird dann offiziell auf einem Parteitag als Präsidentschaftskandidat bestätigt. Am Wahltag, der alle vier Jahre im November stattfindet, entscheiden die stimmberechtigten Bürger nur indirekt über die Präsidentschaft. Jeder Staat erhält entsprechend seiner Vertretung im Kongreß eine festgelegte Zahl von Wahlmännern. In einem eher symbolischen Urnengang geben diese Wahlmänner ihre Stimmen dann für denjenigen Kandidaten ab, für den sich die Mehrheit der Wähler in ihrem Bundesstaat entschieden hat.

Durch sein Vetorecht hat der Präsident erhebliche Macht über den Kongreß und damit auf die Gesetzgebung des Landes. Überdies ist er dem Kongreß gegenüber nicht verantwortlich und kann nur bei Rechts- und Verfassungsvergehen auf dem Wege der Anklage durch das *Impeachment*-Verfahren abgesetzt werden, bei dem das Repräsentantenhaus als Ankläger, der Senat als Gericht fungiert. Gestärkt wird seine Position noch durch den Oberbefehl über die Streitkräfte.

Obwohl die Vereinigten Staaten ein Mehrparteiensystem erlauben, dominieren die beiden großen Gruppierungen Republican Party und Democratic Party das politische Geschehen in den USA. Seit 1853 entstammen auch alle Präsidenten der USA einer dieser beiden Parteien. Zu den kleinen politischen Vereinigungen zählen die ultrakonservative America First Party, die People's Party, die sich vor allem für die Belange der Farmer einsetzt, und die Prohibition Party, die gegen den Alkoholkonsum zu Felde zieht. Die Kommunistische Partei ist seit 1954 verboten. Im Gegensatz zu Europa stützen sich die amerikanischen Parteien nicht auf feste Mitgliedsbeiträge, sondern finanzieren sich vornehmlich aus Spenden.

Eine wichtige Rolle im politischen Alltag spielt der Oberste Gerichtshof *(Supreme Court)*, der die Aufgaben des höchsten Bundesgerichts und des Verfassungsgerichts wahrnimmt.

Die Bundesstaaten verfügen über weitgehende Selbstbestimmung mit eigenem Parlament, das bis auf jenes von Nebraska ebenfalls zwei Kammern aufweist. An der Spitze steht der Gouverneur, der im Gegensatz zum Präsidenten vom Volk direkt gewählt wird. Die einzelnen Staaten genießen eine größere Unabhängigkeit als die damit vergleichbaren Bundesländer unserer ebenfalls föderalistisch strukturierten Bundesrepublik, geraten jedoch zunehmend unter den Einfluß bundesstaatlicher Kompetenzen. Jeder Bundesstaat ist in unterschiedlich große *counties* aufgeteilt (in Neu-England *townships* genannt), deren Zahl insgesamt 3049 beträgt.

— Städte und Landschaften

im Westen der USA

Steckbrief

KALIFORNIEN

Postalisches Kürzel: CA
Größe: 411 015 km^2, 15 % größer als die BRD
Hauptstadt: Sacramento, 370 000 Einwohner
Bevölkerung: 30 Mio. Einwohner
Wirtschaft: Tourismus, High-Tech-Industrie, Agrarerzeugnisse
Beiname: The Golden State (Der goldene Staat)
Staatsmotto: Eureka (Ich hab's gefunden)
Symbole: Goldmohn (Golden Poppy), Schopfwachtel, Mammutbaum (Sequoia)
Besonderheiten: An allen Landesgrenzen werden mitgebrachte Tiere, Früchte und Pflanzen vom State Department of Food and Agriculture auf ihre Unbedenklichkeit hin überprüft
Information California Office of Tourism, 801 K St., Suite 1600, Sacramento, CA 95814, ✆ 916-322-0972, Fax 916-322-3402
Verkehrsverbindungen: Mit dem Flugzeug zahlreiche Verbindungen vor allem über Los Angeles und San Francisco; weitere Inlandsflüge von und nach San Diego; mit der Eisenbahn: Amtrak-Züge auf der Route Seattle – San Diego fahren entlang der Westküste; mit dem Bus: ausgedehntes Netz der Greyhound-Gesellschaft
Reisezeit: Ende März bis Ende Okt. mit Einschränkungen durch Hauptsaison und Ferienzeit von Ende Mai bis Anfang Sept. Im Winter Regen im Tiefland, Schnee in der Sierra Nevada. Schließung der Pässe von Nov. bis Mai
Unterkunft: Es gibt ein breit gefächertes Angebot an Hotels und Motels. Zunehmender Beliebtheit erfreuen sich Privatunterkünfte; eine Adressenliste erhält man von Bed & Breakfast Int'l, P. O. Box 28 29 10, San Francisco, CA 94128-2910, Fax 415-696-1690; staatliche und private Campingplätze überall im Land

Kalifornische Wüstenlandschaft

Naturraum

Kalifornien gliedert sich von Norden nach Süden in sechs landschaftliche Hauptgruppen: den hohen Norden, die Nordküste, das Goldland, das Weinland, die zentrale Küste und den wüstenhaften Süden. Von Westen nach Osten wird Kalifornien in vier landschaftliche Regionen unterteilt: das Küstenvorland, das Küstengebirge, das kalifornische Längstal und die Sierra Nevada. Sie alle sind Teil der Kordillere, des mächtigsten Faltengebirges der Erde, das sich von Alaska bis nach Feuerland erstreckt.

Das Küstengebirge, die Coast Range, besteht aus bis zu 2135 m hohen Bergzügen und parallel dazu verlaufenden Furchen und Tälern. Berüchtigste unter den Hunderten von Verwerfungen ist der San Andreas-Graben, die Bruchlinie zwischen pazifischer und nordamerikanischer Platte, die den Staat in seiner ganzen Länge durchzieht und für ständige Erdbebengefahr sorgt.

Das sich anschließende kalifornische Langstal, auch Central Valley oder Great Valley genannt, eine etwa 700 km lange und durchschnittlich 80 km breite, mit fruchtbarem Schwemmaterial aufgefüllte Senke zwischen Coast Range und Sierra Nevada, wurde zu einer der landwirtschaftlich bedeutendsten Regionen der USA. Die dabei äußerst ungünstige Lage im Regenschatten des Küstengebirges wird durch aufwendige künstliche Bewässerung ausgeglichen.

Die Sierra Nevada und weiter nördlich das Kaskadengebirge, ein alpines Rumpfgebirge mit sanfter Abflachung im Westen und steiler Bruchkante im Osten, beschert Kalifornien mit dem 4418 m hohen Mount Whitney die höchste Erhebung der USA außerhalb von Alaska. Nur noch wenige Restgletscher zeugen hier von der letzten Eiszeit. Jenseits der Sierra-Barriere beginnen die wüstenhaften Bergzüge und Becken des Great Basin, einer nordsüdlich ausgerichteten Hoch- und Tiefschollenlandschaft.

Geschichte

Im Jahre 1542/43 entdeckte Juan Rodriguez Cabrillo, portugiesischer Seefahrer im Dienste der spanischen Krone, die kalifornische Küste und nahm das Land für seinen König in Besitz. Man nannte es California in Anlehnung an einen Trivialroman des 15. Jh., in dem es um eine märchenhafte Insel gleichen Namens voller Schätze ging. Gleichwohl fand Cabrillo kein Gold, die Triebfeder spanischer Kolonisierung, und so ließ die planmäßige Besiedlung noch bis zur Mitte des 18. Jh. auf sich warten. Dann erst begann der Franziskanermönch Junipero Serra zur Bekehrung der Indianer entlang des späteren Camino Real, des Königswegs, eine Kette von 21 Missionsstationen zu errichten.

Als Mexiko 1821 seine Unabhängigkeit von Spanien erlangte, wurde Kalifornien mexikanische Provinz. Bei der nun folgenden Säkularisierung verloren die Missionen ihren Landbesitz, der zumeist an die Oberschicht vergeben wurde, so daß riesige Landgüter entstanden, die *ranchos.* Im Jahre 1846 hißte eine kleine Gruppe unzufriedener amerikanischer Siedler in Sonoma eine neue Flagge und rief die unabhängige Kalifornische Republik aus. Unterdessen hatte der amerikanisch-mexikanische Krieg begonnen, und nach nur dreiwöchiger Unabhängigkeit wurde die junge Republik von den USA annektiert.

Mit dem Frieden von Guadalupe Hidalgo mußte Mexiko 1848 ein Drittel seines Territoriums, darunter Kalifornien, an die USA abtreten. Im gleichen Jahr wurde in Coloma am American River Gold gefunden und damit ein Goldrausch ausgelöst, der die Entwicklung des Staates nachhaltig beeinflussen sollte. Hunderttausende von Abenteurern aus ganz Amerika und Europa, die sogenannten *Fortyniners,* machten sich zu Wasser und zu Lande auf den Weg zu den vermuteten Goldfeldern in Kalifornien, dessen Bevölkerung von etwa 15 000 in kurzer Zeit auf über 250 000 hochschnellte. Damit hatte sich das Territorium für die Aufnahme in die Union qualifiziert – 1850 trat es dem Bund als 31. Staat bei. Zur Hauptstadt hatte man zunächst San Jose erkoren, dann Vallejo und Benicia und endlich Sacramento. Nach dem Goldrausch folgte der Run auf Silberminen, was vor allem im Osten und im angrenzenden Nevada zur Besiedlung und dem Ausbau der Infrastruktur führte.

Wie überall in den USA sorgte der Eisenbahnbau für Wachstumsimpulse auch in Kalifornien. Billige Arbeitskräfte waren Einwanderer aus Japan und China. Die Fertigstellung der Central Pacific Railroad ermöglichte im großen Stil die Kultivierung von Obst, vor allem Orangen und Pfirsichen, da diese verderblichen

Goldgräber in Kalifornien, historische Darstellung aus dem 19. Jh.

Waren nun schnell die großen Märkte im Osten erreichen konnten.

Um die Jahrhundertwende brachte in Los Angeles entdecktes Erdöl und wenig später die einsetzende künstliche Bewässerung des kalifornischen Längstals durch den Owens-Aquädukt wirtschaftlichen Auftrieb. Auch der Umzug der Filmindustrie nach Hollywood fiel in diese Zeit. Die Weltwirtschaftskrise führte 1929 zum Zusammenbruch vieler Unternehmen und zu großer Arbeitslosigkeit, was durch Zuwanderungen von bankrotten Farmern aus dem Mittleren Westen noch verschärft wurde; Raubbau an der Natur und fehlende Kenntnisse über Bodenkultivierung hatten dort zu verheerenden Staubstürmen geführt. Vor allem zahlreiche Farmer aus dem Staat Oklahoma, die *Okies*, hatten ihre Farmen aufgeben müssen und strömten nun vermehrt nach Kalifornien.

Das Image des reinen Agrarlands konnte Kalifornien nach dem Zweiten Weltkrieg ablegen, als es gelang, in der Nähe von San Francisco ein Elektronik-Zentrum zu schaffen, das bald in der ganzen Welt als Silicon Valley Berühmtheit erlangte.

Schnell aufkommender Wohlstand, dazu ein stets frühlingshaftes Klima, die landschaftliche Schönheit zwischen Pazifik und Sierra Nevada, Städte wie San Francisco und Los Angeles zogen auch in der Nachkriegszeit viele Menschen an und machten Kalifornien zu jedermanns Lieblingsstaat. Erst in jüngster Zeit scheint diese Faszination gebrochen, wandern immer mehr Alteingesessene wegen steigender Kriminalität, chronischen Wassermangels, teurer Umweltauflagen, hoher Lebenshaltungskosten und in schwindelnde Höhe getriebener Immobilienpreise ins benachbarte Oregon ab.

Seit Menschengedenken müssen die Kalifornier mit der Erdbebenangst leben, da entlang der pazifischen Küste zwei treibende Erdplatten aufeinandertreffen und die San Andreas-Verwerfung bilden. Im Jahre 1906 erschütterte ein Erdstoß der Stärke 8,3 auf der Richterskala San Francisco, das daraufhin bei einem Großbrand vier Fünftel der Bebauung einbüßte. Auch spätere Zeiten brachten immer wieder neue Erschütterungen und teils schwere Schäden, die sich zuletzt 1989 auf Downtown San Francisco und 1994 auf L.A.'s Autobahnen konzentrierten. Doch *The Big One,* das alles verschlingende Erdbeben, wird wohl alles in den Schatten stellen.

San Francisco und Umgebung

Wie keine zweite Stadt in den USA und nur wenige andere in der Welt erweckt San Francisco Begeisterung bei den Besuchern. Die Faszination liegt in der malerischen Lage auf über 40 Hügeln zwischen Bay und Pazifischem Ozean, in der überschaubaren Größe und nicht zuletzt am kosmopolitischen Flair der internationalen Bewohner. Als Wahrzeichen überspannt seit 1937 die Golden Gate Bridge die Einfahrt zur Bucht gleichen Namens, das Goldene Tor, das sich zum Golden State (Beiname) und zur Golden Poppy (Staatsblume) gesellt und an das kostbare Edelmetall erinnert, dem Kalifornien so viel verdankt.

Die Annalen der Stadt hätten schon 1542 begonnen werden können, wären dem Seefahrer Juan Rodriguez Cabrillo auf seiner Reise zur Meerenge von Anian nur die Elemente gewogen gewesen; doch so blieb die Bucht hinter einer dichten Nebelwand verborgen – Wetterbedingungen, wie sie auch heute noch gang und gäbe sind. Mag sein, daß 1579 Sir Francis Drake, Seeräuber und Kapitän im Dienste ihrer Majestät der Königin von England, mit seiner »Golden Hind« in der Bucht Anker geworfen hatte, fest steht, daß den Spaniern erst von Land die günstige Lage auffiel, was sie 1776 durch den Bau der Missionsstation San Francisco de Asis – heute bekannt als Mission Dolores – dokumentierten. Dann vergingen weitere 60 Jahre, bis eine Handvoll Siedler im Schatten der Mission ihre Blockhütten bauten und den Ort Yerba Buena (gutes Kraut) nannten.

Bis 1848 verlief das Leben der wenigen weißen Siedler in gemächlichen Bahnen, dann überschlugen sich die Ereignisse. In diesem Jahr fiel Kalifornien an die USA, und am American River nahm der Goldrausch seinen Lauf. Über Nacht dampften nun immer neue Schiffe in die Bucht mit goldhungrigen Abenteurern aus aller Welt, die, kaum an Land, als erstes ihre Zelte aufbauten. Bald glich die Stadt einem riesigen Lager, Spielhöllen und Bordelle schossen wie Pilze aus dem Boden.

Der Zustrom von Glücksuchenden sollte bis heute nicht versiegen,

Bridge walk auf der Golden Gate Bridge

LANES

denn »diese goldene und weiße Akropolis, die sich«, wie John Steinbeck schrieb, »Welle um Welle gegen den blauen Pazifikhimmel hebt«, hat seither nichts von ihrer Anziehungskraft verloren. Noch immer vermuten viele dort das Paradies, obwohl, wie jeder weiß, man eher auf einem Pulverfaß sitzt, verläuft doch mitten durch die Bay die San Andreas-Spalte, die oft genug schon Beweise ihrer Zerstörungskraft geliefert hat.

San Francisco läßt sich gut zu Fuß erkunden, Parkplätze dürften gar nicht oder nur für teuer Geld zu finden sein. Die Orientierung wird durch das Schachbrettmuster, das in etwa nord-südlich bzw. west-östlich verläuft, leicht gemacht. Als Downtown gilt das Gebiet zwischen Northern Waterfront mit Fisherman's Wharf, dem Financial District mit zahlreichen Wolkenkratzern, South of Market Street (SOMA) und Japan Town. Die bekanntesten Sehenswürdigkeiten sind in diesem Dreieck versammelt. Die grüne Lunge der Stadt, der Golden Gate Park, schließt sich im Westen an.

Als weltweite Besonderheit haben sich aus den Kindertagen der Motorisierung die Cable Cars erhalten, die nach wie vor bei der Bewältigung der achterbahnartigen Straßen von San Francisco gute Dienste leisten und von Einheimischen wie Touristen gern genutzt werden.

Das Herz von Downtown schlägt am **Union Square** (1), einer kleinen Grünanlage mit Blumenrabatten, Palmen und vielen Parkbänken, unter der sich eine Tiefgarage verbirgt. Seinen Namen erhielt der Platz von Demonstrationen, die dort während des amerikanischen Bürgerkriegs zugunsten der Nordstaaten stattfanden. Dicht beisammen drängen sich hier über 30 Hotels, vornehme Kaufhäuser, teure Boutiquen und Galerien.

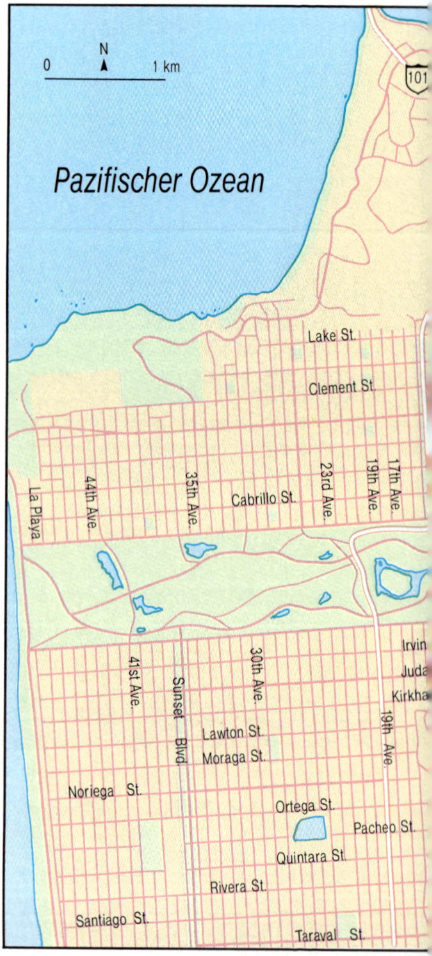

San Francisco 1 Union Square 2 Chinatown 3 Financial District 4 Coit Tower 5 Fisherman's Wharf 6 Civic Center 7 Mission Dolores 8 Twin Peaks 9 Golden Gate Park 10 Alamo Square

Musikanten, Happenings, Straßentheater und ethnische Feste sorgen für Abwechslung, und auch heute noch machen gelegentlich Demonstranten auf ihre Anliegen aufmerksam. In dieses bunte Bild mischen sich – ähnlich wie vor der City Hall – Bettler und Obdachlose. Die etwa 30 m hohe Granitsäule auf dem Platz erinnert an den Sieg von Admiral Dewey im Jahre 1898 über die spanische Flotte in der Bucht von Manila.

Vier Blocks nördlich schließt sich zwischen Van Ness und Sansome Streets sowie Bay Street South und California Street die mit annähernd 100 000 Chinesen größte chinesische Gemeinde außerhalb Asiens an: **Chinatown** (2). Wer das Drachentor mit den grünen Kacheln (Bush St. und Grand Ave.) durchschreitet, befindet sich in einer exotischen Welt, der offenbar nichts ferner liegt als die USA. In den Auslagen der Läden findet

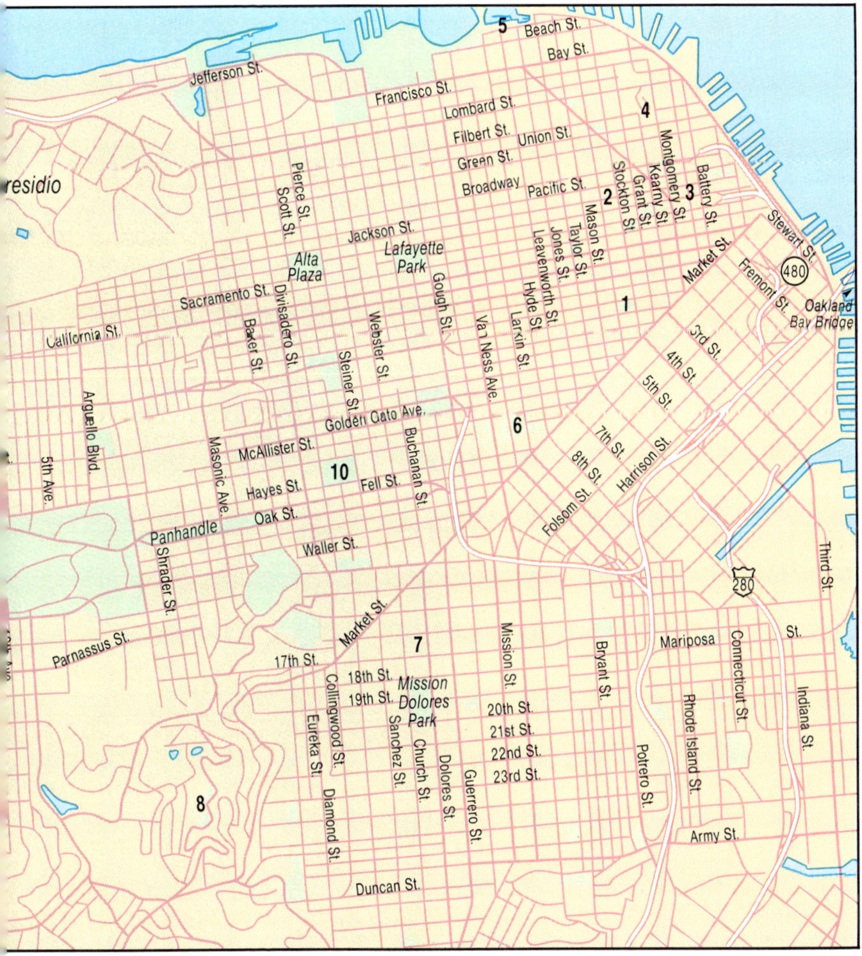

FAR EAST
CUISINE
WALK

man Lackenten und Trockenfisch neben Ständen mit fernöstlichen Kräutern und Gewürzen. Delikatessengeschäfte reihen sich an Metzgereien, buddhistische Tempel, Restaurants und Plunder-Shops. Souvenirs made in Taiwan liegen neben solchen aus der Volksrepublik China oder Hongkong. Flatternde Spruchbänder mit chinesischen Schriftzeichen überspannen die Straße – außer den zahlreichen Touristen scheinen nur wenige des Englischen mächtig.

Wie eine gläserne Wand recken sich am östlichen Rand von Chinatown die Wolkenkratzer des **Financial District** (3) mit dem Zentrum in der Montgomery Street in den Himmel und dokumentieren, daß gegen die ›Manhattisierung‹ der amerikanischen Städte wohl kein Kraut gewachsen ist. Als Blickfang gehört seit 1972 die 280 m hohe Transamerica Pyramide als zweites Wahrzeichen von San Francisco zur Skyline der Stadt, und niemand kann sich heute mehr vorstellen, daß die eigenwillige Form einmal stark umstritten war. Auf der 27. Etage befindet sich eine Aussichtsplattform (Mo–Fr 8–16 Uhr).

Nördlich der Betonschluchten der Finanzwelt, auf dem Telegraph Hill, widmete Lili Coit eingedenk ihrer Errettung aus einem brennenden Hotel den 70 m hohen **Coit Tower** (4) verunglückten Feuerwehrleuten. Von der Aussichtsterrasse bietet sich ein schöner Blick auf die futuristisch anmutenden Hochhäuser des Financial District, aber auch auf die beiden Brücken Golden Gate und Oakland Bay Bridge. Im Turm sollte man sich die Wandmalereien ansehen, die Stil und Geist des berühmten mexikanischen Muralisten Diego Rivera wiedergeben und bei ihrer Fertigstellung 1930 wegen sozialkritischer Darstellungen für gehörigen Wirbel gesorgt hatten. Erst nach ihrer ›Entschärfung‹ erhielt die arbeitende Bevölkerung, der die Fresken ausdrücklich gewidmet waren, Zugang.

Vom Telegraph Hill erreicht man weiter nördlich am Ende des Embarcadero **Fisherman's Wharf** (5) zwischen Pier 39 und 45, wo schon lange nicht mehr gefischt wird – jedenfalls nicht nach Meeresfrüchten, sondern nach dem Geld der Besucher. Aus der beschwerlichen Fischerei entwickelte sich dort nach dem Zweiten Weltkrieg die größte Touristenattraktion von San Francisco, obwohl es eigentlich nichts wirklich Aufregendes zu sehen gibt und die einstige Hafenatmosphäre längst dem Kommerz zum Opfer fiel. Vielmehr erinnert alles an ein immerwährendes Straßenfest mit viel Tingeltangel, allen Arten von Imbißständen und Straßencafés, mit Fischrestaurants, Souvenirläden und umherziehenden Straßenkünstlern.

Ein wenig mehr Ruhe findet man in den Seitenstraßen um The Cannery, einer ehemaligen backsteinernen Konservenfabrik, in die heute Boutiquen und Cafés eingezogen sind. Dies ist auch der Platz, wo zum Teil hochtalentierte Künstler – Musiker, Maler, Akrobaten – den Passanten ihr Können unter Beweis stellen.

Von Pier 41 legen alle 45 Minuten kleine Boote des Red & White Fleet

Chinatown im Abendlicht

Wandmalerei im Mission District ▷

EL FARO
MEXICAN FAST FOODS
MISSION STREET
20th
FOLSOM

Ferry Service ab zu einem zweistündigen Rundgang auf der berühmt-berüchtigten ehemaligen Gefängnisinsel **Alcatraz** (spanisch für Pelikan), die mit dem legendären Gangsterboß Al Capone ihren prominentesten ›Gast‹ verwahrt hatte, ehe sie 1963 vor allem aus Kostengründen aufgegeben wurde. Zwischen 1969 und 1971 geriet die Insel noch einmal in die Schlagzeilen, als sie von Indianern besetzt wurde, die auf ihre Situation aufmerksam machen wollten. Während der Ferienzeit sind Kartenvorbestellungen unerläßlich (Ticketron, P.O. Box 26430, ✆ 415-546-2896). Aber auch weniger gruselige Bootsausflüge hinaus auf die Bay und unter der Golden Gate-Brücke hindurch starten vom Pier 41.

Südwestlich des Union Square, erreichbar über die Market Street, die San Francisco von der Bay bis zu den Twin Peaks diagonal durchzieht und das ebenmäßige Raster durchbricht, beginnt das **Civic Center** (6) mit den Verwaltungsgebäuden der Stadt, unter denen die Kuppel der City Hall nicht nur architektonisch hervorragt. Unverkennbar stand der Petersdom im Rom Pate, und nur erlesene Baumaterialien fanden Verwendung: Marmor aus Tennessee und Kalkstein aus Indiana. Vor dem goldverzierten Portal und unter den Augen der Stadtväter haben sich seit geraumer Zeit in den Grünanlagen Obdachlose ›häuslich‹ eingerichtet.

San Franciscos Wiege steht im Mission-Viertel südöstlich der Market Street (16th und Dolores Sts, tägl. 9–16 Uhr), verkörpert durch die kleine **Mission Dolores** (7). Im Jahre 1776 als San Francisco de Asis errichtet, erhielt sie später den Namen eines benachbarten einstigen Sees. Daß der Sakralbau bisher alle Erdbeben überstand, spricht für die Solidität der in traditioneller Holz-Lehm-Stroh-Technik errichteten Mauern. Nachträglich folgte ein Zementüberzug, um die Adobe-Mauern vor Verwitterung zu schützen. Bei der Ausschmükkung des Innenraums übten sich die Bauherren in Bescheidenheit, künstlerisch herausragend sind nur die Deckenverzierungen. Im angrenzenden Friedhof fanden vermutlich über 5000 Indianer ihre letzte Ruhestätte; die meisten von ihnen starben an Seuchen, die mit der neuen Heilslehre von Missionaren ins Land getragen wurden.

Wer der Market Street noch weiter südwestlich folgt, kann den Serpentinenweg hoch zu den **Twin Peaks** (8) nehmen, ein Ausflug, der nach Sonnenuntergang durch einen der schönsten Blicke über die Stadt bis hin zum Financial District und auf die Bay belohnt wird.

Die nördliche Weiterfahrt von den Twin Peaks in die Stadt hinunter führt über die 17th und Stanyan Streets ins grüne Herz von San Francisco, den **Golden Gate Park** (9). Wer auf der Suche ist nach den Ausgeflippten, Überspannten, Exzentrikern der Stadt oder nur den ›San Francisco Way of Life‹ studieren möchte, wird an Wochenenden bei schönem Wetter sicherlich fündig. Die Grünanlage zieht sich als ein Streifen von knapp 2 km Breite westlich von Japan Town 5 km weit bis zur Pazifikküste; so ist ein Auto bei einem Besuch sehr angeraten.

Die wichtigsten Sehenswürdigkeiten findet man im östlichen Teil des Parks, allen voran das viktorianische

Conservatory of Flowers im Golden Gate Park

Gewächshaus Conservatory of Flowers aus Holz und Glas, eine originalgetreue Kopie der Londoner Kew Gardens, die ihren Weg Ende der 70er Jahre des vorigen Jahrhunderts um Kap Hoorn hierher fand. Zu der ständigen Ausstellung von Orchideen und tropischen Pflanzen gesellen sich je nach Jahreszeit wechselnde Blüten-Shows. Etwa 800 m weiter westlich zeigt das M. H. de Young Memorial Museum (Mi–So 10–17 Uhr) mit Gemälden, Skulpturen und Webwaren amerikanische Kunstwerke aus allen Epochen. Breiter Raum ist auch den Völkern aus Ozeanien, Afrika und Amerika gewidmet, wie rituelle Werkzeuge, Skulpturen, Töpfer- und Webarbeiten dokumentieren.

Mit derselben Eintrittskarte kann man in einem angrenzenden Flügel das Asian Art Museum (Mi–So 10–17 Uhr) besichtigen und die Werke asiatischer Künstler bewundern. Hier ist besonders die berühmte Avery Brundage-Sammlung erwähnenswert, die mit Gemälden, Skulpturen und Keramiken in Teilen ausgestellt ist. Aber auch die Jade- und Porzellanausstellungen sollte man sich anschauen.

Gegenüber des Young Museum lädt die California Academy of Sciences (im Sommer tägl. 10–19, sonst 10–17 Uhr) zur Besichtigung eines Aquariums und eines Planetariums ein. In besonderen Räumen werden mit viel technischem Aufwand Themen wie ›Die Evolution‹, ›Wildnisse Kaliforniens oder ›Die Völker der

Welt« behandelt. Eine weitere Sehenswürdigkeit, besonders im Frühling zur Zeit der Kirschblüte, ist der Japanese Tea Garden, Relikt einer Ausstellung von 1894.

Die östliche Verlängerung des Golden Gate Park stößt nach wenigen Blocks auf die Steiner Street, die den **Alamo Square** (10) östlich begrenzt. Wenn auch Wolkenkratzer die Skyline der Stadt bestimmen, so sind es doch die alten viktorianischen Holzhäuser, die den Charme von San Francisco ausmachen. Die schönsten und immer wieder abgelichteten Exemplare, die der Großbrand von 1906 verschont hatte, findet man hier herausgeputzt und phototrächtig vor der fernen Skyline der Stadt aufgereiht.

Praktische Hinweise

Anreise mit dem Flugzeug: Nonstop-Flüge von Linien- oder Chartergesellschaften nach San Francisco, Charter auch nach Oakland. Vom San Francisco International Airport von 6 bis 23.10 Uhr Zubringerdienste zu den großen Hotels in Downtown, 20 Min.; **mit dem Zug:** Amtrak-Züge halten nur in Oakland, von dort Zubringerbusse zum Trans-Bay Busbahnhof, First und Mission Sts; **mit dem Bus:** Der Busbahnhof liegt an First und Mission Sts; **mit dem Schiff:** Ca. 25 Überseelinien und zehn örtliche Gesellschaften verkehren zwischen Embarcadero und Southern Waterfront

Am Alamo Square

Innerstädtischer Verkehr: Die U-Bahn Bay Area Rapid Transit (BART) verkehrt zwischen San Francisco und dem Osten der Bucht. Die städtischen Verkehrsbetriebe (MUNI) unterhalten ein dichtes Straßenbahn- und Bussystem (auch Cable Car), unter der Market St. fährt die Muni-Metro-Straßenbahn. Bay-Fähren verkehren nach Angel Island, Tiboron, Sausalito und Larkspur; passendes Kleingeld wird in allen Bussen und Bahnen verlangt

Information: San Francisco Convention and Visitors Bureau, Hallidie Plaza (Powell und Market Sts) untere Ebene, Mo–Fr 9–17, Sa 9–15, So 10–14 Uhr, ✆ 415-974-6900

Unterkunft: Luxus- und Erste-Klasse-Hotels: Hyatt Regency, Financial District, 5 Embarcadero Center, ✆ 415-788-1234; Westin St. Francis, Union Square, 335 Powell St., ✆ 415-397-7000; mittlere Preise: Lombard Hotel, 1015 Geary St., ✆ 415-673-5232; Marina Inn, 3110 Octavia/Lombard Sts, ✆ 415-928-1000; Days Inn, 2600 Sloat Blvd., südwestl. von Downtown, ✆ 415-665-9000; Pacific Heights Inn, 1555 Union St., in Cow Hallow, ✆ 415-776-3310; Ramada Hotel Fisherman's Wharf, 590 Bay St., an Fisherman's Wharf, ✆ 415-885-4700; Bed & Breakfast: Unterkunftsnachweise geben American Family Inn/Bed & Breakfast San Francisco, Box 349, San Francisco, CA 94101, ✆ 415-931-3083, sowie Bed & Breakfast International-San Francisco, 1181-B Solange Ave., Albany, CA 94706, ✆ 514-525-4569 oder 1-800-872-4500; preiswerte Unterkünfte: YMCA Central Branch, 220 Golden Gate Ave., ✆ 415-885-0460; Jugendherbergen: San Francisco Downtown AYH-Hostel, 312 Mason St., 1 km bis zur U-Bahn, 2 km bis zum Busbahnhof, ✆ 415-788-5604; San Francisco International AYH-Hostel Building 240, Ft. Mason, 4 km bis zum Busbahnhof, zwei bis drei Monate Vorbestellung im Sommer, ✆ 415-771-7277

Museen neben den im Text genannten: Im Ansel Adams Center, 250 4th St., ✆ 415-495-7000, Di–So 11–18 Uhr, werden in fünf verschiedenen Galerien Werke des berühmten Meisters der Photographie sowie wechselnde Ausstellungen zur Geschichte der Lichtbildnerei gezeigt; im Exploratorium, Bay und Lyon Sts, Di–So 10–17 Uhr, ✆ 415-561-0360, können Besucher an über 600 Ausstellungsstücken mit Hilfe ihrer Sinne – sehen, hören und vor allem fühlen – die verschiedenen Wissenschaften kennenlernen und begreifen; im Museum of Modern Art, McAllister St. und Van Ness Ave., ✆ 415-863-8800, Di, Mi und Fr 10–17, Do 10–19, So 11–17 Uhr, können Werke berühmter Meister wie Picasso, Matisse und Monet sowie wechselnde internationale Wanderausstellungen mit Skulpturen, Photographien und Gemälden bewundert werden

Ein kurzer Ausflug über die Golden Gate Bridge führt nach **Sausalito** (7200 Einwohner), einem Vorort von San Francisco. Auf Fischfang ist hier längst niemand mehr angewiesen, und auch die Werften, die im Zweiten Weltkrieg Hochkonjunktur hatten, sind verfallen. Statt dessen lebt man gut von den Wellen des Tourismus, der über die berühmte Brücke schwappt. Souvenirshops, Straßencafés, Boutiquen und Galerien – alle bemühen sich um die Gunst der Vorbeiflanierenden. Als Charakteristikum von Sausalito hat in der Bucht an fünf verschiedenen Stegen eine kleine Armada von Hausbooten festgemacht, teils exklusiv und teuer, teils exotisch und bizarr, teils bohèmehaft und phantasievoll.

Ziele nordöstlich von San Francisco lassen sich am schnellsten über

Im Hafen von Sausalito

die 101 North oder I-280 North erreichen, die sich auf der Oakland Bay Bridge zur I-80 vereinen. Die bald abzweigende I-980 führt südlich nach Oakland, wo 1966 die Black Panther-Bewegung gegründet wurde und das in touristischer Hinsicht kaum einen Besuch wert ist, während die I-80 nach 13 Meilen **Berkeley** erreicht, mit gut 100 000 Einwohnern eines der besten Ausbildungszentren der Vereinigten Staaten. 32 000 Studenten sind an der University of California eingeschrieben, die sich nicht nur mit Vietnam-Demonstrationen einen Namen als streitbare und liberale Hochburg machte, sondern 1964 auch mit der Free Speech-Bewegung. Damals vermochte die Studentenschaft die Frage, ob sie sich neben ihrem Studium mit Politik befassen dürfe oder nicht, gegen Rektorat und Polizei für sich zu entscheiden. Schauplatz der Versammlungen war meist die Sproul Plaza an der Kreuzung von Bancroft Street und Telegraph Avenue, das Zentrum des Campus.

Alles überragt der 94 m hohe Sather Tower, wegen seines venezianischen Vorbilds auch Campanile genannt; von der Aussichtsplattform auf halber Höhe (Aufzug 10–16.30 Uhr) bietet sich ein herrlicher Ausblick über die San Francisco Bay.

Weiter südlich auf der stets belebten Telegraph Avenue hat sich der Kommerz bevorzugt auf die Belange der Studenten ausgerichtet mit Straßencafés, Buchgeschäften, CD- und Schallplattenläden.

Die Weiterfahrt nach Nordosten führt nach 25 Meilen nach **Napa,** dem Tor zu Kaliforniens Weinland; von der I-80 geht es bis nach Vallejo und von dort über die SR 37 auf die SR 29, die als Weinstraße bekannt ist.

Das Napa Valley, dessen Name an weiches Leder erinnert – und in der Tat wurde der Qualitätsbegriff dort geprägt – genießt in Amerika den Ruf, Spitzenweine und -Sekte zu produzieren, die übrigens in den USA als *Champagne* verkauft werden, weil keine andere Vokabel dafür zur Verfügung steht. Die Güter, auf denen die edlen Rebensäfte gekeltert werden, kann man entlang des Highway 29 zwischen Yountville und Calistoga besichtigen und ihre Produkte meist gegen Bezahlung probieren. Über 2,5 Mio. Besucher aus aller Welt machen jedes Jahr davon Gebrauch, vor allem zur Weinlese im Herbst. Um dem ärgsten Touristenrummel zu entgehen, empfiehlt sich deshalb als beste Besuchszeit das Frühjahr.

Eine gemütliche Besichtigungstour durch die Weinlandschaft verhindert zumeist der hektische Straßenverkehr auf der engen Talstraße. Als Ausweg bietet sich der Napa Valley Wine Train an (1275 McKinstry St., Di–So zu wechselnden Abfahrtszeiten, Reservierung ✆ 707-253-2111 oder 1-800-522-4142), ein Bummelzug, der auf einem dreistündigen Rundweg Touristen von Napa nach St. Helena und zurück befördert; im Speisewagen werden Weinproben angeboten und je nach Tageszeit Brunch, Mittag- oder Abendessen serviert.

Fort Ross

Im Norden von San Francisco

Highway 1

Die Erkundung des Nordens von Kalifornien bedeutet für Touristen in erster Linie eine Fahrt auf der berühmten Panamericana, die ihren nördlichen Verlauf über den nicht minder berühmten Highway 1 und später den Highway 101 nimmt – 1500 km entlang einsamer und zerklüfteter Küste mit riesigen Bäumen, verträumten Städtchen und nebelverhangenen Rhododendronwäldern.

Mit **Fort Ross** kurz vor der Ortschaft Jenner am Russian River hatte Rußland sich 1812 auf amerikanischem Boden niedergelassen. Freilich waren es nur Fallensteller aus Sibirien, die im Auftrage des Zaren den zurückweichenden Pelztieren nach Süden folgen und dort auf Seeotterfang gehen wollten. Dennoch erinnert die Anlage (tägl. 10–16.30 Uhr) mit ihren Palisadenwänden und

Wehrtürmen eher an ein militärisches denn ein ziviles Unternehmen. Von den einst sieben Gebäuden – das Original-Fort fiel 1906 dem Erdbeben zum Opfer – wurden bisher nur zwei restauriert, in denen Dokumente sowie Gebrauchs- und Ausrüstungsgegenstände der damaligen Zeit ausgestellt sind. Auch die kleine russisch-orthodoxe Kapelle, das architektonisch interessanteste Gebäude, wurde mehrfach zerstört und entstand erst 1974 wieder in alter Form.

Praktische Hinweise

Unterkunft: Hotel in Bodega Bay, mittlere Preise, Inn at the Tides, ✆ 707-875-2751
Camping: Im nördl. benachbarten Salt Point State Park oder im südl. gelegenen Sonoma Coast State Beach bei Jenner

Nach 70 Meilen entlang der Küstenstraße erreicht man **Mendocino** (1000 Einwohner), ein kleines Städtchen am Pazifik, das für seine bohèmehafte Atmosphäre bekannt ist, mit viktorianischen Holzhäusern, Kunstgalerien und touristischem Kleingewerbe. Ein Heimatmuseum (Kelly House Museum, 45007 Albion St.) zeigt unter anderem Photos aus der vergangenen Holzfällerepoche.

Vom nahe gelegenen **Fort Bragg** (6100 Einwohner), dessen Entstehung wie bei den meisten Ortschaften des Nordens eng mit der Holzwirtschaft verknüpft ist, verkehrt noch eine Dampfeisenbahn aus alten Tagen: der Old 45 oder auch Skunk Express. Er schnaubt gemütlich landeinwärts nach Willits und berührt dabei auch Redwood-Wälder, die von der Straße nicht zugänglich sind.

Nach Einmündung des Highway 1 bei Legget auf die dichter befahrene US 101 verläuft die Fahrt 90 Meilen im Landesinnern. Zunächst erreicht man den **Humboldt Redwoods State Park.** Eine schmale Umgehungsstraße an dessen Ende führt zur Avenue of the Giants, einer Allee der höchsten Redwoods, zu deren Füßen man sich wie ein Zwerg fühlt. Der mit 110 m Höhe größte Baum ist im Founders Grove zu finden.

Nach knapp 50 Meilen zweigt bei der Ortschaft Fortuna eine Seitenstraße zu einem Abstecher nach **Ferndale** (1300 Einwohner) ab. Der Ort besticht durch viele restaurierte viktorianische Holzhäuser, die teilweise von skandinavischen Einwanderern im

Blick auf Mendocino

Nord-Kalifornien

19. Jh. errichtet wurden. Ob dem berühmten, etwas überladen wirkenden Gingerbread Mansion (400 Berding St., Bed & Breakfast, teuer) nun von allen die Krone gebührt, ist Geschmackssache. Doch wo sonst kann man erleben, daß Wohnhäuser und Fahrräder, im gleichen Farbton gestrichen, ihre Zusammengehörigkeit dokumentieren. Weitere historische Gebäude kann man auf einem Rundgang durch die Innenstadt von außen besichtigen; die erläuternde Broschüre dazu ist in verschiedenen Geschäften an der Hauptstraße kostenlos erhältlich.

Eureka

Zurück auf der SR 101 folgt bald die größte Stadt (27 000 Einwohner) der kalifornischen Nordküste, die den archimedischen Ausruf »Ich hab's gefunden« zu ihrem Namen erhoben hat. Eureka lebt vom Hafen an der Humboldt Bay und der Holzindustrie. Einige schöne viktorianische Herrenhäuser erinnern an jene Zeit, als mit Holz noch das große Geld gemacht werden konnte. Zu den bekanntesten Gebäuden zählen das *Carson Mansion* (Ecke M und 2nd Sts) von 1885 und schräg gegenüber *The Pink Lady*. Viele weitere viktorianische Bauten findet man in *Old Town Eureka*. Fünfstündige Besichtigungstouren (Juni bis Sept. Di und Sa 9.30 Uhr) beginnen am Gebäude der Chamber of Commerce (1062 G St.).

Redwood National Park

Erst 1968 wurde das Gebiet mit den höchsten Bäumen der Welt unter Naturschutz gestellt und damit der ›Selbstbedienung‹ der Holzindustrie ein Riegel vorgeschoben. Seither mußte der Staat über 30 Mio. Dollar zur Schadensbegrenzung – Beseitigung der Bodenerosion und Wiederaufforstung – zur Verfügung stellen. Doch wird es noch Jahrhunderte dauern, bis das Land seine ursprüngliche Gestalt zurückerhalten hat.

Der größte hier gefundene Redwood-Baum *(Sequoiadendron sempervirens)* mißt über 112 m und hat ein Alter von 600 Jahren erreicht; die mächtigsten Exemplare kann man im Tall Trees Grove und Lady Bird Johnson Grove bewundern. Doch vor lauter Riesenbäumen sollte man nicht

Carson Mansion in Eureka

Im Redwood National Park

die Frühlings- und Sommerblumen übersehen. Innerhalb des Nationalparks stellen die Abschnitte Jedediah Smith, Del Norte Coast Redwoods und Prairie Creek Redwoods touristische Einrichtungen zur Verfügung. Während der Ferienzeit empfiehlt sich eine Campingplatz-Reservierung.

Trotz einladender Strände ist das Baden im Pazifik wegen eiskalten Wassers und gefährlicher Unterströmungen nicht anzuraten. Um so mehr lohnt sich bei Ebbe das Studium der Meeresfauna und -flora in den Gezeitenbecken, und mit etwas Glück sieht man vorbeiziehende Wale (Dez.–April) oder Seeotter.

Praktische Hinweise

Information: Redwood Information Center, 1 Meile südl. von Orick, ferner in Crescent City und Hiouchi; der Eintritt zum Nationalpark ist frei, ✆ 707-488-3461
Unterkunft: Curley Redwood Lodge, 701 Redwood Hwy S., ✆ 707-464-2137, preiswert; mehrere Campgrounds im Park und entlang der nahen US 101, Reservierung über Mistix, innerhalb von Kalifornien, ✆ 800-444-7275, von außerhalb 619-452-1950

Im Süden von San Francisco

Nur wenige Kilometer südlich des Großraums San Francisco eröffnet sich Reisenden mit der sanft geschwungenen Bucht von Monterey einer der schönsten Küstenstriche in Kalifornien. Diese harmonische Verschmelzung von Meer, Klippen, Sandstrand und Bergkulisse entstand durch tektonische Bewegungen der Erdkruste. Die etwa 40 km lange Bucht ist der sichtbare Rand einer tief ins Meer reichenden Schlucht, deren Ausmaße sogar den Grand Canyon übertreffen, wenn sie auch ihre Entstehung anderen Ursachen verdankt. Es verwundert denn auch nicht, daß sich diese von der Natur begünstigte Region zum exklusiven Wohngebiet mit hoher touristischer Anziehungskraft entwickelt hat.

Monterey und Umgebung

Sehr wahrscheinlich sichtete schon Juan Cabrillo auf seiner denkwürdigen Erkundungsfahrt im Jahre 1492 die Bucht von Monterey. Den Namen erhielt die Region aber erst mehr als ein Jahrhundert später durch Sebastian Vizcaino, den Leiter einer spanischen Expedition, die mit drei Schiffen die Küste erkundete und hier vor Anker ging. Namenspatron war der spanische Vizekönig in Mexiko, der die Reise veranlaßt hatte.

Als Handelsposten und Missionsstation 1770 gegründet, stieg der Ort schnell zur Metropole auf. Erst nach dem mexikanisch-amerikanischen Krieg verlor er 1846 dieses Privileg, durfte aber als Sitz der ersten gesetzgebenden Versammlung eine bedeutende Rolle in der kalifornischen Geschichte spielen.

Auch in ökonomischer Hinsicht wurde Monterey vom Glück verwöhnt. Riesige Sardinenschwärme vor der Küste bildeten die Grundlage einer lukrativen Konservenindustrie. Sie war zwar nur eine Episode, die Ende des Zweiten Weltkriegs mit Ausbleiben der Fische ihr Ende fand, wurde aber von dem Schriftsteller John Steinbeck im Roman »Cannery Row« (Die Straße der Ölsardinen) literarisch verewigt. Nach Abriß der Fabriken vermarktete die Stadt Werk und Meister geschickt, um die Vergangenheit nostalgisch zu verbrämen und mit Touristendollars zu vergolden. Selbst der Straßenname Cannery Row, den es in Wirklichkeit nie gab, wurde übernommen und ziert nunmehr die Ocean View Avenue, den fiktiven Schauplatz des Geschehens. Die authentische Atmosphäre allerdings ließ sich damit nicht wiederbeleben. Statt penetranten Fischgeruchs ziehen die Düfte von Hot Dogs und Hamburgern durch die ›Straße der Ölsardinen‹, und statt des Klapperns von Konservendosen und Ratterns von Förderbändern berieselt Diskomusik die Touristen.

Abgesehen von dieser Attraktion, der Besucher ohne Kenntnis des Bestsellers etwas ratlos gegenüberstehen und die selbst Kennern des literarischen Meisterwerks viel Phantasie abverlangt, besitzt Monterey ein sehenswertes Altstadtviertel, in dem etwa 45 historische Adobe-Häuser aus der Epoche vor 1850 zusammengefaßt sind (Informationen im Monterey State Historical Park Visitor Center, 20 Custom House Plaza, tägl. 10–17 Uhr). Zu den Gebäuden, die während eines etwa 3 km langen, mit Pfeilen markierten Rundgangs besichtigt werden können, zählt das alte Zollhaus, das Pacific House mit historischem Museum und das Stevenson House, in dem Robert Louis Stevenson, der Autor der »Schatzinsel«, einige Zeit wohnte.

Als eine der größten Attraktionen neben dem alljährlich Mitte September stattfindenden Jazz-Festival gilt das Monterey Bay Aquarium (886 Cannery Row, tägl. 10–18 Uhr), das dem staunenden Besucher einen Blick in die faszinierende Unterwasserwelt des Tiefseegrabens vor der Küste vermittelt. Vor allem an Wochenenden muß man sich auf lange Wartezeiten und erhebliches Gedränge vor dem Aquarium einstellen.

Praktische Hinweise

Information: Chamber of Commerce, 380 Alvarado St. zwischen Franklin St. und Del Monte Ave., Mo–Fr 8.30–17 Uhr, ✆ 408-649-3200

Unterkunft: Sardine Factory, 701 Wave St., ✆ 408-373-3775, teuer; The Fishery, 21 Soledad Dr., ✆ 408-373-6200, mittlere Preise; Old Montery Cafe, 489 Alvarado St., ✆ 408-646-1021, preiswert

Im Westen geht Monterey nahtlos in die kleine Ortschaft **Pacific Grove** über, die ihren Reiz vor allem aus der dramatischen Steilküste in der unmittelbaren Nachbarschaft zieht. Methodisten hatten diesen ruhigen Platz 1875 als Ferienziel entdeckt, und bis heute konnte er mit vielen beschaulich wirkenden viktorianischen Häusern den Charme einer Oase der

Ruhe bewahren. Davon profitieren auch die in Kanada beheimateten orange-schwarzen Monarch-Schmetterlinge *(Danaus plexippus)*, die dort den Winter verbringen, die meisten von ihnen im Washington Park. Die Ankunft der Wanderfalter aus dem Norden feiert die Gemeinde alljährlich am 20. 10. im farbenprächtigen Butterfly Festival. Reiches maritimes Leben können Besucher in den Gezeitenbecken des Asilomar State Beach studieren, in denen sich über 200 Algenarten angesiedelt haben.

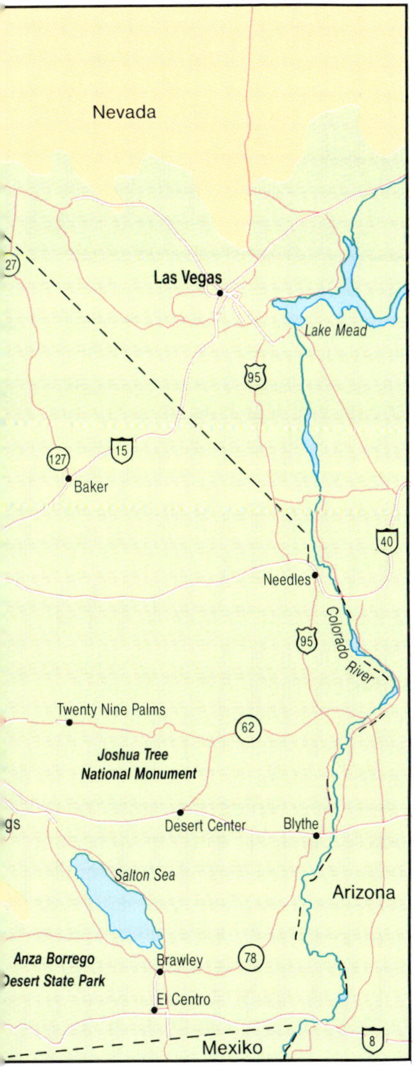

In Pacific Grove beginnt auch der **17 Mile Drive,** eine 27 km lange private Panoramastraße (Gebühr) entlang der Küste bis vor die Tore des südlich gelegenen Carmel. Der Geldadel schuf sich hier ein Refugium mit herrschaftlichen Villen und einem eindrucksvollen Golfplatz. Lohnender aber ist der Blick Richtung Meer, wo man Kormorane, Pelikane und Seelöwen beobachten kann. Als landschaftlicher Höhepunkt gilt die einsame Monterey-Zypresse auf einem Klippenvorsprung, die Lone Cypress. Die Zufahrt zur Aussichtsstraße kann von Pacific Grove, Carmel oder vom Highway 1 erfolgen. Beim Lösen des Tickets erhält man einen Streckenplan mit einer Auflistung der Sehenswürdigkeiten.

Die sich südlich anschließende kleine Ortschaft **Carmel** (4200 Einwohner) wurde 1904 von Künstlern aus San Francisco gegründet. Ihr Name, entlehnt der gleichnamigen Bucht und des in sie mündenden Rio del Carmelo, geht auf Sebastian Vizcaino zurück, der damit die drei ihn begleitenden Karmelitermönche ehrte. Schon bald zog die unorthodoxe Künstlergemeinde bekannte Persönlichkeiten wie Jack London, Upton Sinclair und William Rose Benét an, und wie bei Künstlerkolonien üblich, dauerte es nicht lange, bis

Die Lone Cypress am 17 Mile Drive

auch hier ein exklusiv-elitäres Flair das exotisch-bohèmehafte Ambiente der Gründerjahre überdeckte.

Trotz aller Kommerzialisierung vermochte Carmel, seinen Charme zu bewahren. Die Galerien, Boutiquen und Restaurants entlang der Hauptstraße sind elegant, schick und teuer. Am ehesten kommt man in den schmalen Seitenstraßen der Idylle vergangener Tage auf die Spur.

Im Jahre 1771, lange vor den Künstlern, hatten die Franziskaner den Reiz der Landschaft entdeckt und ihre Mission von Monterey dorthin verlegt, da die neugetauften Indianerinnen inmitten der Militärkolonie von Monterey die erhoffte moralische Standfestigkeit angesichts der spanischen Soldateska vermissen ließen.

Zwar behielt die im Süden der Ortschaft an der Rio Road liegende Mission ihren alten Namen San Carlos offiziell bei, war bald aber nur noch unter der Bezeichnung Carmel bekannt. Im Jahre 1775 wurde die erste Kapelle errichtet, die 20 Jahre später einem größeren, noch immer existierenden Bau weichen mußte. Die Mission diente den beiden Padres Crespi und Serra, denen die Kette der Missionen in Kalifornien zu verdanken ist, bis zu ihrem Tod als Hauptquartier und beherbergt auch die Gebeine der beiden 1782 und 1784 verstorbenen Franziskaner.

Mit der Säkularisierung zerfiel auch Carmel, bis sich der Geistliche Casanova 1884 der Ruine annahm und einen wenig gelungenen Restaurierungsversuch in die Wege leitete. Erst 1936 wurde die Mission umfassend und sachgerecht wieder instandgesetzt, heute gilt die Anlage als eines der schönsten Beispiele früher

Sakralarchitektur mit einer Sammlung über die Geschichte der Missionen in Kalifornien (Mo–Sa 9.30 bis 13.30, So 10.30–16.30 Uhr).

Einige Kilometer südlich endet die Bucht mit einer ins Meer vorspringenden kleinen Halbinsel, die als **Point Lobos State Reserve** ausgewiesen und als Wanderparadies bekannt ist (Mai–Sept., tägl. 9–19, Okt.–April, 9–17 Uhr). Unter den vielen Pfaden empfiehlt sich besonders der Sea Lion Point Trail, von dem man Seelöwen und zuweilen auch vorbeiziehende Wale beobachten kann. Mit etwas Glück bekommt man zwischen den Tangfeldern auch die vom Aussterben bedrohten Seeotter zu Gesicht, die hier wieder heimisch gemacht wurden. Nicht minder eindrucksvoll ist die Flora mit seltenen Monterey-Zypressen und der für das sonst so trockene Kalifornien verschwenderischen Blütenpracht im Frühsommer.

Big Sur

Ähnlich wie die Cannery Road in Monterey dank John Steinbeck zu weltweitem Ruhm gelangte, erhielt Big Sur durch Henry Miller in seinem autobiographischen Werk »Big Sur oder die Orangen des Hieronymus Bosch« ein literarisches Denkmal. Zwar existiert eine winzige Ortschaft dieses Namens, die geographische Bezeichnung umfaßt jedoch die gesamte Küstenregion zwischen Carmel und San Louis de Obispo beiderseits des Highway 1, der sich seit 1966 mit dem Zusatz *scenic* (malerisch) schmücken darf. Schmal, kurvenreich und mit zahlreichen Steigungen und Gefällstrecken versehen, folgt die Straße der Kontur des Küstengebirges, gibt aus der Höhe schwindelerregende Blicke über den Pazifik und die sich staffelnden Rücken der Coast Range frei, um sich dann wieder in steilen Kehren zum Strand hinabzuwinden. Wer diese spektakuläre Route wählt, sollte viel Zeit und Muße mitbringen, zumal etliche State Parks zum Campen und Wandern einladen.

San Simeon

Hoch über der kleinen Ortschaft schuf der Zeitungsmilliardär und Axel Springer der Neuen Welt, William Randolph Hearst (1863–1951), ein ebenso grandioses wie protziges Refugium auf dem Hügel Cuesta Encantada (Zauberhügel). Und in der Tat geht von dieser Anlage, die nunmehr den Namen Hearst Castle trägt (im Sommer 8–17, sonst 8.20–15.20 Uhr, nur mit Führung), ein merkwürdiger Zauber aus, obwohl der eigensinnigen Architektur die Nähe zum Kitsch nicht abzusprechen ist und das Anwesen sich als eine kunterbunte Mischung unterschiedlichster Stilrichtungen präsentiert. Aber allein wegen des blauen Neptun Pools mit unvergleichlichem Blick über den tief unten schimmernden Pazifik lohnt sich der zweistündige Rundgang und wegen der einzigartigen Kunstsammlung, die der Milliardär in der Casa Grande, dem Hauptgebäude des weitläufigen Komplexes, zusammentrug.

Hearst, dem Orson Welles mit dem Film »Citizen Kane« ein Denkmal setzte, begann den Bau 1919. Die Vollendung erlebte das ehrgeizige, vor-

Hearst Castle in San Simeon

nehmlich als Hort für die Kunstschätze des Zeitungskönigs konzipierte ›Schloß‹ trotz unerschöpflicher Geldmittel jedoch nie. Die Erben übereigneten die Hearst-Villa 1958 dem kalifornischen Staat, der sie zum Hearst San Simeon State Historical Monument deklarierte, das über 1 Mio. Besucher pro Jahr anzieht.

Die An- und Abfahrt erfolgt mit Bussen vom Visitor Center am Fuß des Berges, wobei man zwischen vier Touren wählen kann. Beim ersten Besuch empfiehlt sich Tour 1, die durch den Park, ein Gästehaus und das Erdgeschoß des Hauptgebäudes führt.

Praktische Hinweise

Anfahrt: Mehrfach täglich Busverbindungen zwischen San Luis Obispo und San Simeon; Buchung der Tour durch das Hearst Castle: Mistix, P.O. Box 85705, San Diego CA, 92138-5705, ✆ 1-800-444-7275

Staatliche Campingplätze: Andrew Molera State Park, 13 Meilen südl. von Carmel am Hwy 1; Julia Pfeiffer Burns, 37 Meilen südl. von Carmel am Hwy 1; San Simeon Beach, 5 Meilen südl. von San Simeon

Los Angeles und Umgebung

El Pueblo de Nuestra Señora la Reina de Los Angeles del Rio de Porciuncula – das Dorf unserer lieben Frau, der Königin der Engel von Porciuncula – unter diesem Namen gründeten im Jahre 1781 spanische Siedler aus Mexiko den Ort, aus dem in kurzer Zeit eine der größten Städte in Kalifornien hervorgehen sollte. Schon 1835 erhielt Los Angeles, wie es bald kurz und knapp genannt wurde, durch die mexikanische Regierung Stadtrechte, und als Kalifornien an die USA fiel, wurde es Hauptstadt des *county*. Wie alle Städte in Kalifornien profitierte auch Los Angeles durch den Bau der Eisenbahn und später durch den Goldrausch, doch es kam nicht die vornehmste Klientel, und man sprach bald von *los diablos* – den Teufeln.

Ende des 19. Jh. lebten bereits 100 000 Menschen in L.A., mehr noch in der Umgebung. Wichtige wirtschaftliche Impulse brachte die Entdeckung von Erdöl mitten in der Stadt, die Bodenspekulation blühte, San Pedro, ein bis dahin verträumter Fischerort, wurde zum Welthafen

ausgebaut. Im Jahre 1910 nahmen unabhängige Gesellschaften in Hollywood die Filmproduktion auf. Los Angeles wuchs unaufhaltsam – 1920 wurde San Francisco überrundet, zehn Jahre später lebten bereits weit über 1 Mio. Menschen im *county.*

Mitte der 50er Jahre öffnete Disneyland in Anaheim seine Pforten und legte damit den Grundstein für eine gigantische Tourismusindustrie. Doch es gab immer wieder auch Katastrophen und Rückschläge: 1928 brach ein Damm des Owens-Aquädukt, 1933 erschütterte ein schweres Erdbeben Long Beach, 1965 führten Rassenkonflikte zu Krawallen im Schwarzenviertel. 1992 kam es zu den Los Angeles Riots, den schwersten Rassenunruhen in der Geschichte der Vereinigten Staaten. Im folgenden Jahr zerstörte ein Buschfeuer Hunderte von Villen an den Hängen der Santa Monica Mountains und 1994 verursachte ein schweres Erdbeben erhebliche Schäden im San Fernando Valley.

Die nach dem Zweiten Weltkrieg aufgekommene Massenmotorisierung führte zum Bau von Stadtautobahnen, die bald in dichtem Netz Los Angeles und dessen Vororte verbanden. Doch der unbegreifbare Verzicht auf ein funktionierendes Nahverkehrssystem stürzte die Angelenos in der weiter wuchernden Stadt in die völlige Abhängigkeit vom Kraftfahrzeug und stempelte L. A. zur absoluten ›Autostadt‹ mit Verkehrschaos, Lärm und Smog. So wurde Anfang 1993 im Zentrum eine U-Bahn in Dienst gestellt, deren Schienenstrang bis zum Jahr 2010 alle Vororte erreichen soll.

Wie in einem Amphitheater liegt Los Angeles in der Küstenebene am Pazifik, umschlossen von den Gebirgszügen der Coast Range. Der Stadtkern bedeckt eine Fläche von etwa 1200 km^2, der aus etwa 80 Ortschaften bestehende Großraum hingegen gut das Zehnfache, womit er nahezu die Größe von Schleswig-Holstein erreicht (15 700 km^2). Fast 150 km dehnt sich das Häusermeer von Ost nach West aus und etwa 80 km von Nord nach Süd. Ein engmaschiges Autobahnnetz verbindet die beiden *counties* Los Angeles und Orange, in die Los Angeles gegliedert ist. Den Straßenzügen liegt das typische Schachbrettmuster amerikanischer Städte zugrunde. Nur dort, wo die Geographie es gebot, etwa entlang der Küste oder der Gebirgskette der San Gabriel Mountains, mußten die Städteplaner von dieser kolonial-spanischen Tradition abweichen.

Zwar herrscht die Meinung vor, dem unendlich erscheinenden Häu-

Der Großraum Los Angeles

sermeer der weit ausufernden Megalopolis fehle das Zentrum, aber es existiert durchaus, auch wenn es sich nicht durch die sonst übliche Ansammlung von Wolkenkratzern schon von weitem zu erkennen gibt.

Seit der Edelmann Felipe de Neve sich im Jahre 1781 hier mit elf Familien niederließ, liegt das Zentrum am Los Angeles River. Nicht nur das Civic Center hat dort seinen Platz, auch die aus allen Himmelsrichtungen herangeführten Autobahnen vereinen sich im Bereich der Downtown im sogenannten *stack.* Die Urzelle der Millionenstadt liegt im **Pueblo State Historic Park,** eingerahmt von den Straßen Arcadia, Alameda, Spring und Macy. Obwohl vieles bewußt auf ›mexikanisch‹ getrimmt ist und die kommerziellen Absichten nur zu offensichtlich sind, verkörpert die historische Region für Latinos ein Stück Heimat, einen Platz, an dem man sich trifft, feiert, ißt und trinkt. Vornehmlich an mexikanischen Feiertagen wie dem Cinco de Mayo (5. 5.) und dem mexikanischen Unabhängigkeitstag (16. 9.) verwandelt sich der Pueblo State Park in einen Festplatz der Massen mit Straßengrills, Tacos- und Enchilada-Buden. Auf der Plaza (zwischen North Main St. und Paseo de la Plaza) treten an Wochenenden zuweilen Mariachi-Musiker und Volkstanzgruppen auf.

Als Horace Wilcox 1887 im heutigen **Hollywood** auf die Idee kam, Parzellen seiner Farm an Zugereiste zu verkaufen und seine Frau für den Besitz den schönen Namen ›Stechpalmenwald‹ erfand – nichts anderes nämlich bedeutet Hollywood –, ahnten sie die Entwicklung wohl kaum voraus. Noch weniger wohl hatte eine Gruppe gottesfürchtiger Protestanten die Zukunft dieses Landstreifens vor Augen, als sie sich 1910 in der Abgeschiedenheit niederließ, um dem Sündenpfuhl der großen Städte zu entfliehen. Doch sie blieben nicht lange. Denn schon 1911 kamen einige Filmleute, angeführt von Cecil B. de Mille, von der verregneten Ostküste und drehten in einer Scheune an der Ecke Selma Avenue und Vine Street den Film »Squaw Man«; heute befindet sich dort das Hollywood Studio Museum (Di–Fr. 12–16, an Wochenenden 10–16 Uhr). Der zaghafte Protest der ehrenwerten Siedler ›keine Hunde, keine Schauspieler‹ scheiterte kläglich, der kometenhafte Aufstieg zur Filmmetropole war nicht mehr aufzuhalten.

Die Sternstunde erlebte Hollywood in den Jahren vor dem Zweiten Weltkrieg, bevor das Fernsehen die Medienlandschaft verwandelte. Zwar bemühen sich die Stadtväter nach wie vor, das Image der Traumfabrik am Leben zu halten, aber nur noch die Studios von Paramount haben heute in Hollywood ihren Standort, und auch die Schauspieler flanieren und residieren längst woanders.

Nach wie vor aber weist das große Schriftband an den Hängen des Mount Lee den Touristen den Weg. Ursprünglich war es als Werbung eines Immobilienmaklers gedacht und lautete ›Hollywoodland‹. Als die 15 m hohen, bereits 1923 errichteten Buchstaben verfielen, besann man sich der

Wirksamkeit des weithin sichtbaren Hinweises, diesmal als Werbeträger für den seit 1910 eingemeindeten Stadtteil, und restaurierte die Teile 1978 mit großem finanziellen Aufwand. Die alte Endsilbe ›land‹ war schon 1949 der Witterung zum Opfer gefallen. Nicht wenige sehen in dem Schriftzug heute eine überdimensionierte Grabinschrift, die an eine längst versunkene Ära erinnern soll.

Die historischen Relikte der ruhmvollen Tage reihen sich vor allem entlang des Hollywood Boulevard. Prunkvollstes Erinnerungsstück ist das **Mann's Chinese Theater** (6925 Hollywood Blvd.), ein Premierenkino, das 1927 mit Cecil B. de Milles Streifen »King of Kings« eröffnet wurde. Auf dem Vorplatz haben über 150 Auserwählte der Branche von Julie Andrews bis Adolph Zukor ihre Visitenkarte in Form von Hand- und Fußabdrücken nebst Unterschrift im Zement hinterlassen. Auch der Hufabdruck eines verdienten Western-Pferds befindet sich darunter.

Vermittelt der Hollywood Boulevard eher nostalgische Erinnerungen, so hat sich der einige hundert Meter südlich parallel dazu verlaufende Sunset Boulevard ganz der Gegenwart zugewandt. Der auch als Strip bezeichnete, gut 3 km lange Abschnitt zwischen Crescent Heights Boulevard und Doheny Drive, dem Fernsehpublikum aus der Serie »77 Sunset Strip« vertraut, erwacht erst nach Einbruch der Dämmerung so recht zum Leben. Das Nachtleben von Los Angeles hat hier sein Zentrum, aber auch die Musikszene ist mit Plattenläden und Künstleragenturen vertreten. Auf riesigen Plakatwänden, den *vanity boards,* stellen Film- und Musikindustrie ihre Neuerscheinungen vor. Mehr als die meisten der angepriesenen Produkte verdienen die Riesen-Poster selbst Beachtung, stellen doch hier die besten Designer und Maler ihr Können unter Beweis.

Bei den **Universal Studios,** der größten Fernseh- und Filmfabrik der USA, sind Besucher stets willkommen. Auf der viereinhalbstündigen Glamour Tour können sie von der bequemen Glamour Tram all jene Schreckensszenarien über sich ergehen lassen, die ihnen aus Action-Filmen so vertraut sind. Geboten werden u. a. ein Laser-Gefecht, ein Brückeneinsturz, eine Springflut und ein Lawinenabgang. Auch King Kong kommt zum Zuge, und der Weiße Hai lauert auf Badende. Höhepunkt ist das Erdbeben in einer U-Bahnstation.

Wie eine Insel liegt das mondäne Viertel **Beverly Hills** (32 000 Einwohner) im Häusermeer von Los Angeles. Der Aufstieg zum ›Schlafzimmer‹ der Filmstars begann 1912 mit dem Bau des damals luxuriösen Beverly Hills Hotel. Immer mehr Villen entstanden in der Nachbarschaft, immer unverhohlener wurde der Reichtum als Zeichen des Erfolgs zur Schau gestellt. Die Grundstückspreise stiegen ins Unermeßliche und ließen Beverly Hills zur wohl exklusivsten Wohngegend der USA werden, damit aber auch zu einer der bestgesichertsten und -bewachten im ganzen Lande.

Sich zu Fuß in der Luxusenklave zu bewegen und vielleicht die Hoffnung zu hegen, einen der Filmstars zu Gesicht zu bekommen, ist ein nutzloses Unterfangen. Zum einen verber-

In Beverly Hills

gen sich die Villen hinter gewaltigen Hecken und Mauern, zum andern erregen Fußgänger die mißtrauische Aufmerksamkeit der *neighborhood watch*, mit der sich die Anwohner vor unliebsamem Besuch schützen. Es dauert oft nicht lange, bis eine Streifenwagenbesatzung Passanten überprüft und ihnen nahelegt, lieber mit dem Wagen zu fahren, denn gegen eine gemächliche Autofahrt hat niemand etwas einzuwenden.

Die Exklusivität beschränkt sich nicht auf die Wohnbezirke. So darf sich der **Rodeo Drive** in seinem Abschnitt zwischen Wilshire- und Santa Monica Boulevard als die sicherlich teuerste Ladenzeile der USA bezeichnen. Die Juweliere, Designer, Boutiquenbesitzer und Galeristen sind die ›Hoflieferanten‹ der Mächtigen, Reichen und Schönen aus dem Showgeschäft und können es sich zuweilen sogar leisten, ihre exklusive Kundschaft nur nach Voranmeldung zu empfangen.

Das alte **Beverly Hills Hotel** (9641 Sunset Blvd.) hält seine Pforten noch immer geöffnet. Der rosafarbene Palast im mexikanischen Kolonialstil war lange Jahre Klatschborse des Ortes, aber auch verschwiegener Treffpunkt für Schäferstündchen. Viele Gerüchte nahmen im Beverly Hills Hotel ihren Anfang, fehlt doch kaum ein Star von Rang und Namen auf der langen Gästeliste.

Den Starrummel haben sich auch einige Unternehmen zu Nutze gemacht. Bei den Stargazing Tours kann man unter Anleitung gezielt auf den Spuren der Idole wandeln. Wer lieber auf eigene Faust unterwegs ist, kann Adressenlisten der Villen erwerben. Ob sie die Wahrheit verkünden, ist schwer nachprüfbar, denn Namenschilder an den Häusern darf man nicht erwarten.

Praktische Hinweise

Information: Greater Los Angeles Visitor and Convention Bureau, 515 S. Figueroa St., ✆ 213-624-7300, Mo–Sa 8–17 Uhr

Verkehrsverbindungen mit dem Flugzeug: Los Angeles International Airport, 27 km südwestl. von Downtown; **mit RTD-Bus** (Rapid Transit District, passendes Kleingeld), Abfahrt ab Flughafen vom Parkplatz ›C‹. Verkehrt in Downtown etwa alle 45 Min. und fährt auch abends und an Wochenenden; **Tourenbusse:** z.B. Grey Line, 6333 West 3rd St., ✆ 213-481-2121, bieten Stadtrundfahrten und Ausflüge zu den Attraktionen von Greater Los Angeles wie Disneyland oder Universal Studios an. Fahrkarten und Abfahrt von den meisten Hotels; **Taxis:** Die meisten Taxis stehen an Flughäfen, Bus- und Eisenbahnhöfen oder vor größeren Hotels. Man kann sie auch telefonisch bestellen, Richtpreis: um 3 Dollar für die erste Meile, jede weitere gut die Hälfte; z.B. Flughafen-Downtown (27 km) ca. 25–30 Dollar; es empfiehlt sich, den Fahrpreis vor Abfahrt festzumachen

Stadtrundfahrten: Grey Line, ✆ 213-481-2121; Hollywood Fantasy Tours, ✆ 213-469-8184, tägl. Hollywood und Beverly Hills; Universal Studios: 100 Universal Pl., Universal City, Hollywood Fwy (US 101), Abfahrt Lankersheim Blvd., ✆ 818-777-3801, geöffnet: im Sommer tägl. 8, sonst 9.30–15.30 Uhr

Unterkunft: The Westin Bonaventure, Downtown, 404 S. Figueroa St., ✆ 213-624-1000, sehr teuer; The New Otani and Garden, Downtown, 120 S. Los Angeles St., ✆ 213-629-1200, teuer; Le Bel Age Hotel, West Hollywood, 1020 N. San Vicente Blvd., ✆ 213-854-1111, sehr teuer; Hyatt on Sunset, 8401 W. Sunset Blvd., ✆ 213-656-4101, mittlere Preise; Beverly House Hotel, Beverly Hills, 140 S. Lasky Dr., ✆ 310-271-2145, mittlere Preise; Barnaby's Hotel, Manhattan Beach in Rosecrans, 3501 Sepulveda Blvd., ✆ 310-545-8466, mittlere Preise; Howard Johnson Central, 1640 Marengo St., ✆ 213-223-3841, preiswert; Chateau Marmont, West Hollywood, 8221 Sunset Blvd., ✆ 213–656-1010, preiswert; Orchid Hotel, Downtown, 819 S. Flower St., ✆ 213–624-5855, preiswert, kein Parkplatz

Campingplätze: Campingmöglichkeiten selbst in der weiteren Umgebung von Downtown Los Angeles sind äußerst rar; die meisten befinden sich weit abgelegen in den San Gabriel Mountains, andere an der Küste nördlich und südlich von Los Angeles. ›Wildes‹ Campieren an der Straße ist schon aus Sicherheitsgründen nicht anzuraten. Nur in Anaheim, im Bereich der Vergnügungsparks, ist ein ausreichendes Angebot vorhanden. Shoreline RV Park, Long Beach, ✆ 213-435-4960, auf der SR 7, Verlängerung des Fwy 710, südlich nach Downtown Long Beach bis zur Kreuzung Shoreline Dr. und Pine Ave., 30 Min. bis Disneyland, Knott's Berry Farm und Universal Studios; Dockweiler Beach RV Park, Redondo Beach, ✆ 213-322-5008, 12 Meilen südöstl. von Santa Monica auf Vista del Mar, preiswert und relativ zentral gelegen, dafür aber sehr laut, da in der Einflugschneise des Flughafens; Del Rio Mobile Home and RV Park, 5246 E. Florence Ave., Los Angeles, ✆ 213-560-2895, über Fwy 710 South, Long Beach Fwy, 15 Min. von Downtown L.A. und 20 Min. von Long Beach entfernt; Anaheim Harbor RV Park, 1009 S. Harbor Blvd., Anaheim, ✆ 714-535-6495, zwei Blocks nördl. von Disneyland und der I–5; Disneyland Hotel's Vacationsland, 1343 S. West St., Anaheim, ✆ 714-533-7270, in unmittelbarer Nähe von Disneyland, nahe Knott's Berry Farm und Movieland Wax Museum; Anaheim

Vacation Park, 311 N. Beach Blvd., Hwy 39, Anaheim, ✆ 714-821-4311, in unmittelbarer Nähe von Knott's Berry Farm, nahe Disneyland

Drehteam bei Filmarbeiten an einem Wolkenkratzer in der Innenstadt von Los Angeles

Museen: Museum of Contemporary Art (MOCA), 250 S. Grand Ave. an der California Plaza, ✆ 213-621-2766, tägl. außer Mo 11–18 Uhr; Los Angeles County Museum of Art, 5905 Wilshire Blvd., ✆ 213-857-6111, tägl. außer Mo 11–17 Uhr; George C. Page Museum of La Brea Discoveries, im Hancock Park, 5801 Wilshire Blvd., ✆ 213-936-2230, Di–So 10–17 Uhr

Das private Museum des Ölmilliardärs J. Paul Getty ist die größte Attraktion des nördlichen Küstenvororts **Malibu.** Im Jahre 1974 ließ der begeisterte Kunstsammler das Gebäude errichten, um seinen einzigartigen Schatz überwiegend europäischer Meisterwerke zu präsentieren. Die Exponate reichen von der griechischen und römischen Antike über Werke aus dem Barock und der Renaissance bis in unser Jahrhundert. Nach dem Tod von Getty im Jahre 1976 wurde das Museum durch eine Stiftung von 2 Mrd. Dollar zu einem der reichsten der Welt und konnte es sich 1990 leisten, Vincent van Goghs »Schwertlilien« für eine geheimgehaltene Summe zu erwerben. Drei Jahre zuvor hatte ein Liebhaber dafür noch 53,7 Mio. Dollar anläßlich einer Versteigerung bei Sotheby's in New York bezahlt.

Der Eintritt ist zwar kostenlos, dafür hat der Zugang seine Tücken, da nur ein relativ kleiner Parkplatz auf dem Museumsgelände zur Verfügung steht. Wer seinen Wagen dort abstellen will, muß etwa eine Woche zuvor einen Platz reservieren. Damit die umliegenden Straßen nicht zugeparkt werden, dürfen Fußgänger die Pförtnerloge vor dem Museumsgelände nicht passieren, weil in jedem Passanten ein Autofahrer vermutet wird, der sein Gefährt um die Ecke abgestellt hat. So bleibt Besuchern nur die Möglichkeit, entweder mit dem öffentlichen Bus anzureisen und sich vom Fahrer einen kostenlosen Museumspaß geben zu lassen (Buslinie 434 Santa Monica-Malibu), ein Taxi zu besteigen, sich von einem Privatwagen absetzen zu lassen, oder den teuren Museums-Pendelbus zu nehmen, der etwa 1 km westlich am Highway 1 vom Parkplatz des Chart House Restaurants abfährt.

Praktische Hinweise

Anfahrt: Hwy 1, 17985 Pacific Coast Hwy. **Pendelbusbetrieb:** Di–Fr 9.30–16; letzter Bus ab Museum 17 Uhr
Reservierung und Information: ✆ 213-458-2003, tägl. 9–17 Uhr

Die Kleinstadt **Venice** (39700 Einwohner) zieht sich von der Ozone Street im Norden etwa 5 km am Meer entlang bis nach Marina Del Rey. Der Name geht auf den Zigarettenfabrikanten Abbot Kinney zurück, der seine Liebe zur italienischen Lagunenstadt mit einem Klein-Venedig am Pazifik dokumentieren wollte, ausgestattet mit Häusern im Stil der Neo-Renaissance, Kanälen, geschwungenen Brücken und sogar importierten Gondeln. Vom Traum blieb nur der Name.

In den 50er Jahren fanden die Beatniks und später die Hippies den Weg dorthin, schufen zwar kein Venedig, aber die Metropole einer neuen Kultur, die weit über Kalifornien ausstrahlte. Bis heute hat sich daran wenig geändert. Venice gibt sich exzentrisch, jung und für immer neue Einfälle offen. Der 3 km lange Ocean Front Walk, die Strandpromenade zwischen Ozone und Washington Street, verwandelt sich vor allem am Wochenenden in einen Laufsteg der Eitelkeiten, eine Arena des Narzißmus, die einem absurden Theater gleicht, das sich keiner entgehen lassen sollte. Am Muscle Beach stellen Gewichtheber ihren Bizeps zur Schau, nebenan schleudern wagemutige Jongleure ratternde Kettensägen durch die Luft. Auf dem Asphalt drehen in sich gekehrte Rollschuhläufer ihre Pirouetten, und Sektierer künden auf Plakaten vom nahen Weltuntergang. Davor dehnt sich der breite Sandstrand, der schon zur Jahrhundertwende so manche wilde Party gesehen hat und auch heute Treffpunkt der Sonnenanbeter ist.

In **Anaheim** (266 000 Einwohner), im Orange County südlich von Los Angeles, wachsen längst keine Südfrüchte mehr. Statt dessen hat sich hier das Vergnügungsviertel von Greater Los Angeles etabliert, das sicherlich mehr Profit abwirft.

Die Geschichte des Orts begann 1857, als sich deutsche Winzer dort niederließen und erfolgreich Trauben züchteten sowie Wein kelterten, bis eine Rebkrankheit das Unternehmen scheitern ließ. Wie der Name des *county* andeutet, verlief das Geschäft nach Umstellung auf Orangen wesentlich erfolgreicher.

Als wahre Goldgrube erwies sich dann der Bau von *Disneyland* im Jahre 1955, einem Vergnügungspark, der zur größten Touristenattraktion des Westens aufstieg. Es handelt sich keineswegs um einen besseren Kinderspielplatz, sondern eine gelungene Mischung aus Unterhaltung, Abenteuer, Spiel und Spaß, die auch Erwachsene in ihren Bann zieht. Mit enormem technischen Aufwand werden dort Illusionen geweckt und Traumwelten geschaffen, die gleichermaßen erstaunen wie begeistern. Dschungelfahrten mit dem Boot stehen ebenso auf dem Programm wie traditionelles Puppentheater oder zukunftsweisende High-Tech-Vorführungen im ›Tomorrowland‹. Trotz der hohen Eintrittspreise kann der

Konfettiparade in Disneyland

Andrang beängstigende Ausmaße annehmen, und man ist gut beraten, gegen den Strom zu schwimmen, um die kostbare Zeit nicht in Warteschlangen zu verschwenden. So empfiehlt es sich, die Wochenenden zu meiden, früh an der Kasse zu sein und die wichtigsten Attraktionen gezielt anzusteuern. Da keine Verpflegung mitgebracht werden darf, herrscht vor den Restaurants zur Mittagszeit dichtes Gedränge, dem man durch eine frühe oder späte Mahlzeit leicht entgehen kann. Überdies ist es ratsam, die Souvenirläden nicht erst am Abend zu betreten, wenn sich viele Besucher besinnen, schnell noch ein Andenken zu erwerben.

Die nur fünf Meilen von Disneyland entfernt liegende *Knott's Berry Farm* versucht erfolgreich, von der Anziehungskraft des weltberühmten Nachbarn zu profitieren und lockt mit einem Themenpark sowie 165 Shows und Attraktionen. Nachahmung darf man allerdings nicht vorwerfen, kann der Vergnügungspark doch weit ältere Rechte geltend machen und sogar ein größeres Areal vorweisen als die Konkurrenz. 15 Jahre bevor Disneyland seine Tore öffnete, befriedigte das alteingesessene, aus einem Verkaufsstand hervorgegangene Familienunternehmen schon Abenteuerlust und Gaumenfreuden gleichermaßen. Im ehrwürdigen Mrs. Knott's Chicken Dinner Restaurant vor den Toren des Parks werden hungrigen Gästen nach wie vor knusprige Hähnchen serviert, wie auch die berühmten Boysenberry-Törtchen der Mrs. Knott.

Nur einen Straßenzug nördlich der Knott's Berry Farm liegt das *Movieland Wax Museum*. Was den meisten Besuchern von Hollywood und Beverly Hills verwehrt blieb, nämlich den Größen des Show-Geschäfts Auge in Auge gegenüberzustehen, kann hier in aller Ruhe an geduldigen Wachspuppen nachgeholt werden. Etwa 240 Filmstars werden in ihren wichtigsten Rollen präsentiert. Beliebteste Attraktion ist die Black Box, die den Besucher in die Welt des Horrors führt.

Praktische Hinweise

Information: Anaheim Convention and Visitors Bureau, 800 W. Katella Ave., ✆ 714-999-8999; telefonischer Ansagedienst für touristische Vergnügungen aller Art: ✆ 714-635-8900
Disneyland: 1313 Harbor Blvd., mit jahreszeitl. Abweichungen im Sommer tägl. 9–24; sonst Mo–Fr 10–18, Sa 9–24, So 9–21 Uhr
Knott's Berry Farm: 8039 Beach Blvd., Buena Park, im Sommer So–Fr 9–24, Sa 9–1; sonst Mo–Fr 10–18, Sa 10–22, So 10–19 Uhr
Movieland Wax Museum: 7111 Beach Blvd., Buena Park, 1 Block nördl. von Knott's Berry Farm, im Sommer tägl. 9–22; sonst tägl. 10–21 Uhr
Unterkunft: Anaheim Hilton and Towers, 777 Convention Way, ✆ 714-750-4321, Luxus; Anaheim Holiday Inn, 1 Block südl. von Disneyland, 1850 S. Harbor Blvd., ✆ 714-750-2801, teuer; Ramada Hotel Maingate, freier Transfer nach Disneyland, 1460 S. Harbor Blvd., ✆ 714-772-6777, mittlere Preise; Best Western El Camino, nahe Disneyland und Knott's Berry Farm, 3191 N. Tustin Ave., ✆ 714-998-0360, preiswert

San Diego

Obwohl die Hafenstadt am Rande der Wüste mit 1 Mio. Einwohnern die nach Los Angeles zweitgrößte Metropole in Kalifornien ist, bleibt sie überschaubar und gibt sich weitaus touristenfreundlicher als ihr riesengroßer Nachbar 100 km nördlich.

Die Bucht lag schon früh im Blickfeld der Spanier. Der Franziskaner Junipero Serra und der Gouverneur Gaspar de Portolá legten dort bereits 1769 eine Missions- und Militärstation an und machten San Diego damit zur ältesten europäischen Dauersiedlung auf nordamerikanischem Boden.

So sollte man als Ausgangspunkt für eine erste Erkundung die **Old Town** wählen, das 1968 zum State Park erhobene historische Viertel zu Füßen des 50 m hohen Presidio-Hügels (Information: La Casa de Machado y Silvas, gegenüber der Plaza auf der San Diego Ave., tägl. 9–17 Uhr, kostenl. Führungen ab 14 Uhr). Seit 1821 wurden dort die ersten Adobe-Häuser um eine kleine Plaza herum errichtet, überragt von einer Kirche. Zwanzig der historischen Bauwerke, die das verheerende Feuer von 1872 überdauert haben, kann man heute auf dem autofreien, einem Freilichtmuseum ähnelnden Terrain besichtigen. Viele der herausgeputzten Häuser sind bewohnt, andere beherbergen kleine Geschäfte.

Die rechteckige Plaza gibt den Blick auf das Presidio, die Militärfestung auf dem Berg, frei, der die erste Mission bereits fünf Jahre nach der Gründung hatte weichen müs-

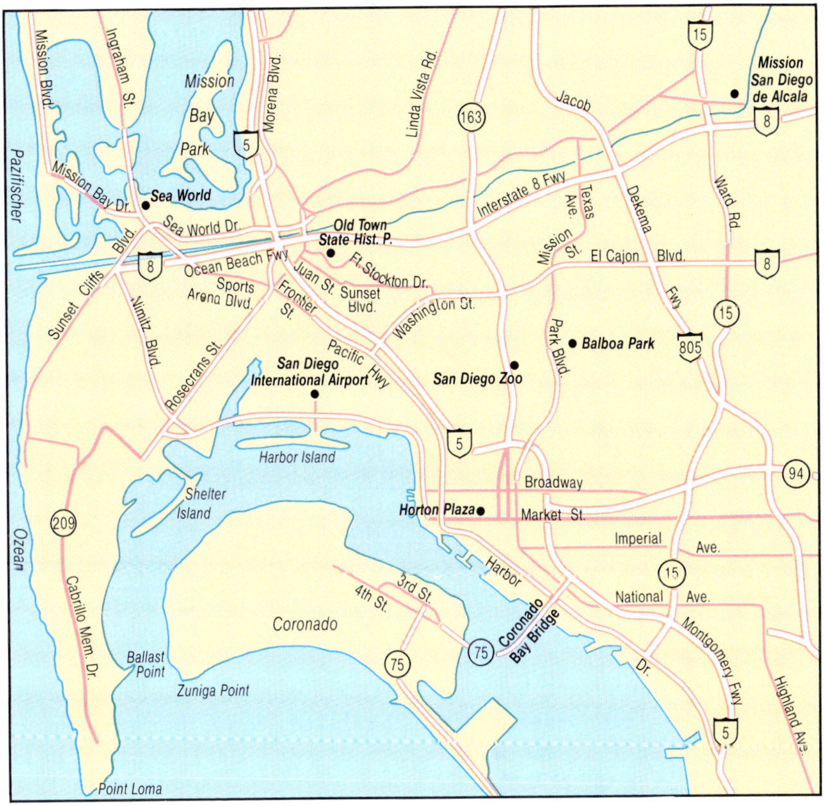

San Diego

sen. Das Geviert, das im Laufe der Zeit seinen Namen von Plaza de Libertad über Washington Plaza in California Plaza gewechselt hat, war der Mittelpunkt der Siedlung, Schauplatz farbenfroher Fiestas, blutiger Schießereien und militärischer Exekutionen. Die verwitterten Grabsteine auf dem Campo de Santo am östlichen Ende der San Diego Avenue halten das Andenken an die verstorbenen Honoratioren wach, denen die Stadt ihren Aufstieg verdankt.

Dort, wo früher die Mission San Diego de Alcala und später das Fort standen, hat heute das **Junipero Serra Museum** seinen Platz, das der San Diego Historical Society als Niederlassung dient (2727 Presido Dr., Di bis Sa 10–16.30 Uhr). Die Sammlung aus der Frühzeit Kaliforniens umfaßt außer Einzelexponaten, darunter die Originalglocken der Mission, eine wertvolle Bibliothek zur Stadtgeschichte von San Diego.

Als das Militär 1774 den von der Mission besetzten Presidio-Hügel beanspruchte, zogen die Franziskaner etwa 10 km landeinwärts und gründeten im Mission Valley eine neue Station (10818 San Diego Mission Rd.). Das nach dem hl. Didacus von

Blick auf San Diego

Alcala benannte historische Bauwerk wurde nicht nur zum Wahrzeichen von San Diego erhoben, mit der ungewöhnlichen, von Glockennischen durchbrochenen Giebelwand verleiht es der kalifornischen Missionsarchitektur überdies einen besonderen Akzent.

Im Jahre 1868 entstand nördlich von Downtown der fast 600 ha große **Balboa Park,** der sich zum kulturellen Zentrum der Stadt entwickelte und zahlreiche interessante Bauwerke aufweisen kann (Visitor Center 1549 El Prado, House of Hospitality, an der südöstl. Ecke der Plaza de Panama, 9.30–16 Uhr). Benannt wurde die Grünanlage nach dem Spanier Vasco Nuñez de Balboa, der 1515 von Panama aus als erster Europäer den Pazifik erblickt hatte.

Am einfachsten erreicht man das beliebte Stadterholungsgebiet über die 6th Avenue und die Laurel Street, die hinter der Cabrillo-Brücke El Prado oder The Promenade heißt und, palmengesäumt, den Park durchschneidet. Als Wahrzeichen reckt sich der zur Weltausstellung von 1915 im Neo-Renaissance-Stil errichtete California Tower 60 m hoch in den Himmel. Der Turm und die umgebenden Gebäude, meist im spanisch-maurischen Stil errichtet, verdanken ihre Existenz den Weltausstellungen von 1915 und 1935.

Die meisten Museen von San Diego sind hier zu finden, wie das **Museum of Man** (unter dem Balboa Turm, tägl. 10–16.30 Uhr, anthropologische Ausstellungen besonders nord-, mittel- und südamerikanischer Kulturen), das **San Diego Museum of Art** (am Hauptparktplatz, Di–So 10–16.30 Uhr, Gemälde zeitgenössischer und alter Meister), die

Timken Art Gallery (neben dem Museum of Art, Di–Sa 10–16.30 Uhr, Privatgalerie mit Werken europäischer Maler sowie einer Sammlung russischer Ikonen), das **Museum of Photographic Art** (Casa de Balboa, tägl. 10–17 Uhr, photographische Meisterwerke aller Themenbereiche), das **San Diego Model Railroad Museum** (Casa de Balboa, Mi–So 11–16 Uhr, sechs verschiedene Modelleisenbahnanlagen in Betrieb), das **Natural History Museum** (am Hauptbrunnen, tägl. 10–16.30 Uhr, Ausstellung zur süd-kalifornischen und mexikanischen Flora und Fauna sowie Mineralien), das **Reuben H. Fleet Space Theater and Science Center** (am Hauptbrunnen, tägl. 9.30–21.30 Uhr, wissenschaftliche Filme und Experimente, Laser Shows) sowie das **San Diego Aerospace Museum and International Aerospace Hall of Fame** (Pan American Plaza, tägl. 10–16.30 Uhr; Ausstellungen über Flug- und Raumfahrtpioniere, historische Flugzeuge). Ferner findet man Theater, Galerien und Auditorien auf dem Areal mit weiträumigen Rasenflächen, Sportanlagen und kleinen Seen.

Als größte Attraktion des Parks gilt allerdings der **Zoo,** der zu den besten der Welt zählt (2920 Zoo Dr., tägl. 9–19, Einlaß bis 16 Uhr). Unter optimalen Bedingungen werden hier auf einer von Hügeln durchsetzten, 40 ha messenden Fläche 3500 Tiere gehalten. Viele der insgesamt 800 Arten gelten als bedroht, einige sogar als äußerst selten. Der Zoo darf sich rühmen, die weltgrößte Ansammlung subtropischer Pflanzen auf seinem Areal zu vereinen. Fußmüden Besuchern erschließt sich die weitläufige Anlage während einer geführten 3-Meilen-Rundfahrt im offenen Bus. Wer will, kann aus luftiger Höhe von der Gondel einer Seilbahn auf die Savannen, Urwälder und Canyons blikken, wobei als Zugabe noch das Stadtpanorama von San Diego geboten wird.

Bis 1985 war die **Horton Plaza** nur ein unscheinbarer, palmengesäumter Platz inmitten der Innenstadt. Seither jedoch verknüpft sich mit diesem Begriff eine Shopping Mall zwischen den E und G Streets und den 1st und 4th Avenues, eine ungewöhnliche Einkaufslandschaft, die alle Wünsche zu erfüllen scheint. Der vollklimatisierte Konsumtempel in kühner Glas- und Stahl-Architektur vereint auf sechs Stockwerken Hunderte von Geschäften, kleinen Cafés und Restaurants, ein Shopping-Paradies amerikanischer Dimensionen. Und auch an die wichtigste Voraussetzung wurde gedacht: freies Parken (drei Stunden) auf vier Decks. Die sich über mehrere Häuserblocks ausdehnende Anlage beherbergt überdies das International Visitor Center (11 Horton Plaza, tägl. 8.30–17.30 Uhr).

Östlich an die Horton Plaza schließt sich das **Gaslamp Quarter** an, das zwischen Broadway und Island Avenue mit dem Zentrum in den 4th and 5th Avenues liegt (Information: The Gaslamp Foundation, 410 Island Ave., Mo–Fr 11–14 Uhr, eineinhalbstündige kostenlose Führungen durch den historischen Bereich von Downtown, Treff am Büro Sa 10 und 13 Uhr). Noch gegen Ende des vorigen Jahrhunderts bildete dieses Viertel mit der Market Street als Hauptstraße den Kern von Downtown. Doch mit Verlagerung des Geschäftslebens Richtung Broadway setzte der soziale Abstieg ein, die Bausubstanz der einst stolzen viktorianischen Häuser verkam, das Gaslamp Quarter wurde zum Slumviertel. Nur dank der Initiative des Gaslamp Quarter Council, einer Vereinigung von Konservatoren, Architekten und Künstlern, konnte der Abriß abgewendet und 1974 eine großangelegte Restaurierung eingeleitet werden. Heute präsentieren sich die 16 Blocks, inzwischen zum National Historic District erklärt, in frischen Farben, verlocken neu eröffnete Restaurants und Boutiquen Einheimische und Touristen zum Bummeln und Verweilen.

Noch bis vor 30 Jahren erstreckte sich entlang der Mission Bay nördlich von Point Loma ein fast undurchdringliches Sumpfgelände, das schon Cabrillo bei seiner Landung 1542 behindert hatte. Die Trockenlegung im Jahre 1960 verwandelte das Gebiet in eine Lagune mit 40 km Uferlänge, die Wassersportlern paradiesische Möglichkeiten bietet und auch dem maritimen Zirkus **Sea World** (tägl. 9 Uhr bis Sonnenuntergang) als Standort dient.

Unbestrittene Stars der Show sind die Mitglieder der Mörderwal-Familie Shamu, die ihre tonnenschweren, schwarz-weißen Körper in artistischer Manier durch die Luft wirbeln. Zwar stoßen die Dressurnummern auf Ablehnung der Tierschützer, aber wo sonst kann man diese Meeresbewohner so nah in ihrem Element bewundern. Auch Seelöwen, Pinguine, Otter, Walrosse und sogar Haie gehören zum Ensemble von Sea World. Nicht versäumen sollten Besucher die Fahrt mit dem gläsernen Lift hinauf zur Spitze des Sky Tower, von wo

Im Gaslamp Quarter von San Diego

sich vor allem in der Abenddämmerung ein atemberaubendes Panorama über die Stadt bis zu den fernen Bergen genießen läßt.

Praktische Hinweise

Information: International Visitor Information Center, Horton Plaza Shopping Center, 1st Ave. & F St., ✆ 619-236-1212, tägl. 8.30–17.00 Uhr
Unterkunft: Hotel Del Coronado, Coronado, 1500 Orange Ave., ✆ 619-435-6611, sehr teuer; Horton Grand Hotel, Downtown, 311 Island Ave., ✆ 619-234-2926, teuer; Balboa Park Inn, Downtown, 3402 Park Blvd., ✆ 619-298-0823, mittlere Preise; Best Western Seven Seas, Old Town, 411 Hotel Circle S., ✆ 619-291-1300, mittlere Preise; Holiday Inn-Harbor View, Downtown, 1617 1st Ave., ✆ 619-239-6171, mittlere Preise; Travelodge-Harbor Island, nahe Lindbergh Field Int. Airport, 1960 Harbor Island Dr., ✆ 619-291-6700, mittlere Preise; La Pensione, Downtown, 1546 2nd Ave., ✆ 619-236-9292, preiswert
Camping: Silver Strand, südliche Coronado-Halbinsel, ✆ 619-435-5184; Chula Vista RV Park, 460 Sandpiper Way, ✆ 619-422-0111, von der I-5 Abfahrt J St. westl., rechts auf den Sandpiper Way

Nationalparks in Kalifornien

Joshua Tree National Monument

Von der künstlichen, durch Klimaanlagen und Pipelines am Leben gehaltenen Oase Palm Springs ist es nur ein Katzensprung in die lebensfeindliche und dennoch faszinierende Welt der Mojave-Wüste, die sich weit nach Osten erstreckt. Mit dem Joshua Tree National Monument wurde dort 1936 eine ihrer schönsten Regionen unter Naturschutz gestellt. Über 2000 km^2 mißt das sich von 300 m bis auf 1800 m die Hänge der San Bernardino Mountains hinaufziehende Areal.

Inmitten abwechslungsreicher Felslandschaft entfalteten sich die Lebensformen der Trockenlandschaft auf engstem Raum. Im südlichen, zur Colorado-Wüste zählenden und nur wenige hundert Meter hoch liegenden Teil herrschen Creosote- und Ocotillo-Büsche vor, umrahmt von zahlreichen Wildpflanzen, die im Frühjahr nach Regenfällen ihre Blütenpracht zeigen. Im hochgelegenen östlichen Teil, der High Desert, haben die eigenartigen Joshua Trees *(Yucca brevifolia)*, denen der Park seinen Namen verdankt, ihren Lebensraum. Die bis zu 11 m hohen, zur Familie der Lilien zählenden baumartigen Gewächse mit weit ausladenden Armen erhielten ihre biblische Bezeichnung angeblich von den ersten Mormonen, die sich an die Passage aus dem Buch Josua »... du sollst dem Wege folgen, den dir die Bäume zeigen« erinnert fühlten. Im ökologischen Gefüge erfüllen die Bäume als Nistplätze für Vögel sowie als Nahrungsquelle und Unterschlupf für Insekten eine überaus wichtige Funktion.

Von der artenreichen Flora des Parks profitieren auch zahlreiche kleine Lebewesen wie Präriehasen, Wüstenspringmäuse, Känguruhratten und Eidechsen. Nur selten allerdings wird man die überwiegend nachtaktiven Bewohner der Wüste zu Gesicht bekommen. Die Hitze des

Joshua Tree National Monument

Tages verschlafen sie in kühlen Erdlöchern oder im Schatten von Felsen, um erst bei Einbruch der Dunkelheit auf Nahrungssuche zu gehen. Auch die oft winzigen Vögel, die meist im Schutz der dichter bewachsenen Oasen leben, lassen sich nur mit viel Geduld und einem guten Fernglas beobachten.

Die Schönheit des Parks erschließt sich vor allem Wanderern. Besonders lohnend ist der kurze Abstecher in das von Felsen umschlossene Hidden Valley, das früher einmal Viehdieben Unterschlupf geboten haben soll und heute Besucher durch seine Artenvielfalt bezaubert. Ebenso mühelos ist der Fußweg zur Lost Horse Mine, einem Relikt aus der Zeit des Goldrausches, der auch diese Bergregion erfaßt hatte. Den eindrucksvollsten Fernblick eröffnet der 1567 m hoch in den San Bernardino-Bergen gelegene, mit dem Auto schnell erreichbare Keys View.

Praktische Hinweise

Anfahrt: Das Joshua Tree National Monument liegt etwa eine Autostunde von Palm Springs entfernt. Man fährt entweder auf der I-10 South zum im Süden gelegenen Cottonwood Visitor Center oder auf der I-10 North zum im Norden gelegenen Oasis Visitor Center (✆ 619-367-7511, tägl. 8–16.30 Uhr) in Mara bei Twentynine Palms, wo auch das Hauptquartier ist. Vollen Zugang zum Park erhält man auch über die kleine Ortschaft Joshua Tree, doch liegt dann kein Besucherzentrum am Wege. Einfahrten zum Black Rock Canyon und Indian Cove sind lediglich kurze Stichstraßen mit Ranger Station und Informationsmöglichkeit, jedoch ohne Durchkommen für Fahrzeuge

Unterkunft: Es gibt keine Hotels oder Motels in der näheren Umgebung; die nächste Quartiermöglichkeit befindet sich in Palm Springs
Camping: Im Park stehen neun kostenlose kleine Campingplätze für Wohnmobile und Zelte zur Verfügung, deren Stellflächen nach dem Prinzip *first come first serve* vergeben werden und die deshalb möglichst frühzeitig durch Hinterlassen von Camping-Utensilien belegt werden sollten

Death Valley National Monument

Death Valley, der berühmteste Wüstenpark in Kalifornien, liegt im Osten der Mojave-Wüste und überschreitet mit seinem nordöstlichen Zipfel die Grenze ins benachbarte Nevada. Bewegungen der Erdkruste haben ein 220 km langes und bis zu 26 km breites, abflußloses Becken entstehen lassen, das bis auf 86 m unter den Meeresspiegel absinkt und in vorgeschichtlicher Zeit einmal mit dem 150 km langen Lake Manly gefüllt war.

Der abschreckende Name Todestal wurde von frühen Pionieren geprägt. Im Jahre 1849 hatten einige Abenteurer auf ihrem Weg zu den Goldfeldern in Kalifornien eine Abkürzung durch das extrem trockene und heiße Tal gewagt und diesen Versuch mit unsäglichen Strapazen, einige von ihnen sogar mit dem Tod, bezahlen müssen.

Heute erschließt der Highway 190 die Fremdartigkeit und Schönheit des Todestals jedem Autofahrer. Nahe dem Besucherzentrum am Furnace Creek trifft man auf die Reste der **Harmony Borax Works,** 2 Meilen südlich werden noch einige der hochrädrigen, 36 t fassenden Transportwagen, mit denen sich jeweils 20 Maultiere 12 Tage lang bis nach Mojave durch die Wüste quälen mußten, und andere Relikte aus der nur sechs Jahre während Borax-Epoche (1881–1887) im gleichnamigen Museum gezeigt.

Etwa 3,5 Meilen südlich des Museums erreicht die Straße am **Zabriskie Point** einen der spektakulärsten Aussichtspunkte. Wie die Wogen eines versteinerten Meeres zeigen sich die ockerfarbenen Hügel und die tiefschwarzen Täler der Erosionslandschaft im Abendlicht. Zu einem weiteren, nicht minder großartigen Anblick gelangt man, wenn man der Straße weiter nach Süden folgt und dann auf den Highway 178 abbiegt, der direkt hinauf zu **Dantes View** führt. Vom Parkplatz windet sich ein kurzer Pfad in die Black Mountains, bis sich ein atemberaubendes Panorama eröffnet, das in der wabernden Mittagsglut tatsächlich die Vorhölle aus Dantes »Göttlicher Komödie« verkörpern könnte. Im weichen Abendlicht freilich fühlen sich Betrachter eher himmlischen Gefilden nahe. Tief unten haben ausgetrocknete Flußläufe ihre Mäander in grellweißen Salzpfannen hinterlassen, im Norden leuchtet das frische Grün der Oase Furnace Creek, in der Ferne begrenzen die schneebedeckten Gipfel der Sierra Nevada den westlichen Horizont, gekrönt vom Mount Witney. Der höchste und tiefste Punkt

Death Valley National Monument ▷

der USA liegen damit gleichzeitig im Blickfeld des Betrachters.

Die ersten Abenteurer, die ins Tal kamen, hatten für die Schönheiten der Natur kaum einen Blick übrig. Sie waren dem Gold verfallen, das schnellen Reichtum verhieß, zu oft aber nur Enttäuschung brachte. Nennenswerte Funde wurden bis heute nicht bekannt, obwohl sich seit 1850 hartnäckig die Gerüchte der ›Lost Gunsight Mine‹ und der ›Lost Breyfogle Mine‹ halten, in Vergessenheit geratene Goldgruben märchenhafter Ausmaße.

Aber auch Kurioses bietet das Todestal. Am nördlichen Ende des Highway 190 setzte der skurrile und auf mysteriöse Weise zu Vermögen gekommene Kunstreiter Walter Scott eine schloßartige Villa in die Wüsteneinsamkeit, die bald unter dem Namen **Scotty's Castle** bekannt war. Nach dem Tode des Exzentrikers im Jahre 1954 verfiel das Anwesen, bis es 1970 in den Besitz des National Park Service überging. Schmiedeeiserne Gitter, wertvolle Teppiche, europäische Möbel und eine überdimensionierte Orgel bilden einen merkwürdig surrealen Kontrast zur Urlandschaft ringsum (Besichtigung tägl. 7–18, Führungen 9–17 Uhr).

Wer heute im Death Valley unterwegs ist, braucht nicht um sein Leben zu bangen, sofern er nicht vom Wege abweicht und sich auf die extrem hohen Temperaturen oft weit jenseits der 40° Celsius-Marke einstellt – am 10. 7. 1913 wurden 57° Celsius gemessen. So verbieten denn auch die meisten amerikanischen Mietwagengesellschaften eine Fahrt ins Death Valley; ein ausreichender Wasservorrat und schützende Kleidung gehören zu den wichtigsten Voraussetzungen für den Besuch des Todestals.

Praktische Hinweise

Information: Death Valley National Monument Visitors Center, Furnace Creek, tägl. 8–17 Uhr

Unterkunft: Stove Pipe Wells Village Motel, Death Valley, Hwy 190, ✆ 619-786-2387, mittlere Preise; Furnace Creek Ranch, Death Valley, ✆ 619-786-2345, mittlere Preise; Furnace Creek Inn, Death Valley, ✆ 619-786-2345, Mitte Okt. bis Mitte Mai, teuer

Campingplätze: Das Death Valley National Monument besitzt neun Campgrounds mit insgesamt etwas mehr als 1500 Plätzen, zu denen meist ein Tisch und eine Feuerstelle gehören (Feuerholz darf jedoch nirgendwo im Park gesammelt werden). Sie sind entweder sehr preiswert oder kostenlos und stehen Besuchern nach dem Prinzip *first come first serve* – also entsprechend der Reihenfolge des Belegens – zur Verfügung

Sequoia und Kings Canyon National Parks

Der hoch aufragenden Kette der Sierra Nevada haben die Spanier nicht von ungefähr den Namen Schneegebirge verliehen. Für die von Osten heranrollenden Planwagentrecks war es das letzte große Hindernis auf dem Weg nach Kalifornien. Wie die Tragödie am Donner Pass beweist, wo im Winter 1846 zahlreiche Mitglieder zweier Pionierfamilien erfroren und der Rest nur durch Kannibalismus überlebte, barg die Über-

Sequoia National Park

querung der Berge durchaus tödliche Gefahren.

Dank moderner Straßen und Verkehrsmittel hat die Sierra Nevada heute ihre Schrecken verloren und sich zum beliebtesten Erholungsgebiet in Kalifornien während der Sommer- und Wintermonate entwickelt, zumal die landschaftlich schönsten Regionen unter Naturschutz gestellt wurden.

So können die aneinandergrenzenden Nationalparks Sequoia und Kings Canyon bereits auf ein hundertjähriges Bestehen zurückblicken. Mit dem Wagen zugänglich sind die Parks nur von Westen über die Highways 180, 198 und 245. Wer die Berge nach Osten überqueren will, ist auf Wanderpfade angewiesen, die über den Kamm ins Great Basin führen. Die Parks dienen vor allem dem Schutz der archaisch anmutenden Mammut-Bäume *(Sequoiadendron gigantea)*, die in Höhen zwischen 1200 und 2500 m die Westhänge überziehen. Sie sind Überlebende der Zeit der Flugechsen, Saurier und ebenso riesenhafter Schachtelhalme. Rätselhafterweise hat ein kleiner Bestand entlang eines 400 km langen Streifens der westlichen Sierras die Eiszeiten überlebt, die auch Nordamerika unter mächtigen Gletschern begruben. Das Alter der Bäume wird auf 3500 Jahre geschätzt, ihre Höhe liegt bei 85 m, ihr Umfang erreicht an der Basis gut 35 m. Bezogen auf das Volumen gelten sie als die mächtigsten Pflanzen der Erde, obwohl die Küsten-Redwoods ein gutes Stück höher und die *Bristlecone Pines*, knorrige Grannenkiefern, wesentlich älter werden.

Am eindrucksvollsten präsentieren sich die Baumgiganten entlang des Generals Highway im **Sequoia National Park.** Auch wer wenig Zeit mitbringt, sollte vom mächtigen General Sherman Tree den etwa 3 km langen Congress Trail entlangwandern, der als Lehrpfad angelegt ist. Der westliche Teil des Sequoia Park, bekannt als Grant Grove, dokumentiert den erfolgreichen Kampf der Naturschützer gegen die Holzwirtschaft. Der Big Stump blieb als Mahnmal des Raubbaus, umgeben von vielen Riesen, die ihr Überleben nur der Initiative jener umweltbewußten Zeitgenossen verdanken, welche die Mammutbaumbestände aufkauften. Erst 1950 wurde dieser Teil in den Park eingegliedert und damit vor der Axt bewahrt.

Den größeren **Kings Canyon Park** kann man mit dem Wagen nur auf einer kurzen Stichstraße erkunden, die nicht nur den Blick auf himmelragende Sequoias ermöglicht, sondern auch großartige Gebirgsszenerie bietet. Die Landschaft erschließt sich besonders eindrucksvoll entlang der unterschiedlichen Wanderrouten, so etwa auf dem nur 700 m langen River Trail oder dem sich anschließenden Ziumwait Meadow Trail, einem 1,7 km langen Rundweg. Detaillierte Informationen erhält man in der Cedar Grove Ranger Station (im Sommer tägl. geöffnet).

Praktische Hinweise

Information: Das gemeinsame Hauptquartier und Visitor Center befindet sich in Ash Mountain (Generals Hwy, 7 Meilen nördl. von Three Rivers über SR 198) tägl. 8–17 Uhr, ✆ 209-565-3134; weitere Besucherzentren in Grant Grove Village und Cedar Grove (tägl. 8–17 Uhr) sowie in Lodgepole und Mineral King (tägl. 7–17 Uhr)

Veranstaltungskalender, Treffpunkte, Führungen, Sicherheitstips und viele weitere wertvolle Hinweise sind in der kostenlosen Parkzeitung »Sequoia Bark« abgedruckt

Unterkunft: Reservierung durch Sequoia Guest Services, Reservations, P.O. Box 789, Three Rivers, CA 93271; ✆ 209-561-3314; Übernachtungen sind möglich in Giant Forest, Stony Creek, Grant Grove und Cedar Grove

Camping: Es gibt über 1000 Stellplätze, für die keine telefonischen Reservierungen möglich sind. Im Hochsommer, vor allem an Wochenenden, muß man damit rechnen, keinen Platz mehr zu erhalten

Yosemite National Park

Yosemite, der dritte und bekannteste Nationalpark in der Sierra Nevada, liegt nördlich des Kings Canyon Park und gehört zu den beliebtesten Touristenzielen in Kalifornien. Bereits im Jahre 1864 hatte Abraham Lincoln das Tal mit dem indianischen Namen, der »Joßemitti« ausgesprochen wird und Grizzlybär bedeuten soll, unter staatlichen Schutz gestellt, um die sich abzeichnende Ausbeutung zu unterbinden. Auf Initiative des Naturfreunds John Muir (1838–1914) erhielt die Region am 1. 10. 1890 den Status eines Nationalparks.

Der ›Urvater‹ der amerikanischen Nationalparks umfaßt heute ein Areal von etwa 3000 km^2, durchzo-

Blick auf das Yosemite-Tal

gen von 600 km Straßen und über 1300 km Wanderwegen. Kerngebiet ist das Yosemite-Tal, ein von Gletschern ausgeschliffener, bis zu 2 km breiter und etwa 10 km langer Canyon zu Füßen schroffer Berge und senkrechter Felswände. Der weitaus größte Teil des Parks besteht aus abwechslungsreicher Hochgebirgswildnis, die sich allein Wanderern offenbart. Nur cinc Straßc (im Winter geschlossen) durchzieht den Park von West nach Ost und ermöglicht die Überquerung der Sierra Nevada über den Tioga Pass ins Great Basin.

Wie ein Wächter beherrscht **El Capitan,** ein schwarzer Monolith mit einer über 1000 m hohen senkrechten Wand, den Eingang zum Tal. Freikletterer aus aller Welt haben dort ihr Paradies gefunden. Als bunte Tupfer sind die tollkühnen Sportler mit dem Fernglas von der Straße aus hoch oben in der steilen Wand auszumachen. Sehr viel ungefährlicher ist der Gipfel von jedermann über die insgesamt 14 km langen Yosemite, Hetch Hetchy, Eagle Peak und El Capitan Trails von der Rückseite her erreichbar.

Der aus den Bergen fließende Merced River ergießt seine Wassermassen in mehreren spektakulären Wasserfällen in die canyonartige Schlucht. Am eindrucksvollsten ist der dreistufige **Yosemite Fall,** aufgeteilt in die Upper Falls (436 m), die Middle Cascades (206 m) und die Lower Falls (98 m). Während der untere Fall auf einem kurzen Fußweg leicht erreich-

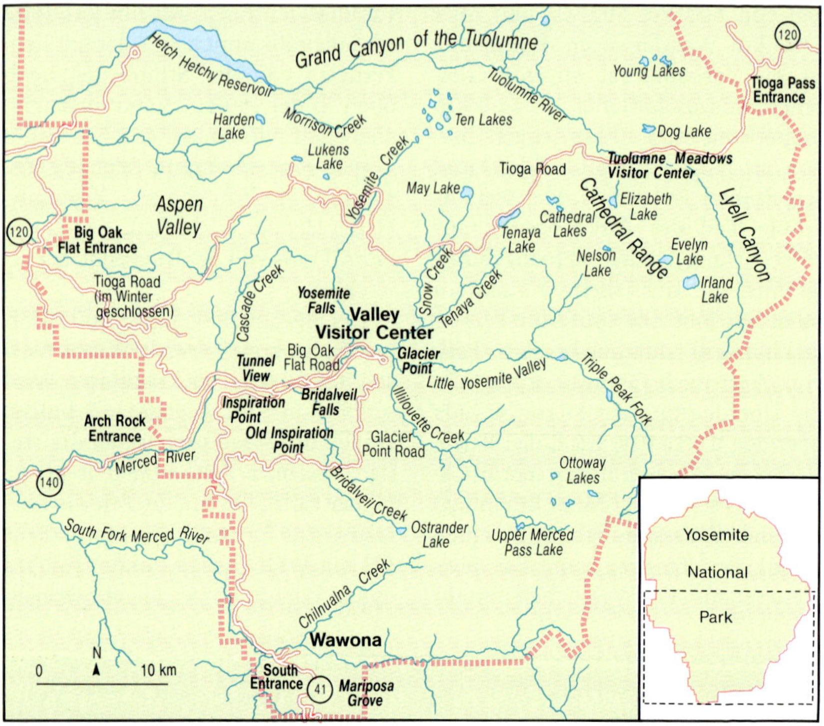

Der Yosemite National Park

bar ist, muß man zum oberen einen 5 km langen steilen Aufstieg hinter sich bringen.

Als Wahrzeichen des Parks erhebt sich am Talende der charakteristische Granitkegel des **Half Dome** gut 1500 m über die Wiesen. Den Gipfel kann man auf einem 27 km langen, schwierigen Rundweg erreichen, eine 10–12stündige Anstrengung, für die man mit einem einzigartigen Panoramablick belohnt wird.

Eine weitere Attraktion liegt südlich des Tals und wird über eine 25 Meilen lange Stichstraße erschlossen, die beim Tunnel View Overlook von der Hauptroute nach Süden abzweigt. Sie endet am **Glacier Point,** der als schönster mit dem Auto erreichbarer Aussichtspunkt des Parks gilt. Aus etwa 1000 m Höhe geht der Blick tief hinab ins Yosemite-Tal bis weit hinüber zu den meist schneebedeckten Gipfeln der High Sierra.

Ähnlich wie im Kings Canyon und Sequoia National Park haben auch in Yosemite einige Bestände der Mammutbäume die Eiszeiten und Waldbrände überdauert. Die eindrucksvollsten Baumriesen findet man im **Mariposa Grove** an der Südspitze des Parks, erreichbar über den Highway 41. Während sich der Grizzly Giant, der mit 2700 Jahren zu den ältesten Vertretern der Gattung *Sequoiadendron gigantea* zählt, noch bester Gesundheit erfreut, stürzte der berühmte Wawona Tunnel Tree, durch den man eine Autostraße geschlagen hatte, im Winter 1968 ein. Besucher können sich mit einem kleinen Bähnchen durch den Riesenwald fahren lassen oder auf bequemem Fußweg das großartige Naturerlebnis genießen.

Weitaus weniger Betrieb als im lärmenden Yosemite-Tal, am vielbesuchten Glacier Point oder im Mariposa Grove erwartet Touristen in der High Sierra. Im Frühsommer kann man auf der Tioga Road hinauf in die blühenden Wiesen der Toulumne Meadows gelangen und weiter zum 3031 m hohen Tioga Pass, der bis Juni unter einer dichten Schneedecke begraben ist.

Praktische Hinweise

Park Information: ✆ 209-372-0264; Straßen- und Wetterberichte, ✆ 209-372-4605; Wanderinformation: ✆ 209-372-0307; aktuelle Campingplatzsituation: ✆ 209-372-4845; aktuelle Unterkunftssituation: ✆ 209-372-1000

Anfahrt: Aus dem Westen über Merced führt der Highway 140 zum Arch Rock Entrance, dem Haupteinfallstor des Nationalparks. Besucher aus Richtung Manteca können auch den Highway 120 und den Big Oak Flat Entrance benutzen. Von Süden, aus Fresno, erreicht man den Park über den Highway 41. Die einzige östliche Zufahrt auf dem Highway 120 von Lee Vining über den 3031 m hohen Tioga Pass ist im Winter gesperrt und damit auch eine Durchquerung der Sierra Nevada südlich von San Francisco zum Highway 395 unmöglich; **mit der Eisenbahn:** die Amtrak-Züge 708 und 709 halten in Merced, von dort übernimmt California Yosemite Tours, ✆ 209-383-1563, die Weiterfahrt; **mit dem Bus:** California Parlor Car Tours, ✆ 415-474-7500, fahren zwischen April und Oktober von San Francisco nach Yosemite und sorgen für Übernachtung im Park; Greyhound fährt nach Merced, von dort übernehmen California Yosemite Tours, ✆ 209-383-1563, oder Via Bus Lines, ✆ 209-722-0366, den Weitertransport. Greyhound fährt Fresno an, dort sorgt McCoy's Charter Service, ✆ 209-268-2237, für den Weitertransport; **mit dem Flugzeug:** Ab Flughafen Merced fährt auf Anforderung California Yosemite Tours, ✆ 209-383-1563; vom Flughafen Fresno fährt auf Anforderung McCoy's Charter Service, ✆ 209-268-2237

Unterkunft: Reservierung nimmt allein die Yosemite Park & Curry Company entgegen, Yosemite National Park, CA 95389, ✆ 209-252-4848: Ahwahnee Hotel, teuer, Yosemite Lodge, mittlere Preise, Curry Village, preiswert

Camping: Der Park bietet rund 2000 Stellplätze auf 18 Plätzen; fast die Hälfte davon liegt im Yosemite Valley, das wegen seiner zentralen Lage besonders gefragt und wo der Aufenthalt im Sommer auf maximal sieben Tage begrenzt ist. Nur vier Campgrounds sind das ganze Jahr über geöffnet (Lower River, Hodgdon Meadow, Wawona und Sunnyside Walk-In), die anderen je nach Höhenlage und Witterung zwischen März und Nov. Für Wohnmobile gibt es keine *hook-ups* (Anschlüsse für Strom, Wasser usw.). Etwa die Hälfte der Campingplätze verlangt Reservierungen über die Ticketron-Agenturen (Box 617516, Chicago, IL 60661-7516, ✆ 800-452-1111, bzw. 312-902-1919 aus dem Ausland); es werden nur schriftliche oder persönliche, jedoch keine telefonischen Anträge entgegengenommen. Die andere Hälfte der Campgrounds verteilt die Plätze nach der Reihenfolge des Eintreffens

Der Pazifische Nordwesten

Steckbrief

OREGON

Postalisches Kürzel: OR
Größe: 251 180 km^2, 15 % größer als die BRD
Hauptstadt: Salem, 108 000 Einwohner
Bevölkerung: 2,8 Mio. überwiegend weiße Einwohner
Wirtschaft: Holz, Weizen, Obst
Beiname: Beaver State (Biber-Staat)
Staatsmotto: The Union
Symbole: Glanzblättrige Mahonie (Oregon Grape), Lerchenstärling (Western Meadowlark), Douglas-Tanne (Douglas Fir), Lachs (Salmon)
Information: Oregon Economic Development Department, Tourism Division, 775 Summer St. N. E., Salem, OR 97310, ✆ 503-378-3451, Fax 503-581-5115
Verkehrsverbindungen: Mit dem Flugzeug regelmäßig von allen größeren Städten der USA; angeflogen wird nur Portland; mit der Eisenbahn: Amtrak-Verbindung Los Angeles–Portland (Coast Starlight); Chicago–Denver–Salt Lake City–Portland (Pioneer); mit dem Bus: Greyhound und Trailways verkehren auf den wichtigsten Routen des Staates
Reisezeit: Juni–Sept., Durchschnittstemperaturen 20–26° Celsius, im Winter an der Küste 4° bis -10° Celsius und 75 % der Jahresniederschläge
Unterkunft: Zahlreiche Hotels und Motels unterschiedlicher Kategorien. Weit verbreitet sind die Motels der Kette Best Western (mittlere Preislage). Hervorzuheben sind die häufig abseits der Hauptstraßen gelegenen Inns, die bequeme Unterkunft mit oftmals romantischem Flair verbinden, allerdings meist der gehobenen Preisklasse angehören. Immer mehr Verbreitung finden Bed & Breakfast-

Naturraum

Der waldreiche, von europäischen Touristen bisher wenig besuchte Staat grenzt im Westen an den Pazifik; im Norden bildet größtenteils der Columbia River die Grenze zum Bundesstaat Washington; im Süden hat er Kalifornien und Nevada als Nachbarn, im Osten Idaho. Seinen Namen verdankt er höchstwahrscheinlich der Verballhornung des spanischen Begriffs *Orejones* (Großohren), mit dem Europäer die dort ansässigen Indianer aufgrund ihres überdimensionalen Ohrenschmucks bezeichneten.

Die Oberflächengestalt wird von der Kordillere geprägt, die den Staat von Nord nach Süd durchzieht und mehrere parallel verlaufende Landschaften voneinander abgrenzt. Hinter der schmalen, terrassenförmigen Küstenebene steigt der Gebirgszug der Coast Range bis über 2000 m empor, eine noch junge tektonische Auffaltung entlang einer noch immer höchst aktiven Erdbebenzone. Nach

Unterkünfte. Auskunft und Buchung bei: Northwest Bed & Breakfast Travel Unlimited, 610 S.W. Broadway, Portland, OR 97205, oder bei American Bed & Breakfast, Inter Bed Network, 31 Exnest Rd., Colchester, Essex, England. Im Buchhandel oder bei Bikecentennial (s. u.) ist überdies das Verzeichnis »The Bed & Breakfast Traveler« von L. Green erhältlich. Es gibt auch einige Jugendherbergen. Sehr verbreitet sind private Campingplätze – preiswerter kann man auf staatlichen Plätzen (National Parks, State Parks) übernachten, deren sanitäre Anlagen in Oregon sämtlich sauber und gepflegt sind. Wanderer, Radfahrer oder Autofahrer sollten nie versäumen, sich beim Einchecken nach den preislich günstigsten *hiker and biker camps* oder einfach nach der *tent area* zu erkundigen.

Besonderheiten: Oregon gilt als Wegbereiter des Radtourismus in den USA. Vor allem die Straße entlang der Pazifikküste (US 101) gehört zu den bevorzugten Radwanderrouten in Nordamerika. Einen speziellen Reiseführer (Kirkdall, T./Spring, V.: Bicycling the Pacific Coast) und detaillierte Karten erhält man im amerikanischen Buchhandel oder direkt von Bikecentennial P.O. Box 8308, Missoula, MT 59807. Den »Oregon Bicycling Guide« kann man kostenlos beim Bicycle Program Manager, Oregon Department of Transportation, Transportation Building Salem, OR 97310, anfordern

Osten schließt sich das Willamette Valley an, das sein Gesicht den Absenkungen und den Ablagerungen des gleichnamigen Flusses verdankt. Aufgrund der geschützten Lage wurde das Tal zum wichtigsten Siedlungsgebiet. Sowohl die Hauptstadt Salem wie auch der am Columbia River liegende Hafen Portland haben dort ihren Platz gefunden.

Nach Osten wird das Tal von der mächtigen Kette der Cascade Range begrenzt, die ihre Existenz vor allem vulkanischen Aktivitäten verdankt und mit dem Mount Hood die 4000-m-Marke überschreitet. Nach Osten fällt das Gebirge zu den Hochflächen des Columbia Plateaus ab, das sich, vom Staat Washington nach Süden reichend, mit durchschnittlichen Höhen zwischen 1200 und 1500 m bis zur Grenze nach Idaho hinzieht.

Während die Pazifikküste durch den vorgelagerten warmen ›Japan-Strom‹ einem gemäßigten maritimen Einfluß mit hohen Niederschlägen ausgesetzt ist, empfangen die östlichen Landesteile weniger Regen, wo-

Landschaft beim Crater Lake

bei sich gleichzeitig die Temperaturgegensätze zwischen Sommer und Winter erhöhen und damit dem Klima kontinentalen Charakter verleihen.

Daß sich Oregon bei den Amerikanern seit langem größter Beliebtheit erfreut, beweist der dritte Platz des Tourismus in der Wirtschaftsbilanz des Staates. Ungebrochen auch ist der Trend alteingesessener Kalifornier, der immer problembeladeneren Heimat den Rücken zu kehren und beim nördlichen Nachbarn noch intakte Naturräume zu suchen. Oregon lockt all jene Reisenden, die sich für eine wilde Berglandschaft begeistern können, sich in endlosen Wäldern und auf deren zahlreichen Wanderwegen besser aufgehoben fühlen als im Großstadtdschungel und die nebelverhangene Fischerorte sonnigen Badestränden und Rummel vorziehen.

Geschichte

Als der britische Forschungsreisende James Cook die Küste 1778 sichtete, siedelten dort bereits seit langem die Stämme der Klamath, Modoc und Nez Percé. Die Klamath und die mit ihnen verwandten Modoc führten ein Jäger- und Sammlerdasein und widmeten sich überdies dem Fischfang mit Reusen, Netzen und Speeren. Zu ihren Lieblingsspeisen gehörten die Samen der Wasserlilien. Weniger harmlos war die Grundlage ihrer Wirtschaftsbeziehungen zu den kulturell höher stehenden, im schmalen Küstensaum zwischen Nord-Kalifornien und Alaska siedelnden Stämmen der Haida, versorgten sie diese doch mit Sklaven. Die Haida setzten sie – meist Gefangene anderer Stämme – nicht nur als Arbeitskräfte ein, ihr Besitz steigerte auch das Prestige des Eigentümers innerhalb der Gemeinschaft.

Die Nez Percé, die ihren Namen (durchbohrte Nase) von französischen Waldläufern erhalten hatten, sich selbst aber Chopunnish nennen, siedelten im Grenzgebiet zwischen Oregon, Idaho und Washington und stellten mit etwa 4000 Angehörigen die größte Gruppe unter den Stämmen der Sahapatin dar. Mit dem Stamm sind heute die Cayuse verschmolzen, ein ehemals kämpferisches Volk, das schon früh – Ende des 16. Jh. – Kontakt mit den Spaniern hatte und dadurch sehr wahrscheinlich das Pferd in die Indianerkulturen der angrenzenden Plains einführte, bevor es von Mexiko Eingang in die südwestlichen Regionen der USA gefunden hatte.

Das Schicksal der Indianer von Oregon war besiegelt, als sich die Eisenbahnlinie in den 60er Jahren des 19. Jh. durch ihr Territorium schob. Während die nur 500 Mitglieder zählenden Cayuse sehr schnell bis zur fast völligen Ausrottung dezimiert wurden, leisteten die Modoc erbitterten Widerstand. Als sie 1872 in das Klamath-Reservat umgesiedelt werden sollten, erschossen sie die beiden Emissäre der Regierung und widersetzten sich fünf Monate lang einer Streitmacht von 3000 Soldaten.

Die Behandlung der christianisierten Nez Percé gehört zu den beschämendsten Kapiteln US-amerikanischer Indianerpolitik. Der Stamm hatte sich den vordringenden Weißen gebeugt und war eine friedliche Koexistenz mit den Siedlern eingegangen. Um Zusammenstöße mit disziplinlosen Goldsuchern zu vermeiden, wollte die Armee die Nez Percé 1877 nach Idaho umsiedeln. Häuptling Joseph zog es jedoch vor, ins benachbarte Kanada auszuweichen, ein Wunsch, den die Amerikaner jedoch nicht erfüllen wollten. 5000 mit modernsten Waffen ausgerüstete Soldaten sollten den Exodus der 500 Nez Percé, die Hälfte davon Frauen und Kinder, mit allen Mitteln verhindern. In mehreren Schlachten erteilten die Nez Percé der Armee eine Lektion in Sachen Taktik. Erst 54 km vor der Grenze mußten sie sich völlig erschöpft der Übermacht beugen. Mit den Worten: »Hört mich Weiße, ich bin müde; mein Herz ist krank und voll Trauer …, ich werde niemals wieder kämpfen« ergab sich Chief Joseph mit seinem Stamm.

Zunächst erhoben die Spanier Anspruch auf den Küstenstreifen, den Cabrillo bereits 1543 gesichtet haben wollte, später drangen die Briten vom heutigen Kanada in die Region vor. Die Amerikaner wahrten ihre Interessen durch Kapitän Robert Gray, der 1792 den Columbia River entdeckte und nach seinem Schiff benannte. Die Ufer des Flusses wurden zum wichtigsten Umschlagplatz für begehrte Biberfelle, deren Vermarktung sich Briten und Amerikaner zunächst friedlich teilten. Nachdem Meriwether Lewis und William Clark 1804 auf der ersten Durchquerung des Kontinents die Pazifikküste im heutigen Astoria erreicht hatten, nutzten die Amerikaner, allen voran Johann Jakob Astor, die neu entdeckte Landverbindung, um Trapper und Fallensteller nach Westen zu senden und den Briten die reichen Jagdgründe streitig zu machen. Der 1783 in die USA ausgewanderte Schwabe organisierte in den USA den Pelzhandel und

Der Oregon Trail

Die Lewis-und-Clark-Expedition von 1804, die Präsident Jefferson ausgesandt hatte, um das von den Franzosen erworbene riesige Louisiana-Territorium zu erkunden, bewies erstmals, daß die Durchquerung der Vereinigten Staaten auf dem Landweg möglich war.

Fast 12 500 km hatten die Männer unter größten Strapazen zurückgelegt, als sie am 23. 9. 1806 nach über zwei Jahren wohlbehalten zu ihrem Ausgangspunkt St. Louis zurückkehrten. Über Nacht beflügelte der Erfolg der Expedition die Träume der Ostküstenbewohner, deren Lebensraum sich durch Zuwanderungswellen aus Europa einengte. Zunächst waren es Einzelgänger, die den Spuren der Expedition folgten, jene legendären *mountain men,* die zahlreiche Wege über die Rocky Mountains in den Goldenen Westen öffneten. Ihnen folgten die Landvermesser, darunter auch John Fremont. Er kartographierte große Teile der Route, die später als Oregon Trail in die Geschichte der Besiedlung des Westens eingehen sollten. Zu Beginn der 40er Jahre wurde Expansionismus propagiert und damit die Welle der ersten großen Trecks nach Westen ausgelöst, deren Mythos amerikanische Filme am Leben halten.

Vom missionarischen Eifer des Predigers Jason angesteckt und durch die reißerischen Beschreibungen in Flugblättern motiviert, machte sich 1841 der erste größere Siedlertreck von Independence an der Westgrenze von Missouri auf die über 3000 km lange Reise in eine hoffnungsvolle Zukunft. Die meisten Pioniere bewältigten den sechsmonatigen Marsch zu Fuß und zogen ihre bescheidene Habe auf Handkarren durch die Prärien. Nur die wenigsten konnten sich Planwagen und Ochsengespanne leisten. Als Hauptnahrungsmittel diente ihnen Bisonfleisch, das von Jagdtrupps herangeschafft wurde, und Brot aus mitgeführten Mehlvorräten.

In drei Jahrzehnten strömten über 400 000 Menschen auf dem Oregon Trail und seinen Abzweigungen nach Westen, etwa 20 000 starben. Nicht Indianerüberfälle waren die häufigste Todesursache, sondern Krankheiten, insbesondere Cholera, die durch mangelnde Hygiene an den Rastplätzen schnelle Verbreitung fand. Unfälle durch nachlässigen Schußwaffengebrauch und Entkräftung taten ein übriges, die Schar der Siedler zu dezimieren.

Lewis und Clark während ihrer Expedition, historische Darstellung aus dem 19. Jh.

erwarb sich ein gewaltiges Vermögen durch Bodenspekulationen in New York. Astor galt zu Beginn des 19. Jh. als der reichste Mann Amerikas.

Im Oregon-Vertrag von 1846 wurden die Grenzen zwischen der britischen und der amerikanischen Einflußzone entlang des 49. Breitengrads festgelegt und damit die heutige Grenze zwischen den USA und Kanada geschaffen. Schon zuvor hatten Spanien und Rußland ihre Ansprüche, die sie in der Realität niemals wahrgenommen hatten, aufgegeben. Im Jahre 1849 erhielt das damals auch den heutigen Staat Washington umfassende Gebiet den Status eines *territory,* 1859 stimmte die Bevölkerung für den Anschluß an die USA. Die größte Zuwandererwelle ergoß sich 1849 im Gefolge des kalifornischen Goldrauschs nach Oregon, das sich schnell zur Kornkammer des Nachbarstaats entwickelte.

Seither ist das Wachstum eher in ruhigen Bahnen verlaufen. Im Vordergrund stand und steht auch heute noch die Holzwirtschaft, ergänzt durch metallverarbeitende Industrien, die ihren hohen Energiebedarf aus der reichlich vorhandenen Wasserkraft decken können. Mit einem Bevölkerungswachstum von etwa 8% zwischen 1980 und 1990 liegt der Staat im unteren Drittel der bevorzugten Siedlungsgebiete der USA.

Die Pazifikküste

Etwa 400 Meilen zieht sich eine der schönsten Küstenstraßen der USA, die US 101, von der kalifornischen Grenze bei Brookings bis nach Astoria an der Mündung des Columbia River. Sandige Buchten, Dünenketten, weit ins Meer vorspringende, mit weißen Leuchttürmen besetzte Kaps, himmelragende Nadelwälder und verträumte Fischerorte säumen den Weg, ganz zu schweigen von den zahlreichen State Parks und Recreation Areas, die zum Verweilen einladen. Die Beschreibung der Route, für die man zwei bis drei Tage veranschlagen sollte, erfolgt von Süd nach Nord.

Als erste Ortschaft nördlich der Grenze mit Kalifornien berührt der Highway 101 das etwa 4000 Einwohner zählende, an der Mündung des Chetco River gelegene Städtchen **Brookings,** das noch Anteil am gemäßigten kalifornischen Klima hat und deshalb etwas übertrieben als ›Oregons Bananengürtel‹ bezeichnet wird. Bekannt ist der Ort für seine Blumenzucht (Lilien und Azaleen, Fest am Memorial Day im Mai). Am nördlichen Ortsrand liegt das kleine Vogelschutzgebiet Goat Island. In der Nähe warf ein japanisches Flugzeug die einzige Bombe ab, die das Festland der USA während des Zweiten Weltkriegs traf.

Praktische Hinweise

Unterkunft: Habor Inn Motel, 2 Meilen südl. der 101, mittlere Preise; Chetco River Inn, Brookings, 21202 High Prairie Rd., ✆ 800-327-2688, zentral, preiswert
Campingplätze: Harris Beach State Park, 2 Meilen nördl. an der US 101; Loeb State Park, 8 Meilen nordöstl. über eine Country Road, für beide Parks ✆ 503-469-2021

Die folgenden 15 Meilen bis **Gold Beach** zählen zu den schönsten Küstenabschnitten im Nordwesten. Der kleine, ganz auf den Tourismus ausgerichtete Ort (1500 Einwohner) liegt an der Mündung des Rogue River, einem beliebten Wildwasser für Angler und Kanuten. Bootsausflüge flußaufwärts bis zum 56 Meilen entfernten Agness sind die Hauptattraktion. Zahlreiche Wanderwege führen überdies von Gold Beach in den östlichen Siskiyou National Forest, der sich mit der angrenzenden Kalmiopsis Wilderness bis zur kalifornischen Grenze erstreckt und durch den sich auch der Rogue River schäumend seinen Weg bahnt.

Die großartige Aussicht auf den Pazifik setzt sich nördlich von Gold Beach fort und steigert sich zu einer dramatischen Szenerie im etwa 10 Meilen langen **Boardman State Park,** durch den mehrere Pfade bis zu den steil abfallenden Klippen führen. Über Port Orford erreicht man Cape Blanco, den westlichsten Punkt des amerikanischen Festlands (State Park mit Campingmöglichkeit, Leuchtturm).

Zwanzig Meilen weiter nördlich trifft man auf die kleine Ortschaft **Bandon** mit einem von riesigen Monolithen gesäumten Strand, der vor allem bei Sonnenuntergang einen unvergeßlichen Eindruck hinterläßt. Kein Wunder, daß sich hier eine Künstlerkolonie etabliert hat. Aber auch das Städtchen selbst mit beschaulichem Hafen und zahlreichen, liebevoll renovierten Häusern lohnt einen Besuch. Man sieht Bandon nicht mehr an, daß es mehrfach durch Feuersbrünste zerstört wurde. Im vorgelagerten **Bullards Beach State Park** steht ein fotogener Leuchtturm; im Historical Museum, untergebracht in einer ehemaligen Coast Guard-Station (Di–So 10–16 Uhr), kann man sich mit der maritimen Geschichte vertraut machen. Heute hat sich Bandon auf den Anbau und die Verarbeitung von Preiselbeeren *(cranberries)* spezialisiert.

Praktische Hinweise

Unterkunft: The Inn at Face Rock, 3225 Beach Loop Rd., ✆ 503-347-9441, mittlere Preise; Caprice Motel, ✆ 503-347-4494, preiswert; Jugendherberge Sea Star Hostel, drei Blocks bis zur Busstation, 375 2nd St., Bandon, OR 97411, ✆ 503-347-9632

Staatlicher Campingplatz: Im Bullards Beach State Park, 1 Meile nördl. an der US 101, ✆ 503-347-2209

Oregon

Kurz hinter Bandon verläßt die 101 die Küste, um bei **Coos Bay** wieder in unmittelbare Nähe des Pazifik zu gelangen. Aufgrund der geschützten Lage an der gleichnamigen, tief ins Land greifenden Bucht hat sich der Ort (15 000 Einwohner) zum wichtigsten Hafen der Westküste zwischen San Francisco und Seattle entwickelt. Seinen heutigen Namen verdankt er den Coos-Indianern, die hier einstmals ihre Fischgründe hatten. Im Jahre 1854 hatte John C. Tilman, ein Industrieller aus Massachusetts, Coos Bay gegründet und nach seiner Heimatstadt Marshfield benannt. Sehr schnell stieg der geschützte Ort zum wichtigsten Umschlagplatz für die Forstwirtschaft des Hinterlands auf und rühmt sich noch heute, einer der größten Holzhäfen der Welt zu sein. Sehenswürdigkeiten im klassischen Sinn bietet die Kleinstadt nicht, doch lohnt sich ein Besuch des *Museum of Arts* (235 Anderson Ave., Di–Fr 11–16, Sa und So 12–16 Uhr), das zeitgenössische Werke lokaler Künstler zeigt, und des *House of Myrtlewood*, einer Fabrikationsstätte mit Verkaufsausstellung mehr oder weniger geschmackvoller Holzarbeiten (1125 S. 1st St., tägl. 8.30–17.30 Uhr).

Im nördlichen Vorort North Bend zweigt in südwestliche Richtung von der 101 eine Straße nach **Charleston** ab, einem Fischerdorf an der Coos Bay. Von dort führt eine Stichstraße, die Seven Devils Road, 4 Meilen nach Süden in das **Slough National Estuarine Sanctuary** (tägl. 8.30–17.30 Uhr). Das Schutzgebiet, in dem man die Lebensformen des Grenzsaums zwischen Meer und Süßwasser studieren kann, dient zahlreichen Vogelarten als Refugium. Eine weitere, ebenfalls von Charleston ausgehende, Richtung Südwest verlaufende Straße (Cape Arago Hwy) führt in die State Parks **Sunset Bay, Shore Acres** und **Cape Arago.** Im ersten kann man baden, der zweite umfaßt den ehemaligen Besitz des Holzbarons Louis J. Simpson und ist als Garten angelegt,

der dritte fasziniert mit pittoresken Felsformationen.

Etwa 30 Meilen nordöstlich von Coos Bay wurden mit den **Golden** und **Silver Falls** im gleichnamigen State Park zwei eindrucksvolle, 60 m hohe Wasserfälle in unberührter Waldlandschaft unter Naturschutz gestellt (Abfahrt von der 101 in Eastside Allegany am Südrand von Coos Bay, ausgeschildert). Man kann in einem Bogen zur Küste zurückkehren und trifft an der Winchester Bay etwa 20 Meilen nördlich von Coos wieder auf die 101.

Praktische Hinweise

Unterkunft: Red Lion Inn, 1313 N. Bayshore Dr., ✆ 503-267-4141, mittlere Preise; Coos Bay Inn, 1445 N. Bayshore Dr., ✆ 503-267-7171, mittlere Preise
Campingplätze: Nesika Park, 21 Meilen östl. von Eastside, 1. 6.–31. 10., kostenlos; Rooke Higgins, 12 Meilen östl. von Eastside/North Fork Coos River, 1. 4. bis 31. 10., kostenlos, für beide Plätze ✆ 503-396-3121, ext. 354; Sunset Bay State Park, 10 Meilen südwestl. von North Bend am Cape Arago Hwy, ✆ 503-888-4902; Bluebill Lake, 3 Meilen nördl. von North Bend auf der US 101, dann 8 Meilen westl. auf der CR 609 und 2 Meilen nordwestl. auf der FR 1099, ✆ 503-271-3611

Unmittelbar hinter North Bend beginnt eines der größten Dünengebiete der USA, ein über 40 Meilen langer Küstenstreifen, der als **Oregon Dunes National Recreation Area** ausgewiesen ist und sich bis zur Ortschaft Florence hinaufzieht. Dieses reizvolle Naturparadies ist leider auch der ›Sandkasten‹ für Dunebuggy- und Motorradfahrer, die im **Honeyman State Park** ihr Mekka haben. So sind denn auch die staatlichen Campingplätze der Recreation Area trotz ihrer

Am Cape Arago

Die Oregon Dunes

großen Zahl im Sommer und an Wochenenden meist belegt.

Knapp 20 Meilen nördlich von Coos erreicht man die Winchester Bay mit den beiden Siedlungen **Reedsport** und **Gardiner,** wo der Umpqua-River in den Pazifik mündet. Rings um den Leuchtturm erheben sich über 200 m hohe Dünen, die höchsten der USA.

Die Straße, auf der Landseite von Seen begleitet, zieht sich weiter den Dünengürtel entlang und erreicht schließlich das Städtchen **Florence** (4700 Einwohner), den Ausgangspunkt für den Besuch der ›Sahara am Pazifik‹. Entlang des Siuslaw River, der dort mündet, zieht sich eine malerische Häuserfront. Man kann den Fischmarkt besuchen oder das Puppenmuseum (Dolly Wares Doll Museum, 2 Meilen nördl. an der US 101, Di–So 10–17 Uhr). Größeres Interesse dürfte das Indianer-Freilichtmuseum Indian Forest nördlich der Stadt erwecken (tägl. ab 9 Uhr), das Nachbildungen indianischer Wohnquartiere zeigt.

Praktische Hinweise

Unterkunft: Best Western Pier Point Inn, 85625 US 101, 1 Meile südl. von Florence, ✆ 503-997-7191, teuer; Le Chateau Motel, US 101 nahe SR 126, ✆ 503-997-3481, zentral, mittlere Preise; Park Motel, 85034 US 101, 1 Meile südl. von Florence, ✆ 503-997-2643, preiswert

Campingplätze: Alder Dune, 7 Meilen nördl. auf der US 101, dann 1/4 Meile westl. auf der FR 792, ✆ 503-268-4473, 15. 5.–15. 9; Honeyman State Park, 3 Meilen südl. an der US 101, ✆ 503-997-3851; Woahink Lake RV Resort, 4 Meilen südl. an der US 101, ✆ 503-997-6454

Die wohl größte Attraktion auf dem nun folgenden Streckenabschnitt sind ohne Zweifel die **Sea Lion Caves,** etwa 11 Meilen nördlich von Florence. Im Jahre 1880 entdeckte ein Fischer die von Seelöwen bevölkerten Höhlen in der Steilküste. Heute trägt ein Fahrstuhl Besucher zu der etwa 800 m langen, auf Meeresniveau liegenden Höhle, wo sie die selten gewordenen Meeressäuger beobachten können (tägl. 9 Uhr bis Sonnenuntergang). Etwas später sichtet man den 1873 errichteten Leuchtturm von Heceta Head inmitten der fotogenen Küstenszenerie des **Devil's Elbow State Park.**

Nach weiteren 10 Meilen lohnt ein kurzer Aufenthalt am Cape Perpetua, einer weit ins Meer vorspringenden, von Wanderpfaden durchzogenen Halbinsel. Nur wenige Meilen sind es von hier zur kleinen Fischersiedlung **Yachats** (600 Einwohner), der richtige Platz, um fern aller Hektik die Schön heiten der Pazifikküste zu genießen.

Durch den Ort Waldport führt die 101 zur *Ghost Town* **Sea Gulch,** einem Freilichtmuseum, in der die ›Kunst‹ des Holzschnitzens mit der Motorsäge gepflegt wird (tägl. 8–17 Uhr).

Die Gegend wird nun belebter, während man sich dem wichtigen, an der Yaquina-Bucht gelegenen Fischerhafen **Newport** (8600 Einwohner) nähert. Lohnend ist ein Spaziergang entlang der Hafenpromenade mit viktorianischen Häusern und dicht zusammengedrängt liegenden Booten. Als Attraktion gilt der *Undersea Garden* (9–20 im Sommer, sonst 10–17 Uhr), ein Seewasseraquarium mit der Fauna des nördlichen Pazifik. Ähnliches bietet das Aquarium des Hatfield Marine Science Center jenseits der Bucht und das neue Oregon Coast Aquarium, eines der größten der USA. Im **Yaquina Bay State Park** kann man einen der ältesten Leuchttürme der Pazifikküste (1871) bewundern (im Sommer tägl. 12–17 Uhr, sonst nur Sa und So) und mit dem Schaufelraddampfer »The Belle of Newport« einen Ausflug in die Yaquina-Bucht unternehmen.

Praktische Hinweise

Unterkunft: Embarcadero, 1000 S. E. Bay Blvd., 1 Meile östl. von Newport, ✆ 503-265-8521, teuer; Sylvia Beach Hotel, 267 N. W. Cliff Rd., ✆ 503-265-5428, mittlere Preise; Puerto Novo Inn, 544 S. W. Coast Hwy, ✆ 503-265-5766, preiswert

Campingplätze: Beverly Beach State Park, 7 Meilen nördl. von Newport an der US 101, ✆ 503-265-9278; Pacific Shores RV Resort, 2 Meilen nördl. von Newport an der US 101, ✆ 503-265-3750

Am nördlichen Stadtrand von Newport lohnt es sich, bei Yaquina Head auf den Otter Crest Loop abzubiegen, um kurz darauf den Leuchtturm von Cape Foulweather zu erreichen. Der exponierte Steilabfall verdankt seinen Namen (Schlechtwetterkap) keinem Geringeren als dem großen Seefahrer James Cook, der es 1778 auf seiner dritten Reise umrundete. Im Bogen führt die Straße nach Nordosten und trifft beim winzigen Naturhafen Depoe Bay wieder auf die 101. **Lincoln City** (6000 Einwohner), die nächste größere Ortschaft, ist gewiß nichts für Naturfreunde, da sie vornehmlich aus Hotels, Motels, Fast-

Food-Restaurants und Souvenirshops besteht, doch kann man hier die Proviantkiste auffüllen.

Nach gut 10 Meilen hat man nördlich des etwas abseits der 101 gelegenen Fischerdorfs **Pacific City,** das für seinen Lachs bekannt ist, wieder Gelegenheit, grandiose Klippen zu bewundern. Statt zur 101 zurückzukehren, sollte man dem Three Capes Loop folgen, der zunächst in den besonders eindrucksvollen **Cape Kiwanda State Park** führt, dann zu den Felsnasen von Cape Lookout (staatlicher Campingplatz) und Cape Meares (Leuchtturm), ehe er sich nach 38 Meilen in **Tillamook** (5000 Einwohner) wieder mit der 101 vereint. Tourismus und Milchwirtschaft sind die Haupteinnahmequellen dieser regenreichen, ländlichen Gemeinde, die etwas abseits der Küste am Südende der gleichnamigen Bucht liegt. Wer Abwechslung vom Autoalltag sucht, kann sich dem *Oregon Coast Line Express* zu einer beschaulichen Bahnrundfahrt durch das Hinterland über Garibaldi, Rockway Beach und Wheeler anvertrauen (Abfahrt tägl. 8 und 13 Uhr vom Southern Pacific Depot, E. 3rd St.). Das *Pioneer Museum* (Pacific Ave., Mo–Sa 8.30–17, So ab 12 Uhr) vermittelt einen Eindruck von der Frühzeit der Holzwirtschaft an der Nordwestküste.

Die Bedeutung der Milchwirtschaft läßt sich an den Käsefabriken der näheren Umgebung ablesen. Einige umwerben Touristen mit großen Verkaufsausstellungen (Tillamook County Creamery, 2 Meilen nördl. an der US 101, tägl. 8–18 Uhr, und Blue Heron French Cheese Company, 100 Blue Heron Dr., im Sommer tägl. 8–20, sonst 8–17 Uhr).

Ein besonders schöner, allerdings nur zu Fuß oder mit dem Fahrrad erreichbarer staatlicher Campingplatz befindet sich im Oswald West State Park am Cape Falcon. Der Legende zufolge soll dort eine spanische Galeone gestrandet sein, deren Überlebende ihre Schätze zwischen den Klippen versteckten. Ein Weg führt zur Bergspitze (schöner Blick über die Küste).

Zehn Meilen weiter nördlich berührt die 101 das pittoreske **Cannon Beach** (1400 Einwohner), das sich zum beliebten Treffpunkt der ›Schikkeria‹ des nahen Portland entwickelte und entsprechend teuer ist. Seinen Namen erhielt der Ort von einer an Land geschwemmten Kanone des 1846 dort gestrandeten Kriegsschiffs »USS Shark«. Das Wahrzeichen, der etwa 80 m hohe Felsen Haystack Rock, ist bei Ebbe bisweilen zugänglich und verlockt so manchen zu gefährlichen Kletterversuchen.

Praktische Hinweise

Unterkunft: Surfview Resort, 1400 S. Hemlock St., ✆ 503-436-5676, teuer; Major Motel, 2863 Pacific, ✆ 503-436-2241, mittlere Preise; Webb's Scenic Surf, 255 N. Larch St., ✆ 503-436-2706, preiswert
Campingplatz: RV Resort Cannon Beach, am Cannon Beach, ✆ 503-436-2231

Vorbei am **Ecola State Park,** wo sich die Küstenlandschaft von Oregon noch einmal von ihrer schönsten Seite zeigt, zieht sich die 101 weiter nach Norden und nähert sich allmählich der Grenze mit dem Bundesstaat

Cannon Beach

Washington. Nach Durchquerung des wenig ansehnlichen Badeorts Seaside verläßt die Straße die Pazifikküste und führt nordöstlich nach Astoria, dem Grenzort am Columbia River.

Das etwa 10 000 Einwohner zählende **Astoria** ist eng verbunden mit der abenteuerlichen Geschichte der Erschließung des Westens Anfang des 19. Jh. Johann Jakob Astor, dessen Namen die Stadt heute trägt, errichtete an der Mündung des Columbia River, die Robert Gray 1792 entdeckt hatte, im Jahre 1811 einen befestigten Handelsposten. Anstoß dazu gab die vom amerikanischen Präsidenten beauftragte und von Astor finanzierte Lewis-und-Clark-Expedition, deren Mitglieder dort 1805/06 überwintert hatten. Während diese erste Überlandreise sehr erfolgreich verlaufen war, stand die Handelsniederlassung des Pelzbarons und reichsten Mannes der USA von Beginn an unter einem schlechten Stern, obwohl er zwei Trupps ausgeschickt hatte. Eine Gruppe nahm den langen Seeweg um Kap Hoorn, die andere versuchte, sich auf dem Landweg durchzuschlagen. Schon bei der Landung ertranken acht Matrosen, wenig später explodierte der Segler bei einem Indianerüberfall. Aber auch die Trapper, die den Spuren von Lewis und Clark folgten, wurden vom Mißgeschick heimgesucht, hatten doch auch sie einige Tote zu beklagen, ehe sie Fort Astor erreichten. Bereits 1813 fiel der Posten im Verlauf des englisch-amerikanischen Kriegs an die Briten, die ihn in Fort George umbenannten. Ein Jahr später erhielten die Amerikaner die Anlage zwar im Frieden von Gent wieder zurück, aber Astor hatte das Interesse verloren, weil die Jagdgründe bereits erschöpft waren. So entwickelte sich Astoria nur langsam weiter, wurde schnell vom benachbarten Portland überflügelt, konnte dadurch aber vieles von seinem viktorianischen Charme bewahren.

Bedeutendste Sehenswürdigkeit ist das *Columbia River Maritime Museum* (tägl. 9.30–17 Uhr), das einen interessanten Einblick in die maritime Entwicklung der Region bietet. Zu sehen gibt es unter anderem die Kommandobrücke eines U-Boots, die angeschwemmten Habseligkeiten von Schiffbrüchigen über 2000 gestrandeter Segler, Relikte aus der Zeit des Pelzhandels und draußen an der Pier das Feuerschiff »Columbia«. Einen Blick in die Geschichte ermöglichen auch das teilweise restaurierte *Fort Astoria* (15th St., rund um die Uhr geöffnet) und *Fort Clatsop National Memorial* (5 Meilen südwestl. an der 101, 8–17 Uhr), das die Erinnerung an die berühmte Lewis-und-Clark-Expedition wachhält. Von der 40 m hohen Astoria Column auf dem Coxcomb Hill, die 1926 als Nachbildung der römischen Trajanssäule errichtet wurde, hat man einen weiten Blick über die Stadt.

Praktische Hinweise

Unterkunft: Red Lion Inn, 400 Industry St., ✆ 503-325-7373, teuer; Bayshore Motor Inn, Youngs Bay Bridge, ✆ 503-325-2205, mittlere Preise; Bed & Breakfast-Unterkünfte

Camping: Fort Stevens State Park, 10 Meilen westl. von Astoria, abseits der US 101, ✆ 503-861-1671, KOA Astoria Seaside, am Zugang zum Fort Stevens State Park, ✆ 503-861-2606

Das Tal von Willamette

Das sich von den Klamath-Bergen etwa 280 Meilen nach Norden bis Portland am Columbia River erstrekkende Längstal gehörte in der frühen Zeit der Besiedlung zu den bevorzugten Zielen der Pioniere. Noch heute lebt in der fruchtbaren Landschaft zwischen der Coast Range im Westen und dem Kaskadengebirge im Osten der überwiegende Teil der Bewohner von Oregon. Obst-, Weinbau und Viehwirtschaft sind die wichtigsten Erwerbszweige, neuerdings hat aber auch die Computerindustrie Einzug gehalten. Weitaus beschaulicher als auf der I–5 ist das Reisen entlang der zwischen Eugene und Portland parallel verlaufenden Landstraße 99W. Auch die Fahrt durch das Willamette-Tal soll von Süd nach Nord beschrieben werden.

Die I-5 überquert die Grenze zwischen Kalifornien und Oregon auf einem über 1000 m hohen Paß und führt durch gebirgige Waldlandschaft zunächst nach **Medford** (48 000 Einwohner), dessen Pfirsiche im ganzen Land berühmt sind. Hier zweigt die US 62 zum 76 Meilen entfernten Crater Lake Nationalpark ab, von dem man über die US 138 im weiten Bogen bei Roseburg zur I-5 zurückkehren kann.

Crater Lake National Park

Den fast kreisrunden Kratersee im südlichen Abschnitt des Kaskadengebirges entdeckten Goldsucher erst 1853, obwohl er Indianern längst be-

Crater Lake

kannt war, die ihn als Heiligtum verehrten. Im Jahre 1902 wurde das Gebiet zum ersten und einzigen Nationalpark des Staates erklärt. Der 10 km lange und über 6 km breite See liegt in 1900 m Höhe. Regen und Schnee füllten die Caldera, das vulkanische Einbruchbecken, das vor etwa 7000 Jahren bei der Explosion des historischen Vulkans Mt. Mazama entstanden war. Das Besondere am Crater Lake ist die dunkelblaue Färbung, die ihm seine extreme Tiefe von 589 m verleiht. Damit ist er der tiefste See der Vereinigten Staaten.

Am leichtesten erreichbar ist der Park von den Orten Medford (SR 62, 76 Meilen), Klamath Falls (SR 97/62, 55 Meilen) und Winchester (Hwy 138, 103 Meilen). Obwohl er das ganze Jahr über – zumindest von Süden und Westen her – geöffnet ist, können die Zufahrtswege im Winter vorübergehend gesperrt sein (Straßenverkehrsberichte auf AM 1610 KHz). Doch auch bei freier Durchfahrt stellen zuweilen undurchdringliche Nebelwände oder tiefhängende Wolkenfelder das einmalige optische Erlebnis in Frage.

Auf dem Kraterrand verläuft ringförmig eine 33 Meilen lange Fahrstraße mit zahlreichen Aussichtspunkten, die im Winter streckenweise geschlossen ist. Einen besonders umfassenden Blick genießt man vom Watchman, einem Turm in 2450 m Höhe, den man nach etwa 30minütigem Aufstieg (1,3 km) von der Westseite des Sees erreicht. Das Betreten der steilen Innenseite des Kraters ist wegen Absturzgefahr nur auf dem Cleetwood Trail (1,7 km) erlaubt, der im Nordosten von der Ringstraße zum Wasser hinabführt. Von dort fährt ein Boot zum Wizard

Island, einem kleinen Vulkan inmitten des Sees. Etwa 200 km Wanderwege durchziehen das über 700 km^2 große Naturschutzgebiet; auch der Fernwanderweg Pacific Crest Trail, der von Kanada bis zur mexikanischen Grenze führt, durchquert den Park.

Praktische Hinweise

Information: Rim Village Visitor Center (Juni–Ende Sept.); Steel Center (ganzjährig)
Unterkunft: Hütten in Annie Creek Canyon, Crater Lake Lodge, Juni–Sept., ✆ 503-594-2511, einfache Ausstattung, teuer; mehrere Campingplätze, z. B. Lost Creek, Mazama Campground

Richtung Südwesten läßt sich von Medford ein Abstecher in das 1853 gegründete **Jacksonville** (2000 Einwohner) unternehmen, das noch heute zahlreiche Denkmäler aus den turbulenten Goldrauschtagen hat und im Sommer viele Musikveranstaltungen (Britt Festivals) darbietet.

Die als Marmorhallen Oregons bezeichneten Tropfsteinhöhlen **Oregon Caves** liegen hoch in den zur Küstenkordillere zählenden Siskiyou Mountains nahe der kalifornischen Grenze. Das unterirdische Labyrinth, das man nur mit einem Führer (75minütige Tour, 200 Stufen) betreten darf, wurde 1874 von einem Trapper auf der Bärenjagd entdeckt.

Praktische Hinweise

Anfahrt: Von Medford 19 Meilen auf der I-5 bis Rogue River fahren und dort auf die SR 99 abbiegen, die nach 9 Meilen in die US 199 einmündet. Nach weiteren 28 Meilen bei Cave Jct. der SR 46 etwa 20 Meilen südöstl. folgen
Unterkunft: Hotel Oregon Cave Chateau, rustikal, ✆ 503-592-3400, teuer
Campingplätze: Cave Creek, 16 Meilen östl. auf der SR 46, 1 Meile südl. auf der FR 4032, ✆ 503-592-2166, 25. 5.–30. 10.; Shady Acres Trailer Park, 27550 Redwood Hwy, 1 Meile südl. des Cave Creek an der US 199

Dreißig Meilen weiter nördlich berührt die I-5 **Grants Pass** (18 000 Einwohner), einen Touristenort, der auch als Ausgangspunkt für den Besuch des Rogue River National Forest dient. Mehrere Unternehmen, etwa Grants Float Co., 777 Debrick Way; Rogue River Hellgate Excursions, 953 S. E. 7th St., haben sich auf Touren mit Kanus, Flößen oder Motorbooten durch den Hellgate Canyon spezialisiert.

Die Straße führt nun in die Berge, überquert zwei Pässe und gelangt in das Willamette Valley. **Roseburg** (17 000 Einwohner) ist die erste größere Siedlung und Zentrum eines beliebten Erholungsgebiets in der Umgebung des Umpqua River. Diesem Fluß folgt auch die landschaftlich reizvolle US 138 zum Diamond Lake und weiter zum Crater Lake National Park (103 Meilen, s. S. 108 f.). Rings um den Ort kann man einige Weingüter besuchen. Wer sich für die Geschichte und Kultur der Region interessiert, wird im *Douglas County Museum* (Ausfahrt 123, ausgeschildert, Mo geschl.) auf seine Kosten kommen.

Cottage Grove (7500 Einwohner) bietet alte, überdeckte Brücken, malerische Seen und fischreiche Flüsse.

Mit **Eugene** (113 000 Einwohner) erreicht man die hinter Portland größte und wichtigste Stadt von Oregon, die nach wie vor von der Holzwirtschaft lebt, aber kaum Sehenswertes bietet. Die Wälder der Umgebung gelten als Wanderparadies, insbesondere der **Willamette National Forest** und der **South Hills Ridgeline Trail**. Wer genügend Zeit hat, sollte in Eugene die I-5 verlassen und seine Reise auf der parallel verlaufenden 99W fortsetzen, die interessantere Einblicke in die Landschaft bietet.

Praktische Hinweise

Unterkunft: Hilton, 8th Ave., ✆ 503-342-2000, teuer; Best Western Greentree, 1759 Franklin Blvd., ✆ 503-485-2727, mittlere Preise; Orleans, 345 E. Oregon Ave., 10 Meilen südl., ✆ 503-895-3341, preiswert
Campingplatz: Eugene KOA Camping World, 7 Meilen nördl. von Eugene nahe I-5, Exit 199, ✆ 503-343-4832

Das romantische Städtchen **Albany** (30 000 Einwohner), 42 Meilen nördlich von Eugene, wurde 1848 auf dem Gebiet der Calapooia-Indianer gegründet und führte kurze Zeit den indianischen Namen Takhena – Bodenmulde. Sehenswert sind die etwa 500 noch erhaltenen viktorianischen Häuser, die Albany fast europäischen Charakter verleihen, zu dem auch die zahlreichen überdachten Holzbrükken in der Umgebung beitragen.

Nach 22 Meilen ist **Salem** (108 000 Einwohner) erreicht, die Hauptstadt von Oregon und drittgrößte Gemeinde des Staates. Der Ort wurde 1840 von dem Methodisten Jason Lee gegründet, der – wenig erfolgreich – die dort ansässigen Calapooia-Indianern zum Christentum zu bekehren trachtete. Größtes Gebäude ist das 1938 errichtete **State Capitol** (Mo–Fr 8–17, Sa 9–16, So 12–16 Uhr) mit schönem Panorama über das Willamette-Tal. Einen Einblick in die Pionierzeit des 19. Jh. gewährt das Freilichtmuseum *Mission Mill Village* (1313 Mill St., Di–Sa 10–16.30, So ab 13 Uhr); Weinfreunde können in der *Honeywood Vinery* (tägl. 9–17 Uhr) die bei uns kaum bekannten Oregon-Weine probieren.

Größtes Ereignis des Jahres ist der Oregon State Fair (22. 8.–2. 9., Fairground, 2330 17th St. N.E.), eine Mischung aus Karneval, Sportveranstaltung (Pferderennen) und Landwirtschaftsmesse.

Praktische Hinweise

Unterkunft: Best Western New Kings Inn, 3658 Market St., Exit 256, ✆ 503-581-1559, mittlere Preise; Motel Orleans, 1875 Fisher Rd., Exit 256, ✆ 503-588-5423, preiswert

Portland

Der am Columbia River, gut 90 Meilen vom Pazifik an der Einmündung des Willamette River liegende Hafen ist mit 450 000 Einwohnern die wichtigste Stadt in Oregon. Die Metropole ging aus einem bereits von den Chinook-Indianern genutzten Lagerplatz hervor, der zunächst als Lichtung bei den Trappern bekannt war. Im Jahre

Portland
1 Pioneer Courthouse Square
2 Portland Center for the Performing Arts
3 Portland Art Museum
4 Oregon Historical Center
5 City Hall
6 First Interstate Bank
7 Portland Building
8 Touristenbüro
9 Tom McCall Park
10 Oregon Maritime Museum
11 Feuerwache
12 Skidmore Fountain
13 American Advertising Museum
14 Chinatown Gate

1844 begannen zwei Händler von der Ostküste dort mit dem Bau einer bescheidenen Siedlung. Aufgrund der günstigen Lage an einem großen Wasserweg entwickelte sich Portland schnell zum wichtigsten Umschlagplatz der Region, ein Prozeß, der sich durch den Anschluß an das Eisenbahnnetz (1883) noch beschleunigte.

Bemerkenswert nicht nur für amerikanische Verhältnisse sind die frühen Bemühungen, bei der Stadtplanung die Bedürfnisse der Einwohner zu berücksichtigen. Etwa 160 kleinere und größere Grünanlagen lokkern heute das Bild auf und verhelfen Portland zu einer angenehmen Atmosphäre, zumal der Bau von Hochhäusern nicht gestattet ist. Unlängst hat man sogar eine vierspurige Autobahn entlang des Flusses abgerissen und in den Tom McCall Waterfront Park verwandelt.

Wie die meisten Großstädte der USA ist auch Portland nach dem Schachbrettmuster angelegt, wodurch die Orientierung leicht fällt. Das Zentrum im Bereich der Brücken Burnside, Morrison und Hawthorne am Westufer des Willamette-Flusses umfaßt die historischen Distrikte sowie Chinatown.

Als Ausgangspunkt kann man den **Pioneer Courthouse Square** (1) wählen, den historischen Treffpunkt der Honoratioren von Portland. Heute gibt sich hier die bunt gemischte Bevölkerung der Stadt ein Stelldichein, lauscht den Straßenmusikanten, genießt die Sonne oder läßt einfach das bunte Treiben Revue passieren. Wir verlassen den Platz auf der Northwest Broadway Avenue nach Südwesten und passieren nach drei Blocks das **Portland Center for the Performing Arts** (2), den kulturellen Mittelpunkt der Stadt. Mehrere alte und neue Gebäude mit Theatern und Konzertsälen sind dort zusammengefaßt. Von der Main Street gelangt man nach 100 m auf die Allee der South Park Blocks, wo das **Portland Art Museum** (3, Di–So 11–17 Uhr) mit einer Sammlung europäischer, asiatischer sowie zeitgenössischer amerikanischer Kunst ein weiteres kulturelles Zentrum bildet, zu dem auch das Northwest Film and Video Center gehört. Gegenüber hat das auf die Geschichte der Nordwestküste spezialisierte **Oregon Historical Center** (4, Mo–Sa 10–16.45 Uhr, Eintritt frei) seinen Platz. Den Eingang schmückt ein Fresko mit Darstellungen der Expeditionsleiter Lewis und Clark und dem für den Staat so wichtigen Oregon Trail. Im Erdgeschoß kann man Bootsbauern bei der Arbeit zusehen.

Wir verlassen die baumgesäumten South Park Blocks und wenden uns nach Südosten. Über die Jefferson Street erreichen wir die **City Hall** (5), das 1895 errichtete, heute recht bescheiden wirkende Rathaus. Von dem benachbarten, 170 m hohen Gebäude der **First Interstate Bank** (6), wo sich ein lohnender Blick von der Aussichtsplattform bietet, läßt sich dies wohl kaum behaupten (Restaurant im 21. Stockwerk bis 19.30 Uhr). Einen noch stärkeren Kontrast zur klassizistischen Säulenfassade des Verwaltungssitzes bildet das angrenzende postmoderne **Portland Building** (7) mit der riesigen Kupferstatue Portlandia. Die Grünanlage vor dem Gebäude war, dem puritanischen Geist während der 20er Jahre entsprechend, in einen Teil für Frauen (Chapman Square) und einen für Männer (Lownsdale Square) aufgeteilt. Die Main Street entlang geht es weiter nach Südosten, wo man auf das **Touristenbüro** (8, 26 S.W. Solomon St., Mo–Fr 8.30–17, Sa 10–15 Uhr) trifft, ehe man den **Tom McCall Park** (9) betritt, durch den man nach Nordosten den Fluß entlang wandert. Nach gut 1 km erblickt man linker Hand den Mast des Schlachtschiffs »Oregon«, das auf das nahe **Oregon Maritime Museum** (10, Fr–So 11–16 Uhr) hinweist. Hier kann man neben Schiffsmodellen eine Photoausstellung über Portlands Bedeutung als Marinebasis betrachten.

Man betritt den alten historischen Kern der Stadt, geht an der **Feuerwache** (11) vorbei und erreicht die **Skidmore Fountain** (12), einen 1888 errichteten Springbrunnen, zu dessen Füßen jedes Wochenende eine Art Flohmarkt stattfindet (Portland Saturday Market). In unmittelbarer Nähe haben sich im Skidmore Fountain Building und im New Market Theater Village zwei große Einkaufszentren angesiedelt. Ein Stück nordwestlich liegt das **American Advertising Museum** (13, Mi–Fr 11–17, Sa 12–17), das einen Querschnitt durch die Geschichte der Werbung bietet. Von dort sind es nur noch wenige Schritte zur Chinatown, die man durch ein fünfstöckiges **Tor** an der N.W. 4th Avenue/Ecke Burnside Street betritt (14). Ende des 19. Jh. galt das Viertel als zweitgrößte chinesische Siedlung in Nordamerika. Wie in San Francisco kann man auch hier vorzüglich speisen. Durch die 5th oder 6th Avenue kehrt man wieder zum Ausgangsort zurück und hat dabei Gelegenheit, die Terrakotta-Verzierungen an den Gebäuden der Jahrhundertwende zu bewundern.

Zu den Sehenswürdigkeiten westlich des Zentrums gelangt man über die I-5 und US 26. Einige sind auch mit den Bussen der Tri Met Line (Nr. 63) erreichbar. Der Washington Park, etwa 5 Meilen westlich des Zentrums, bietet einen Zoo, den Botanischen Garten Hoyt Arboreum und hoch über der Stadt das Pittkock Mansion, einen Herrensitz aus dem Jahre 1909, der den besten Blick über die Stadt ermöglicht. Von den zahlreichen weiteren Sehenswürdigkeiten der Stadt verdient vor allem das Freigelände der Audubon Society of Portland (5151 N.W. Cornell Rd., Di bis So 10–16, Mi 16–18 Uhr, Eintritt frei) Beachtung, auf dem Vögel in ihrer natürlichen Umgebung beobachtet werden können.

Praktische Hinweise

Verkehrsverbindungen: Flughafen ca. 12 Meilen nordöstl., Busverbindungen in die Innenstadt, zum Amtrak-Bahnhof und dem Busterminal; Amtrak-Bahnhof und Busterminal liegen nördlich des Zentrums nahe beieinander auf der N.W. 6th Ave.
Informationen: Portland/Oregon Visitors Association, 26 S.W. Main St., Mo bis Fr 8.30–17, Sa 10–15 Uhr
Unterkunft: Heathman, 1009 S.W. Broadway, ✆ 503-241-4100, sehr teuer; Hilton, 921 S.W. 6th Ave., ✆ 503-226-1611, teuer; Riverside Inn, 50 S.W. Morrison St., ✆ 503-221-0711, mittlere Preise; Best Western Tualtin Inn, 17993 S.W. Lower Boones Ferry Rd., westl. I-5, Exit 290, ✆ 503-620-2030, mittlere Preise; Caravan, 2401 S.W. 4th Ave., ✆ 503-226-1121, preiswert; Jugendherberge, 3031 S.E. Hawthorne Blvd., 6 km von Bahnhof und Busterminal, ✆ 503-236-3380
Campingplätze: Trailer Park of Portland, 6645 Nyberg Rd., 12 Meilen südl., I-5 bis Exit 289, ✆ 503-692-0225; Jantzen Beach RV Park, 1503 N. Hayden Island Dr., 10 Meilen nördl., I-5 bis Exit 308

Sehr lohnend ist eine Fahrt auf dem Columbia River stromaufwärts zum etwa 46 Meilen östlich von Portland liegenden, 1200 m langen **Bonneville-Damm,** der den Columbia abriegelt. Man kann einen Blick in die Turbinenhäuser werfen und im Visitor Center (tägl. 8–20 Uhr, im Winter nur bis 18 Uhr) auf der Insel Bradford den Lachsen bei ihren Bemühungen zusehen, die Fischleitern zu erklimmen, um ihre Laichplätze am Oberlauf zu erreichen. Für die Anlage des Staudamms wurde der Ausgang der Columbia-Schlucht gewählt, durch die sich der Fluß seinen Weg durch das Kaskadengebirge gebahnt hat. Die ehemaligen Stromschnellen sind nach der Aufstauung verschwunden. Der Name des Ortes **Cascade Locks** erinnert noch an die Zeiten, als Schleusen den Columbia in diesem Abschnitt schiffbar machten. Aufgrund der starken östlichen Winde hat sich das Örtchen **Hood River,** ein Stück stromaufwärts und bereits jenseits der Schlucht gelegen, zum beliebten Surfer-Treffpunkt entwickelt.

Der Ausflug entlang des Columbia River läßt sich sehr gut mit einem Abstecher zum **Mount Hood** verbinden, der mit 4047 m höchsten Erhebung von Oregon. Der schneebedeckte, ehemalige Vulkan fügt sich malerisch in die dichte Waldlandschaft des **Mount Hood National Forest** ein. Man folgt dem vom Hood River ausgehenden Hwy 35 nach Süden, der zunächst zum 1500 m hohen Barlow Pass führt, um dann in die Straße 26 einzumünden, auf der man nach Portland zurückkehren kann. Sehenswert sind die rustikalen Timberline Lodges und der malerische Trilium Lake.

Der Osten von Oregon

Die 10 000 Seelen zählende Stadt **Baker** liegt zu Füßen der Blue Mountains am legendären Oregon Trail unweit der Grenze nach Idaho. Der Ort verdankt seine Existenz der Pionierroute, seinen Aufstieg allerdings Goldfunden im Jahre 1861, die zur Anlage weiterer Goldgräbercamps in der Umgebung führten. Sehenswert sind die vielen historischen Gebäude der Stadt, das *Oregon Trail Regional Museum* (Mai–Okt. 9–16 Uhr) und das fünf Meilen östlich liegende *Historic Oregon Trail Interpretive Center,* wo man noch die Spuren der Planwagen betrachten kann, mit denen die zahllosen Pionierfamilien den weiten Weg von Osten gekommen waren.

Mount Hood

Hells Canyon

Der Snake River, der über weite Strecken die Grenze zum benachbarten Idaho bildet, durchbricht nahe der Nordostecke von Oregon die 2300 m höheren Wallowa Mountains und schuf dabei die tiefste Schlucht in Nordamerika. Der größte Teil des zum Wallowa-Whitman National Forest zählenden Gebiets besteht aus schwer zugänglicher Wildnis. Ausgangspunkt zum Besuch des **Hells Canyon** ist der Ort Joseph (1000 Einwohner), eine isolierte Siedlung in 1200 m Höhe. Die letzte Juliwoche steht ganz im Zeichen der Chief Joseph Days, eines Westernspektakels mit Rodeo, Paraden und Indianertänzen (einige Hotels sind dann teurer). Von der Ortschaft führt eine im Winter geschlossene Forststraße zum Hat Point, der einen grandiosen Blick in den Hells Canyon erlaubt. Einfacher zugänglich ist die Schlucht von Idaho (s. S. 299).

Praktische Hinweise

Anfahrt: Abzweigen von der I-84 bei La Grande auf den Hwy 82
Unterkunft: Wilderness Inn, Enterprise, 301 W. North St., ✆ 503-426-4535, preiswert; Ponderosa Motel, 102 S.E. Greenwood St., ✆ 503-426-3186, preiswert
Campingplatz: Wallowa Lake, staatlich, 6 Meilen südl.

Steckbrief

WASHINGTON

Postalisches Kürzel: WA
Größe: 176 617 km^2, halb so groß wie die BRD
Hauptstadt: Olympia, 34 000 Einwohner
Bevölkerung: 4,9 Mio., indianische und asiatische Minderheiten
Wirtschaft: Obstanbau, Viehwirtschaft, Holz, Fischerei
Beiname: Evergreen State (Der immergrüne Staat)
Staatsmotto: *Al-ki* (indianisch für Auf Wiedersehen)
Symbole: Stieglitz (Willow Gold Finch), Tanne (Western Hemlock), Rhododendron (Coast Rhododendron)
Information: In Deutschland: Pacific Northwest Washington State Fremdenverkehrsamt, Bockenheimer Landstraße 100, 60323 Frankfurt/M., ✆ 0 69-75 60-06 33, Fax 0 69-746-436; in den USA: Travel Development Division, Department of Trade & Economic Development, 101 General Administration Building, Annex-13, Olympia, WA 98504-0613, ✆ 206-753-5600, Fax 206-586-1850
Verkehrsverbindungen: Mit dem Flugzeug: Nur Seattle wird regelmäßig von allen größeren Städten der USA und teilweise auch von Europa angeflogen; mit der Eisenbahn: Amtrak-Verbindungen Chicago-Seattle (Empire Builder), Los Angeles-Portland-Seattle (Coast Starlight); mit dem Bus: Greyhound und Trailways verkehren auf den wichtigsten Routen des Staates
Reisezeit: Juni-Sept., Durchschnittstemperatur 20–26° Celsius, im Winter an der Küste 4° bis 10° Celsius und 75 % der Jahresniederschläge
Unterkunft: Es gibt zahlreiche Hotels und Motels unterschiedlicher Kategorien. Wie in Oregon ist auch hier die Kette Best Western weit verbreitet, ebenso die Kette Val-U-Inn (mittlere Preise). Eine Liste mit 100 Bed & Breakfast-Anschriften kann man von Washington Bed & Breakfast Guild, 2442 N.W. Market St. # A 355, Seattle, WA 98107, anfordern. Es gibt einige Jugendherbergen sowie zahlreiche private und staatliche Campingplätze unterschiedlichen Standards

Naturraum

Washington, der nordwestlichste Staat des US-amerikanischen Festlandterritoriums, grenzt im Westen an die Küsten des Pazifik, im Norden an Kanada, im Süden bilden die Windungen des Columbia River über weite Strecken die Grenze zu Oregon, während die Ostgrenze zu Montana über 300 km mit dem Lineal gezogen wurde.

Die geographische Gliederung entspricht in etwa der von Oregon, setzen sich doch die von Nord nach Süd verlaufenden Räume über die Grenze hinweg fort. Entlang der Pazifikküste ziehen sich die Olympic Mountains und Willapa Hills als nördlichster Teil der Küstenkordillere hin. Vorwiegend sind sie aus Sedimentgestein aufgebaut und damit Ergebnis noch immer nicht abgeschlossener Faltungsvorgänge. Östlich schließt sich der nördliche Ausläufer des Willamette-Tals an, das im Puget Sound ›untertaucht‹, einem Labyrinth von Inseln, Buchten und felsigen Kaps. Wie in Oregon wird dieser Naturraum im Osten vom vulkanisch geprägten Kaskadengebirge begrenzt, das mehrere teilweise vergletscherte Berge von über 3000 m Höhe aufweist und seine höchste Erhebung im Mount Rainier (4392 m) findet. Im Osten folgt das Columbia Plateau, eine aus mächtigen Basaltdecken aufgebaute, fast flache, von Brüchen durchzogene Landschaft, aus der einige erloschene Vulkankegel ragen. Im Norden nahe der kanadischen Grenze umschließen Ausläufer der weiter östlich liegenden Rocky Mountains die Senke und verbinden sich durch die Selkirk Mountains und die Okanagan Highlands mit dem Kaskadengebirge.

Auch das Klimageschehen orientiert sich in west-östlicher Richtung vom rein ozeanischen Klima an der Küste bis zum semiariden in den östlichen Ebenen. Während die Olympic Mountains am Puget Sound über 5000 mm Jahresniederschlag empfangen, fallen in der Südostecke am Snake River durchschnittlich nur noch 125 mm. Die Temperaturen am Pazifik steigen auch im Sommer selten über 15° Celsius, sinken dafür aber im Winter kaum unter den Gefrierpunkt. Je weiter man ins Landesinnere vordringt, desto ausgeprägter werden die Temperaturgegensätze zwischen Winter und Sommer.

Der hohe Anteil der städtischen Bevölkerung bedeutet keineswegs das Zurückdrängen der Natur, sondern eher das Gegenteil: Die Konzentration der Bewohner von Washington auf die Städte Seattle, Tacoma und Spokane ist Beweis für die Leere des Umlands, das vielerorts sein Gesicht nicht gewandelt hat, seit es die ersten Siedler sahen.

Geschichte

Vor Ankunft der Europäer lebten im heutigen Staat Washington die nordwestlichen Indianerstämme, zu denen vor allem die Chinook und Kwakiutl zählten. Von allen Indianerstämmen Nordamerikas hatten sie die ausgeprägteste Sozialstruktur und eine erstaunliche künstlerische Begabung, die ihren Niederschlag vor allem in Holzschnitzereien – zumeist Tierdar-

Johann Jakob Astor

stellungen – fand. Die Stammesgesellschaft war streng hierarchisch geordnet, wobei materialistische Anschauungen als Zuordnungskriterien dienten: Ein weit zurückreichender Stammbaum möglichst einflußreicher und vermögender Vorfahren galt als sehr prestigeträchtig. Für jeden sichtbar, zierte er in Gestalt eines Totempfahls den Zugang der Behausung. Als materieller Besitz zählten vor allem Sklaven, die wie Tiere gejagt und erbeutet oder von Nachbarstämmen gekauft wurden und die vornehmlich Arbeiten im Hause verrichteten.

Die Stammesangehörigen gingen mit kunstvollen, durchaus seetüchtigen Großkanus auf Robben- und Seelöwenjagd. Zu großem Ansehen verhalfen verzierte Kupferbleche, sogenannte *Coppers,* die gehandelt wurden und mit jeder Transaktion an Wert gewannen. Berühmt-berüchtigt waren die ausschweifenden Feste der Chinook-Familien, die nur dem Zweck dienten, das Ansehen in dem Stammesverband zu steigern. Die Chinook sind ausgestorben, andere Stämme wie die Duwamisch, Makah, Puyallup oder Spokane wurden in Reservate abgedrängt, wobei es dem weisen Suquamish-Häuptling Seathl zu verdanken war, daß es nicht zur Konfrontation mit den neuen Herren kam.

Bereits vor Ankunft amerikanischer Siedler hatten Weiße ihre Ansprüche auf diesen Küstenstreifen bekundet. Von Süden waren die Spanier, die sich schon in Kalifornien festgesetzt hatten, auf dem Vormarsch, von Norden tasteten sich Russen die Küste entlang nach Süden, von Osten näherten sich französische Waldläufer und britische Pelztierjäger dem Pazifik.

Im Jahre 1792 trafen sich zufällig zwei Schiffe unter den Kommandos des Briten George Vancouver und des Amerikaners Robert Gray vor der Mündung der Straße Juan de Fuca. Der Engländer entdeckte und erforschte den Puget Sound und umrundete Vancouver Island, der Amerikaner sichtete den Columbia River. Nur ein Jahr später erreichte der Schotte Alexander Mackenzie als erster Weißer den Pazifik auf dem Landweg. Die bahnbrechende Leistung fand aber weder bei der North West Fur Company noch bei der Britischen Krone rechte Würdigung, hatte man doch auf die Entdeckung der Nordwestpassage gehofft. Ganz anders der weitsichtige amerikanische Präsident Jefferson, der einige Jahre später die Lewis-und-Clark-

Expedition aussandte, um die Landroute im Hinblick auf zukünftige Besiedlung durch Pioniere aus dem Osten zu erkunden.

Gleichzeitig machte Johann Jakob Astor den Versuch, durch Gründung der Niederlassung Astor die Interessen seiner Handelsgesellschaft gegenüber den konkurrierenden Briten durchzusetzen. Nach dem Krieg zwischen Großbritannien und den USA von 1812 fielen die Handelsstationen zunächst an die Briten. Erst 1846 übernahmen die Amerikaner wieder die Herrschaft am Puget Sound, als die endgültige Grenze mit Kanada entlang des 49. Breitengrads festgelegt wurde.

Zunächst war das Gebiet, zu dem auch Oregon und Idaho gehörten, als *Oregon Territory* zusammengefaßt. Auf Betreiben der Bewohner erhielt die Region zwischen Columbia River und der kanadischen Grenze 1853 den Status eines *Territory*, das bis 1863 im Osten noch das heutige Idaho umfaßte und das man zu Ehren des ersten amerikanischen Präsidenten Washington nannte; 1889 wurde es als 42. Staat in die Union aufgenommen.

Einen wichtigen Wachstumsimpuls erhielt vor allem der Hafen von Seattle durch den Goldrausch am Klondike in Alaska. Zu Tausenden verließen Glücksritter die Schiffe am Puget Sound, um sich durch die Wildnis nach Norden zu schlagen. Nach Osten öffnete sich das Land vor allem durch Anschluß an das transkontinentale Eisenbahnnetz im Jahre 1883. Wie in den meisten Staaten des Westens war die Landnahme auch in Washington mit blutigen Konfrontationen verbunden. Im Jahre 1855 versuchten die Indianer, ihre Heimat in einem letzten großen Aufstand zu verteidigen, mußten sich dann jedoch geschlagen geben, den Bedingungen der Amerikaner im Council von Fort Elliott unterwerfen und in die ihnen zugewiesenen Reservate ziehen.

Gemeinsam mit dem benachbarten Oregon ist Washington der wichtigste Holzlieferant der USA, aber auch einer der bedeutendsten Agrarräume, spezialisiert vor allem auf Obst, Kartoffeln, Getreide und Viehwirtschaft. Die nährstoffreichen Gewässer vor der Küste machten die Fischerei schon früh zu einem wichtigen Wirtschaftszweig. Vor allem im Lachs- und Heilbuttfang nimmt Washington eine führende Position in den USA ein. Ausschlaggebend für den raschen Aufstieg des Staates war nicht zuletzt die Errichtung großer Staudammsysteme in den 40er und 50er Jahren, von denen nicht nur die Landwirtschaft profitierte. Das große Angebot hydroelektrischer Energie förderte die Errichtung von Aluminiumwerken, die wiederum Werften und Flugzeugindustrie anzogen. Nicht von ungefähr nehmen die Flugzeugwerke von Boeing in Seattle heute eine herausragende Stellung ein.

Highway 101

Die malerische Küstenstraße verliert auch in Washington nichts von ihrem Reiz und ist der Autobahn I-5 vorzuziehen, obwohl Reisende die Hauptstadt Olympia dann nicht erreichen.

Nach Überquerung des Columbia River auf einer riesigen Brücke (mautpflichtig) gelangt man, von Oregon kommend, zunächst zum **Fort Columbia** im gleichnamigen State Park. Die liebevoll restaurierte Anlage aus dem Jahre 1903 vermittelt einen guten Eindruck vom damaligen Leben im Westen. Mit einem schönen Blick über die Mündung des Columbia wird man für den Aufstieg zum angrenzenden Scarborough Hill belohnt.

Die Straße führt weiter am Nordufer des Columbia entlang durch den Fischerort **Chinook** (Jugendherberge Fort Columbia Hostel) nach **Ilwaco** mit dem sehenswerten *Ilwaco Heritage Museum* (Mo–Sa 9–17, So 12–16 Uhr), das in lebendiger Form die Ge-

schichte der Region präsentiert. Der Ort liegt bereits auf der langgestreckten Long Beach Peninsula, die mit der gleichnamigen Halbinsel in Kalifornien allerdings kaum Gemeinsamkeiten aufweist. Die südlichste Spitze wird vom Cape Disappointment Lighthouse bewacht. Den Namen Kap der Enttäuschung erhielt der Felsen 1788 vom englischen Kapitän John Meares als Ausdruck für die vergebliche Suche nach der Nordwestpassage. Ab Februar kann man von dort vorbeiziehende Grauwale auf ihrem Weg in die Arktis besonders gut beobachten.

Das benachbarte, als State Park ausgewiesene **Fort Canby** schützte bis 1957 die Einfahrt zum Columbia River. Dann machte moderne Technik den vorgeschobenen Posten entbehrlich, und Seevögel hielten Einzug in die Bunker. Auch die etwa 45 km lange und durchschnittlich nur 4 km breite Halbinsel hat schon bessere Zeiten gesehen. Einige Bauten aus dem frühen 19. Jh. blieben in der Gemeinde **Seaview** erhalten, dem Austernort **Oysterville** setzten die Pazifikwellen und mehr noch die japanische Konkurrenz zu, und der Hauptort **Long Beach** lebt mehr schlecht als recht von seinen Amusements Parks und dem langen harten Sandstrand, den Auto Freaks als Rennstrecke zweckentfremden. Für Ornithologen bietet der **Leadbetter Park** an der nördlichen Spitze ein beliebtes Ziel, wurden in der Dünenlandschaft doch über 100 verschiedene Vogelarten gezählt.

Praktische Hinweise

Unterkunft: Inn at Ilwaco, in Ilwaco, 120 Williams St., nur Nichtraucher, ✆ 206-642-8686, mittlere Preise; Our Place at the Beach, Long Beach, 1309 South Blvd., ✆ 206-642-3793, mittlere Preise

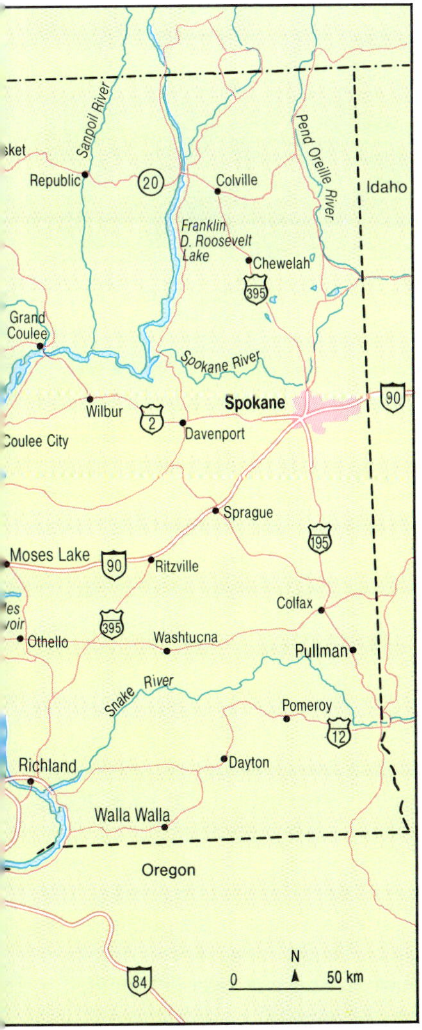

Washington

Campingplätze: Fort Canby State Park, im Gelände des alten Forts, 2 Meilen südwestl. von Ilwaco nahe der US 101, ✆ 206-642-3078, 1. 5.–3. 9.; Ilwaco KOA, 2 Meilen südl. an der US 101, ✆ 206-642-3292, 1. 5.–1. 11.

Zurückgekehrt zum Festland, folgt man der US 101 nach Norden, zunächst entlang der Willapa Bay und dann durchs Landesinnere zum Hafen von **Aberdeen,** der mit dem angrenzenden **Hoquiam** ein wichtiges industrielles Zentrum für die Holzverarbeitung bildet. Sehenswert ist *Grays Harbor Historical Seaport,* eine historische Hafenanlage mit Nachbildungen zweier Schiffe von Kapitän Gray, einer auf Restaurierung spezialisierten Werft und einem *Seefahrtsmuseum* (Mo–Fr 9–17 Uhr).

Von Aberdeen kann man auf der gut ausgebauten I-12 in etwa 45 Minuten die Hauptstadt Olympia erreichen oder auf der 109 die Küste entlang zum Indianerreservat **Quinault** fahren. Die Straße passiert die Küstenorte Copalis Beach, Pacific Beach und Moclips, ehe sie in Taholah, dem Zentrum der Quinault-Indianer, endet.

Die US 101 führt weiter durch das Inland zum Lake Quinault, von wo Wanderwege in den Quinault-Regenwald führen, der bereits Teil des hier beginnenden Olympic National Park ist (vgl. S. 123). Vom See wendet sich die US 101 wieder der Küste zu, die von dort bis fast zur Spitze der Halbinsel zum Olympic National Park zählt. Auch hier gibt es faszinierende Aussichten auf die rauhe Pazifikküste mit ihren vorgelagerten steilen Felsnadeln. Auf zahlreichen Wegen

Im Hoh-Regenwald

durch dichten Wald kann man zu treibholzübersäten Stränden und Gezeitenbecken hinabsteigen (Informationen in der Kalaloch Information Station bei der Parkeinfahrt). Beim Abstieg zum Wasser sollte man den Gezeitenplan wissen (Tafeln an den Wegen) und um in der Brandung treibende Holzstämme einen großen Bogen machen.

Bei Ruby Beach entfernt sich die US 101 wieder vom Meer. Etwa 20 Meilen weiter nördlich sollte man nicht verpassen, in die nach Nordosten abzweigende Hoh Road abzubiegen, die zu einem der aufregendsten Teile des Nationalparks, zum Hoh Rain Forest, führt und beim Besucherzentrum endet. Von dort kann man zu Fuß auf zwei Lehrpfaden in den Regenwald eindringen: auf dem etwa 1 km langen Hall of Mosses Trail und dem doppelt so langen Spruce Nature Trail. Dort erwartet Besucher eine unwirkliche, in grünes Dämmerlicht getauchte Feenwelt aus tropfenden Flechten, Farnen und Moosen, überragt von riesigen Tannen und Fichten.

Olympic National Park

Das 1938 gegründete, 3700 km^2 große Naturschutzgebiet umschließt die Olympic Mountains – vom Eis abgeschliffene Bergrücken, die früher einmal Teil des Meeresbodens waren. Der Park ist das ganze Jahr über geöffnet, die höheren Lagen im Winter wegen Schneefalls jedoch nicht zugänglich und die meisten Unterkünfte geschlossen. Von Ende September bis Mai ist der Eintritt frei.

Auf engstem Raum vereinigt das Naturschutzgebiet ganz unterschiedliche Biotope, beginnend von der Küstenzone bis zu den Gletschern des 2428 m hohen Mount Olympus. Mit über 2500 mm Jahresniederschlag gehört die Westseite zu den regenreichsten Gebieten der USA, während die Ostseite in den Wintermonaten zu den regenärmsten an der Küste zählt. Ergebnis der hohen Niederschläge ist eine dichte Waldbedeckung aus Zedern, Douglastannen, Gelbkiefern und Fichten, eingesponnen in ein Netz aus Bartflechten und Farnen.

Im Gegensatz zu den meisten anderen Nationalparks der USA muß man die Natur hier vorwiegend zu Fuß erobern. Einen durch den Park führenden Fahrweg gibt es nicht, allenfalls einige Stichstraßen, die von der um den Park verlaufenden US 101 abgehen. Dafür durchzieht ein 1000 km umfassendes Netz von Wanderwegen das Schutzgebiet. Viele der Routen verlangen aufgrund der starken Zerklüftung und der bis in den Mai reichenden Schneebedeckung allerdings gute körperliche Kondition und Vorbereitung.

Praktische Hinweise

Information: Visitor Centers Hoh Rain Forest an der Westseite und in Port Angeles, ✆ 206-452-0330, an der Nordostseite, beide ganzjährig geöffnet, tägl. 8.30–18 im Sommer, bis 16 Uhr im Winter, darüber hinaus nur im Sommer geöffnete Informationsstationen in Kalaloch an der Südseite des Küstenabschnitts und in Storm King am Lake Crescent an der Nordostseite

Unterkunft: Lake Crescent Lodge, 20 Meilen westl. von Port Angeles an der US 101, auch *cabins*, im Winter geschlossen, P.O. Box HC 62, Box 11, Port Angeles, ✆ 206-928-3253, mittlere Preise; Sol Duc Hot Springs, 12 Meilen südöstl. von Port Angeles an der US 101, auch *cabins*, im Winter geschlossen, ✆ 206-327-3583, P.O. Box 2196, Port Angeles, mittlere Preise; Kalaloch Lodge, bei der Kalaloch Information Station, auch *cabins*, im Winter geschlossen, ✆ 206-962-2271, mittlere Preise; Forks, P.O. Box 510, Forks, ✆ 206-374-6243, mittlere Preise; The Pond, 196 Hwy 101 W., Port Angeles, ✆ 206-452-8422, preiswert

Campingplätze: Über ein Dutzend staatliche und private Campingplätze, u. a.: Mora, von Forks 2 Meilen nach Norden auf der US 101, dann 8 Meilen westl. entlang der La Push Rd. und 4 Meilen nördl. entlang der Mora Rd.,

✆ 206-374-5460; Ozette, 87 Meilen westl. von Port Angeles, abseits des Hwy 112, kostenlos, kein Tel.; Soleduck, von Forks 28 Meilen nach Westen auf der US 101, dann 12 Meilen südöstl. auf der Soleduck River Rd., ✆ 206-327-3534; Hoh, 14 Meilen südl. von Forks dann auf US 101, dann 19 Meilen östl. entlang der Hoh River Rd., ✆ 206-374-6925; alle aufgeführten Plätze sind ganzjährig geöffnet

Zurückgekehrt zur US 101, erreicht man als nächsten Ort auf der nach Norden führenden Parkumrundung **Forks,** das in den USA wegen seiner ausgelassenen, drei Tage dauernden Feiern zum Unabhängigkeitstag am 4. 7. Berühmtheit genießt. Ein schöner Abstecher führt hinab zur Küste zum Reservat der Quillayute-Indianer mit dem pittoresken Fischerort **La Push** (Campingplatz an dem nahen Rialto Beach).

Die US 101 wendet sich hinter Forks nach Osten, um der nördlichen Parkgrenze zu folgen. Bald darauf liegt der tiefblaue Crescent Lake am Weg. An dessen Westende zweigt eine schmale Stichstraße zu den **Sol Duc Hot Springs** ab, den bereits von den Indianern genutzten heißen Schwefelquellen (Mai–Sept. tägl. 9 bis 21 Uhr, Eintritt). Zur US 101 zurückgekehrt, gelangt man nach einigen Meilen zum recht bedeutenden Hafen **Port Angeles** (17 000 Einwohner). Der Name geht auf einen spanischen Kapitän zurück, der 1791 in die Bucht eingelaufen war und die Meerenge Puerto de la Nuestra Señora de Los Angeles genannt hatte. Mit der

Im Olympic National Park

Fähre (Black Ball Ferry Line) kann man in ca. eineinhalb Stunden die 30 km nördlich liegende kanadische Insel Victoria erreichen.

Praktische Hinweise

Unterkunft: s.a. Olympic National Park; Red Lion Bayshore Inn, 221 N. Lincoln, ✆ 206-452-9215, gehobene Preise; Uptown, 101 E. 2nd St., ✆ 206-457-9434, mittlere Preise
Campingplätze: Al's RV Park, 522 N. Lee's Creek Rd., 3 Meilen nach Osten auf der US 101, dann 1 Meile nördl. entlang der Lee's Creek Rd., ✆ 206-457-9844; Welcome Inn Trailer Park, 2 Meilen westl. an der US 101/Hwy 101 W., ✆ 206-457-1553

Port Angeles ist Ausgangspunkt für den sehr empfehlenswerten Abstecher zur Hurricane Ridge, einer im Olympic National Park gelegenen 2000 m hohen Gebirgskette. Bei guter Sicht werden Reisende mit einem weiten Blick über die Juan de Fuca-Straße bis hinüber nach Victoria Island und auf die Bergwelt des Parks belohnt. Eine sehr schmale, nur im Sommer geöffnete Piste führt hinauf zum Obstruction Point, der die wohl beste Sicht auf die zentralen Berge bietet. Sowohl von dort wie von Hurricane Ridge führen Wanderwege weiter ins Innere des Nationalparks.

Die US 101 schlägt von Port Angeles einen weiten Bogen nach Süden und folgt dem Westufer des Puget Sound. An mehreren Stellen bietet sich die Möglichkeit, über Brücken und mit Fähren das Inselgewirr Richtung Seattle zu überqueren. Bleibt man auf der US 101, gelangt man wieder nach Olympia und dort auf die nach Seattle führende I-5.

Seattle und der Puget Sound

Die mit etwa 1,6 Mio. Einwohner größte und bedeutendste Stadt von Washington zieht sich am Ostufer des Puget Sound entlang, der mit den nahen Olympic Mountains eine großartige Kulisse bildet. Seattle gehörte bis vor kurzem zu den angenehmsten Städten der USA: Der rasche Ausbau der City verlief zunächst in wohlgeordneten Bahnen, die Kriminalitätsrate lag niedriger als in anderen Metropolen vergleichbarer Größe, die Armut erschien weniger bedrückend. Doch nun droht ein explosionsartiges Wachstum viele dieser Vorteile zunichte zu machen. Die Behauptung allerdings, die Bewohner von Seattle würden statt Sonnenbräune Rost ansetzen, entspring wohl eher dem Neid der Südweststaatler. Und bei den T-shirts mit dem Aufdruck ›Seattle Rain Festival: January–December‹, die die Straßenhändler den Touristen anbieten, dürfte es sich nur um einen gewinnversprechenden Souvenir-Gag handeln. Mit 900 mm Niederschlag pro Jahr fällt hier weniger Regen als in New York, Chicago oder Miami, und der konzentriert sich überdies auf die Wintermonate zwischen Oktober und März.

Wie in vielen anderen Städten der USA haben Afro-Amerikaner, Juden und Nachfahren von Skandinaviern hier ebenso ihre Heimat gefunden wie Asiaten und Mexikaner. Allen gemeinsam ist die Liebe zur Natur im allgemeinen und zum Wasser im besonderen. Die USA können kaum ein besseres Segelrevier aufweisen als die von Tausenden von Inseln durchsetzten Gewässer des Puget Sound. Den Ruf als ›kulturelle Einöde‹ beginnt Seattle allmählich abzulegen.

Obwohl der Puget Sound Seefahrern schon Ende des 18. Jh. vertraut war, entwickelte sich erst 1851 langsam eine kleine Niederlassung am Alki Point, die einige Jahre später in den Schutz der Elliot-Bucht verlegt wurde. Als Namensgeber diente – und das scheint aus damaliger Sicht nahezu revolutionär – der Indianerhäuptling Seathl, der bei Verhandlungen mit den Weißen einen derart imponierenden Eindruck hinterlassen hatte, daß sie ihn den Sokrates des Nordwestens nannten und zum Taufpaten der neuen Niederlassung erkoren.

Ausgehend vom ersten Sägewerk des Henry Yesler diente auch Seattle zunächst dem Holzexport. Allmählich wurden Trapper auf der Jagd

nach Pelztieren an den Puget Sound gelockt, gefolgt von risikofreudigen Händlern und Missionaren auf der Suche nach zu bekehrenden Indianern. Um das Bevölkerungswachstum etwas zu beschleunigen, ›importierte‹ Asa Mercer, der Gründer der Universität, 1865 einige Dutzend Frauen von der Ostküste, die das wilde Jungesellendasein so manchen Trappers und Holzfällers beendeten.

Im Jahre 1889 legte ein Großbrand, angefacht durch heftige Winde, die damals aus Holz gebaute Siedlung in Asche. Stein und Stahl hielten nun Einzug und gaben dem Ort ein neues Gesicht. Zwischen 1890 und 1910 versechsfachte sich die Bevölkerung. Heute profitiert Seattle von der Nähe zu den ostasiatischen Häfen und hat sich zum wichtigen Handelstor im Nordwesten entwickelt. Im Schatten des Giganten Boeing haben sich zahlreiche elektronische Betriebe angesiedelt, wird an Computern und Software gebastelt.

Das Zentrum der weit ins Umland greifenden Stadt wird im Westen vom Puget Sound begrenzt, im Osten vom Lake Washington. Das Straßennetz ordnet sich in mehreren, gegeneinander verschobenen Schachbrettmustern, deren Basis die Uferlinie der Elliott-Bucht bildet.

Der Stadtkern erstreckt sich zwischen dem Seattle Center im Norden und dem Fähranleger (State Ferry Terminal) im Süden, während er in der West-Ost-Richtung vom Ufer der Elliott-Bucht bis zur I-5 reicht. Ein Teil der Innenstadt wird von der Stadtbahn Monorail durchquert, die, anläßlich der Weltausstellung von 1962 errichtet, allerdings nur eine Streckenlänge von knapp 1,5 km aufweist. Entlang des Ufers verkehrt zwischen **Pier 70** (1, Myrtle Edwards Park) im Norden und Pier 51 (Pionier Square) eine nostalgische Straßenbahn. **Pioneer Square** (2), die sich über mehrere Blocks ausdehnende Altstadt, ist das sicherlich schönste Viertel, vermittelt es doch mit renovierten Backsteinhäusern noch etwas von jener beschaulichen Atmosphäre, die

Blick auf Seattle

Ansprache des Häuptlings Seathl

... Laßt uns hoffen, daß Feindschaft zwischen den Weißen und uns niemals wiederkehrt, denn wir haben dabei nur alles zu verlieren und nichts zu gewinnen. Die Rache, die Junge nehmen, empfinden sie als Gewinn, selbst wenn sie dabei ihr Leben verlieren. Aber die alten Männer, die in Kriegszeiten zu Hause bleiben und die Mütter, die Söhne zu verlieren haben, wissen es besser. Der Große Weiße Vater sagt, daß der Gott der Weißen auch unser Gott ist, daß alle Weißen Brüder des Roten Mannes seien. Nun, die Menschen machen sich ihre Götter nach ihren Vorstellungen, und Brüder entstammen dem gleichen Geist. Deshalb ist euer Gott nicht unser Gott, seid ihr nicht unsere Brüder. Wir sind zwei verschiedene Rassen mit verschiedenem Ursprung und verschiedenen Schicksalen. Es gibt wenig Gemeinsames zwischen uns.

Uns ist die Asche unserer Ahnen teuer und ihre Ruhestätten sind uns heilig. Ihr verlaßt die Gräber eurer Vorväter und bedauert es nicht. Eure Religion ist auf Papier geschrieben, unsere Religion ist in den Herzen des Volkes niedergeschrieben. Ihr müßt immer wieder in eurem Buch lesen, um euch eurer Religion zu erinnern, bei uns ist sie Bestandteil des Bewußtseins. Eure Toten hören auf, euch zu lieben, sobald sie das Tor zur Ewigkeit durchschritten haben. Sie vergessen euch und ihr vergeßt sie. Unsere Toten vergessen niemals diese schöne Welt, die sie hervorgebracht hat. Sie sind ständig um uns und bei uns, und nur ihre Körper haben uns verlassen.

Die Worte des Großen Weißen Vaters, der uns eine Reservation zuweist, in die wir uns zurückziehen sollen, sind wie eine Naturgewalt. Der Rote Mann hat versucht, vor den Weißen zu fliehen, wie die Morgennebel vor dem erwachenden Sonnenlicht fliehen. Es bedeutet wenig, wo man den Rest seiner Tage verbringt. Unsere Rasse wurde einst geboren, sie war machtvoll und stark und stirbt nun allmählich dahin. Die Nächte unseres Daseins werden länger und dunkler. Wohin der Rote Mann auch geht, überallhin folgen ihm die Schritte seines Vernichters, und so bleibt ihm nur noch, sein Schicksal zu erdulden wie ein verwundetes Tier, das entkräftet ist und die Schritte des Jägers hört. Ich sehe dennoch keinen Grund zur Klage.

Der Rote Mann hat viele tausend Jahre glücklich gelebt und war sich dieses Glücks Tag für Tag bewußt. Stamm folgt Stamm und Nationen folgten Nationen, so wie eine Generation der anderen folgt. Es ist ein ständiges Geborenwerden und Vergehen, und Bedauern ist sinnlos. Eure Zeit des Untergangs mag noch entfernt sein, aber sie wird ebenso sicher kommen. Danach mögen wir Brüder sein, man wird sehen.

Jeder Teil dieser Erde, die ihr uns zu verlassen gebietet, ist in der Wertschätzung unseres Volkes heilig. Jeder Hügel, jedes Tal, jede Ebene, jede Senke ist

den meisten amerikanischen Metropolen heute fehlt.

Straßencafés, Bars und zahlreiche Kunstgalerien verleihen dem historischen Zentrum ein fast europäisches Flair. Nach dem Brand von 1889 wurde die Stadt auf höherer Ebene neu errichtet. Vieles der alten Baumit traurigen und glücklichen Ereignissen und Gefühlen längst vergangener Tage gesättigt. Selbst die Steine, die taub und tot in der Stille der Nacht und in der Wärme des Tages reglos daliegen, haben die Erinnerung an das Leben meines Volkes getrunken. Selbst der Staub, auf dem ihr jetzt steht, ist den vielen tausend Fußtritten meines Volkes mehr verbunden als den euren, denn er hat das Blut unserer Vorfahren getrunken, und er bewahrt heute noch das Salz ihrer bitteren und süßen Tränen, Fett und Asche unserer Lagerfeuer, den Schweiß der Freude und der Ängste, und unsere nackten Füße spüren in ihm eine Vertrautheit, die ihr nie empfinden könnt. Unsere hingegangenen Krieger, zärtlichen Mütter, freundlichen, glückherzigen Mädchen, und selbst unsere kleinen Kinder, die hier lebten und Erfüllung fanden, sind Bestandteil dieser beruhigenden Einsamkeit geworden, in die sie wie die Gezeiten des Meeres im Geist immer wieder zurückkehren, um ihr Leben ohne die Last des Körpers fortzusetzen.

Und wenn der letzte Rote Mann von dieser Erde genommen sein wird, und die Erinnerung an mein Volk zum Mythos unter den Weißen geworden ist, so werden dennoch diese Naturgründe erfüllt sein von den unsterblichen Geistern meines Volkes, und wenn eure Kindeskinder sich auf einem Feld, im Geschäft, zwischen Häusern und auf Überlandstraßen oder im Schweigen der weglosen Wälder einsam fühlen, so werden sie nicht allein sein, denn nirgendwo auf der Erde gibt es einen Ort, der der Einsamkeit vorbehalten ist. Nachts, wenn die Straßen eurer Städte und Dörfer still sind und verlassen erscheinen, werden sie erfüllt sein mit den Geistern derer, die einst dieses Land liebten. Der Weiße Mann wird niemals allein sein. Die Toten sind nicht ohne Kraft. Die Gefühle der Menschen sind nicht nur im Leben die starken Impulse, die alle ihre Taten verursachen, sondern sie bleiben über den Tod des Körpers hinaus erhalten, und sie konzentrieren sich auf das Land, erfullen es mit menschlichem Leben.

Ihr werdet es erleben, daß euch der Geist des Roten Mannes zu irgendeiner Zeit zu erfüllen beginnt, in euren Kindeskindern, zu einer Zeit, da ihr allgemein vollkommen gefühllos geworden seid, und euch nur noch Haß und Angst zu Taten zwingen, die nicht nur Vernichtung anderer, sondern auch eure eigene zum Ziel hat. In solchen Tagen wird der Geist des Roten Mannes, der alles Lebende mit großer Liebe und Andacht bejahte, von euren Kindeskindern langsam Besitz ergreifen und auch in jene dringen, die gar nichts vom Roten Manne wissen.

Deshalb behandelt unser Volk gerecht und versucht, dem Ende unserer Tage mit Geduld entgegenzusehen, denn unsere Vorväter und wir werden ständig um euch sein und warten, bis wir in eurem Charakter ein Samenkorn der Liebe zum Leben pflanzen können. Das aber wird dann der Tod eurer Welt sein.

Aus einer Ansprache im Jahre 1853, übersetzt und niedergeschrieben von Dr. Henry Smith, bewahrt in der Seattle Historical Society, Washington

substanz blieb unter der Erde erhalten und kann auf einer Tour besichtigt werden (Bill Speidel's Underground Tours, 610 1st Ave., Information ✆ 206-682-1511, Buchung ✆ 206-682-4646). Der Pioneer Park markiert den Platz, an dem Henry Yesler mit der Errichtung einer Sägemühle den

Downtown Seattle 1 Pier 70 2 Pioneer Square 3 Seattle Aquarium 4 Omnidome Film Experience 5 Edgewater Inn 6 Space Needle 7 Westlake Center 8 Visitor Information Center 9 Seattle Art Museum 10 Pike Place Market

Grundstein von Seattle legte. Das Viertel beherbergt auch den Klondike Historical Park mit kleinem Museum (tägl. 9–17 Uhr), das die Rolle der Stadt während des Goldrausches 1897/98 beleuchtet, als Tausende von Abenteurern in Seattle von Bord gingen, um sich zu Fuß nach Norden zum Yukon durchzuschlagen.

Entlang der von einer Stadtautobahn verunstalteten Waterfront reihen sich heute Souvenirgeschäfte, Restaurants und Bars, bei Pier 59 liegt das **Seattle Aquarium** (3, tägl. 10–17 Uhr), unmittelbar daneben das **Omnidome Film Experience** (4, tägl. 10–17 Uhr) mit Dokumentationen über Wale, Haie und den Ausbruch des Vulkans Mount St. Helens (s. S. 134). Auf der Pier 67 findet man das berühmte **Edgewater Inn** (5), ein originelles Restaurant, von dessen Tischen früher die Angler ihre Köder auswarfen.

Biegt man von dort in die Broad Street, gelangt man zu der schon von weitem sichtbaren **Space Needle** (6), dem architektonischen Wahrzeichen der Stadt. Der futuristisch anmutende, 185 m hohe Turm, der seine Existenz der Weltausstellung von 1962 verdankt, bietet einen faszinierenden Panoramablick über die Stadt (tägl. 10–24 Uhr, zwei Drehrestaurants gehobener Preisklasse). Vom Gelände der Weltausstellung kann man mit der Monorail in die Innenstadt zum **Westlake Center** (7) fahren (Endstation). Einige Schritte nordöstlich befindet sich auch das **Visitor Information Center** (8, 666 Stewart St., ✆ 206-461-5840, Mo–Fr 8.30–17 Uhr), zwei Blocks südwestlich das neue **Seattle Art Museum** (9, Di–So 10 bis 17 Uhr) mit einer umfangreichen Sammlung afrikanischer, amerikanischer und asiatischer Kunst. Über den neu gestalteten **Pike Place Market** (10), der mit offenen Marktständen eine wohltuende Abwechslung zu den sonst vorherrschenden Supermärkten bedeutet, gelangt man zur Waterfront und zum Ausgangsort Pioneer Square zurück.

Bezeichnet der Pioneer Square das alte historische Zentrum, so verbirgt sich hinter dem südlich angrenzenden **International District** die Welt Asiens. Japaner, Koreaner und Chinesen haben dort ihre Geschäfte, Restaurants und Klubs. Sehenswert ist das große japanische Kaufhaus Uwajimaya und die Pagode im Hing Hay-Park, interessant auch das Wing Luke Museum (407 7th Ave. S. Di–Fr 11–16.30, Sa–So 12–16 Uhr) mit einer Ausstellung über Akupunktur und chinesische Medizin.

Sehr lebhaft geht es an den **Hiram M. Chittenden-Schleusen** einige Kilometer nördlich des Zentrums zu, wo der quer durch die Stadt verlaufende, vom Washington Lake kommende Washington Ship Canal in den Puget Sound mündet. Im Juni kann man durch Fenster an der Südseite die Lachse auf ihrem Weg vom Meer zu den Laichgründen stromaufwärts beobachten. In der Nähe der Schleusen liegt auch der Fischerhafen von Seattle am Südufer des Kanals.

Für flugbegeisterte Touristen ist Seattle ein Mekka, gibt sich doch Boeing, der größte Hersteller ziviler Flugzeuge, betont besucherfreundlich. Auf dem **Boeing Field** (Exit 158 auf der I-5, oder Metro Bus Nr. 174 von Downtown Seattle) vermittelt das Museum of Flight (tägl. 10–17 Uhr) anhand von Originalen einen Querschnitt durch die amerikanische Luftfahrttechnik. Einen Teil des Museums bildet die legendäre Red Barn (rote Scheune), die restaurierte erste Boeing-Fabrik aus dem Jahre 1909. Welch Fortschritt seither erzielt wurde, demonstriert die kostenlose Führung durch die modernen Pro-

Die Space Needle in Seattle

duktionsstätten des Flugzeugwerks in Everett (30 Meilen nördlich von Seattle, Exit 189 auf der I-5), wo sich die Herstellung der Jumbos Schritt für Schritt verfolgen läßt (häufig ausgebucht, Anmeldung, ✆ 206-342-4081).

Wer sich eher zum Wasser hingezogen fühlt, ist im **Blake Island Marine State Park,** vier Meilen westlich auf Blake Island im Puget Sound, richtig aufgehoben, der nur mit dem Boot erreichbar ist (Abfahrt im Sommer tägl. von Pier 56, Fahrzeit 45 Min.). Interessant ist das Tilicum Village, der Nachbau eines Langhauses der Nordwestküstenindianer mit zahlreichen Ausstellungsstücken, darunter einer großen Sammlung von Totempfählen.

Praktische Hinweise

Anreise: Mit dem Flugzeug: Seattle-Tacoma International Airport, 18 Meilen südl., wird von allen großen Städten der USA angeflogen, Zubringerbusse (Gray Line Airport Express/Shuttle Express); mit dem Zug: Amtrak-Verbindung mit Los Angeles, Salt Lake City und Chicago. Der Bahnhof, 303 S. Jackson St., liegt nahe dem International District; mit dem Bus: Der Busbahnhof liegt zentral Ecke 8th Ave./Stewart St.; Schiffsverbindungen: Victoria Clipper von Pier 69 zur kanadischen Insel Victoria (2,5 Std.); Fähren vom State Ferry Terminal zu den umliegenden Inseln

Innerstädtischer Verkehr: Monorail, Schienenbahn zwischen Seattle Center und Westlake Center (Fahrzeit 1,5 Min.); Straßenbahn (Waterfront Street Car) zwischen Pier 70 und Pioneer Square; Busse des Seattle Metropolitan Transit Systems (Metro) innerhalb der Downtown Area kostenlos

Information: Seattle Visitor Information Centers, 666 Stewart St., ✆ 206-461-5840, Mo–Fr 8.30–17, Sa 10–16 Uhr und im Seattle Center neben dem Aussichtsturm, letzteres während der Saison tägl. 10–18 Uhr geöffnet

Unterkunft: Alexis, 1007 First Ave., ✆ 206-624-4844, sehr teuer; Sheraton Hotel & Towers, 1400 Sixth Ave., ✆ 206-621-9000, sehr teuer; Pacific Plaza, 400 Spring St., ✆ 206-623-2900, mittlere Preise; Travelodge by the Space Needle, 200 Sixth Ave. N., ✆ 206-441-7878, mittlere Preise; YMCA Downtown Residence, 909 Fourth Ave., ✆ 206-382-5000; Seattle International Hostel, 84 Union St., Ecke Western Ave., ✆ 206-622-5443, Jugendherberge

Campingplätze: Rainbow's End RV Park, 1464 Hwy 101 W., 1 Meile westl. an der US 101, ✆ 206-683-3863; Dungerness Recreation Area, 4 Meilen westl. entlang der US 101, dann rechts auf Kitchen Rd. 3,5 Meilen in nördl. Richtung, ✆ 206-683-5847, 1. 2.–1. 10.

Organisierte Touren: Gray Line Stadtrundfahrten zwischen 2,5 und 6 Stunden, Abfahrt am Sheraton Hotel, Sixth Ave.

Hafenrundfahrt: Abfahrt am Pier 55; Bootsausflug zum Tilicum Village auf der Insel Blake mit Dinner und Volkstanz, Abfahrt Pier 56

Viele der Inseln im **Puget Sound** sind durch das weitverzweigte Fährnetz mit dem Festland verbunden. Vor allem für Naturfreunde von Interesse ist der aus über 170 Inseln bestehende San Juan Archipel auf halbem Weg zwischen Vancouver Island und dem Festland. Bis Ende des 19. Jh. wurde die Inselgruppe von Engländern beziehungsweise Kanadiern und Amerikanern gemeinsam verwaltet. Im

Der Pike Place Market in Seattle

Jahre 1859 kam es zu einem skurrilen Zwischenfall, der fast in eine kriegerische Auseinandersetzung mündete. Anlaß war die Tötung eines ›britischen‹ Schweins durch einen Amerikaner. Dreizehn Jahre dauerten die als Pig War in die Geschichte eingegangenen Spannungen, bis die Vernunft siegte und die Angelegenheit ohne weiteres Blutvergießen ihren Abschluß fand.

Landschaftlich besonders reizvoll ist **Orcas Island** mit dem Moran State Park, wo sich ein weiter Panoramablick vom 800 m hohen Mount Constitution bietet. Der schönste Hafenort, **Friday Harbor,** liegt auf dem benachbarten San Juan Island, das der Inselgruppe den Namen gab. Hier befindet sich auch das bekannte Wale Museum (tägl. 10–15 Uhr). Wer die Meeressäuger in natura sehen will, sollte zum Lime Kiln Point State Park an der Westseite fahren, dem ersten ›Walbeobachtungspark‹ der USA (tägl. 6.30–22 Uhr, beste Beobachtungsmöglichkeiten im Frühjahr, Sommer und Herbst). Wer die Tiere aus nächster Nähe sehen möchte, kann auch von Friday Harbor an einer Bootstour teilnehmen (Western Prince Cruise). An den Pig War erinnert der San Juan Island National Historic Park mit einem englischen Camp aus dem 19. Jh.

Praktische Hinweise

Anreise: Regelmäßige Fährverbindungen von Anacortes, zu erreichen von der I-5 bis La Conner 50 Meilen nördl. von Seattle, dort auf die 536 und 20 W; im Sommer sind die Inseln überlaufen
Unterkunft: Im Sommer Voranmeldung notwendig. Orcas Island: Rosario

Spa & Resort, Horseshoe Hwy, ✆ 206-376-2222, teuer; Doe Bay Village Resort, S. R. 86, ✆ 206-376-2291, preiswert, jugendherbergsartig; San Juan Island: San Juan Inn, Friday Harbour, ✆ 206-378-2070
Camping: Moran State Park, nur mit schriftl. Voranmeldung, Box 22, Eastsound, WA 98245

Von Seattle kommend, erreichen Reisende nach 60 Meilen auf der I-5 die Hauptstadt **Olympia** (30 000 Einwohner), ein nicht unbedingt aufregendes Städtchen, dessen herausragendstes Bauwerk das *Capitol* ist, der kuppelgekrönte Regierungssitz im Herzen der Stadt. An Sehenswürdigkeiten lassen sich allenfalls das *State Capitol Museum* (wechselnde Ausstellungen, Di–Fr 10–16, Sa und So ab 12 Uhr) und die *Olympia Brewery* (Exit 103, tägl. 8–16.30 Uhr) anführen.

Mount St. Helens

Praktische Hinweise

Unterkunft: Tyee Hotel, 500 Tyee Dr., 4 Meilen südl. von Olympia an der I-5, Exit 102, ✆ 206-352-0511, teuer; Best Western Olympia Aladdin Motor Inn, 900 Capitol Way, ✆ 206-352-7200, mittlere Preise; Golden Gravel Motor Hotel, 909 Capitol Way, ✆ 206-352-8533, preiswert
Campingplätze: American Heritage Campground, 9610 Kimmie St., 1 Meile südöstl. Exit 99 der I-5, ✆ 206-943-8778, 29. 5.–7. 9.; Millersylvania State Park, 10 Meilen südl. auf der I-5 bis Exit 95, von dort 3 Meilen östl. entlang Maytown Rd., dann 1 Meile auf der Tilley Rd., ✆ 206-753-1519, 1. 5.–3. 9.

Nationalparks in Washington

Mount St. Helens National Volcanic Monument

In dramatischer Weise legte der Berg nahe der Grenze zu Oregon Zeugnis für die in der Tiefe der Erde noch schlummernden Kräfte ab. Am 18. 5. 1980 explodierte der Vulkan mit unvorstellbarer Gewalt, schleuderte eine Aschenwolke 25 km hoch in die Stratosphäre und ließ eine riesige Lawine aus Gestein und Schlamm zu Tal donnern, die ganze Wälder und einen See unter sich begrub. Trotz der Vorwarnung starben 57 Menschen. Die Explosion hat dem einst konischen Berg über 400 m an Höhe genommen und einen riesigen, 600 m tiefen Krater hinterlassen.

Heute ist die 1982 zum Naturschutzgebiet erklärte Region ein eindrucksvolles Beispiel für die Urgewalt der Erde, aber auch für die Unbeirrbarkeit der belebten Natur, verlorenes Territorium zurückzugewinnen. Im Visitor Center vermittelt ein Modell einen Überblick der Region, während Filme und Bilder die Explosion dokumentieren. Zahlreiche, teilweise nicht asphaltierte Forstwege durchschneiden das Gebiet und ermöglichen es, die vulkanischen Aktivitäten und ihre verheerenden Auswirkungen zu studieren. Von früheren Eruptionen stammt der über 3 km lange Lavakanal Ape Cave im Süden des Parks (erreichbar über die FR 8303). Magma floß dort unter einer erkalteten Lavadecke zu Tal. Man kann den Tunnel begehen (festes Schuhwerk, Taschenlampe).

Praktische Hinweise

Anreise: Von der I-5 an der Ausfahrt 68 auf die US 12 nach Osten abbiegen. Nach 48 Meilen in Randle auf die FR 25 nach Süden. Man erreicht über die FR 99 den nordöstlichen Teil des Parks am Spirit Lake. Von der FR 99 hat man die beste Aussicht auf den Vulkan. Teile dieser Straße sind zwischen Nov. und Juni geschlossen.

Um das 26 Meilen westlich am Silver Lake gelegene Visitor Center zu erreichen, zweigt man von der I-5 bei Castle Rock auf die SR 504 ab (Exit 49, ✆ 206-274-6644).

Unterkunft: Im Park gibt es weder Hotels, Motels noch Campingplätze

Mount Rainier National Park

Der etwa 1000 km² große und nur knapp 30 Meilen nördlich des Mount St. Helens liegende Nationalpark umschließt den großartigsten Teil der Vulkanlandschaften der Cascade Range. Der stark vergletscherte Bergriese hat sich im Verlauf von 500 000 Jahren durch immer neue Ausbrüche zu einer imposanten Höhe von heute knapp 4500 m aufgetürmt. Daß er nur ruht und noch längst nicht erloschen ist, stellt er mit Fumarolen an seinen Flanken unter Beweis, zumal der letzte Ausbruch keine 200 Jahre zurückliegt. Ein Großteil seiner Attraktivität verdankt der Mount Rainier ausgedehnten Gletschern, die nur von wenigen anderen in Kanada und Alaska übertroffen werden. Zwei Straßen an der Süd- und an der Ostseite, die mit nichtasphaltierten Nebenrouten eine Länge von fast 200 km erreichen, durchziehen den Park, dazu unzählige kürzere und ausgedehntere Wanderpfade mit einer Gesamtlänge von über 450 km.

Die schönste Autofahrt führt vom Parkeingang im Südwesten zunächst zum Longmire Visitor Center (tägl. 9–17.30 Uhr, kleines Museum mit Exponaten zu Geologie, Flora und Fauna), vorbei an der gezackten Tatoosh Range hinauf zum Paradise Visitor Center. Von dort gelangt man auf Pfaden zu blumenübersähten Bergwiesen (Nisqually Vista Trail, 2,5 km) oder hinauf zum lohnenden Aussichtspunkt Panorama Point und weiter zum Paradise-Gletscher (Skyline Trail, 8 km).

Vom Paradise Visitor Center führt die Straße weiter Richtung Osten und berührt den Reflection Lake, der bei ruhigem Wetter seinem Namen alle Ehre macht. Ein Stück weiter wird man mit dem Blick in den Stevens Canyon belohnt, ein von Gletschern geschaffenes Trogtal. Zahlreiche kürzere, von der Straße ausgehende Lehrpfade erschließen die Vielfalt des Nationalparks. Auf dem Weg nach Norden überquert die Straße den 1200 m hohen Cayuse Pass, hinter dem man auf einer kleinen Straße nach Westen zum Sunrise Visitor Center gelangt. Es bietet sich als Ausgangspunkt für schöne Wanderungen durch alpine Landschaft bis zu den Ausläufern der Gletscher an. Wer dem Touristenandrang von jährlich 2 Mio. Besuchern entfliehen will, sollte den Carbon River im Nordwesten des Parks besuchen, wo eine Piste bis zum Ipsut Creek führt, von dem man ebenfalls bis zu einem Gletscher vordringen kann.

Praktische Hinweise

Anreise: Von Südwesten über die US 12 und Hwy 7/706 zum Nisqually-Eingang (ganzjährig), von Süden über die Hwys 12 und 123 zum Ohanapecosh Visitor Center (ganzjährig); von Osten und Norden über den Hwy 410 (im Winter geschlossen); Carbon Valley erreicht man über den nur teilweise asphaltierten Hwy 165 von Nordwesten, (im Winter geschlossen)
Information: Superintendent, Mount Rainier National Park, Tahoma Woods, Ashford, WA 98304, ✆ 206-569-2211
Unterkunft im Park: Paradise Inn, 20 Meilen östl. von Nisqually am Südwesteingang; P.O. Box 108, Ashford, WA 98304
Staatliche Campingplätze: Cougar Rock, Ohanapecosh, White River, Ipsut Creek, Sunshine Point, bis auf Sunshine Point sind alle im Winter geschlossen; freies Campieren mit Genehmigung möglich; Auskunft am Longmire Hiker Center
Unterkunft außerhalb des Parks: Alexander's County Inn, nahe Nisqually Entrance bei Ashford, ✆ 206-569-2300, mittlere Preise; The Nisqually Lodge, ✆ 206-569-8804, mittlere Preise

North Cascades National Park

Die erst 1968 als Naturschutzgebiet ausgewiesene, über 2000 km^2 große Region ist nicht nur der jüngste Nationalpark der USA, sondern auch der einzige grenzüberschreitende des Landes. Mit schroffen Bergzacken, zahlreichen Gletschern und schmalen Tälern bietet sich Besuchern eine wilde Urlandschaft alpinen Charakters mit zwei langgestreckten Seen. Der Park wird nur von einer einzigen, im Winter teilweise geschlossenen Straße durchquert und ermöglicht somit vor allem Wanderern ein ungetrübtes Naturerlebnis.

Der Highway 20, auch North Cascades Highway genannt, leitet Besucher in das Herz der Bergwelt, führt sie aber zunächst zu den Errungenschaften der Technik – mehreren Dämmen, die das Gletscherwasser zu Seen aufstauen und für die Stromversorgung von Seattle sorgen. Ergebnis dieses Eingriffs ist unter anderem der fast 30 km lange Ross-See, der sich bis zur kanadischen Grenze hinaufzieht.

Einen besonders schönen Blick auf die Bergwelt genießt man am Diablo Lake Overlook und am Washington Pass Overlook. Die Großartigkeit der Cascades erschließt sich aber erst Wanderern, etwa vom Thunder Creek Trail (30 km), der die Straße

Mount Rainier

nach Süden verläßt. Aber auch unternehmungslustige Autofahrer kommen auf ihre Kosten, wenn sie sich von Marbelmount auf die nach Südwesten führende Piste wagen, die sie zum Fuß des Cascade Pass führt, über den man, auf alten Indianerpfaden wandernd, zum Chelan-See gelangen kann. Noch immer von der Außenwelt abgeschnitten, hat sich in der kleinen ehemaligen Bergbausiedlung Stehekin am Ostufer des Sees der Piniergeist vergangener Tage erhalten. Immerhin fährt ein Pendelbus auf einer gut 30 km langen, alten Bergbaustraße bis hinauf zum Cottonwood Campground. Fußmüde Touristen können sich auch mit dem Wasserflugzeug einfliegen lassen oder eine Fähre von Süden benutzen.

Praktische Hinweise

Anreise: Auf dem Hwy 20 von Osten und Westen, Mitte April–Mitte Nov.; die Lake Chelan Recreation Area ist ganzjährig mit der Fähre von Chelan erreichbar

Information: 2105 Hwy 20, Sedro Wolley, WA 98284, ✆ 206-856-5700

Unterkunft: Diablo Lake Resort, Rockport, WA 98283, Cottages im Park am Diablo Lake, Juni–Okt., ✆ 206-386-4429, mittlere Preise; Silver Bay Inn Stehekin, WA 98852, Cottages am Chelan-See, ✆ 509-682-2212, gehobene Preise; Campell's Lodge, 104 W. Woodin Ave., Chelan, Cottages, ✆ 509-682-2561, gehobene Preise

Staatliche Campingplätze: Colonial Creek, Hozomeen, Newhalem, Goodell Creek (einziger ganzjährig geöffneter Platz) in der Lake Ross-Gegend, Harlequin und Purple Point am Chelan-See. Wanderer können mit Erlaubnis, erhältlich bei den Ranger-Stationen und im Golden West Visitor Center, ✆ 206-873-2549, kostenlos frei campieren

Besonderheiten: Der Eintritt zum Nationalpark ist kostenlos. Die Elektrizitätsgesellschaft Seattle City Light veranstaltet Schiffs- und Wandertouren, Buchung: 1051 Third Ave., Seattle, WA 98104, ✆ 206-684-3030

Die
Südwest-
Staaten

Steckbrief

NEVADA

Postalisches Kürzel: NV
Größe: 286 296 km^2, 80 % der Fläche der BRD
Hauptstadt: Carson City, 36 000 Einwohner
Bevölkerung: 910 000 Einwohner
Wirtschaft: Glücksspiel, Tourismus, Goldgewinnung
Beiname: Silver State (Silberstaat)
Staatsmotto: All for our Country (Alles für unser Land)
Symbole: Beifuß (Sagebrush), Berghüttensänger (Lark Bunting), Pinyonnuß (Piñon)
Information: Nevada Division of Travel & Tourism, Capitol Complex, Carson City, NV 89710, ✆ 702-684-4322, Fax 702-687-6779
Verkehrsverbindungen: Mit dem Flugzeug gute Verbindungen mit Las Vegas; mit der Eisenbahn: Der Staat wird von zwei großen Linien durchquert, der Route Chicago – Salt Lake City – Los Angeles (Desert Wind) mit den Bahnhöfen Caliente und Las Vegas, und der Route Chicago – Denver – Salt Lake City – Oakland mit Stopps u. a. in Elko und Reno; mit dem Bus: ausgedehntes Greyhound-Netz
Reisezeit: Frühjahr und Herbst. Die Sommertemperaturen können bei Durchschnittswerten von 19 (Reno) bis 30 (Las Vegas) dennoch auf über 40° Celsius steigen; entsprechende Winterwerte in Elko –3° Celsius und in Las Vegas 8° Celsius
Unterkunft: Der Tourismus und das dementsprechend große Hotelangebot konzentrieren sich auf Las Vegas und Reno, wo gemäßigte Preise vorherrschen, da man mit Einkünften durch das Glücksspiel rechnet. Viele Hotels locken überdies wochentags mit günstigen Tarifen

Naturraum

Nevada grenzt im Norden an Oregon, mit einem kleinen Stück auch an Idaho. Westlicher Nachbar ist Kalifornien, im Süden Arizona und im Osten Utah. Der weitaus größte Teil des Staates liegt im Great Basin, der abflußlosen Senke zwischen der Sierra Nevada im Westen und den Rocky Mountains im Osten. Nur der Colorado im Süden erreicht das Meer, die übrigen Flüsse versickern in Salztonebenen oder werden durch Stauseen aufgefangen, um der Bewässerung zu dienen. Zudem überziehen zahlreiche kleine natürliche Gewässer das Land als Relikte eines prähistorischen Sees, der einmal eine Fläche von 50 000 km^2 einnahm und auch Teile von Utah bedeckte. Im Laufe der allgemeinen Erwärmung der Atmosphäre begann er vor etwa 100 000 Jahren allmählich auszutrocknen und das Great Basin in einen Steppenlandschaft zu verwandeln.

Entlang der diagonal von Nordwest nach Südost verlaufenden Grenze mit dem benachbarten Kalifornien besitzt Nevada mit den Washoe Mountains einen wenn auch geringen Anteil an der Sierra Nevada. Die Lage im Regenschatten des westlichen Gebirges macht die Landschaft außerordentlich trocken und führt vor allem im südlichen Abschnitt zu wüstenhaften Zügen.

Geschichte

Die lebensfeindliche Region eröffnete sich erst sehr spät europäischen Eroberern und Entdeckern. Möglicherweise hatte Pater Francisco Garces mit seiner Expedition auf der Suche nach neuen Wegen zur Küste 1776 den Süden berührt. 50 Jahre später wählte der Trapper Jedediah Smith den Weg durch die Wüste, gefolgt von dem Vermessungsingenieur John C. Fremont, der von 1843 bis 1845 das Land detailliert beschrieb. Nach dem amerikanisch-mexikanischen Krieg fiel das Gebiet 1848 an die USA.

Erste Siedlungsversuche unternahmen Mormonen 1850 mit der Gründung der Niederlassung Genoa. Nach der Entdeckung der Silberader Comstock Lode im Jahre 1859 stieg die Bevölkerung sprunghaft an. Streitigkeiten zwischen Bergleuten und gottesfürchtigen Mormonen führten 1861 zur Abspaltung des Territoriums Nevada vom *Utah Territory*. Bereits drei Jahre später konnte sich Nevada als Bundesstaat der Union anschließen.

Der Rückgang des Erzabbaus gegen Ende des 19. Jh. führte zunächst zur Bevölkerungsabwanderung, konnte dann aber durch Entdeckung neuer Lagerstätten im Süden aufgefangen werden. Den bedeutendsten Aufschwung löste 1931 die Legalisierung des Glücksspiels aus, das heute der wichtigste Wirtschaftsfaktor im Wüstenstaat ist.

Der Westen von Nevada

Der westliche Teil ist der landschaftlich reizvollste, hat der Staat doch hier einen Anteil an der Kette der Sierra Nevada, deren Namen er trägt.

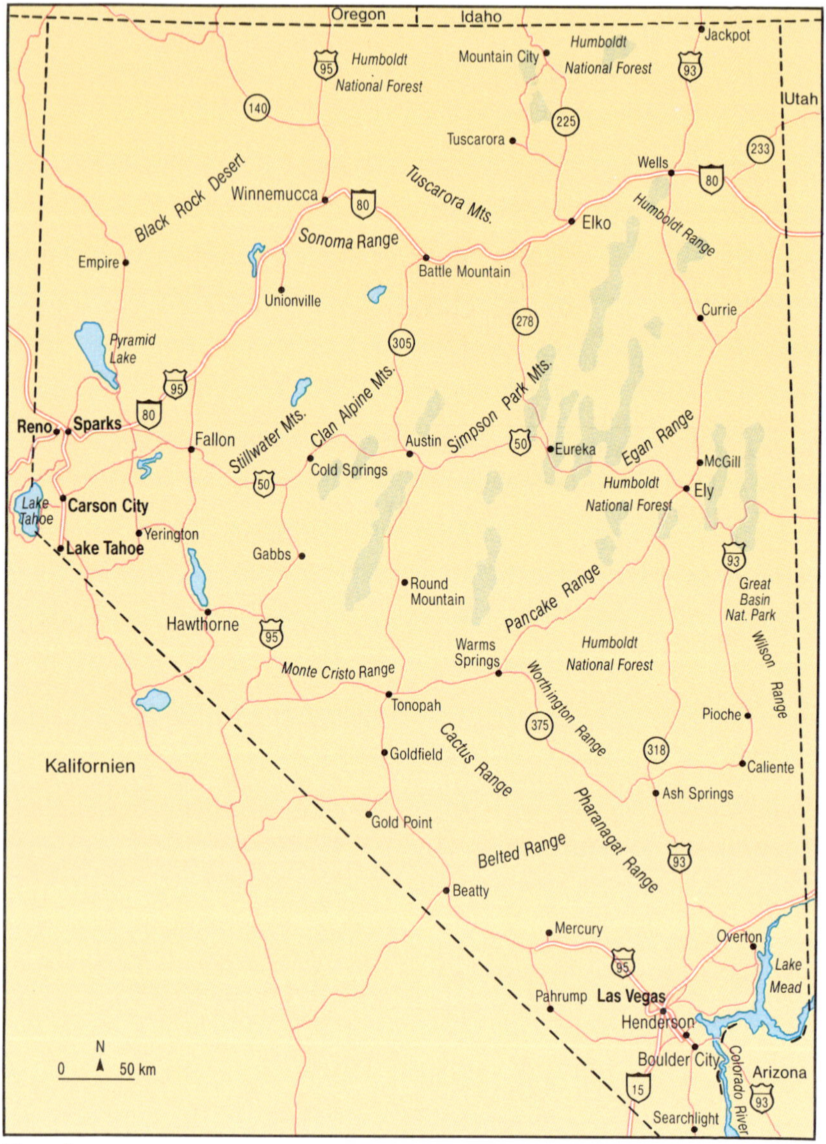

Nevada

Im Jahre 1834 entdeckte der Trapper Joseph Walker einen relativ leichten Übergang über die Sierra Nevada und eröffnete damit den California Trail, über den Tausende von Siedlern durch das Great Basin nach Kalifornien strömten. Die I-80 folgt in etwa der Trasse des alten Pionierwegs.

Reno

Über 1200 m hoch inmitten prächtiger Berglandschaft gelegen, profitiert die Stadt (105 000 Einwohner) als beliebtes Urlaubsziel im Sommer wie im Winter von den natürlichen Gaben der Natur und überdies von den liberalen Gesetzen des Staates. Nach Las Vegas stieg Reno zur zweiten Hochburg des Glücksspiels auf. Der Ort ging aus einem Versorgungsbahnhof für die umliegenden Minen von Goldfield und Tonopah hervor. Heute steht Reno ganz im Zeichen des Glücksspiels – auch auf dem stillsten Örtchen gibt es Spielautomaten.

Wer dem Trubel entgehen will, kann einen Ausflug zum 36 Meilen nördlich liegenden **Pyramid Lake** unternehmen, dem größten natürlichen See in Nevada. Seinen Namen verdankt er dem Vermessungsingenieur John C. Fremont, der ihn 1844 auf seiner Expedition entdeckte und die Felsformation auf der kleinen Insel Anahoe mit einer Pyramide verglich. Das nördliche, mit bizarren Felsen bestandene Ufer gehört zum Reservat der Pajute-Indianer und darf nicht betreten werden.

Praktische Hinweise

Unterkunft: Harrah's Hotel, 210 N. Center St., ✆ 702-786-3232, zentral, Luxus; Eldorado, 345 N. Virginia St., ✆ 702-786-5700, zentral, mittlere Preise, während der Woche preiswert; Days Inn, 701 E. 7th St., ✆ 702-786-4070, zentral, preiswert

Campingplätze: Chism Trailer Park, 1300 W. 2nd St., ✆ 702-322-2281; Reno RV Park, 735 Mill St., 2 Meilen südwestl. von Reno an der Kreuzung I-80 und US 395, ✆ 702-323-3381

Virginia City

Der alte Bergbauort, 10 Meilen südlich von Reno gelegen, entwickelte sich in den 50er Jahren des 19. Jh. explosionsartig, nachdem man auf die Comstock Lode gestoßen war, das größte jemals gefundene Silber- und Goldvorkommen in den USA. Die ›Glücksader‹ erhielt ihren Namen nach einem Schäfer, der die Funde bekanntgemacht hatte. Die eigentlichen Entdecker, die Gebrüder Allen und Hosea Grosch, waren bald nach ihrem unglaublichen Fund und ohne die materiellen Freuden ihrer Entdekkung genießen zu können, gestorben; der eine schlug sich 1857 die Spitzhacke in den Fuß und erlag einer Blutvergiftung, der andere erfror kurze Zeit später im Schneesturm.

Der Name der Stadt soll auf den Prospektor James Finney zurückgehen, auch Old Virginni genannt, der 1859 im Saloon des Minenlagers eine Flasche Whisky hatte fallen lassen und im Zorn darüber den Ort nach seinem Spitznamen Virginia City nannte. Drei Jahre später lebten dort bereits 10 000 Menschen. Es gab 38 Saloons, 25 Geschäfte, acht Hotels und ein Theater. Daß auch eine Zeitung dazugehörte, war selbstverständlich. Für das 1860 gegründete Blatt »Territorial Enterprise« veröffentlichte auch der junge Reporter Samuel Langhorne Clemens unter dem Pseudonym Josh seine humorvollen Beobachtungen aus dem Leben der Minenarbeiter. Für seinen ersten Roman »Roughing It« (Auf die rauhe Tour) benutzte er ein weiteres Pseudonym, unter dem er dann weltweit bekannt wurde – Mark Twain. Der Künstlername entstammt der Sprache der Schiffer des Mississippi und bezeichnet die Marke Zwei auf der Lotleine, womit der Schiffsjunge am Bug den Wasserstand maß und durch Zuruf an den Steuermann weitergab.

Mitte der 60er Jahre des 19. Jh. ebbte der erste Boom ab, die Stadt entvölkerte sich. Aber die Ruhe währte nur kurz, denn als sich 1870 die Nachricht von der Entdeckung der größten Silberader der Welt ausbreitete, nahm der Aufschwung um so gewaltigere Dimensionen an, und Virginia City wurde zur reichsten Stadt der USA. Silber im Wert von über 1 Mio. Dollar kam jede Woche aus der Tiefe und verwandelte das karge Dasein der Bewohner über Nacht in ein verwöhntes, ausschweifendes Leben. Karrenweise wurde nun Champagner von der Westküste ›importiert‹, und die Stars der damaligen Zeit gaben sich ein Stelldichein in ›Pipers‹ Opernhaus, darunter auch die berühmte Tänzerin und Geliebte des Bayernkönigs Ludwig I. Lola Montez. Im Jahre 1878 brach der Höhenflug nach dem Verfall des Silberpreises jäh ab, die Stadt verfiel fast über Nacht.

Heute lebt Virginia City allein vom Tourismus; die sorgsam restaurierten Holzhäuser und das *Ghost Town*-Flair machen den Besuch lohnend, auch wenn alles ein wenig aufgesetzt und künstlich wirkt.

Lake Tahoe

Lake Tahoe

Auf der Weiterfahrt nach Süden über die US 50 und SR 28 bietet sich der Besuch des knapp 35 Meilen von Virginia City entfernt gelegenen Gebirgssees **Lake Tahoe** an. Das ›große Wasser‹, wie es in der Sprache der Washoe-Indianer heißt, liegt in fast 2000 m Höhe zu einem Drittel in Nevada und zu zwei Dritteln in Kalifornien. Von einer 72 Meilen langen Ringstraße ergeben sich immer wieder herrliche Ausblicke, etwa über die blaugrün schimmernde Emerald Bay oder am Sugar Pine Point. Bis zu 500 m tief, 35 km lang und 20 km breit, zählte das glasklare und tiefblaue Gewässer mit nur wenig gelösten Mineralien zu den chemisch reinsten Reservoiren der USA; erst die großangelegten Erschließungsmaßnahmen unserer Tage führten auch dort zu einer deutlichen Belastung.

Die selbst noch im Sommer schneebedeckten Gipfel der Sierra Nevada und der Carson Range erheben sich mehr als 1200 m hoch über dem Wasserspiegel, dichte Nadelwälder drängen bis an die Ufer und verleihen dem Gebiet ein hochalpines Flair. In den kalifornischen Skigebieten wie Heavenly Valley oder Squaw Valley, das 1960 als Austragungsort der Olympischen Winterspiele berühmt wurde, herrscht im Winter großer Andrang an Pisten, Loipen und Unterkünften. Im vergleichsweise weniger überlaufenen Sommer sind die Gästequartiere bevorzugt von Wanderern belegt, die in den umliegenden State Parks ideale Bedingungen vorfinden, wenn auch immer wieder Privatstrände den Zugang zum Ufer des Sees verhindern oder erschweren. An Wochenenden und in der Hauptreisezeit suchen viele Ausflügler aus dem benachbarten Reno, aber auch aus Sacramento oder gar dem fünf Stunden (knapp 200 Meilen) entfernten San Francisco Erholung in der Gebirgsluft.

Praktische Hinweise

Information: Visitor Center, SR 89 Emerald Bay Rd., am Sugar Pine Point (Südwestufer), Mo–Fr 9–17 Uhr, ✆ 916-573-2674

Unterkunft: Goldcrest Resort Motel, 8194 North Lake Blvd., ✆ 916-546-3301, preiswert; Lake of the Sky Motor Inn, 955 North Lake Blvd., ✆ 916-583-3305, mittlere Preise; Flamingo Lodge, 3961 Lake Tahoe Blvd., ✆ 916-544-5288, teuer

Camping: South Lake Tahoe, 1150 Rufus Allen Blvd., El Dorado, ✆ 916-573-2059; KOA Campground of South Lake, 11 Meilen südwestl. von Stateline auf der US 50, ✆ 916-577-3693

Der Osten von Nevada

Highway 50

Die kaum befahrene Landstraße, die allerdings eine der bekanntesten in den USA ist, zweigt etwa 30 Meilen östlich von Reno von der I-80 ab und führt über eine Länge von gut 300 Meilen bis zur Grenze mit Utah. Am Wege liegen nur die vier kleinen Orte Fallon (4 500 Einwohner), Austin (400 Einwohner), Eureka (800 Einwohner) und Ely (5000 Einwohner). Die Straße folgt der alten Pony Express-Route, auf der wagemutige Reiter bis zur Fertigstellung der Telegrafenlinie 1860/61 in nur zehntägigem Gewaltritt die 3420 km von St. Joseph am Missouri bis San Francisco mit 40 Pfund Post am Sattel überwanden.

Heute zieht sich die Straße meist als schnurgerades, endloses und hitzeflimmerndes Band durch die Einsamkeit, um dann unvermittelt mit einem Knick einen kleinen Gebirgszug zu umgehen. So weit das Auge reicht, bestimmt graugrüner *sagebrush* das Vegetationsbild. Diese niedrige, buschartige Pflanze mit duftenden Blättern gehört zur Familie der Artemisia und kommt in über 250 Arten vor, zu denen auch Beifuß, Wermut und Estragon zählen. Auch wenn sie sich in ihrer Unscheinbarkeit eher als nutzloses Unkraut präsentiert, so ist ihr Wert als wichtigstes ökologisches Glied in den nordamerikanischen Wüsten nicht hoch genug einzuschätzen. Nur dem *sagebrush* ist zu verdanken, daß die Wüste ›lebt‹, da allein diese Pflanze einer Vielzahl ebenfalls sehr angepaßter Tiere Unterschlupf und Nahrung bietet.

Autofahrern sei empfohlen, die Reise auf dem Highway mit vollem Tank zu beginnen, da der Benzinpreis mit jeder Station steigt und auf halbem Weg in Austin Rekordmarken erreicht.

Great Basin National Park

Great Basin National Park

Trotz der nur geringen Größe von etwa 300 km² zeigt der Nationalpark ein erstaunlich abwechslungsreiches Bild, umfaßt das Naturschutzgebiet doch trockene Wüsten, ruhige Seen, ein Höhlenlabyrinth und mehrere über 3000 m hohe Berge.

Auf dem 12 Meilen langen Scenic Drive kann man vom Eingang an der Ostseite mit dem Fahrzeug auf einer kurvenreichen Strecke in die Bergwelt aufsteigen. Von den lichten Pinyon-Wacholder-Beständen zieht sich die Strecke durch dichte Fichtenwälder bis zu alpinen Matten in 3000 m Höhe, wo sie am Wheeler Campground endet. Von dort führt ein leicht begehbarer, wegen der Höhe zuweilen aber sehr anstrengender, etwa 8 km langer Pfad zum Gletscherfeld des Mount Wheeler (3982 m), vorbei an einem Hain mit bizarr verformten Borstenzapfenkiefern *(Bristlecone Pines)*, die zu den ältesten Lebewesen der Welt zählen und auch den härtesten Klimabedingungen trotzen. Der mit 4600 Jahren älteste bisher bekannte Baum dieser Art steht heute in den White Mountains in Kalifornien. Leider fiel ein noch älteres Exemplar 1964 im Great Basin National Park, der damals noch nicht unter Naturschutz stand, dem Forschungstrieb zum Opfer. Die Auszählung der Baumringe ergab nicht nur ein Alter von 4900 Jahren, sie ermöglichte es den Wissenschaftlern auch, sich ein genaues Bild über die klimatischen Verhältnisse der letzten Jahrtausende zu machen, da der Baum sehr empfindlich auf Klimaschwankungen reagiert. In Jahren guter Wachstumsbedingungen gedeiht er wie jeder andere, in weniger günstigen Zeiten reduziert er seine Aktivitäten auf das zum Überleben Notwendigste, so daß die *Bristlecones* zuweilen abgestorben scheinen. Nur durch ihre außergewöhnliche Anpassungsfähigkeit konnten die Pflanzen die Jahrtausende überstehen.

Auf einer Stichstraße am Eingang kann man auch die zweite Attraktion des Parks erreichen, die Lehman Caves (Eintritt). Die 1885 vom Farmer Absalom Lehman entdeckte Höhle ist sehr klein, bezaubert aber durch ihre ungewöhnliche Vielfalt zartester Stalaktiten-Gebilde, die sich sogar zu Vorhängen geformt haben (Photoblitz, aber kein Stativ erlaubt).

Praktische Hinweise

Anfahrt: Von Baker über die SR 488
Saison: Ganzjährig geöffnet, im Winter können die höheren Lagen für Fahrzeuge geschlossen sein, Eintritt frei
Unterkunft: Copper Queen Motel, 701 Ave. 1, ✆ 702-289-4884, mittlere Preise; Border Inn, am Hwy 50, ✆ 702-234-7300, preiswert; Bristlecone Motel, 700 Ave. 1, ✆ 702-289-8838, preiswert
Camping: Vier Plätze im Park, keine Reservierung möglich, ✆ 702-234-7331, Lower Lehman Creek (ganzjährig); Upper Lehman Creek und Baker Creek (Anfang Mai–Mitte Okt.); Wheeler Peak (Juni–Anfang Okt.)

Las Vegas und Umgebung

Die berühmteste Stadt in Nevada verdankt ihren Ruf ausschließlich dem Glücksspiel. Nichts deutet mehr darauf hin, daß dieses ›Sündenbabel‹ unserer Zeit 1855 von frommen Mormonen gegründet wurde. Damals gab es dort nur eine kleine Oase auf dem Landweg nach Kalifornien, die ihr Überleben vor allem der 1905 eröffneten Eisenbahnverbindung verdankt. Danach entwickelte Las Vegas sich zur Westernstadt wie viele andere entlang der Schienenstränge. Als Nevada 1931 das Glücksspiel legalisierte, das ohnehin überall im Westen verbreitet war, zog die Stadt aus ihrer günstigen Verkehrslage Profit und entwickelte sich rasch zum Spielerparadies. Heute strömen jedes Jahr mehr als 12 Mio. Besucher in der Hoffnung auf schnellen Reichtum dorthin.

Mit dem Bau des Hoover-Damms erhielt Las Vegas in den 30er Jahren die einzigartige Möglichkeit, sich in ein glitzernd-verlockendes Gewand elektrischer Beleuchtung zu kleiden, das heute sicherlich die größte Sehenswürdigkeit ist.

Bereits am Flughafen ›warten‹ Spielautomaten, und auch in Hotels, Geschäften und Restaurants stehen ›einarmige Banditen‹. Daneben gibt es unzählige Kasinos mit Spielen von Roulette über Bakkarat und Poker bis zu Craps.

Wer nur zum Schauen in die grelle Welt eintaucht und dabei die vielen Vergünstigungen in Anspruch nimmt, die eigentlich für die Spieler gedacht sind, wird zu den Gewinnern zählen. Als Lockmittel dienen günstige Hotelpreise (vor allem So–Do), Buffets für eine Schutzgebühr und Gutscheine für freie Drinks und freies Frühstück.

Nicht zuletzt auch die ebenfalls preisgünstigen Unterhaltungsveranstaltungen machen einen Besuch von Las Vegas lohnend. Zu unterscheiden sind ›Big-Room-Shows‹ in Sälen mit 600 bis 1500 Plätzen und ›Lounge Shows‹ mit maximal 400 Zuschauern.

Show in Las Vegas

Die Big-Room-Shows zeigen entweder ein europäisches Programm *(continental)* wie die Revue des Moulin Rouge in Paris oder Holiday on Ice, sind einem einzigen Star gewidmet oder bringen ein amerikanisches Musical auf die Bühne. Die Vorführung dauert in der Regel 90 Minuten und steht zuweilen in Verbindung mit einem Drink oder einem Dinner. Zur Cocktail Show sollte man eine Stunde, zur Dinner Show zwei Stunden vor Aufführungsbeginn seinen Platz eingenommen haben. Gäste der Hotels, in denen die Shows stattfinden, erhalten bei der notwendigen Reservierung und der Platzvergabe eine vorrangige Bedienung.

In den Lounge Shows, die am Abend mehrfach stattfinden (meist zwischen 19 und 4 Uhr), treten weniger bekannte Interpreten auf. Dinner wird nicht serviert, dafür erhalten die Gäste mindestens zwei Drinks in Rechnung gestellt. Die besten Veranstaltungen finden in den Spitzenhotels statt. Genauere Programminformationen findet man in der kostenlosen Monatszeitschrift »Las Vegas Today«, die in den Hotels ausliegt.

Die Kasinos und Hotelpaläste reihen sich am Strip, einem Abschnitt des Las Vegas Boulevard, etwa 3 km südlich des Zentrums. Zwischen beiden Stadtteilen besteht ein 24stündiger Pendelbusverkehr. Entlang der Hotelzone verkehrt der gummibereifte Nachbau einer Straßenbahn (Las Vegas Strip Trolley).

Als Entspannung im Non-Stop-Unterhaltungsrummel empfiehlt sich der Besuch der *Imperial Palace Auto Collection* im gleichnamigen Hotel (3535 Las Vegas Blvd., tägl. 9–23.30

Uhr), wo man 200 Oldtimer bewundern kann.

Praktische Hinweise

Anreise: Mit dem Flugzeug regelmäßige Verbindungen von allen größeren Städten der USA; der Flugplatz liegt südlich des Zentrums in der Nähe der Hotelzone; mit der Eisenbahn: Las Vegas liegt an der Strecke Chicago–Los Angeles (Desert Wind); der Bahnhof befindet sich im nördlichen Bereich der Innenstadt (Fremont St./Main St.; mit dem Bus: der Greyhound-Busbahnhof liegt in unmittelbarer Nähe der Amtrak-Station (Main St.)
Information: An zahlreichen Ständen bereits an den Hauptzufahrtsstraßen am Stadtrand. Das Hauptbüro liegt im Zentrum (3150 Paradise Rd.)
Unterkunft: Caesar's Palace, 3570 Las Vegas Blvd. S., ✆ 702-735-1167, Luxus; Desert Inn Hotel, 3145 Las Vegas Blvd. S., ✆ 702-733-4444, Luxus; Golden Nugget, 129 E. Fremont St., Downtown, ✆ 702-785-7111, Luxus; Mirage, 3400 Las Vegas Blvd. S., ✆ 702-791-7111, teuer; Days Inn, 707 E. Fremont St., Downtown, nahe Busbahnhof, ✆ 702-388-1400, mittlere Preislage
Campingplätze: Circusland RV Park, 500 Circus Circus Dr., 3 Meilen südl. des Strip, ✆ 702-794-3757; Las Vegas KOA, 4315 Boulder Hwy, 4 Meilen südl. an der US 93, ✆ 702-451-5527; Sam's Town RV Park, 5225 Boulder Hwy, 8 Meilen südl. an der US 93, ✆ 702-454-8055

Etwa 20 Meilen östlich von Las Vegas, fast unmittelbar vor den Toren der Stadt, liegt an der Grenze zu Arizona der künstlich aufgestaute **Lake Mead,** der nicht nur die Strom- und Wasserversorgung der Wüstenstadt sicherstellt, sondern sich zu einem der beliebtesten Ferienziele des Westens entwickelt hat. Aber auch für all jene, die sich für laute Motorboote, Angeln und Wasserski nicht begeistern können, lohnt sich der Abstecher, da der **Hoover-Damm** ein architektonisches Denkmal besonderer Art ist. Bereits 1931 wurde damit begonnen, die Schlucht des Colorado mit dem damals größten Staudamm der Welt abzusperren, der bis 1947 den Namen Boulder Dam trug und erst dann nach dem amerikanischen Präsidenten Herbert Hoover (1928–33) umbenannt wurde. Noch heute verfehlt der einstige Stolz amerikanischer Ingenieurkunst mit einer Höhe von 223 m und einer Breite von 380 m nicht seine Wirkung. Dahinter staut sich der Colorado auf einer Länge von 160 km und einer Fläche von etwa 640 km^2. Mit einem Fahrstuhl können Besucher zu einer geführten Tour in das Turbinenhaus hinabfahren (tägl. im Sommer 8–18.45, sonst 9–16.15 Uhr). Westlich des Damms liegt ein kleines Museum, das die Baugeschichte und die Auswirkungen des Damms auf die landwirtschaftliche Nutzung demonstriert (im Sommer tägl. 8–19.30, sonst 9–16.30 Uhr).

Steckbrief

UTAH

Postalisches Kürzel: UT
Größe: 219 932 km^2, 62 % der Fläche der BRD
Hauptstadt: Salt Lake City, 160 000 Einwohner
Bevölkerung: 1,8 Mio., überwiegend weiß
Wirtschaft: Bergbau, Landwirtschaft, Dienstleistungen, Tourismus
Beiname: Beehive State (Bienenstock-Staat)
Staatsmotto: Industry (Fleiß)
Symbole: Mormonentulpe (Sego Lili), Möwe (Seagull)
Besonderheiten: Mindestalter für Alkoholgenuß 21 Jahre, Wein und andere Spirituosen nur zusammen mit Speisen
Informationen: Utah Travel Council, Council Hall/Capitol Hill, 300 N. State St., Salt Lake City, UT 84114, ✆ 801-538-1030, Fax 801-538-1399
Verkehrsverbindungen: Mit dem Flugzeug gute Verbindungen mit allen größeren Städten der USA; mit der Eisenbahn: Denver–Salt Lake City (California Zephyr), Los Angeles–Salt Lake City (Desert Wind), Seattle–Salt Lake City (Pioneer); mit dem Bus: ausgedehntes Netz der Gesellschaften Greyhound und Trailways
Reisezeit: Sommer und Herbst. In den Rockies durchschnittliche Sommertemperaturen 13–27° Celsius; höhere Pässe sind von Nov.–Mai geschlossen; beste Zeit für Wintersporturlaub Dez.–April
Unterkunft: Zahlreiche Unterkünfte aller Preisklassen. Teuer sind die Wintersportgebiete zur Hochsaison. Zunehmender Beliebtheit erfreuen sich Privatunterkünfte; eine Adressenliste erhält man von Bed & Breakfast Rocky Mountain, 673 Grant St., Denver, CO 80203, Fax 303-860-9054

Naturraum

In Utah berühren sich die Großräume des Great Basin und der Rocky Mountains und schaffen so eine vielgestaltige Landschaft – von wüstenhaften Zonen bis zu schneebedeckten Bergen. Das 1500 m hoch liegende Great Basin gliedert sich in zahlreiche nordsüdlich verlaufende und bis zu 3000 m hohe Gebirgszüge, getrennt durch flache, mit Erosionsschutt gefüllte Becken.

Mit einer Bruchkante von etwa 100 km schließen im Osten die Rocky Mountains an, ein sehr komplexes Massiv aus Hochplateaus und Gebirgszügen. Charakteristisch sind die südöstlichen, aus mächtigen Sedimenten aufgebauten Canyonlands, in die sich die Flüsse, insbesondere der Colorado, tief eingegraben haben, um ein Stück südlich der Grenze in dem Grand Canyon (s. S. 182 ff.) die sicherlich bekannteste Schlucht der Erde zu schaffen. Überragt werden diese sogenannten Mesetas von Bergen, die durch in der Erdkruste erstarrte Lava aufgewölbt wurden und in den Henry Mountains über 3200 m Höhe erreichen.

Das Klima in Utah wird durch die intermontane Lage zwischen dem Kaskadengebirge im Westen und den Rocky Mountains im Osten bestimmt. Während das im Regenschatten der Sierra Nevada liegende westliche Great Basin nur 200 mm Regen empfängt, steigen die Niederschläge an der Westabdachung der Rocky Mountains schnell an und erreichen in den höheren Lagen über 1000 mm. Sie gehen in den Wintermonaten überwiegend als Schnee nieder, der in Salt Lake City bis zu 1 m, in den Bergen gar mehrere Meter hoch liegen kann. Der kontinentale Charakter beschert dem Staat im Sommer Temperaturen jenseits der 30° Celsius-Marke, während sie im Winter deutlich unter den Gefrierpunkt sinken. Aufgrund unterschiedlicher Höhen liegen die Jahresdurchschnittstemperaturen im Osten etwa 10° Celsius unter denen des westlichen Landesteils.

Die von den Gebirgen ins Great Basin entwässernden Flüsse münden, soweit sie nicht schon zuvor versiegen, in abflußlose Seen, von denen der Great Salt Lake der bedeutendste ist. Wo die Gewässer gänzlich austrocknen, hinterlassen sie tischflache, unfruchtbare Salztonebenen.

Geschichte

Bis zum heutigen Tage ist die Geschichte von Utah auf das engste mit der Religionsgemeinschaft der Mormonen verknüpft, die sich Mitte des 19. Jh. dort niederließen. Doch schon fast ein Jahrhundert zuvor erkundeten die spanischen Franziskaner Francisco Atanasio Dominguez und Silvestre Velez de Escalante die Region. Im Jahre 1826 wagte sich der Trapper Jedediah Smith mit einer Handvoll Leute aus den Rocky Mountains weiter nach Westen, in der Hoffnung, auf neue Jagdgründe zu stoßen. Unter erheblichen Strapazen zog der Trupp am großen Salzsee vorbei nach Südwesten, überquerte den Colorado und erreichte schließlich völlig entkräftet die kalifornische Küste in Los Angeles, wo Smith von den Spaniern unter Hausarrest gestellt wurde. Der erste, wenn auch

Utah

beschwerliche Weg in den Westen war geebnet, neue Routen sollten kurz darauf folgen.

Im Jahre 1847 gründete Brigham Young, der Führer der Mormonen, am großen Salzsee das neue Zentrum seiner Glaubensgemeinschaft. Ein Jahr später, nach dem mexikanisch-amerikanischen Krieg und dem Vertrag von Guadaloupe Hidalgo, fiel die Region an die USA und erhielt 1850 den Status eines Territoriums mit dem Glaubensführer Brigham Young als Gouverneur.

Die Mormonen erstrebten jedoch eine weitergehende Unabhängigkeit als theokratischer Staat innerhalb der USA, ein Ansinnen, das der Kongreß in Washington wiederholt ablehnte. So kam es zu blutigen Zusammenstößen zwischen Mormonen und Siedlern anderen Glaubens, die im Massaker von Mountain Meadow im Jahre 1858 einen unrühmlichen Höhepunkt erreichten. Unterstützt von Indianern, überfielen fanatische Mormonen einen Siedlertreck und töteten 120 Personen; nur 17 Kinder ließen sie am Leben. Die Entsendung von Bundestruppen hatten die Mormonen bereits 1850 mit passivem Widerstand beantwortet, diesmal aber konnten sie die Besetzung von Salt Lake City nicht verhindern.

Erst als die Mormonen 1890 ihre Prinzipien des Gemeinbesitzes und der Polygamie aufgaben, waren die Bedingungen der Zentralregierung erfüllt, die Verfassung des Staates schrieb überdies Religionsfreiheit sowie die Trennung von Kirche und Staat fest. Am 4. 1. 1896 konnte Utah als 45. Staat in die Union aufgenommen werden. Von der einst erträumten Größe – etwa ein Sechstel der USA – war nicht mehr viel übriggeblieben. Längst hatten die Nachbarstaaten Wyoming, Colorado und Nevada ihre Territorien abgesteckt und damit auch Utah in seinen heutigen Grenzen definiert. Die Fertigstellung der transkontinentalen Eisenbahn (1869) trug dazu bei, die Isolation der Mormonen aufzubrechen.

Mit Fleiß und Zähigkeit verwandelten die Siedler ihre lebensfeindliche neue Heimat in einen fruchtbaren Garten. Unmittelbar nach ihrer Ankunft führten die Mormonen den Bewässerungsfeldbau ein und drückten ihre disziplinierte Gesinnung auch im Grundriß ihrer Siedlungen aus, der einem strengen Schachbrettmuster unterworfen war.

Indianische Felsritzungen im Newspaper Rock

Während die Mormonen heute nach wie vor den intensiven Bewässerungsfeldbau und die Viehzucht betreiben, befinden sich die anderen Wirtschaftszweige, vor allem Bergbau, Industrie und Tourismus, überwiegend in Händen von Nichtmormonen. Mit Einnahmen von etwa 2 Mrd. Dollar jährlich spielt der Tourismus eine immer bedeutendere Rolle, die einst wichtige Rohstoffgewinnung hingegen verliert wegen des Verfalls der Weltmarktpreise an Gewicht. Mit zahlreichen Naturparks

Die Mormonen
Auserwählte im Gelobten Land

Die Religionsgemeinschaft der Mormonen, die sich selbst als Church of Jesus Christ of Latter Day Saints, Kirche Jesu Christi der Heiligen der letzten Tage, bezeichnet, wurde am 6. 4. 1830 von Joseph Smith in Fayette an der Ostküste gegründet. Als 15jähriger hatte der Farmerssohn bereits die ersten himmlischen Erscheinungen vernommen, vier Jahre später, am 22. 9. 1827, will er vom Engel Moroni Goldplatten mit ägyptischer Schrift empfangen haben. Ergebnis der von ihm übersetzten Botschaft ist das Buch Mormon, die Heilige Schrift der Glaubensgemeinschaft, die 1830 publiziert wurde.

Im Jahre 1831 wurde der neue Prophet mit 2000 Anhängern aus seiner Heimat vertrieben, nicht zuletzt, weil der von ihm propagierte Grundsatz der Polygamie unter den Bürgern zumindest offiziell wenig Anklang fand. Zunächst ließ er sich in Ohio nieder, zog dann einige Jahre später nach Illinois weiter, wo er 1844 im Gefängnis landete und dort am 27. 6. von einer aufgebrachten Menge gelyncht wurde.

Seine Nachfolge trat Brigham Young an, der die Gläubigen zu einer festen Gemeinschaft schmiedete und 1846 mit seinen Anhängern nach Westen aufbrach, um eine neue Heimat zu finden. Im gleichen Jahr beschlossen die Mormonen, am großen Salzsee im Wüstenstaat Utah ihre neue Hauptstadt Zion zu errichten.

Als Grundlage des Glaubens wird eine Wesensverwandtschaft des Menschen mit Gott angenommen, verbunden mit der Möglichkeit, stufenweise göttlichen Status zu erreichen. Überdies glauben die Mormonen an die Errichtung eines Tausendjährigen Reiches durch den wiederkehrenden Christus, bevor das Jüngste Gericht über die Menschheit hereinbricht. Diesem Richttag sehen sie mit Gelassenheit entgegen, ist ihnen doch die Göttlichkeit nach ihrem Ableben sicher.

Besonderen Widerspruch erregte die Glaubensgemeinschaft durch ihr Postulat der Vielehe, das noch von Joseph Smith als ›Befehl Gottes‹ eingeführt wurde. Die Polygamie wurde zwar 1890 per Gesetz aufgehoben, um den Anschluß von Utah an die USA zu ermöglichen, wird von einigen orthodoxen Mormonen aber nach wie vor praktiziert.

Die Glaubensgemeinschaft zeichnet sich durch eine strenge Lebensweise – kein Alkohol, keine Zigaretten, weder Tee noch Kaffee –, durch eine straffe, militärisch anmutende Hierarchie und durch rege Missionstätigkeit in aller Welt aus. Das Geheimnis des wirtschaftlichen Erfolgs beruht nicht unwesentlich auf der Überzeugung, daß materieller Besitz Lohn für gottgefälliges Leben ist. Somit ist die Kirche nicht nur größter Arbeitgeber des Staates, sondern auch eine der reichsten der Welt. Zwar wurde 1890 die Trennung von Kirche und Staat aus pragmatischen Gründen verfassungsmäßig verankert, nach wie vor aber trägt Utah theokratische Züge. Die maßgeblichen Posten in Politik und Verwaltung sind mit Mormonen besetzt, obwohl ihr Anteil an der Gesamtbevölkerung inzwischen weit weniger als die Hälfte beträgt.

bietet Utah Besuchern ein außerordentlich lohnendes Ziel mit faszinierenden, in Europa unbekannten Landschaftsformen.

Salt Lake City und Umgebung

Umrahmt von den Wasatch-Bergen im Osten, der großen Wüste im Westen und dem Salzsee im Nordwesten ist Salt Lake City (160 000 Einwohner) das kulturelle, politische, wirtschaftliche und religiöse Zentrum des Mormonenstaates.

Am 24. 7. 1847 bestimmte Brigham Young, der Führer des ersten Mormonentrecks, mit dem Satz »This is the place« (dies ist der Ort) das neue Zentrum für den geplanten Gottesstaat ›Deseret‹. Der Staat kam zwar nie zustande, dank der Disziplin und dem unermüdlichen Fleiß der Mormonen aber wuchs Salt Lake City trotz denkbar widriger Umstände in relativ kurzer Zeit zur blühenden Stadt heran. Begünstigt wurde der Zustrom vor allem durch den Goldrausch in Kalifornien, der Salt Lake City eine wichtige Versorgungsfunktion am California Trail zukommen ließ. Damit brachen aber auch jene Ressentiments zwischen Mormonen und Andersgläubigen mit aller Schärfe wieder auf, die im Osten mehrfach zur Aufgabe von Mormonensiedlungen geführt hatten.

Die Bewohner von Salt Lake City setzten sich mit allen Mitteln gegen die ›Überfremdung‹ zur Wehr. Zum Schutz der durchziehenden Pioniere und der Neusiedler entsandte die Bundesregierung 1850 Truppen, die bis zum Ausbruch des Sezessionskriegs (1861–65) in der Stadt stationiert blieben. Als sich nach dem Bürgerkrieg zunehmend Nichtmormonen, von den Gläubigen *gentiles* genannt, in Salt Lake City niederließen, kam es erneut zu Unruhen, die bis 1916 andauerten. Heute leben alle Religionsgemeinschaften in friedlicher Koexistenz, auch wenn nach wie vor eine Ghetto-Bildung im Siedlungsgefüge erkennbar ist.

Die wichtigsten Sehenswürdigkeiten liegen in der Innenstadt. Zentrum von Salt Lake City ist der umfriedete **Tempelbezirk** (1, Historic Temple Square), bestehend aus Tempel, Tabernakel, Museum, Besucherzentrum und Versammlungshalle. Eine vergoldete Statue des Engels Moroni ziert die Spitze des zwischen 1853 und 1893 errichteten Tempels, den nur Mormonen betreten dürfen. Willkommen sind Besucher hingegen im Tabernakel, einer der welt-

Salt Lake City 1 Tempelbezirk 2 Statue von Brigham Young 3 Lion House 4 Beehive House 5 Eagle Gate 6 Church Office Building 7 Kapitol

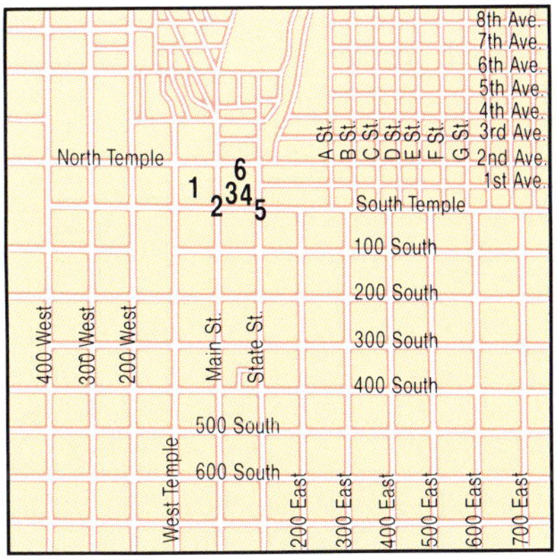

Der Tabernakel in Salt Lake City

größten Kuppelbauten mit freitragendem Dach. Die 6500 Plätze zählende Halle besticht durch ihre einzigartige Akustik. So ist es ein besonderes Erlebnis, den täglichen Orgelkonzerten (12 Uhr, im Sommer auch häufiger) beizuwohnen sowie den Proben (Do 20 Uhr) oder gar Aufführungen (So 9.15 Uhr) des weltberühmten Mormon Tabernacle Choir.

Das Seagull Monument (Möwen-Denkmal) hält die Erinnerung an frühe Pioniertage fest, als ein Möwenschwarm die von Heuschrecken bedrohte Ernte rettete. Vor dem Tempelbezirk findet man die **Statue von Brigham Young** (2), dem zweiten und wichtigsten Kirchenführer der Mormonen. Eine Bronzetafel verewigt die Namen und benennt die Ausrüstung der ersten Pioniere, die mit Young 1847 Salt Lake City gründeten.

Wenige Meter östlich liegen das **Lion House** (3) und das **Beehive House** (4), die ehemaligen Residenzen des Sektenführers, in denen Young mit einigen seiner 27 Frauen lebte. Das mit zeitgenössischem Mobiliar ausgestattete Beehive House kann man besichtigen (Mo–Fr 9.30–18.30, Sa bis 16.30, So bis 13 Uhr). Vor dem Gebäude überspannt ein gewaltiger Bogen die State Street, gekrönt von einem 2 t schweren Adler (**Eagle Gate,** 5). Früher einmal zierte das Eagle Gate den Eingang zu Brigham Youngs Farm. Im gleichen Block schließt etwas nördlich der Wolkenkratzer des **Church Office Building** (6) an, in dem die Kirchenverwaltung ihren Sitz hat. Den Besuch sollte man sich wegen des phantastischen Blicks von der Aussichtsterrasse (Observation Deck, Mo–Fr 9.30–16.30 Uhr) im 28. Stock nicht entgehen lassen.

Umgeben von Blumenrabatten dominiert das auf einer Anhöhe erbaute **Kapitol** die Innenstadt (7). Im Jahre 1916 aus Granit und Marmor errichtet und mit einer kupferbeschlagenen Kuppel versehen, gehört es zu den schönsten Regierungsgebäuden der USA.

Am östlichen Stadtrand, am Eingang zum Emigration Canyon, durch den die Mormonen aus den Bergen in die Ebene kamen, wird im **Pioneer Trail State Park** (tägl. 10–18 Uhr) noch immer dieses bedeutenden Ereignisses gedacht. In der Tracht des 19. Jh. versetzen hier Mormonen inmitten eines Freilichtmuseums Besucher in die Anfangsjahre der Besiedlung zurück.

Der Große Salzsee

Praktische Hinweise

Anreise: Mit dem Flugzeug Direktflüge von vielen großen Städten der USA; mit der Eisenbahn: Amtrak-Verbindungen mit Denver (California Zephyr), Los Angeles (Desert Wind) und Seattle (Pioneer); mit dem Bus: ausgedehntes Netz von Greyhound und Trailways
Information: Salt Lake Valley Convention and Visitors Bureau, 180 S. West Temple St., ✆ 801-521-2822, Mo–Fr 8–17 Uhr
Unterkunft: Brigham Street Inn, 1135 E. South Temple St., ✆ 801-364-4461, Luxusunterkunft in historischem Gebäude; The Marriott Hotel, 75 S. West Temple St., ✆ 801-531-0800, teuer; Anton Boxrud Bed & Breakfast, 57 S. East, ✆ 801-363-8035, mittlere Preislage; Deseret Inn, 50 W. 5th South, ✆ 801-532-2900, preiswert; Jugendherberge: The Adventurer, 107 F. St., ✆ 801-363-8137
Veranstaltungen: Pioneer Day 24. 7. (einwöchiges Fest anläßlich des Gründungstags), Utah Arts Festival (Ende Juni); Utah State Fair (Mitte Sept.)

Der über 100 km lange und fast 50 km breite **Great Salt Lake** nimmt zwar einen großen Teil im Norden des Staates ein, ist aber nur noch der bescheidene Rest eines ehemals riesigen Binnengewässers, das einmal 50 000 km² bedeckte und sich bis weit in die heutigen Staaten Nevada und Idaho erstreckte. Der im Laufe der Jahrtausende immer weiter geschrumpfte See hat sich aufgrund der hohen Verdunstung stark mit Salzen angereichert – nur das Tote Meer ist salzhaltiger. Von den einst 300 m Wassertiefe bleiben nicht mehr als 3–6 m.

Der See gilt wegen seiner flachen Ufer als ein empfindlicher Klimaseismograph, ziehen doch geringste Schwankungen im Wasserspiegel beachtliche Veränderungen seiner Flächenausdehnung nach sich. So war in den letzten Jahren ein deutlicher Anstieg festzustellen, der sich auf erhöhte Niederschläge in den angren-

zenden Bergen zurückführen läßt und den seit Jahrhunderten anhaltenden Austrocknungsprozeß zumindest vorübergehend unterbrochen hat.

Der Salzsee ist von einigen Inseln durchsetzt, auf denen Bisons, Möwen und Pelikane ein Refugium gefunden haben. Im Westen und Süden geht der See in Salzebenen über, die vornehmlich dem Militär als Testgelände dienen. Von historischem Interesse ist der unmittelbar an der Grenze zu Nevada gelegene **Bonneville Speedway,** eine tischflache Rennstrecke, auf der zahlreiche Geschwindigkeitsweltrekorde für Landfahrzeuge aufgestellt wurden. Die glattgewalzte Piste mit einer geschwärzten Markierungslinie kann von jedermann befahren werden, sofern sie nicht gerade durch Niederschläge überflutet ist. Von sonstigen Abstechern auf den Salzsee ist dringend abzuraten.

Jedem Eisenbahnfreund ist das **Golden Spike Historic Monument** (tägl. 8–16.30 Uhr) am nördlichen Rand des Salzsees ein Begriff, wurden doch dort am 10. 5. 1869 die vom Pazifik und vom Atlantik vorangetriebenen Schienenstränge zum ersten transkontinentalen Netz vereinigt. Dieser historische Augenblick hatte unermeßliche Folgen – das Tor zur Besiedlung des Westens war weit aufgestoßen, das Schicksal der Indianer und Bisonherden endgültig besiegelt.

Gezeigt werden unter anderem die historischen Dampfloks »119« sowie »Jupiter« und jene Schwelle, in die angeblich der berühmte Goldene Nagel getrieben wurde. Alljährlich am 10. 5. wird der feierliche Akt erneut in Szene gesetzt.

Gut 30 Meilen südöstlich von Salt Lake City, erreichbar von American Fork auf der SR 92, liegt das große Kalksteinhöhlensystem der **Timpanogos Cave** (Mai–Okt. an Wochenenden und Feiertagen lange Warteschlangen), das man während einer dreistündigen Führung erkunden kann.

Die größte Tagebaumine der Welt, die **Kennecott Copper Mine,** etwa 20 Meilen südwestlich von Salt Lake City, präsentiert sich als 800 m tiefes, terrassiertes Loch, in das man von einer Aussichtsplattform hineinblickt. Wie Spielzeug wirken die bulligen Großraumtransporter, die das abgebaute Gestein zu den Schmelzen fahren (April–Okt., tägl., freier Eintritt).

Nationalparks in Utah

Die von Canyons durchzogenen Hochflächen südlich der I-70 gehören zu den eindrucksvollsten Landschaften der USA. Wind, Sand und Wasser haben eine Zauberwelt geschaffen, deren schönste Teile unter Naturschutz gestellt wurden. Nicht nur die drei bekannten Nationalparks Zion, Bryce und Canyonlands lohnen den Besuch, auch an den National Monuments wie Rainbow Bridge, Natural Bridges oder Cedar Breaks sollte man keineswegs vorbeifahren.

Capitol Reef National Park

Der schmale, langgestreckte Park umschließt mit einer Fläche von 1000 km^2 den Waterpocket Fold, eine der

Die transkontinentale Eisenbahn

Im Jahre 1838 trug der Waliser John Plumbe den Abgeordneten in Washington erstmals den kühnen Gedanken einer transkontinentalen Eisenbahnverbindung an, erntete jedoch nur Spott und Hohn. Sechs Jahre später bemühte sich der Kaufmann Asa Whitney mit zäher Beharrlichkeit, die Regierung für das Mammutprojekt zu erwärmen. Erst als er Pläne einer möglichen Trasse vorlegen konnte, die er auf eigene Initiative hatte vermessen lassen, fand die Idee auch unter den Kongreßabgeordneten Befürworter. Bald ging es nicht mehr darum, ob die Bahnlinie gebaut werden sollte, sondern nur noch um den Routenverlauf.

Unternehmer und Bodenspekulanten begannen nun, das große Geld zu wittern. Die einen trachteten danach, bisweilen mit brutaler Gewalt, alle Konkurrenten auszuschalten oder sich mit Intrigen, Korruption und Verleumdung ein möglichst großes Stück vom lukrativen Kuchen zu sichern; die anderen eigneten sich auf mehr oder weniger legale Weise weite Flächen von Ödland an, in der Hoffnung, die Schienen könnten später auf ihrem Grund und Boden verlaufen und ihm damit einen astronomischen Wertzuwachs verleihen. Die Indianer freilich, durch deren angestammte Jagdgründe das ›Feuerroß‹ einmal nach Westen dampfen sollte, wurden nicht gefragt.

Der Bau der transkontinentalen Bahnlinie begann erst nach Ende des Bürgerkriegs 1864. Der Kongreß hatte beschlossen, das Jahrhundertwerk von Osten und Westen her gleichzeitig voranzutreiben. Am Pazifik, wo es noch keine Eisenbahn gab, sicherte sich die Central Pacific den Auftrag, im Osten kam es zu einem erbitterten Wettbewerb zwischen bereits bestehenden Gesellschaften. Wer zuerst den 100. Längengrad erreiche, so besagte die Ausschreibung, der dürfe seine Bahn weiter nach Westen vorantreiben und mit der Central Pacific verbinden. Die Union Pacific ging als aussichtsreichster Kandidat ins Rennen, fiel zunächst aber durch zahlreiche Fehlentscheidungen zurück. Erst als die Brüder John und Dan Casement die Aufsicht über die Bautrupps übernahmen, militärischen Drill und Akkordsystem einführten, zog die Union Pacific den Konkurrenten davon. Arbeitskräfte zu finden, war im Osten verhältnismäßig einfach; zu Tausenden zog es die Veteranen und Entwurzelten des Bürgerkriegs in die Rekrutierungsbüros, und man war zufrieden trotz des Handgelds von nicht mehr als drei Dollar täglich, der Frage nach Bleibe und Lebensunterhalt fürs erste entronnen zu sein.

Die Eigentümer der Bahnlinien freilich gaben sich mit derart geringen Summen nicht ab. Vom Staat erhielten sie für jede fertiggestellte Meile eine Prämie von 16 000 Dollar, dazu noch eine Landzuweisung von jeweils 12 800 Morgen, und auch von den Aktionären flossen erhebliche Summen in die Kassen. Der Vorsitzende der Union Pacific, Thomas Clark Durant, gründete überdies eine Holding-Gesellschaft, mit der er Bauverträge zu stark überhöhten Preisen abschloß und damit fette Überschußprämien in seine eigene Tasche lenkte.

Für die Central Pacific erwies sich nicht nur das schwierige Terrain der pazifischen Küstenkordillere als großes Problem, es mangelte auch an Arbeitswilligen. Im bereits damals relativ wohlhabenden Kalifornien fanden sich nur wenige, die ihre Haut für ein Trinkgeld zu Markte tragen wollten. So warb der Ober-

Feierstunde in Utah: Die Schienenstränge der Central Pacific und der Union Pacific treffen aufeinander

inspektor der Central Pacific, Charlie Crocker, gegen den Widerstand der Bauleitung 1865 eine Kolonne von anspruchslosen Chinesen an, womit er die Arbeiterfrage gelöst hatte: Als Ende 1865 fast alle arbeitsfähigen Chinesen Kaliforniens in den Diensten der C. P. standen und dort bereits 90 % der Belegschaft ausmachten, zogen die Rekrutierungskomitees durch China und setzten damit eine große chinesische Einwanderungswelle in Gang, deren Spuren die Westküste bis heute trägt. Bald arbeiteten 8000 Mann in drei Schichten, um die verlorene Zeit wettzumachen und mit der von Osten unaufhaltsam vordringenden Union Pacific Schritt zu halten.

Da die Tunnelsprengungen viel Zeit verschlangen, zerlegte die C. P. einige Lokomotiven und Waggons und schleppte sie mit dem Schienenmaterial über die Sierra, um den Bau an einer zweiten ›Front‹ in der Ebene Richtung Salt Lake City fortzusetzen. Je mehr sich die rivalisierenden Linien annäherten, desto erbitterter wurde das Wettrennen ausgetragen. Allein bei der C. P. verunglückten zwischen 500 und 1000 Chinesen tödlich, entsprechend mehr erlitten Verletzungen. Daß ihre Zahlen nicht genauer zu beziffern sind, macht deutlich, welchen Stellenwert das Leben eines chinesischen Arbeiters besaß. Der Ehrgeiz der Gesellschaften war so groß, daß sie bewußt aneinander vorbeibauten – die Central Pacific weiter nach Osten, die Union Pacific Richtung Westen. Erst durch das Machtwort des Präsidenten Grant einigten sich die Eisenbahngesellschaften, Promontory Point in Utah als Treffpunkt festzusetzen.

Als Durant, der Chef der Union Pacific, zur Feier in einem Sonderzug eintraf, setzten ihn die Arbeiter erst einmal fest, bis er die Zahlung noch ausstehender Löhne angewiesen hatte; ihre Höhe verschweigt die Bahngesellschaft bis heute schamhaft. Am 11. 5. 1869 schließlich hoben die beiden Direktoren um 12.47 Uhr nacheinander den versilberten Hammer, um den goldenen letzten Schwellennagel medienwirksam in das vorgebohrte Loch zu treiben – daß sie dann beide unter dem schadenfrohen Gelächter der Gleisarbeiter danebenschlugen, verlieh der geschichtsträchtigen Szene auch noch einen Schuß Komik.

Im Laufe der Jahre folgten weitere 13 Transkontinentallinien, deren letzte, die Great Northern, 1893 ihren Betrieb aufnahm. Heute fristet die Bahn, vor allem im Personenverkehr, nur noch ein Schattendasein. Längst hat sie das Auto, der Träger der amerikanischen Mobilität, überholt.

größten Erdfaltungen in Nordamerika, die sich über 150 km in einem Bogen vom Colorado nach Nordwesten hinzieht. Land des schlafenden Regenbogens nannten sie die Navajo, weil alle Regenbogenfarben in den Gesteinsschichten wiederkehren. Die Barriere entstand bei der Hebung des Colorado Plateaus vor etwa 65 Mio. Jahren durch Auffaltung von vielfarbigen Sedimenten, die Meere und Wüsten zuvor zusammengetragen hatten. Aus der Luft betrachtet, erinnert das Gebiet heute an das skelettierte Rückgrat eines riesigen Urtiers, während es aus der Ebene tatsächlich wie ein gigantisches, dem Ozean entstiegenes Riff anmutet. Und was den ersten Teil des Namens betrifft, so wollen frühe Reisende in den steinernen Türmen und Domen auch Strukturen entdeckt haben, die an das Capitol in Washington D. C. erinnern.

Mehrere Straßen und zahlreiche Wanderwege unterschiedlicher Schwierigkeitsgrade führen zu den Sehenswürdigkeiten des ganzjährig geöffneten Parks. Einige der Pisten sind nur mit einem Geländefahrzeug zu bewältigen. Den Hauptzugang bildet die den Park durchquerende SR 24, an der auch das Visitor Center liegt. Besonders eindrucksvoll ist die Annäherung von Westen, wo sich die Faltung Reisenden wie eine Wand entgegenschiebt.

Beim Visitor Center zweigt der nach Süden führende Scenic Drive auf eine leicht zu befahrende, etwa 13 Meilen lange Strecke parallel zum Gebirgszug ab. Nach etwa 3 Meilen führt eine Stichstraße zum Grand Wash, von wo man auf steilen Wegen zum Fremont River (3,5 km) ab- oder zum Cassidy Arch (3 km), einem natürlichen Felsbogen, aufsteigen kann. Die Straße endet in der Capitol Gorge, einer schmalen Schlucht, die früher den Hauptzugang von Osten bildete. Man muß auf gleicher Strecke wieder zum Visitor Center zurückkehren.

In der Nähe des heutigen Besucherzentrums lag auch die 1880 von Niels Johnson gegründete erste Siedlung. Ab 1890 ließen sich dort strenggläubige Mormonen nieder, um in der Abgeschiedenheit trotz des Verbots weiterhin in polygamen Gemeinschaften leben zu können. Kam der Sheriff, versteckten sie ihre Frauen in einer der Schluchten, etwa im Co-hab Canyon, dessen Name sich von *cohabitation* (Beischlaf) ableitet, was auch als Schimpfwort für polygame Mormonen diente. Von der inmitten ertragreicher Obstplantagen liegenden Siedlung Fruita ist noch das Schulgebäude erhalten, in dem bis 1941 unterrichtet wurde.

Setzt man die Fahrt auf der SR 24 in östlicher Richtung fort, kann man ein Stück weiter bei Petroglyphs aus der Ferne Felszeichnungen der Fremont-Kultur bewundern. Etwa 1/2 Meile weiter verlockt Hickmann's Bridge zu einem Aufenthalt, um zu einem gewaltigen Felsbogen hinaufzusteigen (ca. 1,6 km) oder weiter entlang des Rim Overlook Trail zu wandern und die grandiose Sicht auf das Fremont-Tal (4 km) zu genießen.

Behunin Cabin, kurz vor Verlassen des Parks am Straßenrand gelegen, veranschaulicht die Mühsal frühen Pionierlebens. Im Jahre 1884 hatte sich hier der Mormone Elijah Cutler Behunin mit seiner zehnköpfigen Großfamilie niedergelassen und einen Weg durch die Capitol Gorge gebahnt.

Capitol Reef National Park

Der zweite Abstecher von der SR 24 führt vom Osteingang Richtung Süden entlang der Notom Bullfrog Road bis zum Strike Valley Overview, der den vielleicht faszinierendsten Blick im Park bietet und den 4 km langen Fußweg in den engen Muley Twist Canyon allemal lohnt. Die Straße verläßt kurz darauf den Park und führt nach Boulder. Kehrt man von dort auf der US 12 zum Ausgangspunkt zurück, hat man vor allem im Abendlicht einen unvergeßlichen Fernblick auf die Bergformationen.

Praktische Hinweise

Anreise: Von der I-70 bei Fremont Jct. auf der SR 72 bis Loa, von dort auf der SR 24 über Bicknell und Torrey zum westl. Eingang, oder von der I-70 8 Meilen westl. von Green River auf der SR 24 über Hanksville zum Osteingang
Information: Box 15, Torrey, UT 84775/9602, ✆ 801-425-3791
Unterkunft: In Bicknell, westl. des Parks an der SR 24, Aquarius Inn, 240 W. Main St., ✆ 801-425-3835, preiswert; Sunglow Motel, 63 E. Main St., ✆ 801-425-3821, preiswert; **in Torry,** Capitol Reef Inn, 360 W. Main St., ✆ 801-425-3271, preiswert
Staatlicher Campingplatz: Für Zelte und Wohnwagen im Park in Fruita
Besonderheiten: Im Sommer können *gnats,* winzige Stechmücken, zur Plage werden. Ihre Stiche wirken erst nach Stunden, jucken aber um so länger

Die 40 Meilen südwestlich des Capitol Reef Park gelegene kleine Ortschaft **Boulder** lohnt einen kurzen Abstecher wegen der Ausgrabungsstätte einer ehemaligen Anasazi-Siedlung aus dem 11. Jh. Der Ort liegt an der landschaftlich sehr reizvollen SR 12, der direkten Verbindungsroute zum Bryce Canyon National Park. Eine rekonstruierte Anlage aus sechs Räumen vermittelt ein gutes Bild vom Leben der Pueblo-Bewohner. Wer den Mesa Verde National Park (vgl. S. 261 ff.) besucht, kann sich den Ausflug allerdings ersparen. Camper

finden einen sehr schönen Platz einige Kilometer südlich bei Escalante im gleichnamigen State Park.

Bryce Canyon National Park

Das 145 km^2 große, ganzjährig geöffnete Naturschutzgebiet im Südwesten von Utah gehört trotz seiner bescheidenen Ausmaße zu den bekanntesten Nationalparks der USA und ist daher im Sommer entsprechend überlaufen. Die Kräfte der Erosion haben ein eng umgrenztes Gebiet des Colorado-Plateaus in einen Zaubergarten aus Felstürmen und -nadeln verwandelt, nicht unähnlich dem Stalagmiten-Wald einer Tropfsteinhöhle. Die weichen Strahlen der auf- oder untergehenden Sonne tauchen die Formationen in warmes Licht und vertiefen noch den märchenhaften Charakter.

Im Bryce Canyon sind die oberen Schichten der sogenannten Grand

Staircase (große Treppe) sichtbar, schräg verlaufende Sedimente unterschiedlicher Farbe und Mächtigkeit. Die älteste Schicht, das Kaibab Plateau, entstand vor über 200 Mio. Jahren. Darüber lagern Cliffs (Felsschichten) mit den Farbbezeichnungen Chocolate (Braun), Vermilion (Zinnoberrot), White (Weiß), Grey (Grau) und Pink (Rosa). Letztere besteht aus besonders farbenprächtigen Ablagerungen eines Sees, der vor 600 Mio. Jahren die Region bedeckte und die nun von Wind und Wasser abgetragen werden.

Kein Wunder, daß die einst dort lebenden Pajute in den Felsen versteinerte Geschöpfe sahen, die der Bannstrahl traf wie weiland Lots Weib und die im Spiel von Licht und Schatten anscheinend zum Leben erwachen.

Der Mormone und Namenspatron Ebenezer Bryce, der als erster Weißer die Wunderwelt sah und sich hier sogar niederließ, betrachtete das Felsenlabyrinth aus dem Blickwinkel des Viehzüchters und beschrieb es als »A hell of a place to lose a cow« – einen fürchterlichen Ort, um eine Kuh zu verlieren.

Zentrum des Parks ist das Bryce Amphitheater, wo die Abbruchkante des Plateaus einen Halbkreis bildet. An mehreren Stellen führt die Straße

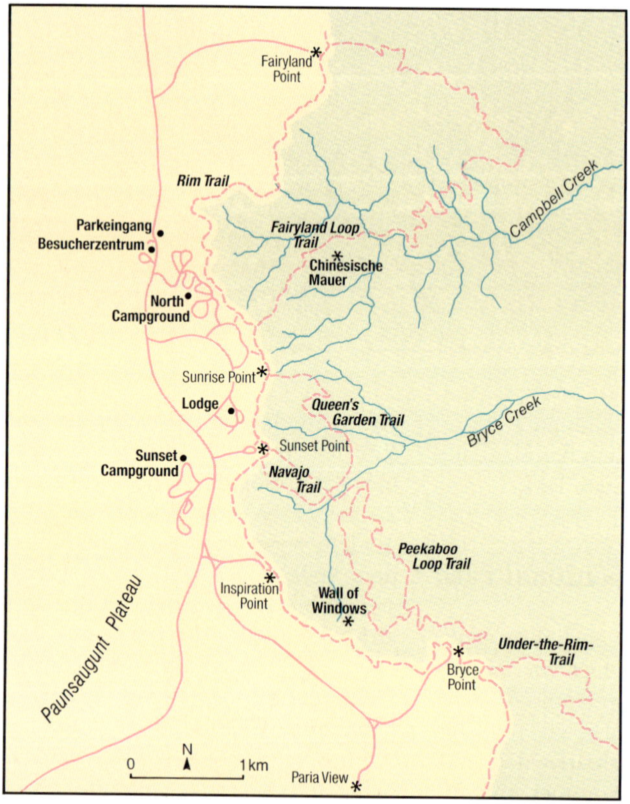

Bryce Canyon National Park

bis zu Aussichtspunkten, von denen man nicht nur einen herrlichen Blick hat, sondern auf Fußwegen in das Gewirr der Felsen hinabsteigen kann. Zahlreiche bis zu 13 km lange *Trails* durchqueren das Labyrinth, einer davon ist Mietpferden vorbehalten.

Sunrise Point und Sunset Point sollte man früh morgens und abends besuchen, obwohl man vom Sunset Point keineswegs die untergehende Sonne sehen kann, da die Kante nach Osten ausgerichtet ist. Inspiration Point und Bryce Point im Süden und Fairyland Point im Norden des Amphitheaters gewähren ganz andere Ein- und Überblicke. Wer Zeit hat, kann auch auf dem Rim Trail (9 km) von Bryce Point bis Fairyland Point entlang der Kante wandern und so den Wandel der Szenerie Schritt für Schritt beobachten.

Ein Ausflug führt zum Rainbow Point nahe der Südspitze des Parks. Am Wege liegen die Natural Bridge (Höhe 38 m, Spannweite 26 m), die Aussichtspunkte Agua Canyon und Ponderosa Point. Besonders interessant ist der Blick vom Yovimpa Point nach Süden, kann man doch von dort die Schichtung der einzelnen Sedimente besonders gut erkennen. Die Straße endet am Rainbow Point, dem mit 2776 m höchsten Punkt des Parks mit dem wohl schönsten Panoramablick.

65 Meilen westlich des Bryce Canyon National Park an der SR 14 Richtung Cedar City liegt das **Cedar Breaks National Monument**, ein etwa 800 m tiefer Kalksteinabbruch mit Verwitterungsformen. Entlang dem Rand sieht man bizarre Grannenkiefern (Bristlecone Pines), die zu den ältesten Pflanzen der Erde zählen.

Praktische Hinweise

Anreise: Von Westen über die US 89 bis Bryce Jct. und von dort über die SR 12; von Osten über die SR 12

Unterkunft: Bryce Canyon Lodge, im Park, Mai–Okt., ✆ 801-834-5361, gehobene Preise; Best Western Ruby's Inn (1 Meile nördl. des Parkeingangs, ✆ 801-834-5341, gehobene Preise; Bryce Canyon Pines, 6 Meilen vom Parkeingang an der SR 12, ✆ 801-834-5336, mittlere Preise

Camping: Zwei Campingplätze im Park, 14-Tage-Limit, nur der North-Campground ist ganzjährig offen. Im Sommer sind die Stellplätze meist schon ab Mittag ausgebucht. Alternative: Campingplatz Ruby's Inn (s. o.) mit praktisch unbegrenztem Platzangebot, zumindest für Zelte und Camper ohne *hook ups*

Zion National Park

Zion National Park

Der 593 km^2 große Park, nur etwa 60 Meilen südwestlich von Bryce, zeigt einen ganz anderen Aspekt des geologischen Formenschatzes der Grand Staircase. Im Gegensatz zum Bryce National Park bewegt man sich hier vorwiegend am Fuße eines Canyons, umschlossen von himmelragenden Felswänden, Pfeilern und Domen. Gestalt gewann die Landschaft durch den Virgin River, der sich tief in die Sedimentschichten sägte.

Die Mormonen, die auch hier als erste durch die Schluchten zogen, sahen in der erhabenen Landschaft ein Abbild des Himmels und verliehen ihr den Namen Zion; auch in Bergen und anderen prägnanten Gebilden erkannten sie Göttliches und bedachten sie deshalb mit religiösen Bezeichnungen. Zwei Straßen durchziehen den Park, im Süden die SR 9 (ZionMount Carmel Hwy) mit einer nach Norden abzweigenden Stichstraße (Scenic Drive), im Norden führt die nur 6 Meilen lange Kolob Canyons Road in den Park.

Von Osten aus Richtung Bryce ist die Fahrt in den Park besonders spektakulär. Kurz nach der Einfahrt liegt die erste eindrucksvolle Formation, die Checkerboard Mesa, am Wegesrand, eine kreuz und quer von tiefen Furchen durchzogene Felswand. Hinter einem langen Tunnel öffnet sich dann die Canyon-Landschaft, in die sich die Straße hinabwindet. Ehe man in den Zion Country Scenic Drive einbiegt, sollte man zum Visitor Center fahren, das – wie in den National-

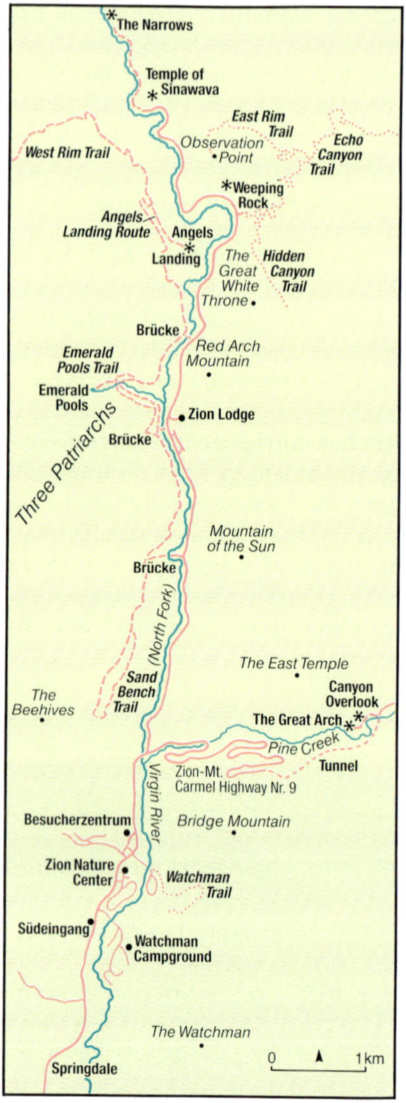

Zion National Park

Parks üblich – einen hervorragenden Überblick vermittelt.

Die 6,5 Meilen lange Scenic Route, die einer Gabelung des Fork Virgin River folgt, macht ihrem Namen alle Ehre. Nach 1,5 Meilen führt eine Abzweigung zum Fluß, den man auf einer Brücke zu Fuß überqueren kann, um einen Blick auf die Three Patriarchs zu werfen (Abraham, Isaac und Moroni), die sich als rote Sandsteinkegel hoch in den Himmel recken. Etwa 1 Meile weiter beginnt der Fußweg zu den Emerald Pools, von Wasserfällen gespeisten kleinen Seen, die sich in Felsvertiefungen bilden. Der oberste der Teiche ist nur über einen steilen, ausgewaschenen Pfad erreichbar. Zum Bade verlockt keiner der Mini-Seen. Vorbei an der Zion Lodge geht die Fahrt weiter zum Rastplatz Grotto. Dort zweigt ein schmaler, teilweise sehr steiler Pfad zum Aussichtspunkt Angels Landing (2,7 km) ab, der hoch über dem Tal thront und einen umfassenden Blick gewährt.

Der nächste verlockende Stopp heißt Weeping Rock (weinender Felsen), wo ein kleiner Pfad hinter einen Wasserschleier führt. Regenwasser, das Jahre zuvor auf der Hochebene fiel und dann durch den Sandstein sickerte, tritt hier entlang einer undurchlässigen Tonschicht zutage.

Die Straße folgt nun einer Flußschleife mit schönem Blick zurück auf den 256 m hohen Great White Throne, um kurz darauf in einem Talkessel vor dem Tempel of Sinawawa (1347 m) zu enden. Von dort erreicht man über einen der schönsten *Trails* im Park nach 2 km die Narrows, eine stellenweise nur 6 m breite, aber bis zu 600 m hohe Schlucht mit senkrechten Felswänden. Das Abenteuer beginnt mit der Durchwatung einer 1 m tiefen Furt des Virgin River. Danach verläuft der Weg streckenweise inmitten des Flusses über glitschige und scharfkantige

Steine, so daß man rutschfestes Schuhwerk tragen sollte. Nachdem einige Wanderer von einer Flutwelle überrascht wurden und ertranken, ist der Weg zeitweise gesperrt. Wer ganz hindurchwandern will, benötigt eine im Visitor Center erhältliche Genehmigung.

Um in den nördlichen Teil des Parks zu gelangen, muß man einen Bogen von 40 Meilen nach Westen schlagen, bis zur I-15 zurückkehren und der Straße dann nach Norden bis zur Abfahrt Kolob Canyon folgen. Der Besucherstrom hält sich hier selbst in der Ferienzeit in Grenzen. Die Fahrt in den Taylor Creek Canyon wird mit großartigen Panoramen belohnt. In einer Schleife führt die Straße zum Lee Pass, dem Ausgangspunkt lohnender Wanderungen, unter anderem zum gewaltigen Kolob Arch (zwei Tage), einem der größten Naturbögen der Erde.

Für Autofahrer endet der Ausflug am Kolob Canyons Viewpoint, der Betrachtern mit dem Blick auf die senkrechten Felswände der Finger Canyons noch einmal die grandiose Landschaft vor Augen führt.

Praktische Hinweise

Anreise: Auf der I-15 von Las Vegas (Süden) bis Exit 10 und dort auf die SR 9; von Salt Lake City (Norden) bis Exit 27; von Osten auf der von Capitol Reef kommenden SR 12
Saison: Ganzjährig geöffnet, tägl. 9–16.30 Uhr
Unterkunft: Im Park: Zion Lodge, ✆ 801-586-7686, gehobene Preise; Springdale, an der SR 9, 1 Meile vom Parkeingang, Bumbleberry Inn, 897 Zion Park Blvd., ✆ 801-772-3224; Cliffrose Lodge, 281 Zion Park Blvd., ✆ 801-772-3234; El Rio Lodge, 995 Zion Park Blvd., ✆ 801-772-3205, sämtlich mittlere Preise
Besonderheiten: Im Sommer oft extreme Hitze, Wasservorrat mitnehmen, Klapperschlangengefahr

Canyonlands National Park

Nahezu die gesamte Nordostecke von Utah ist unter Naturschutz gestellt oder als Recreation Area ausgewiesen. Der Colorado schuf hier mit seinen Nebenflüssen eine Erosionslandschaft grandioser Schönheit, die auch durch Anlage des Glen Canyon-Staudamms nichts von ihrer Einmaligkeit verloren hat. Im Gegenteil, der zum Lake Powell aufgestaute Fluß wurde eines der beliebtesten Ferienziele der USA für Wassersportler, Angler und Wanderer. Längst vorbei sind die Zeiten von Wesley Powell, der 1869 als erster unter Lebensgefahr die Stromschnellen des Colorado durchfuhr und dessen Namen der Stausee nun trägt.

Der besonders reizvolle Abschnitt an der Einmündung des Green River wurde 1964 zum Canyonlands National Park (ganzjährig geöffnet) erklärt, der sich anschließende Teil erhielt den Status einer Recreation Area, an die auch der Capitol Reef National Park grenzt. Das Gebiet ist heute ein Eldorado für Wildwasser-, Mountain Bike- und Jeepfahrer. Boote, Fahrräder und entsprechende Autos kann man in Moab (vgl. S. 173) mieten, wo auch Touren und Führungen angeboten werden.

Der 1365 km^2 große Canyonlands Park besteht aus drei durch den Green River und den Colorado ge-

Canyonlands National Park

trennten Teilen: Island in the Sky, The Needles und Maze District. Wer sie alle besuchen will, muß sich auf viel Fahrerei einstellen und weite Umwege in Kauf nehmen.

Die zwischen Colorado und Green River liegende Plateaulandschaft **Island in the Sky** bietet von ihren Rändern atemberaubende Blicke weit in die Canyons hinab, deren Wände in Stufen senkrecht aus der Tiefe steigen.

Nach Einfahrt in den Park überquert man zunächst die Red Sea Flat, eine rote Sandsteinebene, wie sie für das Colorado-Plateau typisch ist, und kreuzt dann in Needles eine schmale Naturbrücke. Man sollte in Mesa Arch eine kleine Pause einlegen, um den Blick durch den Steinbogen auf den Washer Women Arch und die Sal Mountains zu genießen.

Auf Stichstraßen gelangt man zu den einzelnen Aussichtspunkten. Einen der besten Blicke hat man vom südlichen Grand View Point Overlook, nicht weniger faszinierend ist die Aussicht in den fast 700 m tiefen Canyon des Green River vom Green River Overlook. Von geologischem Interesse ist der Besuch des Upheavel Dome, der sich nicht als Aufwölbung entpuppt, sondern als ein über 400 m tiefer Krater. Noch rätseln die Gelehrten, ob es sich um einen Meteoriteneinschlag handelt oder um Reste eines Salzdoms, der die über ihm liegenden Sedimente hochpreßte und dann, der Witterung preisgegeben, schnell abgetragen wurde.

Außer diesen mit jedem Auto befahrbaren Hauptrouten gibt es zahlreiche Pisten, die geländegängigen Fahrzeugen mit Vierradantrieb vorbehalten sind und tief in die Wildnis führen. Am beliebtesten ist der über 125 Meilen lange White Rim Trail entlang der Abbruchkante von Island in the Sky.

Bewegte man sich in Island in the Sky auf einer nur wenig gewellten ›Aussichtsplattform‹, so befindet man sich in **The Needles** inmitten einer zu bizarren Formen erodierten Landschaft aus Bögen, Felsnadeln, ausgewaschenen Becken und tief eingeschnittenen Canyons. Vor 700 Jahren war das Felslabyrinth Heimat der Anasazi, die dort ihre Siedlungen an überhängenden Felsen errichteten.

Kurz nach Einfahrt in diesen Parkabschnitt sieht man in Roadside Ruin bereits Reste eines präkolumbischen Kornspeichers, der vor über 700 Jahren errichtet wurde. Am nächsten Haltepunkt Pothole Point, den man nach kurvenreicher Fahrt erreicht, hat die Erosion wannenartige Senken aus dem Gestein modelliert, die sich nach Regenfällen mit Wasser füllen und dann innerhalb weniger Tage ein Paradies für winzige Lebewesen werden, deren Larven und Eier die Trokkenzeit im Schutz einer Schlammkruste überdauerten. Die Straße endet am Big Spring Canyon Overlook. Ein 9 km langer, recht anstrengender Fußweg führt von dort zum Confluence Overlook, der den besten Blick auf den Zusammenfluß von Colorado und Green River bietet. Auch in den Needles erschließt sich die Landschaft erst jenen ganz, die mit Mountain Bike oder Jeep auf den zahlreichen Pisten unterwegs sind.

Der Parkabschnitt **The Maze** westlich des Green River, noch heute eine der abgelegensten Regionen der USA, ist nur zu Fuß oder mit dem Jeep zugänglich. Die Landschaft bietet sich als ein von unzähligen Canyons durchschnittenes Labyrinth fern jeglicher Zivilisation dar. Besondere Attraktion sind die prähistorischen Felsbilder im Horseshoe Canyon, deren Alter auf 4000 Jahre geschätzt wird. Ein steiler Weg führt vom Plateau hinab zum Eingang des Cataract Canyon, einer der schwierigsten Wildwasserstrecken der USA.

Praktische Hinweise

Zufahrt: Nach Island in the Sky über die SR 313, abzweigend von der US 191, nach The Needles über die SR 211, abzweigend von der US 191, nach Maze von der SR 24
Information: Visitor Centers kurz hinter der Einfahrt zu Island in the Sky und The Needles
Unterkunft: In Moab an der US 191 östlich des Parks, vgl. S. 173
Besonderheiten: Zum Besuch abgelegener Gebiete ist eine Erlaubnis erforderlich, die man im National Park Headquarter erhält.

Arches National Park

Nur durch die US 191 getrennt, schließt sich der mit 313 km^2 recht kleine Park fast unmittelbar nordöst-

lich an Canyonlands an (Visitor Center an der US 191 am Parkeingang). Zwar sind Naturbögen auch andernorts eine typische Erscheinungsform des Colorado Plateaus, nirgends aber treten sie derart gehäuft auf wie an dieser Stelle; 95 kann man hier auf engstem Raum bewundern.

Erschlossen wird diese einzigartige ›Sandsteinarchitektur‹ durch den Arches Scenic Drive, eine 18 Meilen lange Stichstraße mit unzähligen Besichtigungspunkten, die alle ihre Reize haben. Am bekanntesten und fotogensten ist der einsam an einer Felskante stehende Delicate Arch, den man auf markiertem Pfad nur zu Fuß erreichen kann, zwei anstrengende Stunden, die sich lohnen.

Die kleine Ortschaft **Moab** (5500 Einwohner) an der US 191 ist nicht nur Ausgangspunkt für den Besuch der Canyonlands und Arches National Parks, sondern bietet darüber hinaus weitere landschaftliche Reize in unmittelbarer Umgebung. Einst trieb hier Butch Cassady sein Unwesen, später verewigte der Schriftsteller Zane Grey (1875–1939) den Ort in seinen Western-Romanen, dann jagten die Regisseure ihre Helden durch die Felsengärten der 24 Meilen entfernten Fisher Towers; heute dienen sie der Werbewirtschaft als Kulisse für Fernsehspots. Von Moab werden auch zahlreiche mehr oder minder abenteuerliche Ausflüge in die Canyon-Landschaften angeboten, von der beschaulichen Bustour bis zur atemberaubenden Wildwasserfahrt durch die Schluchten des Colorado.

Arches National Park

Praktische Hinweise

Unterkunft: Best Western Green Well, 105 S. Main St., ✆ 8031-259-6151, teuer; Bowen Motel, 169 N. Main St., ✆ 801-259-7132; Inka Inn, 570 N. Main St., ✆ 801-259-7261, preiswert
Campingplätze: Canyonland Campark, Main St., Hwy 91, ✆ 801-259-6848; Moab KOA Campground, 3225 Hwy 191 S, 4,5 Meilen südl. von Moab, ✆ 801-259-6682, geöffnet 15. 2.–15. 11.
Besonderheiten: Mountain Bikes (Miete 20–25 US $ pro Tag); Geländewagen (Miete 120 US $ pro Tag); organisierte Wildwassertouren (45–65 US $ pro Tag)

Natural Bridges und Rainbow Bridge

Wer sich an den Kunstwerken der Erosion nicht sattsehen kann, der hat die Möglichkeit zu weiteren Abstechern. Auf der sehr reizvollen SR 95, die von der US 191 abzweigt, erreicht man 37 Meilen östlich von Blanding Natural Bridges, wo man anhand dreier Steinbögen mit den klangvollen Hopi-Namen Owachomo (Felshügel), Sipapu (Platz der Erscheinung) und Kachina (Geistertänzer) die Entwicklungsgeschichte dieser Naturwunder nachvollziehen kann. Siedlungsreste weisen darauf hin, daß auch dieses Gebiet einst Lebensraum der Anasazi war. Die einspurige, 9 Meilen lange SR 275 führt in einer Schleife durch den Park. Sipapu Bridge und Kachina Bridge – durch einen Pfad miteinander verbunden – erreicht man nur zu Fuß. Wasser gibt es nur vor dem Visitor Center am Eingang. Vorsicht ist vor ungesicherten

Steilkanten und Springfluten in den engen Canyons geboten.

Rainbow Bridge, der an einem Seitenarm des Lake Powell gelegene höchste Naturbogen der Welt (90 m Höhe, 88 m Spannweite), ist auf dem Landweg weitaus schwieriger erreichbar und wird deshalb zumeist vom Wasser mit Ausflugsbooten angesteuert. Der gewaltige Sandsteinbogen im Reservat der Navajo gilt den Indianern als geheiligter Platz. Wer den 20 km langen, anstrengenden Fußweg vom Monument Valley wählt, muß vorher eine Erlaubnis einholen. Es ist verboten, im Park zu übernachten. Von Wahweap und Bullfrog werden regelmäßig Bootsausflüge veranstaltet.

Praktische Hinweise

Unterkunft: In Blanding an der US 191: Best Western Gateway, 88 E. Center, ✆ 801-678-2278, mittlere Preise; Prospectors Inn, 591 S. Hwy 191, ✆ 801-678-3231, preiswert

Camping: Staatlicher, kleiner Campingplatz im Park; bei Belegung darf innerhalb des Parks auf der Standspur der Zufahrtsstraße zum Besucher-Zentrum kostenlos übernachtet werden

Valley of the Gods

Das Tal in der Randzone des Monument Valley (s. S. 197 ff.), das sich von Arizona bis an den San Juan River im Südosten von Utah hinzieht, mag mit seinen hohen Felsdomen die frühen Bewohner an Götterversammlungen gemahnt haben. Die monumentale Szenerie erinnert zuweilen an den benachbarten Navajo Tribal Park, doch wird anders als dort diese Strecke durch die etwas engere, canyonartige Landschaft nur wenig befahren. Der etwa zweistündige Abstecher sollte jedoch nur bei trockener Witterung unternommen werden, da die Straße unbefestigt ist. Die Piste zweigt vom Highway 163 etwa auf halbem Weg zwischen Mexican Hat und Bluff nach Norden ab und leitet im Bogen zurück auf den Highway 316, der nördlich nach Natural Bridges bzw. südlich ins Monument Valley führt.

Natural Bridges

Steckbrief

Arizona

Postalisches Kürzel: AZ
Größe: 295 022 km^2, 83 % der Fläche der BRD
Hauptstadt: Phoenix, 985 000 Einwohner
Bevölkerung: 3,9 Mio., 5 % Indianer, 19 % hispanischer Abstammung
Wirtschaft: Elektronik, Tourismus, Bergbau
Beiname: The Grand Canyon State
Staatsmotto: Ditat Deus (Gott bereichert)
Symbole: Saguaro-Kaktusblüte
Besonderheiten: Sonderregelungen für das Navajo-Reservat; Einfuhrverbot von Zitrusfrüchten
Information: Arizona Office of Tourism, 1100 W. Washington, Phoenix, AZ 85007, ✆ 602-542-4764, Fax 602-542-4068
Verkehrsverbindungen: Mit dem Flugzeug gute Verbindungen mit Phoenix und Tucson von allen größeren Städten der USA; mit der Eisenbahn: Amtrak-Routen Los Angeles-Chicago (Southwest Chief) mit den Haltepunkten Winslow, Flagstaff und Kingman und Los Angeles-New Orleans (Sunset Limited) u. a. mit den Haltepunkten Yuma, Phoenix, Tucson und Benson; mit dem Bus: ausgedehntes Netz der Gesellschaften Greyhound und Trailways
Reisezeit: Aufgrund des wüstenhaften Klimas mit hohen Sommertemperaturen empfehlen sich für den Besuch des Südens vor allem die Monate Oktober bis April
Unterkunft: Hotels und Motels aller Kategorien. Weit verbreitet sind die Ketten Best Western, La Quinta und Super 8 Motel. Zunehmender Beliebtheit erfreuen sich Privatunterkünfte; eine Adressenliste erhält man von Bed & Breakfast International, Mi Casa – Su Casa, P.O. Box 950, Tempe, AZ 85280-0950, Fax 602-990-3390

Naturraum

Arizona grenzt im Norden an Utah, im Westen bildet der Colorado die Grenze zu Nevada und Kalifornien. Der östliche Nachbar ist New Mexico, der südliche Mexiko.

Zwei große Naturräume prägen die Landschaft: im Norden das Colorado Plateau, das sich bis weit nach Utah hineinzieht, im Süden die Basin and Range Province. Das pittoreske, von Canyons durchzogene Colorado-Plateau ist nach Süden und Westen herausgehoben und grenzt dort mit einer bis zu 2000 m hohen Steilstufe an die benachbarten Großräume.

Die südlich angrenzende Basin and Range Province, die sich als Mesa Central nach Mexiko fortsetzt, wird durch den Wechsel von Nordwest nach Nordost verlaufender Bergrükken und dazwischenliegender Becken geprägt, die Richtung Süden immer mehr an Raum gewinnen. Während der gebirgige Nordosten noch Höhen über 3000 m erreicht, dominiert im Süden die Gila-Wüste, ein Ausläufer der sich von Kalifornien bis Mexiko erstreckenden Sonora-Wüste. Wie ein Meer aus Schutt und Sand umspült sie die Inselberge und Hügelrücken und bildet so einen fließenden Übergang zur Basin and Range Province.

Das Klima in Arizona trägt semiaride bis wüstenhafte Züge, obwohl die exponierten Westabdachungen der Gebirge über 500 mm Jahresniederschlag erhalten. Aufgrund der starken Sonneneinstrahlung und der hohen Temperaturen verdunsten 90 % der Regenfälle, ehe sie in den Boden eindringen oder sich zu Flüssen sammeln können, zumal die Hauptregenzeit in die heißen Monate Juli bis

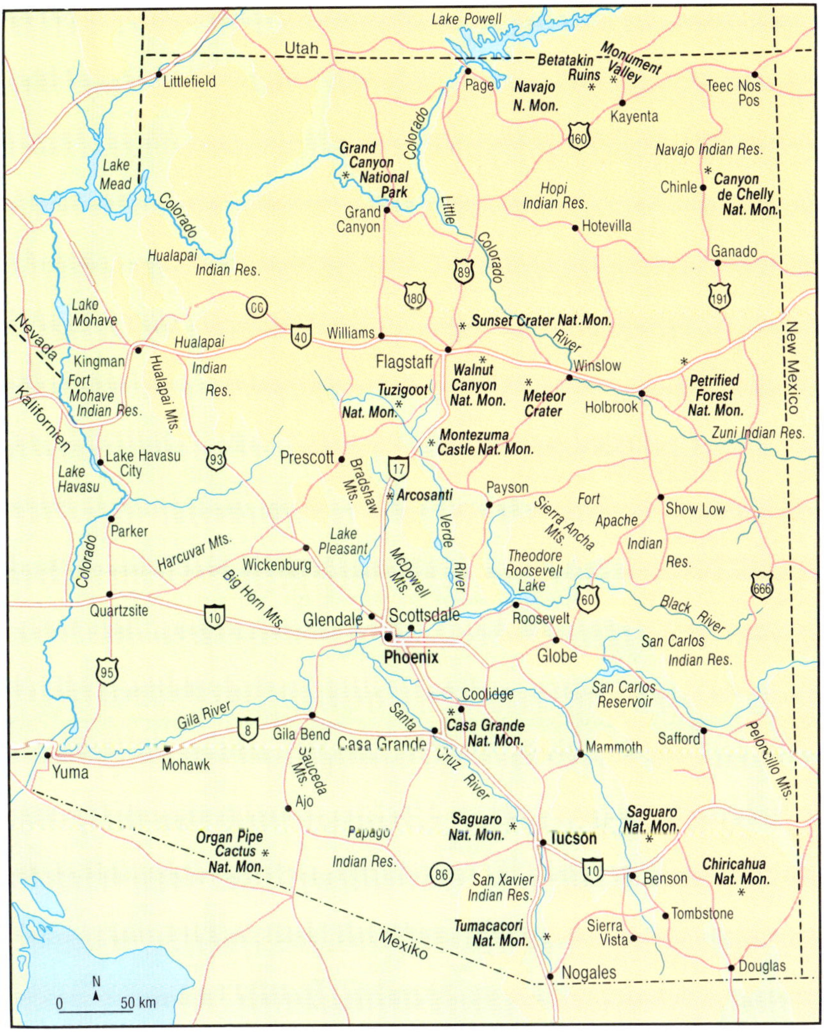

Arizona

September fällt. Mit beträchtlichen Schwankungen der Durchschnittstemperaturen im Jahres- wie im Tagesablauf zeigt das Klima vor allem in Nord-Arizona einen ausgeprägt kontinentalen Charakter. Die Trockenheit hat mineralreiche Böden mit geringem Humusanteil zur Folge, die bei künstlicher Bewässerung jedoch gute Erträge liefern. Die natürliche Vegetationsdecke reicht von Sukkulenten und Zwergsträuchern der Gila-Wüste über die Kurzgrassteppe der östlichen Hochlagen bis zu Nadelwald an exponierten Gebirgshängen.

Geschichte

Als der spanische Konquistador Coronado 1540 als erster Weißer die Trockenlandschaft von Arizona auf der Suche nach den sagenumwobenen Sieben Städten von Cibola durchquerte, war die Hochkultur der Anasazi seit über 200 Jahren erloschen. Die Stämme, auf die der Eroberer traf, wie die Zuni und Hopi, hatten die Traditionen ihrer Vorfahren mit Pueblo-Dörfern in bescheidenem Maße fortgeführt. Weniger auf der Suche nach Gold als nach Seelen, ließen sich im 17. Jh. Franziskaner und Jesuiten in dem damals zu Spanien gehörenden Gebiet nieder und schufen mit ihren Missionsstationen die ersten Vorposten europäischer ›Zivilisation‹, lange bevor amerikanische Pioniere von Osten das Gebiet erreichten. An einer intensiven Besiedlung wurden die Spanier durch die kriegerischen Apachen gehindert, die nach Übernahme des Pferdes von den Europäern zu den unumschränkten Herrschern der weiten Räume aufstiegen.

Indianerunruhen und die Wirren der mexikanischen Revolution von 1810 führten zur Aufgabe aller spanischen Siedlungen mit Ausnahme von Tucson und Tubac. Zu jener Zeit hatten bereits die ersten Trapper und Fährtensucher Wege durch die Wüste erkundet, vor allem den Santa Fe Trail, auf denen Pioniere in Planwagen westwärts zogen, als die Region 1848 an die Vereinigten Staaten fiel. Im Jahre 1850 erwarben die USA von Mexiko das Gebiet zwischen Colorado und Rio Grande. Im Bürgerkrieg stand Arizona zunächst auf seiten der Konföderierten, bevor die Unionstruppen die Oberhand gewannen und es 1863 zum Territorium erhoben. Hauptstadt war zunächst Prescott.

Nachdem Arizona mit New Mexico 1821 an die Vereinigten Staaten gefallen war, begann langsam auch die Besiedlung des Südwestens durch Weiße, stieß dann aber auf den erbitterten Widerstand vor allem der Navajo, die auch von den seßhaften Hopi als notorische Viehdiebe gefürchtet wurden. Zwischen 1847 und 1851 stahlen die in kleinen Banden operierenden Halbnomaden den Neusiedlern und seßhaften Indianern fast 500 000 Schafe, 7000 Pferde und 30 000 Rinder. Im Jahre 1863 wurden die Navajo vom Staat zur Kapitulation aufgefordert. Im Canyon de Chelly gerieten sie im Januar 1864 in eine Falle der Armee und wurden in einem langen Marsch nach Fort Sumner deportiert. Erst nachdem Krankheiten den Stamm dezimiert hatten, durften die Navajo in ihre traditionelle Heimat zurückkehren, wo allerdings die alten Feindschaften mit den Hopi auflebten. Durch vorrückende Weiße und Navajo gleichermaßen bedrängt, baten die Hopi 1880 um ein eigenes Schutzgebiet, das ihnen 1882 inmitten des Navajo-Reservats zugestanden wurde.

Arizona und New Mexico waren auch bevorzugtes Jagdrevier der Apachen, die mit seßhaften Stämmen auf Kriegsfuß standen und auch die Besiedlung durch die Weißen zu verhindern suchten. »Ich empfehle den Truppen, Apachen zu fangen und auszurotten unter allen Umständen und sie zu jagen wie Tiere«, verkündete 1869 der Oberkommandierende

Präkolumbische Spuren

Das Territorium von Arizona umfaßt den Kernraum jener präkolumbischen Kulturen, deren Spuren sich bis etwa 500 v. Chr. zurückverfolgen lassen und die sich in mehreren Stufen bis zu den noch heute lebenden Indianerstämmen entwickelt haben. Vor etwa 12 000 Jahren, so nimmt man an, waren die ersten Sammler und Jäger in den Südwesten vorgedrungen, Abkömmlinge jener asiatischen Zuwanderer, die über 15 000 Jahre zuvor in einer zwischeneiszeitlichen Wärmeperiode über die Beringstraße nach Nordamerika gewandert waren.

Mit Beginn der Maiskultivierung formte sich etwa um 3500 v. Chr. im Südwesten von Arizona die Cochise-Wüstenkultur, aus der sich mit der Seßhaftigkeit um 100 v. Chr. die Hohokam-Kultur entwickelte. Um 300 n. Chr. waren bereits große geschlossene Dörfer bekannt, umgeben von künstlich bewässerten Feldern, 400 Jahre später übernahmen die Hohokam unter dem Einfluß der mexikanischen Hochkulturen Plattformhügel und Ballspielhöfe. Nach mexikanischem Vorbild trugen die abgeflachten Hügel früher wahrscheinlich kleine Tempel, während die Ballspielplätze rituellen Zeremonien dienten, bei denen der Flug des Balls den Weg der Sonne symbolisierte. Auch Textilweberei, Keramik und Schmuckherstellung entwickelten sich unter dem Einfluß von Mesoamerika bei den Hohokam zu hoher Blüte.

Um 1300 gerieten die Hohokam in Kontakt mit den aus Osten zugewanderten Gruppen der Salado, die zur Anasazi-Kultur gehörten und die Pueblo-Bauweise einführten. Das Zentrum der Anasazi-Kultur lag an den Ufern des San Juan River in jenem Gebiet, in dem heute die vier Staaten Utah, New Mexico, Ari-

Chaco Culture Nat. Hist. Park

zona und Colorado aneinandergrenzen. Die Kultur entwickelte sich in mehreren Stufen, an deren Beginn die sogenannten Korbmacher-Phasen standen (ca. 100 v. Chr.–90 n. Chr.). Die Menschen lebten in Felshöhlen und einfachen Hütten aus Strauchwerk, die sie über künstlich ausgehobenen Vertiefungen errichteten und mit einer Mörtel- oder Erdschicht überzogen *(pit houses)*. Im 8. Jh. entstanden daraus die ersten festen, oberirdischen Quartiere, die sich im Laufe der Zeit zu komplexen, mehrstöckigen Pueblos entwickelten. Die Architekturform des Grubenhauses wurde für die Zeremonienhäuser, die *Kivas*, beibehalten. Im 12. Jh. dann kam eine neue Siedlungsform hinzu, die wie Bienenwaben an die steilen Felsen errichteten Klippenhäuser *(cliff dwellings)*.

Einer der Gründe für diese aufwendigen Konstruktionen dürfte das Schutzbedürfnis der Bewohner gewesen sein, die sich in den Pueblos wahrscheinlich zunehmend den Angriffen nomadisierender Stämme ausgesetzt sahen. Kaum 200 Jahre währte die als Pueblo III bezeichnete Blütezeit, dann verließen die Bewohner ihren Lebensraum in den schmalen Canyons und verstreuten sich über das Land. Als Ursache für die plötzliche Aufgabe wird eine mehrere Jahre andauernde Dürre angenommen, die den ackerbautreibenden Anasazi die Lebensgrundlage entzog. Als Erben der Anasazi gelten die heutigen Pueblo-Stämme, insbesondere die Zuni, Hopi, Pima und Papago.

des Department of California. Erst unter General Crook erfuhren die Apachen eine humanere Behandlung und gingen in den ihnen zugewiesenen Reservaten zum Ackerbau über.

Als jedoch das Bureau of Indian Affairs die Kontrolle in den Reservaten übernahm, kam es wiederholt zu Auseinandersetzungen. Die bereits 1824 gegründete Institution war der lange Arm Washingtons, dazu ausersehen, die staatliche Indianerpolitik in die Tat umzusetzen und die in den Reservaten zusammengeschlossenen Indianer in die amerikanische Gesellschaft zu integrieren – eine Aufgabe, der das BIA bis heute nur sehr unvollkommen gerecht werden konnte. Um den Indianern die neue Gesellschaftsordnung aufzuzwingen, wurden ihre Kinder in Internate außerhalb des Stammesgebiets geschickt, die eigene Sprache verboten und der kollektive Landbesitz in Privateigentum überführt. Nach wie vor wird der Indianerbehörde Überheblichkeit, Bürokratie und auch Ignoranz vorgeworfen. Überdies gelangte durch Korruption in den Anfängen nur ein geringer Teil der den Indianern zugestandenen Versorgungsgüter in die Reservate, so daß Krankheiten und Hungersnöte an der Tagesordnung waren.

Im Jahre 1878 beantworteten die Apachen die Bevormundung und die mangelhafte Versorgung mit einem Kleinkrieg gegen Siedler, Prospektoren und Armee. Erst als General Crook die Führung übertragen wurde, beruhigte sich die Lage allmählich. Allein Häuptling Geronimo bot den Weißen weiterhin Paroli, bis er mit seinen letzten 36 Kriegern 1886 auf mexikanischem Gebiet kapitulieren mußte.

Antelope Canyon, Colorado-Plateau

1912 wurde Arizona als 48. Staat in die Union aufgenommen, blieb aber nach wie vor eine kaum besiedelte Region von geringem wirtschaftlichem Interesse. Während des Zweiten Weltkriegs entwickelte sich Arizona aufgrund des günstigen Klimas zum Ausbildungszentrum der amerikanischen Luftwaffe. Auch die zukünftigen Piloten der Deutschen Lufthansa sammeln ihre ersten Flugerfahrungen in Phoenix.

Nach dem Krieg setzte ein atemberaubendes Wachstum ein, getragen von High-Tech-Industrien, die nicht nur von den Luftwaffenstützpunkten profitierten, sondern auch von der staubfreien trockenen Wüstenluft. Das gesunde Klima veranlaßte auch zahlreiche Pensionäre, dort ihren Ruhesitz zu wählen, etwa in der Seniorenstadt Sun City vor den Toren von Phoenix. Mit einem Bevölkerungszuwachs von über 34 % zwischen 1980 und 1990 gehört Arizona zu den am schnellsten wachsenden Bundesstaaten der USA und wird darin nur vom benachbarten Nevada (50 %) und dem fernen Alaska (37 %) übertroffen.

Der Nordwesten von Arizona

Das aus Sedimenten aufgebaute und gefaltete Colorado-Plateau, das auch weiten Gebieten von Utah und Nevada Gestalt verleiht, findet in Arizona seinen südlichen Abschluß. Treppenartig fallen die Sedimente der Grand Staircase von Norden nach Süden bis zum Kaibab-Plateau ab, das vor etwa 220 Mio. Jahren entstand und in das sich der Colorado über 1000 m tief eingegraben hat, um eine der großartigsten Schluchten der Erde zu schaffen.

Grand Canyon National Park

Das fast zum nationalen Heiligtum erhobene Naturwunder kündigt sich keineswegs mit der Dramatik an, die es verdiente, etwa wie ein aus der Ebene steigender Vulkan oder ein donnernder Wasserfall. Ohne jede Einstimmung offenbart es sich plötzlich, sobald man an die Kante tritt und in die Tiefe blickt: ein auf den Kopf gestelltes Gebirge, das sich nach unten verjüngt und im schmalen Band des silberschimmernden Colorado ›gipfelt‹. Die Kraft des Wassers und die Hebung der Scholle haben diese unvergleichliche Kulisse geschaffen und wie mit dem Seziermesser ein Stück Erdkruste freigelegt, die einen vom Präkambrium (vor über 600 Mio. Jahren) bis zum Mesozoikum (vor 225 Mio. Jahren) reichenden Entwicklungszeitraum unserer Erde dokumentiert.

Der Grand Canyon gibt den Blick frei auf Jahrmillionen der Erdgeschichte. Den Boden bedecken Gesteine aus der Urzeit, Reste einstiger Gebirge, die abgetragen und durch Druck und Hitze in Schiefer verwandelt wurden. Urzeitliche Meere haben weitere Ablagerungen angehäuft, in die an einigen Stellen flüssiges Magma aus dem Erdinnern eindrang und erstarrte. Vor etwa 1 Mrd. Jahren wurden die Sedimente erneut zu Gebirgen aufgefaltet, von der Erosion

An der South Rim des Grand Canyon

Grand Canyon ▷

wieder eingeebnet und mit neuen Ablagerungsschichten bedeckt, die bis in die Perm-Zeit (vor 270–225 Mio. Jahren) reichen und an ihrem oberen Horizont als versteinerte Korallen eines tropischen Meers in Erscheinung treten. Seit etwa 600 Mio. Jahren sägt sich der Colorado seinen Weg durch die Schichten, ein Prozeß, der noch immer anhält.

Als einer der ersten Weißen sichtete der Spanier Francisco de Coronado 1540 den Canyon. Doch die Natur hatte ihm eine unüberwindliche Barriere in den Weg gelegt, angesichts derer nur der Rückzug blieb. Seit 1919 zieht das 5000 km^2 große Gebiet als Nationalpark alljährlich Millionen von Besuchern in seinen Bann. Eine Zufahrt besteht sowohl zum Südrand (South Rim) als auch zum 400 m höher gelegenen und etwa 20 km Luftlinie entfernten Nordrand (North Rim). Wer beide Kanten mit dem Auto besuchen will, muß einen Umweg von gut 200 Meilen in Kauf nehmen oder sich auf einen anstrengenden, mehrtägigen Fußmarsch quer durch den Canyon einstellen.

Der ganzjährig geöffnete **Südrand** wird weitaus häufiger besucht als die Gegenseite, bieten sich doch dort die spektakulärsten Panoramen. Die Aussichtspunkte reihen sich entlang einer westlichen und einer östlichen Stichstraße (West und East Rim Drive), wobei die westliche im Sommer für den Individualverkehr zugunsten eines kostenlosen Pendel-Busses gesperrt wird.

Die bekannteste Aussicht eröffnet sich am Yavapai Point, den man, von der Einfahrt kommend, zunächst erreicht. Der Blick geht über das Gewirr

der Felsformationen, die der Erosion bisher widerstanden, bis hinüber zur North Rim und tief hinein in die Canyon-Welt. Ein kleines Museum erläutert die Erdgeschichte. Vom etwa 8 Meilen langen West Rim Drive bieten sich immer wieder großartige Blicke auf das schmale Band des Colorado und die vielfarbigen, gestuften Canyon-Wände. Vom Trailview Point ist ein Teil des Bright Angel Trail sichtbar, der sich von dort zum Fluß hinunterwindet – von hoch oben erscheinen Maultiere und Wanderer wie Ameisen.

Unmittelbar an der Kante führt ein Fußweg entlang, der zwischen Yavapai Point und Maricopa Point asphaltiert ist. Ein besonders eindrucksvoller, weiter Blick von West nach Ost bietet sich vom Hopi Point, einer vorspringenden Felskanzel, die vor allem bei Sonnenuntergang gern besucht wird. Der Mohave Point vermittelt ganz besonders schön den Blick auf das schimmernde Wasser des Colorado. Der South Rim Drive endet bei Hermits Rest, von wo der Hermit Trail nach Dripping Springs hinunterführt, der Einsiedelei eines gewissen Louis Boucher, der sich dort Ende des 19. Jh. niedergelassen hatte.

Zum Abstieg in den Canyon bieten sich mehrere Wege an. Der einfachste und am stärksten frequentierte ist der etwa 12 km lange Bright Angel Trail, der 1300 m bergab über Indian Gardens (Campingplatz) zur Phantom Ranch (Lodges) führt. Die Tükken des gut ausgebauten Pfades werden sehr leicht unterschätzt, da der Abstieg in der Kühle des Morgens kaum Kräfte erfordert. Der steile Aufstieg hingegen durch die nachmittägliche, sonnendurchglühte Wand kann bei Temperaturen von über 40° Celsius, absoluter Windstille und fehlendem Schatten sehr schnell die Kräfte ungeübter Wanderer überfordern. Nur wer über eine gute Kondition verfügt, wird Hin- und Rückweg an einem Tag bewältigen. Wichtig sind eingelaufene Schuhe, ausreichender Wasservorrat und Sonnenschutz. Im Hochsommer sollte man wegen Hitzschlaggefahr auf eine Fußwanderung verzichten und lieber an einem Maultierritt zum Colorado teilnehmen.

Weit höhere Anforderungen stellt der sehr steile, etwa 10 km lange South Kaibab Trail, der zur Hängebrücke über den Colorado führt. Man sollte ihn für den Abstieg benutzen und über den Bright Angel Trail zurückkehren.

Der ebenfalls am Canyon-Rand entlangführende East Rim Drive verbindet Mather Point mit dem Desert View (25 Meilen). Wie auf einer Perlenkette reihen sich dort die Aussichtspunkte aneinander. Am Yaki Point liegt die dunkle Granite Gorge im Blickfeld, in der die ältesten Gesteine ans Tageslicht treten. Hier beginnt der South Kaibab Trail. Der bald darauf folgende Grandview Point trägt seinen Namen durchaus zu Recht, bietet sich doch von dort eines der schönsten Panoramen. Auf einem 5 km langen Pfad kann man zur ehemaligen Lost Chance Mine hinabsteigen, die Ende des 19. Jh. auf der Horseshoe Mesa angelegt wurde, einem Plateau zwischen Canyon-Rand und Colorado River. Im kleinen Tusayan Museum kann man sich über die indianischen Kulturen des Colorado-Plateaus informieren. Lipan Point wiederum gewährt einen großartigen Ausblick auf den östlichen

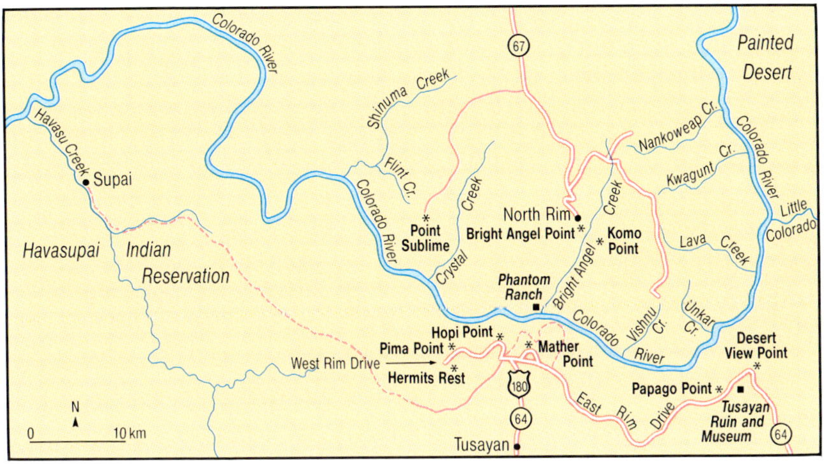

Der Grand Canyon

Abschnitt des Canyons. Die Straße endet am Desert View, wo ein Aussichtsturm den Blick nach Osten in die Painted Desert ermöglicht. An den Wänden im Turminnern berichten Fresken des indianischen Malers Fred Kabotie von der Mythologie der Hopi.

Ein sehr lohnender, wenngleich anstrengender Ausflug führt nach **Supai** in das Reservat der Havasupai (die Leute vom grünen Wasser) nahe dem südlichen Canyon-Rand. Die kleine Gruppe spaltete sich wahrscheinlich schon im 12. Jh. von den Hualapai ab, um in der Tiefe des Canyons ein sicheres Leben zu führen. Mit dem Wagen kann man nur bis zum Hualapai Hilltop fahren, von wo ein steiler Pfad 12 km in die Tiefe nach Supai führt, dem Zentrum des etwa 500 Personen zählenden Stamms.

Die Straßenentfernung von der South zur **North Rim** des Canyons beträgt 214 Meilen, ein ›Umweg‹, der sich nicht nur wegen des Ziels als durchaus lohnend erweist, sondern überdies zahlreiche interessante Aussichtspunkte berührt (vom 15. 5. bis zum 21. 10. besteht auch eine Busverbindung zwischen beiden Seiten des Canyon, Trans Canyon Shuttle, ✆ 602-638-2820).

Man verläßt die South Rim über die SR 64 Richtung Osten und erreicht nach 31 Meilen die US 89, in die man nach Norden einbiegt. Nach einer Meile liegt der Cameron Trading Post am Wege, ein Handelsposten aus dem Jahre 1916, der noch heute seine Aufgabe erfüllt (vgl. S. 201 ff.) und Touristen ein reichhaltiges Sortiment indianischen Kunstgewerbes feilbietet, das überwiegend aus den Werkstätten der dort lebenden Hopi und Navajo stammt.

Ein Stück nördlich beginnt die **Painted Desert**, die pastellfarbene Welt erodierter Sandsteinformationen, in deren Sedimenten Fossilien die Lebensformen lang zurückliegender Erdzeitalter dokumentieren. Bald passiert man die bis zu 300 m aufragenden Sandsteinklippen der Echo Cliffs. In Bitter Springs, 60 Meilen nördlich von Cameron, gabelt sich die US 89. Man wählt die nach Osten führende US 89 A und kreuzt nach 14 Meilen den Colorado am Marble Canyon auf einer altertümlich anmutenden Brücke, die den Fluß in einer Höhe von etwa 180 m überspannt (schöner Blick vom Parkplatz an der Nordseite). Rechts führt kurz darauf eine Stichstraße nach **Lees Ferry,** wo viele Flußfahrten ihren Ausgangspunkt haben. Mit Überqueren der Brücke hat man eine der einsamsten Regionen von Arizona erreicht, bekannt als Arizona Strip. Auf einer Fläche von 25 000 km^2 leben außerhalb der einzigen Stadt Fredonia kaum mehr als 700 Menschen in einer fast wasserlosen Steppenlandschaft.

Vorbei an den Felswänden der Vermilion Cliffs führt die US 89 A weiter nach Südwesten. Die nach ihrer Farbe (zinnoberrot) benannte Formation, Teil der Grand Staircase, entstand vor etwa 165 bis 200 Mio. Jahren. Auch das Kaibab Plateau, das sich nun ausbreitet und die Oberkante des Grand Canyon bildet, gehört als unterste und älteste Schicht zur Grand Staircase. Vor über 220 Mio. Jahren wurde Kalkstein als Sediment in einem urzeitlichen Meer abgelagert.

Etwa 18 Meilen nach Überquerung des Colorado erreicht man die **San Bartolome Historic Site,** die an die spanische Dominguez-Escalante-Expedition von 1776 erinnert. Nur mit viel Glück entgingen die Mitglieder, überwiegend Padres aus Kalifornien, dem Tod durch Verdursten, als sie weiter östlich eine Furt durch den Colorado entdeckten, die ihnen den Weg zurück in die Zivilisation eröffnete. Zwei Meilen weiter weist ein großes Schild zur House Rock Buffalo Ranch, auf der eine der größten Herden wilder Bisons umherstreift. Auf einer 23 Meilen langen Staubstraße kann man bis zur Ranch fahren, wobei man allerdings nur mit etwas Glück die Tiere auch zu Gesicht bekommt.

Nach einem Anstieg auf das Kaibab-Plateau erreicht man schließlich Jacob Lake Junction, wo die Straße links zur North Rim abbiegt, während sie rechts nach Fredonia und weiter nach Utah verläuft.

Die North Rim des Grand Canyon wird weitaus seltener besucht als die gegenüberliegende Seite und ist auch weniger erschlossen. Der Abstecher lohnt dennoch, bietet sich doch schon durch die höhere Lage eine völlig andere, kaum minder faszinierende Perspektive.

Bereits von der Canyon Lodge am Ende der Zufahrtsstraße hat man einen großartigen Blick in den Bright Angel Canyon und die Berge Brahma, Deva und Zoroaster.

Vom nahen Bright Angel Point kann man Sonnenauf- und -untergang besonders eindrucksvoll genießen, und der Blick geht weit hinüber bis zum San Francisco Peak, der sich fern des Grand Canyon über der Landschaft erhebt.

Auf dem Cape Royal Drive gelangt man durch Nadelwälder zum Point Imperial, dem mit 2 683 m höchsten Punkt des Grand Canyon National Park. Im Norden sieht man die Vermilion Cliffs, im Nordosten erheben sich die Navajo Mountains von Utah,

Indianische Schmuckverkäuferin am Grand Canyon

im Osten geht der Blick hinüber zur Painted Desert, im Südosten zum Colorado River Canyon. Der südöstlichste Punkt der North Rim ist am Cape Royal erreicht. Ein Fußweg führt vom Parkplatz bei Window Overlook auf eine Felskanzel nach Cliff Springs, von wo sich ein umfassender Panoramablick bietet.

Praktische Hinweise

Information: Grand Canyon National Park, Visitor Center, P.O. Box 129, Grand Canyon, AZ 86023, ✆ 602-638-7888

Anreise: South Rim über I-40, Exit 195 (Flagstaff) oder Exit 165 (Williams). Von Flagstaff über die US 180 (ca. 80 Meilen). North Rim über die US 89 und US 67 von Utah. Neuerdings verkehrt auch wieder eine nostalgische Dampfeisenbahn auf der alten, 1901 in Betrieb genommenen Strecke zwischen Williams und dem Grand Canyon Village. Die Rundreise dauert fünf Stunden

Saison: Die South Rim ist ganzjährig geöffnet. Die North Rim wird nach den ersten Schneefällen etwa Ende Okt. bis Mitte Mai geschlossen

Unterkunft: Die Unterkünfte im Park und in der näheren Umgebung, die unbedingt rechtzeitig gebucht werden sollten, sind relativ teuer. Preiswerter und vielfältiger ist das Angebot in Flagstaff. Die Hotels im Nationalpark werden von Grand Canyon National Park Lodges betrieben, ✆ 602-638-2401, Fax 602-638-9247: El Tovar, teuer; Kachina Lodge, teuer; Thunderbird Lodge, teuer; Maswick, gehobene Preise; Yavapai Lodge, gehobene Preise; Bright Angel Lodge, mittlere Preise; Grand Canyon Lodge, North Rim, Mai–Okt., mittlere Preise; Phantom Range im Canyon, nur zu Fuß oder mit Maultieren erreichbar, Schlafsäle und *cabins*, preiswert bis mittlere Preise, Buchungen und Zahlungen ein bis eineinhalb Jahre im voraus!

Außerhalb des Parks: Best Western Grand Canyon Squire Inn, Tusayan, 9 Meilen südl., ✆ 602-638-2681, teuer; Quality Inn Grand Canyon, Tusayan, 9 Meilen südl., ✆ 602-638-2673, teuer; Moqui Lodge am südl. Parkeingang, ✆ 602-638-2424, gehobene Preise

Staatliche Campingplätze (7-Tage-Limit): Drei Plätze an der South Rim: Mather, Reservierung über Ticketron P.O. Box 617516, Chicago, IL 60661-7516, ✆ 900-370-5566; Trailer Village, Reservierung über Grand Canyon National Park Lodges; Desert View, keine Reservierung möglich; North Rim: Reservierung über Ticketron

Besonderheiten: Maultierritte in den Canyon, Reservierung: Grand Canyon National Park Lodges, ✆ 602-638-2401, Schlauchboot-Trips, 2–18 Tage, River Subdistrict Office, Grand Canyon National Park, P.O. Box 129, Grand Canyon, AZ 86023; Eisenbahnfahrt: von Williams an der I-40 mit einem restaurierten Dampfzug zweieinhalb Stunden einfacher Weg; Flüge: vom Grand Canyon Airport und Heliports in Tusayan mit kleinen Maschinen oder Hubschraubern, ✆ 602-638-2407; Helicopter Tours, ✆ 800-528-2418

Wandern und freies Zelten: Nur mit Genehmigung, Backcountry Reservation Office, P.O. Box 129, Grand Canyon, AZ 86023

Lake Mead

Die Lake Mead National Recreation Area, die westliche Fortsetzung des Grand Canyon, zählt mit dem südlich anschließenden Lake Mohave zu den beliebtesten Urlaubsgebieten im Westen, ist für Besucher aus Europa allerdings nur von begrenztem Interesse, sofern sie nicht leidenschaftli-

Wildwasserfahrt auf dem Colorado

che Angler sind. Der Hoover-Damm staut den Colorado zu einem über 150 km langen See, der an mehreren Stellen mit touristischen Einrichtungen (Campingplätze, Bootsanlegestellen, Einkaufsmöglichkeiten) ausgestattet ist. Den 1935 vollendeten 220 m hohen Damm und das riesige Turbinenhaus kann man auf einer 40minütigen Führung besichtigen (tägl. 9–16.15 Uhr). Von der Lake Mead Marina werden auch mehrstündige Bootsfahrten zum Damm angeboten. Über die Dammkrone führt die US 93 nach Las Vegas (vgl. S. 147). An der dort verlaufenden Staatsgrenze treffen nicht nur Arizona und Nevada aufeinander, sondern auch die Mountain und die Pacific Time Zone – die östliche Seite des Damms eilt der westlichen um eine volle Stunde voraus.

Praktische Hinweise

Unterkunft: Lake Mead: Hotel, Motel, Camping in Boulder Beach, Echo Bay und Temple Bar; (nur) Camping in Las Vegas Wash, Callville Bay und Overton Beach. Lake Mohave: Hotel, Motel, Camping in Cottonwood Beach und Katherine; (nur) Camping in Willow Beach, Restaurants, Einkaufs- und meist Tankmöglichkeiten in allen genannten Orten

Flagstaff und Umgebung

Die 46 000 Einwohner zählende, 2100 m hoch gelegene Stadt im Schnittpunkt von I-40, I-17 und US 89 gilt als zentraler Ausgangspunkt für die Besichtigung des Grand Canyon (s. S. 182 ff.). Flagstaff erhielt seinen Namen nach einer Fichte, die 1879 für die Feier des amerikanischen Unabhängigkeitstags als Flaggenmast *(flagstaff)* diente und danach als Orientierungspunkt für die westwärts ziehenden Planwagentrecks stehen blieb. Sehr zu empfehlen ist der Besuch des **Museum of Northern Arizona** (1 Meile nordöstl. an der US 180, tägl. 9–17 Uhr), das die Natur- und Kulturgeschichte des Colorado-Plateaus hervorragend präsentiert.

Praktische Hinweise

Anreise: Mit dem Flugzeug von Las Vegas, Phoenix und dem Grand Canyon; der Flughafen liegt 5 Meilen südl. der Stadt; mit der Eisenbahn: Amtrak-Station im Zentrum; mit dem Bus: Busbahnhof im Zentrum; Tagestouren zum Grand Canyon mit Nava Hopi Bus
Information: Chamber of Commerce, 101 W. Santa Fe Ave., Flagstaff, AZ 86001, ✆ 602-774-4505
Unterkunft: Best Western Poy Soldier Motel, 3030 E. Santa Fe, ✆ 602-526-2388, teuer; Best Western Kings House Motel, 1560 E. Santa Fe, ✆ 602-774-7186, teuer; Rodeway Flagstaff East, 2350 E. Lucky Lane, ✆ 602-779-3614, mittlere Preise; Super 8, 3725 Kasper Ave., ✆ 602-526-0818, preiswert; Flagstaff International Youth Hostel, 23 N. Leroux, ✆ 602-774-2731, nahe dem Bahnhof

Mehr als 300 m ragt etwa 19 Meilen nordöstlich von Flagstaff, erreichbar über I-40, Exit 201, US 89, ein Vulkankegel über die Ebene, dessen letz-

Wupatki National Monument

ter Ausbruch sich anhand der Untersuchung verkohlter Bäume auf 1064 datieren läßt. Seinen Namen verdankt das **Sunset Crater National Monument** rötlichen Eisenoxydbeimischungen der Asche, die den äußeren Kraterrand wie in einem ›ewigen‹ Sonnenuntergang leuchten lassen. Zu sehen gibt es erstarrte Lavaströme und einen Lavatunnel, durch den sich flüssiges Magma den Weg gebahnt hatte. Der Park ist ganzjährig geöffnet, der Eintritt gilt auch für das benachbarte **Wupatki National Monument** (erreichbar vom Sunset Crater auf der 19 Meilen langen Loop Road, tägl. 8–17 Uhr, Campingmöglichkeiten bestehen von Ende April bis Mitte Oktober).

Angelockt durch die fruchtbare Lava-Asche des Sunset-Vulkans, haben sich dort vor etwa 900 Jahren Angehörige verschiedener Südwestkulturen niedergelassen, unter ihnen Stämme der Anasazi, Hohokam und Mogollon, und einen blühenden Kulturraum geschaffen, der über 800 Siedlungen umfaßte und bis zur Abwanderung um 1225 zu den am dichtesten besiedelten Regionen des präkolumbischen Westens zählte. Der langgezogene Wupatki-Pueblo mit etwa 100 Räumen, der 200 bis 300 Menschen Unterkunft bot, blieb am besten erhalten. Die angrenzenden Ballspielplätze deuten auf den Einfluß mexikanischer Hochkulturen hin. Da die archäologischen Arbeiten an den bisher 2000 registrierten Fundstellen noch nicht beendet sind, ist für Touristen nur ein kleiner Teil zugänglich.

In einem 120 m tiefen Canyon errichteten die Sinagua zwischen 1120 und 1250 ihre Siedlungen im Schutz überhängender Klippen. Ihr Name ist spanischen Ursprungs, abgeleitet aus *sin agua* (ohne Wasser). Die Sinagua lassen sich als Untergruppe der jüngsten präkolumbischen Kultur des Südwestens, der Patayan-Kultur, zuordnen, verschmolzen im Gebiet um Flagstaff jedoch schnell mit den dort ebenfalls siedelnden Hohokam und Anasazi. Etwa 300 Behausungen sind im **Walnut Canyon National Monument** (12 Meilen östlich von Flagstaff an der I-40, ganzjährig von 8–17 Uhr geöffnet) bekannt, 25 davon kann man auf einem Fußweg vom Visitor Center erreichen, darf sie allerdings nicht betreten.

Die dritte bedeutende historische Stätte präkolumbischer Kultur in der Umgebung von Flagstaff, das **Montezuma Castle** und **Montezuma Well National Monument,** liegt etwa 50 Meilen südlich der Stadt, etwas abseits der I-17.

Die Namensgebung aus spanischer Zeit ist irreführend, handelt es sich doch bei dieser Anlage keineswegs um Gebäude aztekischen Ursprungs, sondern um ein Relikt der Sinagua, die das Rio Verde-Tal zwischen Flagstaff und Phoenix schon vor 2000 Jahren besiedelten und später mit anderen Kulturen verschmolzen. Etwa im 7. Jh. ließen sich Gruppen der Hohokam in dem fruchtbaren Tal nieder. Sie betrieben Feldbau mit künstlicher Bewässerung, bestatteten ihre Toten in Erdgräbern und hatten von Mexiko das rituelle Ballspiel übernommen.

Nur über Leitern erreichbar, ›klebt‹ Montezuma Castle hoch in der Felswand über dem Beaver Creek (tägl. 8–17 Uhr). Das Bauwerk hat im Gegensatz zu vielen anderen *Cliff Dwellings* einen deutlich wehrhaften Charakter, der wahrscheinlich auf die Bedrohung durch nomadisierende Indianerstämme zurückzuführen ist. Hinter den glatten, nur durch einige Sehschlitze unterbrochenen Mauern verbergen sich 20 Räume, verteilt auf fünf Stockwerke. Ein Besuch ist zwar nicht erlaubt, doch anhand eines Modells im Besucher-Zentrum läßt sich die Architektur gut studieren.

Als Grundlage der Bewässerung diente nicht nur der Fluß, sondern ein Teich 11 Meilen nördlich der Siedlung. Der **Montezuma Well** ist ein Kalksteineinbruch von etwa 50 m Durchmesser und 20 m Tiefe. In der Umgebung befinden sich Reste zweier einst mehrstöckiger Häuser und ein alter Friedhof, in dessen Gräbern neben Skeletten auch Keramik- und Stoffbeigaben gefunden wurden.

Montezuma Castle

Meteor Crater

Etwa 40 Meilen östlich von Flagstaff liegt der **Meteor Crater,** ein gewaltiger Krater von 200 m Tiefe und einem Durchmesser von 1,5 km, den seine Entdecker Ende des 19. Jh. zunächst für einen erloschenen Vulkan hielten. Doch schon bald äußerte der Mineningenieur Daniel M. Barringer die kühne Vermutung, es handele sich um einen Meteoriteneinschlag, und kaufte das Gelände, um seine These zu erhärten. Unter dem Druck unwiderlegbarer Beweise – so wurden bei Bohrungen Nickel-Eisen-Meteoritenfragmente und zwei bis dahin unbekannte Mineralien gefunden – mußte die Fachwelt 1929 seine Theorie akzeptieren. Ihm zu Ehren spricht man seitdem vom Barringer-Krater.

Vor etwa 49 000 Jahren schlug dort ein Meteorit ein mit einem Durchmesser von nicht einmal 30 m, aber einer Geschwindigkeit von über 70 000 km/h und explodierte unter Freisetzung unvorstellbarer Energien. Entlang der Krone des riesigen Walls verläuft ein 6 km langer Rundpfad mit guter Fernsicht, der Trichtergrund aber, in dem wegen mondähnlicher Verhältnisse die Apollo-Astronauten geübt hatten, ist für Besucher unzugänglich.

Der Nordosten von Arizona

Die kleine Stadt **Page** am Lake Powell bietet sich als idealer Standort für Ausflüge auf den See und für viele Ziele an Land an. Da das Gebiet zur Navajo Indian Reservation gehört, sind des öfteren Genehmigungen einzuholen (Informationen, Tourenvermittlung und Besuchererlaubnis beim John Wesley Powell Museum).

Die Navajo

Der Stamm der Navajo, die heute das größte Reservat im Westen der USA bewohnen, gehört zur Sprachfamilie der Athapasken. Sie selbst nennen sich *Dineh,* Menschen, ihren heutigen Namen erhielten sie von den Spaniern, die Indianer als *Apache de Navajo* bezeichneten, Fremde der bebauten Felder, um sie von den nomadisierenden Apachen zu unterscheiden.

Die Navajo, im Gegensatz zu vielen benachbarten Stämmen schon recht früh seßhaft geworden, lebten als Ackerbauern in geschlossenen Dorfgemeinschaften im Gebiet der Pueblo-Völker Zuni und Hopi, von denen sie unter anderem Bewässerungstechniken übernahmen. Der Kontakt wurde anläßlich des Pueblo-Aufstands von 1680 gegen die spanische Vorherrschaft intensiviert, als Hopi und Zuni Unterschlupf bei den Navajo suchten, mit denen sie zuvor eher auf Kriegsfuß gelebt hatten. Die Einführung des Pferdes verhalf ihnen zu größerer Mobilität und löste im 17. Jh. eine Westwanderung aus, die zur Besiedlung des Canyon de Chelly führte. Im Jahre 1804 veranstalteten die Spanier auf ihren Eroberungszügen dort ein Massaker, dem 115 Indianer zum Opfer fielen. Nach Übernahme des Territoriums durch die USA 1848 widersetzten sich die Navajo zunächst der Zuwanderung weißer Siedler, mußten 1868 jedoch kapitulieren, wurden nach Fort Sumner in New Mexico deportiert und von dort in das unfruchtbare Reservat Bosque Redondo umgesiedelt. Erst als der bei dieser Zwangsumsiedlung etwa 9000 Mitglieder zählende Stamm durch Krankheiten, Hungersnot und Überfälle der Comanchen und Flucht auf weniger als 6000 Personen dezimiert war, wurde den Navajo 1868 nach langen Verhandlungen die Rückkehr in ihren ursprünglichen Lebensraum gestattet.

Die Bevölkerung nahm nun wieder rasch zu. Da sich der Wohlstand eines Navajo an der Zahl seiner Weidetiere zeigte, nahm die Viehhaltung ein derartiges Ausmaß an, daß die Regierung 1930 Zwangsschlachtungen anordnete, um der Überweidung Einhalt zu gebieten. Einen der größten kulturellen Einschnitte erfuhren die Navajo jedoch im Zweiten Weltkrieg, als sich Arizona in ein Heerlager verwandelte und viele junge Indianer die Einstellung bei Uncle Sam der Arbeitslosigkeit vorzogen. Ihr Beitrag zum Sieg über Japan ging als Kuriosität in die Militärannalen ein, als sie geheime Meldungen offen in ihrer Sprache funkten, die die japanische Abwehr für einen Code hielt und vergeblich zu entschlüsseln suchte.

Obwohl das Reservat mit einer Fläche von 65 000 km^2 fast so groß wie Bayern ist, findet nur ein geringer Teil der etwa 180 000 Bewohner ein Auskommen. Resignation und Alkoholismus sind die Folge, aber auch das Wiedererstarken alter Traditionen, unter anderem des Peyote-Kults.

Eine Erlaubnis benötigt man auch, um den höhlenartigen, 3 Meilen östlich von Page gelegenen **Antelope Canyon** (Abb. S. 181) zu besuchen, eine extrem schmale Sandsteinklamm, deren Grund morgens noch im Dunkeln liegt und erst mit höhersteigender Sonne teilweise ausgeleuchtet wird – ein Fest für jeden, der gern photographiert (Stativ, Taschenlampe). Da der tiefe Sandweg zur Klamm nur für Geländefahrzeuge geeignet ist, empfiehlt es sich, eine Jeeptour der Navajo beim Touristenbüro in Page zu buchen oder vom Tor den etwa 3 km langen Fußweg anzutreten (Information und Tourenvermittlung: John Wesley Powell Memorial Museum, Page, ✆ 602-645-9496).

Navajo National Monument

Ein sehr lohnender Abstecher führt 11 Meilen südlich von Kayenta von der US 163 zu den drei Klippen-Pueblos **Betatakin, Keet Seel** und **Inscription House.** Die drei wichtigsten Zeugnisse der Anasazi-Kultur in Arizona entstanden in der zweiten Hälfte des 13. Jh., wurden aber aufgrund langandauernder Dürre nach nur 50 Jahren wieder verlassen. Dennoch entfaltete sich die Keramikkunst dort in kürzester Zeit zu höchster Blüte. Das mehrfarbige Dekor entwickelten die Hopi weiter.

Wie im Mesa Verde National Park (s. S. 261 ff.) wurden die verschachtelten Wohnräume unter dem Überhang steiler Felswände errichtet, die vor Wetter und Feinden gleichermaßen Schutz boten. Einen ersten Überblick hat man von einem Aussichtspunkt unweit des Visitor Center. Betatakin ist auf einem 3,5 km langen Fußweg erreichbar, darf allerdings nur in Gruppen und in Begleitung eines Rangers besucht werden (Anfragen im Visitor Center). Noch strengere Vorschriften gelten für die Besichtigung des 10 km entfernten Keet Seel, wo nur 25 Personen pro Tag Zutritt haben. Zum weit entfernten und leider schlecht erhaltenen Inscription House finden keine Führungen statt.

Monument Valley

Als weltweit bekannte Kulisse für Wildwestfilme und Zigarettenreklame ist diese Felslandschaft an der Nordostgrenze zu Utah zum Inbegriff des Südwestens geworden (März–Sept. tägl. 7–20 Uhr, sonst 8–17 Uhr). Das Tal liegt inmitten des Reservats der Navajo; Ausgangspunkt für den Besuch ist der Monument Valley Navajo Tribal Park an der US 163, in dem die eindrucksvollsten ›Monumente‹ ihren Platz haben.

Auf einer staubigen und holprigen Piste kann man vom Visitor Center mit dem eigenen Auto eine Rundfahrt entlang elf numerierter Aussichtspunkte unternehmen (17 Meilen). Daneben werden von verschiedenen Unternehmen zwei- bis zweieinhalbstündige Kleinbustouren auf einem 28-Meilen-Rundweg angeboten, bei denen man gegen ein Trinkgeld meist auch ein Hogan – ein traditionelles Navajo-Haus – besichtigen kann. Wer dem zeitweise beängstigenden Touristenansturm im Monument Valley entgehen möchte, sollte eine ähnliche, aber nicht minder monumentale Landschaft in der Nähe besuchen – das einsam gelegene Valley of the Gods im Südosten von Utah (s. S. 174).

Praktische Hinweise

Unterkunft: Gouldings Lodge, 2 Meilen westl. der US 163 kurz hinter der Grenze mit Utah, ✆ 801-727-3231, teuer
Camping: Im Park, März–Okt., KOA Campground nahe Gouldings Lodge, April–Nov., ✆ 801-727-3280
Vorschriften: Alkoholverbot (auch Transport); Verlassen der markierten Wege und Wandern ist verboten; Pho-

Monument Valley

Canyon de Chelly ▷

tographieren von Personen nur mit deren Einverständnis und gegen Bezahlung

Canyon de Chelly National Monument

Der 40 km lange und bis zu 300 m tiefe Canyon im Nordosten von Arizona, der mit seinen Seitentälern zu den eindrucksvollsten Landschaften im Südwesten gehört, beherbergt einzigartige Zeugnisse präkolumbischer Besiedlung. Der Name ist eine Verballhornung des Navajo-Wortes *Tsegi* (Felsschlucht); die spanische Aussprache desche-ji hat sich im Laufe der Zeit zu dem heute gebräuchlichen ›de-sché‹ abgeschliffen.

Die Besiedlung des Sandsteinlabyrinths kann man anhand von Felsritzungen 2000 Jahre zurückverfolgen, als sich die Vorläufer der Anasazi-Gruppen hier niederließen. Die zahlreichen Klippenbehausungen stammen allerdings erst aus der letzten Siedlungsperiode im 12. und 13. Jh. Mitte des 17. Jh., lange nachdem die *Cliff Dweller* ihre Felswohnungen wegen anhaltender Dürre aufgegeben hatten, suchten die ersten Navajo auf der Flucht vor den Ute, Comanchen und Spaniern Schutz in den Canyons und fügten der prähistorischen Felsmalerei eigene Werke erstaunlicher Ausdruckskraft hinzu.

Canyon de Chelly

Inmitten des Navajo-Reservats gelegen, werden die Flußniederungen des Canyon de Chelly nach wie vor von Indianern als Weidegründe genutzt. Zwei vom Visitor Center (tägl. 8–18 Uhr) ausgehende Autostraßen, South Rim und North Rim Drive, verlaufen an der Kante entlang und ermöglichen den Blick in die Tiefe. Vom Junction Overlook am South Rim Drive erkennt man Junction House Ruin an der Einmündung des Canyon del Muerto, noch großartiger ist der Blick vom White House Overlook auf die in einer Felsspalte liegenden Behausungen zu Füßen einer senkrechten Sandsteinwand.

Der North Rim Drive, entlang dem Canyon del Muerto, berührt zunächst Antelope House Overview mit Blick auf eine Behausung, die nach der Felszeichnung darüber benannt wurde. Es folgt Mummy Cave Overlook, von dem man die größte Anlage des Parks sehen kann. In seinen Ursprüngen geht das mit einem Turm versehene Bauwerk bereits auf die Korbmacher-Periode um 500 n. Chr. zurück, erhielt seine heutige Gestalt aber erst durch die Anasazi im 12. Jh. Am Endpunkt der Straße liegt Massacre Cave, eine Höhle, in der 1810 über 100 Navajo von Spaniern niedergemacht wurden.

Die weitere Bewegungsfreiheit der Touristen ist eingeschränkt. Nur die White House Ruin darf man zu Fuß vom White House Overview ohne Begleitung besuchen (5 km hin und zurück). Mit indianischen Führern hingegen kann man die Canyon-Landschaft zu Fuß, mit dem Pferd oder mit dem Jeep durchstreifen und viele der Felszeichnungen betrachten, die sich über die Region verteilen. Bekannt sind die Navajo-Bildnisse ›Spanische Reiter‹, ›Der Raubzug gegen die Ute‹ und die ›Stehende Kuh‹. Einige der Bilder lassen sich sogar einem Künstler namens Little Sheep zuordnen, der um 1830 dort tätig war.

Praktische Hinweise

Information: Superintendent, Canyon de Chelly National Monument, Box 588, Chinle, AZ 86503, ✆ 602-674-5436
Unterkunft: Thunderbird Lodge im Park, ✆ 602-674-5841, teuer; Canyon de Chelly Motel, Indian Hwy 64, östl. der US 191, ca. 3 Meilen vom Park, ✆ 602-674-5875, gehobene Preise
Camping: Cottonwood Campground im Park, kostenlos

Wer die Fahrt zum Canyon de Chelly unternommen hat, sollte der US 193 30 Meilen weiter nach Süden folgen

Trading Posts
Vom Tauschhandel zum Supermarkt

Als erste Weiße zogen nicht etwa Siedler auf der Suche nach einer neuen Heimat durch die unerforschten Weiten des Westens, sondern abenteuerlustige Trapper auf der Jagd nach den begehrten Biberfellen. Frankokanadier taten sich hier besonders hervor und wagten sich bereits um 1600 mit ihren Kanus tief in die Wildnis im Norden des Kontinents, lange bevor die ersten Planwagen Richtung Pazifik rollten. Schon damals legten sie bescheidene Handelsposten an, um bei den Indianern Felle gegen die nützlichen und weniger nützlichen Dinge des Weißen Mannes einzutauschen. Diese Stationen dienten als erste Berührungspunkte zwischen der indianischen Urbevölkerung und Pionieren aus der westlichen Welt.

Der Warenaustausch hatte unübersehbare Folgen, da auf diesem Weg auch Feuerwaffen in die Hände einiger Stämme gerieten. Nicht selten sahen sich weniger gut ausgerüstete Indianer wegen der plötzlichen Verschiebung des Kräftegleichgewichts zur Flucht Richtung Westen gezwungen. Vor allem die Sioux setzten die neugewonnene Überlegenheit gegen ihre Nachbarn ein und beherrschten bald die Prärien des Mittleren Westens.

Im Südwesten nutzten die spanisch-indianischen Bisonjäger, die *Ciboleros*, ihre Kontakte zu den Indianern, um einen schwunghaften Handel zu treiben. Statt sich weiterhin den Gefahren und Mühen der Jagd auszusetzen, zogen sie bald mit Planwagen über Land und tauschten Bisonhäute gegen Schnaps, Maultiere und Rinder gegen Kaffee oder Stoffballen. So entstanden die ersten mobilen *Trading Posts* in der Geschichte des Westens. In ihrem Schatten gedieh aber auch der Menschenhandel. Die Comanchen machten regelrecht Jagd auf Frauen und Kinder, um die Gefangenen dann gegen Lösegeld über die *Comancheros,* wie die Händler auch bald genannt wurden, ihren Familien wieder zuzuführen.

Als 1763 mit dem Frieden von Paris Kanada an die Engländer fiel, übertrugen jene den lukrativen Handel an die beiden Gesellschaften North West Company, die vom Pazifik aus operierte, und Hudson Bay Company, die am Atlantik ansässig war. Da in ihren Monopolbereichen vorwiegend seßhafte Indianer siedelten, kam es im kanadischen Raum zu einer relativ festgefügten Wirtschaftsstruktur, die Einheimischen waren verläßliche Lieferanten der *Trading Posts.*

Ganz anders in den USA: Der Pelzhandel, und damit auch die Institution der *Trading Posts,* etablierte sich dort erst um 1806, ausgelöst durch den Mexikaner Manuel Lisa, einen skrupellosen Geschäftemacher aus St. Louis. An der Mündung des Bighorn in den Yellowstone River errichtete er den ersten, sogleich als Fort ausgebauten Handelsposten inmitten eines ertragreichen Biberreviers. Im Gegensatz zu Kanada betrieben jedoch weiße Trapper die Fallenstellerei, da die nomadisierenden Indianer der Plains und Rocky Mountains wenig Neigung verspürten, sich in die Geschäfte der Weißen einspannen zu lassen; im Gegenteil, sie widersetzten sich sogar mit Gewalt den eindringenden Trappern. So wurden die *Trading Posts* gegen Indianerüberfälle befestigt, um ihre Funktion als sicheres Zwischenlager für die wertvollen Felle und als Versorgungsdepot der Fallensteller zu erfüllen.

Mit Ausweitung der Pelztierjagd stieg auch die Zahl der Trading Posts, die oftmals einer Handelsgesellschaft gehörten. So hatte sich um 1840 am Oberlauf von Missouri und Yellowstone bereits gut ein Dutzend dieser Umschlagplätze etabliert. Diese Posten lagen vorwiegend an jenen Flüssen, über die St. Louis, die Pelzhandelsmetropole der USA, mit Kanus erreichbar war.

Zu beliebten Handelsplätzen, gewissermaßen zu temporären *Trading Posts,* entwickelten sich Anfang des 19. Jh. auch die Jahrestreffen der Trapper inmitten der Wildnis. Nicht nur Felle, Waffen, Whisky und Pferde wechselten auf den feuchtfröhlichen *Rendezvous* ihre Besitzer; befreundete Indianerstämme boten den hartgesottenen *mountain men* auch ihre Töchter als Ehefrauen an.

Über die *Trading Posts* fanden nicht nur Feuerwaffen Verbreitung bei den Stämmen, sondern auch der Alkohol, dessen verheerende Wirkung bis zum heutigen Tag trotz des inzwischen strengen Einfuhrverbots in Reservate andauert. Weit schlimmer noch wüteten bis dahin unbekannte Krankheiten der Weißen, denen die Indianer aufgrund mangelnder Abwehrkräfte schutzlos ausgeliefert waren. So infizierten sich 1837 einige Mitglieder der Assiniboin im Trading Post Fort Union am oberen Missouri mit Pocken, die in kürzester Zeit fast den gesamten Stamm dahinrafften. Ein ähnliches Schicksal teilten die Schwarzfuß-Indianer, die der tödlichen Seuche ebenfalls hohen Tribut zollen mußten.

Der Niedergang der *Trading Posts* zeichnete sich Mitte des 19. Jh. mit der Freigabe des *Indian Territory* zur Besiedlung durch Weiße ab. Die Spannungen zwi-

Historische Darstellung eines Trading Post im 19. Jh.

Heutiger Trading Post in Gallup

schen den westwärts drängenden Pionieren und den hin und her geschobenen Indianern wuchsen, immer häufiger waren Handelsposten Ziel indianischer Angriffe. Nach und nach mußten sie aufgegeben werden, zumal ihre wirtschaftliche Bedeutung mit Öffnung der Landwege allmählich verlorenging und nur die wenigsten strategischen Wert besaßen.

Aus den *Trading Posts* vergangener Tage gingen Handelsposten hervor, wie man sie, leicht abgewandelt, noch heute findet. Mit staatlicher Konzession etablierten sich weiße Händler innerhalb der Reservate und bieten unter ihrem Dach all das feil, was die dortigen Bewohner zum Leben brauchen. Nicht selten bereicherten sich die Kaufleute dabei an ihrer Klientel, die den Geschäftspraktiken der Weißen oft nicht gewachsen war. Daß es auch Ausnahmen gab, zeigt der heute als National Historic Site ausgewiesene Hubbell Trading Post in Arizona (vgl. S. 204). Mit Verständnis, Sympathie und Aufopferung kümmerte sich John L. Hubbell, der die Niederlassung 1878 gegründet hatte, um die Navajo, bis er 1930 dort starb.

und einen Abstecher zum historischen **Hubbell Trading Post** machen. Der Handelsposten wurde 1878 von John Lorenzo Hubbell gegründet, der, anders als viele Pioniere der damaligen Zeit, zum Freund der Indianer wurde. Er trieb nicht nur Handel, sondern half bei Behördengängen und verwandelte seinen Posten bei der großen Pockenepidemie von 1886 in eine Krankenstation. Heute stellen hier die Indianer ihr kreatives Geschick unter Beweis und treiben Handel mit den Touristen. Sehenswert ist Hubbells Wohnhaus mit einer exquisiten Sammlung indianischer Kunst.

Das Hopi-Reservat

Vom Trading Post kann man rasch die südlich verlaufende I-40 erreichen oder aber die weitaus lohnendere US 264 Richtung Westen nehmen. Nach 20 Meilen liegt Steamboat Rock am Wegesrand, ein Felsklotz, der einem Mississippi-Dampfer ähnelt. Kurz darauf kreuzt man die Grenze zum **Hopi-Reservat,** das eingebettet in jenes der Navajo liegt, und durchfährt die pittoreske Tafelberglandschaft der Hopi Mesa. Verwaltungszentrum ist der 1875 gegründete Keams Canyon Trading Post. Es lohnt sich ein Besuch der umliegenden Hopi-Dörfer, die sich auf drei Hochflächen verteilen, der ersten, zweiten und dritten Mesa. Für den Besuch benötigt man eine Erlaubnis (Hopi Public Relation Office, ✆ 602-734-2441 oder beim Hopi Cultural Center, April–Nov. tägl. geöffnet). Der etwa 6000 Mitglieder zählende Stamm gehört zu den traditionellsten Indianerkulturen der USA, tief verwurzelt im Glauben an eine universale Harmonie zwischen Mensch und Natur.

Auf der ersten Mesa, 15 Meilen westlich von Keams Canyon, ist das von Felswänden umschlossene Dorf **Walpi** bevorzugtes Ziel, darf allerdings nur mit einem einheimischen Führer aufgesucht werden. Auf der zweiten Mesa, 10 Meilen weiter westlich, verdient vor allem **Shungopovi,** das älteste Dorf des Reservats, Beachtung, zumal hier in Jahren mit gerader Endziffer im August die berühmten Schlangentänze als Regenzeremonie stattfinden. Auf der zweiten Mesa liegt auch das Hopi Cultural Center mit Museum, Informationsstand und Hotel.

Kykotsmovi, Anfang dieses Jahrhunderts zu Füßen der dritten Mesa gegründet, wird seltener aufgesucht, ist aber jedem empfohlen, der genauere Auskünfte benötigt, da hier das Hopi Tribal Headquarter und das Office of Public Relation ihren Standort haben (✆ 602-734-2441).

Praktische Hinweise

Unterkunft: Hopi Cultural Center Motel, im Hopi Cultural Center, ✆ 602-697-3221, mittlere Preise; Keams Canyon Motel, ✆ 602-738-2297, preiswert
Camping: Keams Canyon, einfach, kostenlos

Petrified Forest National Park

Der National Park legt das wohl deutlichste Zeugnis davon ab, daß die farbige Landschaft des Colorado-Plateaus nicht immer wüstenhafte Züge

Petrified Forest National Park

trug. Vor etwa 225 Mio. Jahren war die Hochfläche der heutigen Painted Desert eine von großen Strömen durchzogene Niederung, bedeckt mit pinienartigen Wäldern, Farnen und Schachtelhalmen und belebt von kleinen Dinosauriern, großen Amphibien und schuppengepanzerten Fischen.

Durch Hochwasser oder vulkanische Schlammfluten wurden die mächtigen Bäume entwurzelt, in die Senke gespült und mit einer Schicht aus Schlick und Asche bedeckt, die eine Sauerstoffzufuhr verhinderte und dadurch den Prozeß der Versteinerung in die Wege leitete. Silikathaltiges Grundwasser drang in das Holz, allmählich ersetzten die abgelagerten Silikatkristalle das organische Material, ehe sie zu Quarz wurden. Das Gebiet sank später ab, wurde überflutet und mit Sedimenten überdeckt, die schließlich an die Erdoberfläche gehoben und der Erosion von Wind und Wetter ausgesetzt waren.

Die durch Beimischungen von Eisenoxyd, Mangan, Karbon und Aluminium besonders farbenprächtigen fossilen Relikte der Urzeit zogen schon bald nach ihrer Entdeckung durch Angehörige der US-Armee Mitte des 19. Jh. zahlreiche Mineraliensammler an, die das versteinerte Holz wagenweise abtransportierten, um es zu Tischplatten und Fensterbänken zu verarbeiten. Im Jahre 1906 machte der Staat dem Raubbau ein Ende und stellte die wichtigsten Fundstellen als National Monument unter Schutz; 1932 erwarb die Regierung weitere 10 km^2 und wandelte das Areal 1962 schließlich in einen Nationalpark um. 1970 wurden die umliegenden Gebiete der Painted Desert auf einer Fläche von 200 km^2 als

Wilderness Area ausgewiesen und damit privater Nutzung entzogen.

Jeder Besucher sollte der Verlokkung widerstehen, auch nur ein winziges Stück einzustecken; mit Kontrollen durch Ranger ist jederzeit zu rechnen, und die Strafen sind drakonisch. Reinen Gewissens kann man für wenig Geld in den parknahen Souvenirläden versteinertes Holz jeder Größe und Färbung erstehen.

Wissenschaftlern bietet der Park immer neue Überraschungen. So wurden hier 1985 die ältesten bisher gefundenen Dinosaurier-Reste freigelegt. Aber nicht nur die Paläontologen finden hier ein Dorado, auch Prähistoriker sehen im Park ein reiches Betätigungsfeld. Felszeichnungen, Keramikfunde und Gebäudereste bekunden eine bis 2000 Jahre zurückreichende Besiedlung, die um 1400 im Rahmen des großen Exodus der Südwestkulturen auch hier ihr Ende fand.

Der 379 km^2 große Park wird von einer etwa 28 Meilen langen Straße durchzogen, die den nördlichen Eingang an der I-40 mit dem südlichen an der US 180 verbindet. Wer von Norden kommt, beginnt seine Fahrt am Painted Desert Visitor Center, das mehrfach täglich einen informativen Film über die Entstehung des Parks zeigt (tägl. von Sonnenaufgang bis Sonnenuntergang geöffnet). Vom Aussichtspunkt Pintado Point hat man einen besonders schönen Blick über die Painted Desert mit dem 1900 m hohen Pilot Rock. Von Lacey Point lassen sich die farbig gemusterten Sedimentschichten studieren. Die Straße überquert die I-40 zu den Puerco Indian Ruins, wo Zeugnisse der Anasazi-Kultur erhalten blieben, darunter Felsgravuren mit Tierdarstellungen und bescheidene Gebäudereste. Den Newspaper Rock, eine weitere interessante präkolumbische Felsmalerei, kann man leider nur aus der Distanz betrachten.

Vorbei an den farbigen Hügeln der Teepees, so benannt nach den Indianerzelten gleicher Form, gelangt man zur Abzweigung des Blue Mesa Trail. Der 1,5 km lange Fußweg windet sich durch die Erosionslandschaft und berührt mehrere Fundstellen versteinerter Bäume. Von Jasper Forest läßt sich die Oberflächengestalt des Parks besonders gut erfassen, in Crystal Forest hingegen die Zerstörung durch Mineraliensammler des vergangenen Jahrhunderts. Die fossilen Bäumen wurden zum Teil gesprengt, um die darin enthaltenen Quarze und Amethyste herauszulösen.

Im südlichen Teil des Parks, der den Namen Rainbow Forest (Regenbogenwald) trägt, sollte man sich nicht den Giant Logs Trail entgehen lassen, der zum Old Faithful führt, dem mit 2,90 m Durchmesser größten fossilen Baum. In Long Logs auf der gegenüberliegenden Straßenseite kann man die größte Anhäufung versteinerter Bäume im Petrified Forest bewundern. Der mächtigste Stumpf erreicht noch eine Höhe von gut 2 m. Die Zerstückelung der Baumriesen ist nicht erst Ergebnis der Erosion, sondern auf Erdbewegungen zurückzuführen, mit denen die Scholle des Colorado-Plateaus lange zuvor gehoben wurde. Einen Blick sollte man auch in das Museum werfen, das anhand auserwählter Stücke einen Querschnitt durch die Welt des Trias gibt. Gezeigt wird auch das Skelett eines Phytosauriers.

Praktische Hinweise

Anfahrt: Vom Canyon de Chelly gut 90 Meilen über die US 191 Richtung Südwesten bis zum Parkeingang
Saison: Ganzjährig geöffnet, Juni–Aug. 7–20, Mai und Sept. 8–18, sonst 8–17 Uhr
Unterkunft: Keine Unterkunft im Park; **in Chambers:** Best Western Chieftain Motel, 22 Meilen nordöstl. an der I-40, ✆ 602-688-2754; **in Holbook:** Best Western Arizonian, 2508 E. Navajo Blvd., ✆ 602-524-2611, mittlere Preise; Rainbow Inn, 2210 Navajo Blvd., ✆ 602-524-2654, preiswert

Der Süden von Arizona

Phoenix und Umgebung

Selten bewahrheitet sich ein Name so wie bei der knapp 1 Mio. Einwohner zählenden Hauptstadt von Arizona, kann sie doch wie kaum eine andere Stadt des Südwestens auf einen kometenhaften Aufstieg verweisen. Doch alles begann sehr bescheiden. Im Jahre 1867 setzte ein gewisser Jack Swilling die von den Hohokam längst verlassenen Kanäle zur Bewässerung einiger Wiesen instand, deren Gras er an das nahegelegene Fort McDowell als Viehfutter verkaufte. Bald darauf ließen sich weiße Siedler nieder und begannen mit der Kultivierung des Bodens, aus unerfindlichen Gründen davon überzeugt, daß dies der Grundstein für eine blühende Stadt sei, die sich wie ein Phönix aus der Asche verloschener Kulturen erheben würde. Die Vision sollte sich erfüllen.

Als der Goldrausch im Norden von Arizona einsetzte, profitierte Phoenix von seiner günstigen Lage und wurde zum wichtigen Umschlagplatz für den Bedarf der Glücksritter. Zwanzig Jahre nach Gründung zählte der rauhe Wildwestort bereits 3000 Seelen und konnte Prescott als Hauptstadt ablösen. Den wichtigsten Impuls aber erhielt die Stadt durch den 1912 eröffneten Roosevelt-Damm und das damit verbundene Salt-River-Projekt, das Tausende Quadratkilometer fruchtbaren Akkerlands für den Baumwollanbau erschloß.

Phoenix
1 Heritage Square
2 Arizona Center
3 Symphony Hall
4 Ellis-Shackelford House
5 Visual Center
6 Performing Arts Building
7 Phoenix Library
8 Phoenix Art Museum
9 Heard Museum

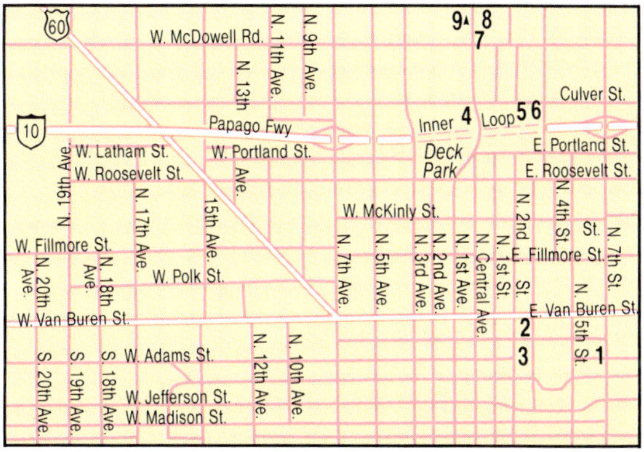

Mit Ausbruch des Zweiten Weltkriegs stiegen das Militär und zahlreiche Zulieferbetriebe zu den bedeutendsten Arbeitgebern auf. Eine ebenso wichtige Position übernahm der Fremdenverkehr, der um 1901 mit einigen primitiven Zeltquartieren begonnen hatte. Im Jahre 1930 gab es bereits luxuriöse Ferienanlagen, aber erst die Entwicklung der Klimaanlagen sollte eine Besiedlungswelle auslösen, getragen vor allem von sonnenhungrigen Pensionären aus dem kalt-feuchten Osten.

Abgesehen von Downtown gehört Phoenix mit einem völlig unterentwickelten Nahverkehr – kein Betrieb an Wochenenden – Autofahrern, so daß Besucher möglichst einen Wagen haben sollten. Sehenswürdigkeiten im klassischen Sinn bietet das Zentrum kaum. Fußmüde Besucher können den kostenlosen Pendelbus (DASH, Mo–Fr 6.30–18 Uhr) besteigen, der im 5- bzw. 10-Minuten-Takt zwischen dem historischen Ostteil und dem Capitol verkehrt.

Das historische Zentrum der Stadt liegt in Bahnhofsnähe. Am **Heritage Square** (1) vermitteln einige renovierte Fassaden von heute privat genutzten Häusern etwas vom Flair vergangener Tage, darunter das 1895 im viktorianischen Stil errichtete Rosson House (Mi–So 10–15.30 Uhr), das Stevens House, das Silva House, ein Fertighaus aus dem Jahre 1900, und das Stevens Haustgen House. Das nahegelegene futuristische Gebäude The Mercado dokumentiert in Architektur und Warenangebot den starken mexikanischen Einfluß.

Ein Stück nordwestlich recken sich die schwarz glänzenden Türme des supermodernen **Arizona Center** (2) in den Himmel mit überdachten und klimatisierten Passagen, gepflegten Geschäften und Boutiquen jeder Art, dazu Kinos, Restaurants, Springbrunnen, Grünanlagen und nicht zuletzt der Touristeninformation.

Daneben, gleich einem musealen Relikt, duckt sich die historische **St. Mary's Basilica** im Schatten der Hochhäuser. Als Kontrast dazu stehen die beiden Glasfassaden der **Symphony Hall** (3) und des Herberger Theater, die sich an der Civic Center Plaza gegenüberstehen.

Das kulturelle Zentrum mit zahlreichen Museen erstreckt sich einige Blocks nördlich des historischen Stadtkerns beiderseits der I-10, die hier im Tunnel unter dem neu angelegten Deck Park verschwindet. Am Nordende des Parks liegt das Ende des 19. Jh. errichtete **Ellis-Shackelford House** (4), eines der ältesten Gebäude der Stadt, das lange Zeit Sitz der Arizona Historical Society war und noch einige Eisenbahnwaggons aus alten Tagen im Garten aufzuweisen hat. Am Ostende des Parks sind das **Visual Center** (5, Studios bildender Künstler, Ausstellung, Verkauf) und das **Performing Arts Building** (6, experimentelles Tanztheater) untergebracht.

Zwei Blocks nördlich des Deck Park liegen die **Phoenix Library** (7) und das **Phoenix Art Museum** (8) dicht beieinander. Die Exponate umfassen neben europäischer Malerei des 19. Jh. vor allem Werke amerikanischer Künstler, darunter auch von Georgia O'Keeffe und dem Western-Maler Frederic Remington (Mi, 10–19, sonst 10–17 Uhr, Mo geschl., Mi freier Eintritt). Auf keinen Fall sollte man einen Besuch des 100 m weiter nördlich

Wandmalerei in Phoenix

liegenden **Heard Museum** (9) versäumen, das nicht nur eine hervorragende Kachina-Abteilung, sondern auch die bedeutendste Sammlung indianischer Kunst in den USA besitzt. Es gibt keinen besseren Platz, sich mit der Kultur der im Westen lebenden Stämme und ihrem Kunstschaffen vertraut zu machen (9, tägl. 10–17, So 12–17 Uhr).

Der Aufstieg des ›Vororts‹ **Scottsdale** zum noblen Einkaufsparadies begann um die Jahrhundertwende. Heute leben dort etwa 160 000 Menschen überwiegend vom Fremdenverkehr. Das Bild der gepflegten Innenstadt bestimmen teure Boutiquen, Galerien, Einkaufszentren und Restaurants. Sehenswert sind die von Frank Lloyd Wright (1869–1959) entworfene First Christian Church und das historische Zentrum Old Scottsdale mit hölzernen Bürgersteigen und rustikalen Häuserfronten aus den Pioniertagen des 19. Jh.

Praktische Hinweise

Verbindung: Mit dem Flugzeug: Der Flughafen, der von allen großen Gesellschaften angeflogen wird, liegt 3 Meilen östl. der Stadt. Verbindung ins Zentrum durch Phoenix Transit Bus oder Taxi; mit der Eisenbahn: Amtrak-Verbindung mit New Orleans (So, Di, Fr). Der Bahnhof liegt südl. des Zentrums, keine Busverbindung; mit dem Bus: Greyhound- und Trailways-Busbahnhof nahe der Civic Plaza im Zentrum
Information: Phoenix & Valley of the Sun Convention & Visitors Bureau, One Arizona Center, 400 E. Van Buren

St., Phoenix, AZ 85004, ✆ 602-254-6500; Branch Office im Hyatt Regency Hotel, 2nd/Adams Sts, dort auch Hotelauskunft unter ✆ 602-257-4111, Mo–Fr 8–17 Uhr

Unterkunft: Hyatt Regency, 122 N. 2nd St., ✆ 602-252-1234, Luxus; Coachman Inn, 1520 N. 84th Dr., ✆ 602-936-4667, mittlere Preise; Days Inn Camelback, 502 W. Camelback, ✆ 602-264-9290, mittlere Preise; La Quinta Motor Inn Coliseum, 2725 N. Black Canyon Hwy, ✆ 602-258-6271, mittlere Preise; Super 8 Motel Phoenix Central, Indian School Rd. N. 27th Ave., ✆ 602-248-8880, preiswert; Metcalf House, Jugendherberge, 1026 N. 9th St., ✆ 602-254-9803, 14 Blocks vom Busbahnhof

Veranstaltungen: Indian Fair im Heard Museum (Feb.); Arizona State Fair (Okt.); Native American Arts Show im Heard Museum (Nov.)

Das kleine Museum **Pueblo Grande,** 5 Meilen östlich der Stadt in der Nähe des Flughafens, zeigt Reste von Siedlungen und Bewässerungskanälen der Hohokam. Am zweiten Wochenende im Dezember findet ein großer Markt mit indianischem Kunsthandwerk statt (Mo–Sa 9–16.45, So 13 bis 16.45 Uhr).

Der 60 ha große **Papago Park,** 2 Meilen weiter östlich, ist mit dem Desert Botanical Garden ein kleines Eldorado für Kakteen-Freunde, die dort einen umfassenden Einblick in die Artenvielfalt nicht nur Nord- und Mittelamerikas erhalten. Am schönsten ist der Besuch zur Blütezeit im März und April (tägl. 8 Uhr bis Sonnenuntergang).

Cowboy-Nachwuchs in der Westernstadt Prescott

Im **Pioneer Arizona Living History Museum,** 12 Meilen nördlich von Phoenix an der I-17, kann man an die 20 rekonstruierte Gebäude aus der Wildwest-Zeit in ursprünglicher Kakteenlandschaft betrachten. Freiwillige in historischen Kostümen erläutern das damalige Leben (Anfang Okt.–Ende Juni, Mi–So 9–17 Uhr).

Unter Leitung des Architekten Paolo Soleri, eines Schülers von Frank Lloyd Wright, entsteht in **Arcosanti,** etwa 50 Meilen südlich von Phoenix, eine auf ökologischen Prinzipien basierende alternative Siedlung, die einmal 5000 Menschen beherbergen soll. Das experimentelle Projekt befindet sich wegen chronischen Geldmangels zwar noch immer im Aufbau, bildet aber einen höchst lehrreichen und hoffnungsvollen Kontrast zu der nach wie vor überall praktizierten Energieverschwendung. Den besten Blick auf das Projekt hat man vom ›View Point‹, zu dem ein Fußweg führt.

Prescott und Umgebung

Der ehemalige Minenort, bis 1887 sogar Verwaltungszentrum, liegt eingebettet in großartige Bergszenerie in 1700 m Höhe. Die Kleinstadt (27 000 Einwohner) hat es verstanden, ihre bewegte Vergangenheit geschickt mit dem gesunden Klima und der offenbar noch unzerstörten Umwelt zu vermarkten. Zum Ruf eines attraktiven Ferienziels verhelfen auch zahlreiche noch gut erhaltene viktorianische Bauten des 19. Jh.

Im Zentrum der Stadt liegt die Court House Plaza, wo gegenüber dem alten Gerichtsgebäude die Touristeninformation untergebracht ist. Die Westseite des Platzes wird von der Whiskey Row flankiert, an der sich früher einmal die Spelunken reihten, die aber längst modernen Geschäften weichen mußten. Auf dem Platz erhebt sich das Bucky O'Neill Monument, das an die Roosevelt's Rough Riders erinnert, das erste US-Kavallerie-Regiment, das in dem amerikanisch-mexikanischen Krieg von William O'Neill ins Leben gerufen wurde. Unter den Museen der Stadt sollte man dem Smoki Museum (146 N. Arizona Ave., Juni–Sept. Do bis Di 10–16.30 Uhr) den Vorzug geben. In Architektur wie Innengestaltung einem Pueblo nachempfunden, zeigt es eine umfangreiche Keramiksammlung aus den präkolumbischen Ruinenfeldern von Tuzigoot (vgl. S. 212). Im Phippen Museum (4701 US 89 N., Mo, Mi–Sa 10–16, So ab 13 Uhr) werden Arbeiten zeitgenössischer Künstler der Region präsentiert.

Praktische Hinweise

Anfahrt: Von Phoenix ist die Route über die US 89/SR 89 zu empfehlen, die durch großartige Berglandschaft nordwärts führt. Von Flagstaff sollte man die 89 A über Sedona wählen

Information: Chamber of Commerce, 117 W. Goodwin St., Prescott, AZ 86303, ✆ 602-445-2000

Unterkunft: Best Western Prescottonian Motel, 1317 E. Gurley St., ✆ 602-445-7991, teuer; Prescott Super 8, 1105 E. Scheldon St., ✆ 602-776-1282, preiswert

Veranstaltungen: Prescott Days (Anfang Juni); Frontier Days Celebration and Rodeo (4. 7., eine Woche); Yavapai County Fair (Ende Sept.)

Wen präkolumbische Kulturen besonders anziehen, der mag über die SR 89 A zwischen Prescott und Flagstaff einen Abstecher zu den Ruinen des **Tuzigoot National Monument** unternehmen. Heute kann man nurmehr Reste einer großen Pueblo-Anlage besichtigen, die von den Sinagua zwischen 1125 und 1300 auf einem Hügel in einer Schleife des Rio Verde angelegt worden war. Bekannt ist der Ort vor allem durch hervorragende Keramik- und Schmuckfunde, von denen einige im kleinen Museum (im Sommer tägl. 8–19, sonst bis 17 Uhr) gezeigt werden, viele aber auch im Smoki Museum in Prescott. Die Verarbeitung ortsfremder Materialien und der hohe Standard legen die Vermutung nahe, daß eine ›Schmuckindustrie‹ bestanden haben muß, die vom Fernhandel lebte.

Das ganzjährig geöffnete Naturschutzgebiet des **Casa Grande National Monument** nahe der Gabelung der I-8 und 10 etwa auf halbem Weg zwischen Phoenix und Tucson gehört zu den weiteren rätselhaften Zeugnissen präkolumbischer Kultur in Arizona. Hinter dem spanischen Namen ›Großes Haus‹ verbirgt sich die besterhaltene Niederlassung mit den höchsten Bauwerken im Gila-Becken (nicht zu verwechseln mit der ebenfalls präkolumbischen Ausgrabungsstätte Casas Grandes im nordwestlichen Mexiko). Entdeckt und benannt hatte sie Pater Kino schon im Jahre 1694, doch den staatlichen Schutz erhielt sie erst 1918.

Der aus Lehmblöcken geformte, 10 m hohe Komplex entstand gegen 1350 und wurde kaum 50 Jahre später schon wieder verlassen. Über die Funktion der festungsartigen, von mehreren Dörfern umschlossenen Anlage besteht bisher keine eindeutige Klarheit. Sehr wahrscheinlich diente sie den Hohokam als regionales Zeremonialzentrum und Observatorium. Zum Schutz der regenempfindlichen Adobe-Wände hatte man das Hauptgebäude überdacht.

Tucson und Umgebung

Als zweitgrößte Stadt von Arizona (407 000 Einwohner) ist Tucson unbestrittenes Zentrum des Südens und mit 3800 Sonnenstunden eines der beliebtesten Winterziele amerikanischer Pensionäre. Die 800 m hoch gelegene, ringsum von Bergen umschlossene Wüstenmetropole leitet ihren Namen aus dem indianischen *Stjukshon* ab (Quelle am Fuß der dunklen Hügel). Dank des Wasserreichtums wurde das Hochtal schon vor 12 000 Jahren durch Vorläufer der späteren Südwestkulturen besiedelt.

Als erste Europäer kamen um 1700 Jesuiten und gründeten unter Pater Kino die Mission San Xavier del Bac

Tucson 1 Tucson Museum of Art 2 Campus 3 Arizona Historical Society 4 Arizona State Museum 5 Pima Air Museum

Straßenszene in Tucson

(vgl. S. 216). Doch dem weiteren Zuzug spanischer Siedler widersetzten sich die dort lebenden Apachen und zwangen die Spanier 1776, ein befestigtes Fort anzulegen. Im Jahre 1821 übernahm Mexiko das Erbe der spanischen Krone, 1846 schließlich fiel Tucson an die USA. Als Station am California Trail gewann es nun rasch an Bedeutung, zumal auf der Hauptroute nach Westen seit 1857 zwischen San Antonio und San Diego regelmäßig auch Postkutschen verkehrten. Die Ankunft der Eisenbahn im Jahre 1880 versetzte den wichtigsten Entwicklungsschub, als Tucson in kurzer Zeit vom Handelsposten zur größten Stadt von Arizona avancierte; erst 1920 wurde es von Phoenix entthront.

Das nahe Mexiko ist überall spürbar, ein Viertel der Bewohner hat mexikanische Herkunft, und Spanisch ist gleichberechtigte Verkehrssprache. Die hispano-amerikanischen und indianischen Elemente machen sich auch im Stadtbild positiv bemerkbar, setzt doch blendendweiße Pueblo-Architektur immer wieder malerische Akzente.

Das Herz des alten Tucson schlägt im kleinen Presidio District, dem Standort des ehemaligen Forts. Als herausragendes Bauwerk dominiert das 1927 gebaute **Pima County Court House** mit einer mosaikgeschmückten Kuppel den Presidio Park. Einige Schritte nördlich liegt jenseits der Alameda Street das **Tucson Museum of Art** (1, Di–Sa 10–16, So 12–16 Uhr) mit einer Sammlung präkolumbischer Kunst.

Ganz in der Nähe auf derselben Straße findet man das **Edward Nye Fish House,** einen Adobe-Bau aus dem Jahre 1868, den ein einflußreicher Kaufmann und Politiker hatte bauen lassen und der heute eine Kunstgalerie beherbergt. Wiederum ganz in der Nähe steht das **Stevens House,** ein ebenfalls aus Adobe errichtetes Anwesen aus dem Jahre 1865, in dem der Viehbaron Hiram Stevens residierte. Heute kann man hier sehr gepflegt und teuer speisen.

Alle Kolonialbauten in den Schatten stellt die **Casa Cordova** von 1848, das älteste historische Gebäude aus Pioniertagen. Hier zeigt das **Mexican Heritage Museum** unter anderem Möbel und Einrichtungsgegenstände aus der Kolonialzeit (Di–Sa 10–16, So 12–16 Uhr, freier Eintritt). Das gegenüberliegende, ebenfalls historische Old Town Artisan wurde in ein Kunstgewerbezentrum umgewandelt, das ein faszinierendes Angebot lokalen Kunstgewerbes feilbietet.

Einen zweiten Schwerpunkt der Besichtigung bildet der **Campus** der Universität (2, Parkplatzprobleme), um den sich mehrere Museen gruppieren. Sehr lohnend ist das Center for Creative Photography (So–Fr 11–17 Uhr, Eintritt frei), das nicht nur den Nachlaß des weltberühmtem Photographen Ansel Adams verwaltet, sondern die größte Photosammlung der Welt zeigt, darunter Arbeiten von Paul Strand und Edward Weston. Der überwiegende Teil der 50 000 Bilder von 1400 Photographen befindet sich im Archiv, das jedoch auf Wunsch zugänglich ist.

Etwas nördlich liegt das ebenfalls sehenswerte **Arizona Historical Society Museum** (3), das einen Querschnitt durch die Geschichte präsentiert, ausgehend von der Kultur der Hohokam über die Epoche der Spanier und Mexikaner bis in die Pionierzeit des 19. Jh. (tägl. 10–16 Uhr, Eintritt frei). Wer sich für die Natur und die Geschichte der Indianer von Arizona interessiert, sollte einen Blick in das 100 Jahre alte **Arizona State Museum** werfen mit der weltgrößten Sammlung von Baumringen (4, Mo–Sa 9–17, So 14–17 Uhr, Eintritt frei). Drei Blocks weiter lassen sich die im Petrified Forest (vgl. S. 204 f.) gewonnenen Eindrücke im Mineral Museum vertiefen (Mo–Fr 8–15 Uhr, Eintritt frei).

Freunde historischen und moderneren Fluggeräts werden ihre helle Freude am **Pima Air Museum** haben (5, 6400 S. Wilmot Rd., Exit Wilmot Rd. der I-10, tägl. 9–17 Uhr). In einer Ausstellungshalle, meist aber unter freiem Himmel, ›parken‹ hier Flugzeugtypen vergangener Jahrzehnte, die meisten mit militärischer Vergangenheit. Eine Freiwilligen-Crew hat vielen der Maschinen wieder zu alter Schönheit und voller Flugfähigkeit verholfen. Wem das nicht ausreicht, kann bei der nordöstlich gelegenen Davis-Monthan Air Force Base Tausende teils martialische Militärflieger hinter kilometerlangem Maschendraht bewundern, die im knochentrockenen Wüstenklima von Arizona ›eingemottet‹ nebeneinander oder auch gestapelt einer eventuellen Wiederverwendung harren – sofern sie nicht bereits für aktives Gerät ausgeschlachtet wurden. Zutritt zur Air Force Base für Privatpersonen besteht zwar nicht, an Photos über und durch den Zaun auf den sogenannten *bone yard* (Knochenhof) stört sich aber niemand.

Praktische Hinweise

Verbindungen: Mit dem Flugzeug zahlreiche Verbindungen mit den größeren Städten der USA und Mexiko, der Flughafen liegt 8,5 Meilen südl. der Stadt, öffentl. Zubringerbus Sun Tran-Bus Nr. 25 bis Sussex Interchange, von dort Nr. 8 ins Zentrum; mit der Eisenbahn: Amtrak-Station im Zentrum (400 E. Toole Ave.); mit dem Bus: Busbahnhof im Zentrum (S. 4th Ave./E. Broadway, nahe Bahnhof)

Information: Metropolitan Tucson Convention & Visitors Bureau, 130 S. Scott Ave., Tucson, AZ 85701, ✆ 602-624-1817; Fax 602-884-7804, Mo–Fr 8–17 Uhr

Unterkunft: Holiday Inn, 181 W. Broadway, ✆ 602-624-8711, teuer; Days Inn Santa Rita, 88 E. Broadway, nahe Busbahnhof, ✆ 602-622-4000, gehobene Preise; Discovery Inn, 22nd St./1010 S. Freeway, nahe Zentrum, ✆ 602-622-5871, mittlere Preise; Franciscan Inn, 1165 N. Stone Ave., nahe Zentrum, ✆ 602-622-7763, mittlere Preise; Lamp Post Motel, 1990 S. Craycroft, südöstl. des Zentrums, ✆ 602-790-6021, preiswert

Veranstaltungen: La Fiesta de Vaqueros (vier Tage im Feb., Parade, Rodeo); Pima County Fair (zehn Tage im April, karnevalartig); Summer Arts Festival (Juni/Juli); Tucson Balloon Festival (Nov.)

Die schneeweiße **Mission San Xavier del Bac,** 9 Meilen südwestlich nahe der I-19, markiert den Platz der ersten Missionsstation, die der Jesuitenmissionar Eusebio Francisco Kino 1692 gegründet hatte, um die dort lebenden Pima-Indianer zu bekehren. Erst 100 Jahre später wurde die Kirche unter Leitung der Franziskaner im barocken Kolonialstil errichtet. Heute befindet sich das Gotteshaus im Besitz der Papago-Indianer. Der unvollendete Glockenturm erhält zwar durch den tragischen Tod eines abgestürzten Maurers eine legendenhafte Erklärung, hat aber wohl eher steuerliche Gründe, denn erst nach Fertigstellung eines Bauwerks wurden Abgaben an die Krone fällig. Das Innere zeigt eine üppige Barockausstattung, die man gern mit der Sixtinischen Kapelle vergleicht. Während der Sonntagsgottesdienste spielen zuweilen Mariachi-Musiker auf. Im März treffen sich hier die Indianer des Südwestens zum traditionellen Pow Wow (Gesang und Tanz).

Die künstliche Pioniersiedlung der **Old Tucson Studios,** 12 Meilen westlich des Zentrums von Tucson, erreichbar über die US 86 und die Kinney Road, dient seit Jahrzehnten als Kulisse unzähliger Western-Filme. Selbst Expräsident Ronald Reagan ritt dort in seinen Schauspielertagen durch die Straßen. Wenn keine Dreharbeiten stattfinden, sorgen um sich schießende Stuntmen für die perfekte Illusion der wilden Jahre – oder zumindest die landläufige Vorstellung davon. Besucher können mit alten Postkutschen fahren, sich historische Filme ansehen oder mit Souvenirs eindecken (tägl. 9–21 Uhr).

Der Wüstenzoo des **Arizona-Sonora Desert Museum,** 2 Meilen nördlich der Studios an der Kinney Road gelegen, ist zweifellos Tucsons größte Attraktion. In vorbildlicher Weise sind dort die Lebensformen der Wüste präsentiert, wie man sie in freier Natur kaum zu sehen bekommt. Vom Biber bis zum Skorpion lassen sich die Tiere in ihren Ökotopen ungestört beobachten. Eine andere Abteilung erläutert die Geologie mit detaillierten Beispielen (tägl. 7.30–18, im Winter 8.30–17 Uhr).

Im **Saguaro National Monument,** etwa 2 Meilen nördlich des Desert Museum, findet das im Museum erworbene Wissen praktische Anschauung, auch wenn zur Entdekkung einer Känguruhratte oder Eule eine Portion Glück gehört – die meisten Tiere sind ohnehin nachtaktiv. Der Naturpark soll besonders die riesigen Saguaro-Kakteen *(Cereus giganteus)* schützen, im Volksmund auch Kandelaberkakteen genannt. Sie sind eine typische Erscheinungsform der Sonora-Wüste und kommen jenseits der mexikanischen Grenze in waldartiger Konzentration vor. Die Pflanzen können Höhen von 16 m, ein Gewicht von 15 t und ein Alter von 300 Jahren erreichen. Mit etwa 2 cm pro Jahr wachsen sie nur sehr langsam und blühen erstmals im stattlichen Alter von etwa 50 Jahren, wobei sich die Blüte wie bei allen Cereus-Arten nur nachts öffnet.

Mit **Biosphere II,** 35 Meilen nordöstlich von Tucson, begann 1990 inmitten der Wüste ein großangelegtes ökologisches Versuchsprojekt, das auf große Resonanz, aber auch Kritik stieß. Von der Außenwelt völlig abgeschlossen, wollen dort einige Wissenschaftler, nur gestützt auf kleine Biotope, in Autarkie überleben. Besucher können durch Fenster in diesen

Mission San Xavier

künstlich geschaffenen Lebensraum blicken, der als Prototpy für zukünftige Weltraumstationen dienen soll.

Das 512 km^2 große, an Mexiko grenzende **Organ Pipe Cactus National Monument** präsentiert die Flora und Fauna der Sonora-Wüste und zeichnet sich vor allem durch seine Kakteenvielfalt aus. Man erreicht den Park über die I-8 bis Gila Bend und

Saguaro National Monument

von dort auf der SR 85 (60 Meilen) oder direkt von Tucson über die SR 86 bis Why und von dort über die SR 85 (120 Meilen). Der Park ist ganzjährig geöffnet, die Pisten werden bei Regen jedoch gelegentlich geschlossen. Am Visitor Center (tägl. 8–17 Uhr) befindet sich ein Campingplatz.

Außer Saguaros kann man Orgelpfeifenkakteen *(Lamaireocerus thurberi)*, die kleinen buschigen Chollas *(Opuntia bigelovii)* oder den Senita-Kaktus *(Lophocreus schottii)* bewundern. Aus dem Wege gehen sollte man vor allem der Jumping Cholla *(Opuntia fulgida)*, deren stachelige Glieder sich bei der geringsten Berührung lösen und Passanten gleichsam ›anspringen‹.

Viel behäbiger wirken hingegen die Igelkakteen, die eine Höhe von 3 m erreichen können. Bei den seltenen Regenfällen pumpen sie sich so schnell mit Wasser auf, daß sie zuweilen umstürzen. Damit ist ihr Schicksal aber keineswegs besiegelt, können sie doch neue Wurzeln bilden, die ihnen schnell wieder Halt verschaffen. Die Wunderwelt der Sukkulenten kann man auf zwei Rundfahrten durch den Park näher erkunden (Ajo Mountain Drive, 21 Meilen; Puerto Blanco Drive, 53 Meilen). Das Visitor Center, an dem die Routen abzweigen, liegt 17 Meilen südlich des Parkeingangs.

Tombstone

Der wohl berühmteste Minenort im Westen verdankt seinen makabren Namen Grabstein dem Goldsucher Ed Schieffelin, der dort 1877 seinen ersten *claim* absteckte. Statt seines Grabsteins, wie Freunde ihm prophezeit hatten, fand er eine reiche Silberader und nannte die schnell wachsende Ortschaft Tombstone. Bald reihten sich Saloons, Tanzhallen, dubiose Hotels und Handelsagenturen entlang der Hauptstraße. Ein Jahrzehnt lang blühte der Bergbau, bevor die Minen durch steigendes Grundwasser überfluteten.

Die zum Sterben zu zähe Stadt *(The town too tough to die)* überlebte aber und ist heute ein vielbesuchtes Touristenziel. Seinen Ruhm verdankt Tombstone nicht zuletzt der berühmten Schießerei am O.K. Corral zwischen den Brüdern Wyatt, James und Virgil Earp und John ›Doc‹ Holliday auf der einen sowie einigen Cowboys auf der anderen Seite. Das Feuergefecht, bei dem drei der Cowboys erschossen wurden, fand am 26. 10. 1881 statt, aber noch immer erhitzen sich die Gemüter, ob es sich um einen fairen Kampf handelte oder um kaltblütigen Mord.

Die Gebrüder Earp, allen voran der legendäre Hilfs-Marshal Wyatt, werden als recht zwielichtige Gestalten beschrieben, die auf noch immer ungeklärte Weise in Tombstone zu Reichtum gekommen waren. Es gab Gerüchte, aber keine Beweise, daß Wyatt Earp trotz seiner Stellung als Rechtshüter eine Verbrecher- und Falschspielerbande anführte. Nach dem Schußwechsel wurde er per Haftbefehl gesucht, dem er sich durch die Flucht nach Kalifornien entzog, wo er am 3. 1. 1929 im gesegneten Alter von 80 Jahren starb.

Am ersten und dritten Sonntag jeden Monats findet im O.K. Corral um 14 Uhr eine Nachstellung des legendären *shoot out* statt. Unmittelbar daneben hat das Camillus Fly Studio seinen Platz, der Nachbau des Ateliers des berühmten Westernphotographen (tägl. 8–17 Uhr). Er begleitete unter anderem General Crook auf seinem Feldzug gegen die Apachen und machte während der Verhandlungen inmitten des feindlichen Indianerlagers Photos von Häuptling Geronimo.

Tombstone besitzt überdies zahlreiche historische Gebäude, darunter das Bird Cage Theater, den ehemals ›heißesten Nachtklub‹ zwischen New Orleans und San Francisco. Theateraufführungen waren wohl eher die Ausnahme. Nicht versäumen sollten Besucher eine Besichtigung des Friedhofs ›Boothill‹ (Stiefelhügel) vor den Toren der Stadt, auf dem ehrbare Bürger neben Desperados ruhen. Denselben Namen beanspruchen übrigens auch noch andere Friedhöfe des Westens – z. B. in Virginia City, Montana (s. S. 311) oder in Dodge City, Kansas (s. S. 348 f.). Er umschreibt, daß der Tod die dort Bestatteten zumeist in ihren Stiefeln ereilte.

Praktische Hinweise

Anfahrt: Bis Benson auf der I-10, dort abbiegen auf die SR 80 (27 Meilen)
Information: Tourism Association, P.O. Box 917, Tombstone, AZ 85638, ✆ 602-457-2211
Unterkunft: Best Western Lookout Lodge, nahe Boothill, ✆ 602-457-2223, mittlere Preise; Adobe Lodge Motel, Zentrum, ✆ 602-457-2241, preiswert
Veranstaltungen: Territorial Days (erstes Wochenende im März); Wyatt Earp Days (letztes Wochenende im Mai); Revue of Gunfighters (erstes Wochenende im Sept.); Helldorado Days (drittes Wochenende im Okt.) – zu sehen gibt es jeweils Westenspektakel

Der **Kartchner Caverns State Park,** etwa 40 Meilen nördlich von Tombstone, schützt eine 3 km lange Tropfsteinhöhle, die zwei Höhlenforscher 1974 auf der Kartchner Ranch entdeckten. Um die üblichen Zerstörungen durch Vandalismus und Gedankenlosigkeit zu unterbinden, hat der Staat das Gelände erworben und Ende 1992 in ein National Monument umgewandelt.

Steckbrief

NEW MEXICO

Postalisches Kürzel: NM
Größe: 315 113 km^2, 88 % der Fläche der BRD
Hauptstadt: Santa Fe, 56 000 Einwohner
Bevölkerung: 1,6 Mio., 8 % Indianer, 32 % spanisch-mexikanischer Abstammung
Wirtschaft: Bergbau, Landwirtschaft, Elektronik
Beiname: Land of Enchantment (verzaubertes Land)
Staatsmotto: Crescit eundo (es wächst, während es voranschreitet)
Symbole: Yucca-Baum (Yucca), Pinyonnus (Piñon), Erdkuckuck (Roadrunner oder Chaparral)
Information: New Mexico Department of Tourism, 491 Old Santa Fe Trail, Santa Fe, NM 87503, ✆ 505-827-7400, Fax 505-827-7402
Verkehrsverbindungen: Mit dem Flugzeug gute Verbindung nur mit Albuquerque; mit der Eisenbahn: Amtrak Route Chicago–Los Angeles mit den Bahnhöfen Albuquerque, Lamy, Gallup und Raton; mit dem Bus: Greyhound auf allen wichtigen Routen
Reisezeit: In New Mexico kann man das ganze Jahr über reisen, muß im Sommer jedoch in den Niederungen im Südosten mit recht hohen Temperaturen rechnen, im Winter mit Schnee in den höheren Lagen des Nordwestens
Unterkunft: Taos und Santa Fe sind sehr beliebte Ziele, so daß sich dort eine Reservierung vor allem während der Sommermonate empfiehlt. Unter den Ketten mittlerer bis gehobener Preislage sind Best Western, Days Inn und La Quinta weit verbreitet, bei den preiswerteren Unterkünften Super 8 Motel. Bed & Breakfast erfreut sich immer größerer Beliebtheit, New Mexico Bed & Breakfast Association, Box 2925, Sante Fe, NM 87504
Camping: Für 85 Dollar pro Person erhält man ein *Camping permit* für alle staatlichen Campingplätze mit einjähriger Gültigkeit (New Mexico State Parks und Recreation Division, Box 1147, Santa Fe, NM 87504)

Naturraum

New Mexico hat im Westen Arizona zum Nachbarn, im Norden Colorado. Im Süden grenzt es an Mexiko und Texas, im Osten ebenfalls an Texas und mit einem kleinen Zipfel an Oklahoma. Drei Großlandschaften bestimmen das Bild von New Mexico. Im Nordwesten schieben sich die Ausläufer des Colorado-Plateaus über die Grenze von Arizona. Während die Sedimente im Norden eine fast geschlossene Decke bilden, die von tiefen Canyons und Erosionsfurchen durchzogen ist, lösen sie sich nach Süden in einzelne Gebirge und Plateaus auf. Durch das Zentrum des Staates schieben sich von Nord nach Süd die Ausläufer der Rocky Mountains, die in der Hauptkette, den Sangre de Cristo Mountains, Höhen von über 4000 m erreichen (Wheeler Peak 4042 m). Parallel dazu verläuft die Kette der San Juan Mountains, die als Wasserscheide zwischen Atlantik und Pazifik wirken. Sie sind aus einem Granitkern geformt, der sich bei der Faltung aufgewölbt und die über ihm lagernden Schichten durchbrochen hat. Den Osten des Staates beherrschen die Great Plains.

Auch New Mexico weist durch seine starke Gliederung sehr unterschiedliche Klimaregionen auf, die vom Steppenklima im Norden bis zum Wüstenklima im Süden reichen. Aufgrund der Höhenlage von durchschnittlich 1200 m schwanken die Tagestemperaturen beträchtlich. Mit 350 mm Jahresniederschlag, der sich auf etwa 50 Tage verteilt und im Winter in Höhen über 2500 m als Schnee niedergeht, ist New Mexico der trokkenste Staat der USA.

Geschichte

Als Mitte des 16. Jh. die ersten Europäer kamen, hatte das Land bereits eine weit zurückreichende Besiedlungsgeschichte vorzuweisen – zwischen den Knochenresten einer längst ausgestorbenen Bisonart *(Bison antiquus)* hatten Archäologen Anfang dieses Jahrhunderts Pfeilspitzen prähistorischer Jäger gefunden. Nach den Fundstellen verlieh man den 12 000 bis 14 000 Jahre alten Kulturen den Namen Clovis und Folsom.

Noch viele Jahrtausende durchstreiften Jäger und Sammler den Südwesten, ehe sich die seßhaften Kulturen der Hohokam, Anasazi und Mogollon zu formen begannen. Von den Anasazi ist bekannt, daß sie sich dabei bis nach New Mexico ausbreiteten. Dort schufen sie, ähnlich wie im benachbarten Arizona, ausgedehnte Pueblo-Siedlungen, die – hier wie dort – im 14. Jh. vermutlich wegen anhaltender Dürre verlassen wurden. Einige der Stämme zogen weiter ostwärts und gründeten neue Siedlungen entlang des Rio Grande, ohne allerdings das kulturelle Niveau ihrer Vorfahren wieder zu erreichen.

Als erster Europäer durchquerte 1540 der glücklose Konquistador Francisco de Vásques de Coronado auf der Suche nach den sagenhaften Sieben Städten von Cibola auch New Mexico. Die Legende beruht auf den Berichten des Franziskaners Marcos de Niza, des Überlebenden einer spanischen Expedition, die an der Golfküste gestrandet war. Doch statt der goldenen Städte fand Coronado nur einige Pueblos der Zuni-Indianer, was ihn enttäuscht nach Mexiko zurückkehren ließ.

Auf der Suche nach den Sieben Städten
Die Coronado-Expedition

Francisco Vásquez de Coronado, um 1510 in Salamanca geboren, ging als junger Offizier nach Mexiko und stieg bald zum Gouverneur der nordwestlichen Provinz Neu-Galizien auf. Als der Vizekönig Mendoza 1540 eine Expedition zu den legendären Sieben Städten von Cibola aussandte, übernahm Coronado die Führung. Pedro Nareja de Castañedas beschrieb die große Expedition von 1540/41. Der Bericht mit detaillierten Erläuterungen indianischer Lebensformen gilt als eine der wichtigsten zeitgenössischen Quellen zur Erforschung der frühen Indianerkulturen.

Coronados Trupp folgte der mexikanischen Golfküste nach Norden und gelangte in das Gebiet der Pueblo-Indianer, wo man das Hauptquartier aufschlug und Kundschafter ausschickte: »Hauptmann Alvarado machte sich auf die Reise und erreichte innerhalb von fünf Tagen ein Dorf, das auf einem Felsen lag und Acuco (Acoma) genannt wurde; es hatte eine Bevölkerung von etwa 200 Menschen. Diese Leute waren Räuber, vom ganzen Land in der Runde gefürchtet. Das Dorf war sehr widerstandsfähig, weil es unzugänglich oben auf einem Felsen lag, der nach allen Richtungen steil abfiel und so hoch war, daß es schon eine sehr gute Muskete sein mußte, die eine Kugel so hoch trug.«

Castañedas, der Chronist der Expedition, beschrieb als erster das Leben der hochzivilisierten Pueblo-Indianer, etwa den Bau der Siedlungen: »Alle arbeiten zusammen, um diese Dörfer zu bauen, die Frauen werden dazu gebraucht, den Lehm zu mischen und die Wände zu bauen, während die Männer das Holz holen und an Ort und Stelle bringen. Kalk haben sie nicht, aber sie machen eine Mischung aus Asche, Holzkohle und Schmutz, die fast ebenso gut wie Mörtel ist, denn für ein Haus von vier Stockwerken machen sie die Mauern nicht dicker als eine Elle.«

Vom Hauptquartier Coronados wurde auch ein Erkundungstrupp nach Norden entsandt, der unter Lopez de Cardeñas bis zum Südrand des Grand Canyon vordrang: »Sie verbrachten drei Tage an diesem Ufer und hielten Ausschau nach einer Abstiegsmöglichkeit zum Fluß hinunter, dessen Wasser von oben wirkten, als ob es sechs Fuß breit wäre, obwohl die Indianer sagten, es sei eine halbe Meile breit.« Einige Männer wagten den Abstieg: »Sie kehrten gegen vier Uhr nachmittags zurück; es war ihnen nicht gelungen, den Boden zu erreichen, so groß waren die Schwierigkeiten, die sich ihnen entgegenstellten, weil das,

Kein Wunder, daß es weitere 50 Jahre dauern sollte, ehe sich Spanier wieder in der Gegend blicken ließen; diesmal kamen unter Führung von Juan de Oñate einige Franziskaner und 129 Kolonisten mit ihren Familien. Die Gruppe siedelte zunächst im San Juan Pueblo und baute ein wenig später die erste eigene Siedlung in San Gabriel. 1610 mußte die Ortschaft wegen Versorgungsschwierigkeiten aufgegeben werden, die Bewohner zogen nach Süden, wo sie im gleichen Jahr mit der Gründung von Santa Fe

Madonnenhaft und jesusähnlich – so stellte sich ein Künstler im 19. Jh. die Apachen vor

was von oben leicht erschien, gar nicht leicht war, sondern vielmehr sehr schwer und mühevoll.«

Als sich die legendären Sieben Städte von Cibola nur als Pueblos zwar zivilisierter, aber keineswegs reicher Indianer erwiesen, jagte Coronado dem Mythos vom goldenen Quivira nach und zog weiter ostwärts in die Ebenen der Great Plains, wo er Bekanntschaft mit den Prärie-Indianern machte, die damals noch unberitten waren: »Diese Menschen werden Querechos und Teyas genannt. Sie reisen wie die Araber mit ihren Zelten und Rudeln von Hunden, die mit Stangen beladen sind und maurische Packsättel mit Gurten haben.... Sie sind ein freundliches Volk und nicht grausam.«

Auch dieser Ausflug in die Ebenen des heutigen Texas, der möglicherweise bis zum Kansas River führte, brachte nicht den ersehnten Reichtum. Enttäuscht und mutlos kehrte Coronado nach Mexiko zurück, wo er 1554 im Alter von nur 44 Jahren starb.

einen neuen Anfang machten. Der Ort wurde zum Zentrum der Missionierung und zog alsbald weitere Siedler aus Mexiko an. Im großen Pueblo-Aufstand von 1680 rebellierten die Zuni mit Unterstützung der Apachen gegen die europäische Bevormundung und Ausbeutung, töteten an einem Tag 400 Siedler, stürmten Santa Fe und vertrieben die Spanier. Die Weißen kamen zwar zurück, aber von nun an machten Apachen, Ute, Comanchen und Navajo das Leben an der Grenze gefährlich.

New Mexico

Als Mexiko nach der Unabhängigkeit von Spanien im Jahre 1821 auch die Herrschaft über New Mexico zufiel, begann eine Zeit innerer politischer Wirren. Nach der Kriegserklärung gegen Mexiko marschierten US-Truppen in die Provinz ein und hißten am 18. 8. 1848 das Sternenbanner über Santa Fe. Ein halbes Jahr später versuchten die im Lande verbliebenen Spanier mit den Indianern die amerikanische Vorherrschaft abzuschütteln, töteten den Gouverneur und kämpften gegen amerikanische Siedler. Erst die Armee konnte den Aufstand in Taos niedergeschlagen.

Nachdem die Neuerwerbung 1850 den Status eines *Territory* erhalten hatte, verstärkte sich der Zuzug aus dem Osten entlang des Santa Fe Trail.

Während des Bürgerkriegs war New Mexico einige Zeit in der Hand der Südstaatler, die von Texas vorgedrungen waren. Im Jahrre 1876 kam es erneut zu blutigen Auseinandersetzungen, diesmal zwischen Neuzuwanderern und alteingesessenen Händlern, Viehzüchtern und Farmern.

In jener Zeit häuften sich auch die Gold- und Silberfunde, die ihren Niederschlag in der schnellen Gründung und dem ebenso schnellen Verfall zahlreicher Minenorte fanden. Immer mehr Menschen zog es in den Westen, insbesondere nachdem die Eisenbahn auch New Mexico erreicht hatte. Bis 1886 widersetzten sich die Indianer unter Führung des legendären Apachen-Häuptlings Geronimo der Kolonisierungswelle durch die Weißen, ehe sie sich der Übermacht beugen und einem Leben in Reservaten zustimmen mußten. Im Jahre 1912 wurde New Mexico als 47. Staat in die Union aufgenommen, geriet 1916 kurz in die Wirren des mexikanischen Bürgerkriegs, als der Rebellenführer Pancho Vila nach Columbus marschierte und ein Dutzend Bewohner tötete. Im Zweiten Weltkrieg nutzte die Armee die Abgeschiedenheit der menschenleeren Wüste für eines ihrer geheimsten Projekte: Die erste, am 16. 7. 1945 über der Alamogordo Range gezündete Atombombe leitete das Zeitalter der Massenvernichtungswaffen ein. Nach dem Zweiten Weltkrieg erlebte der Staat eine boomartige Zuwanderung. Die Bevölkerung von Albuquerque allein verzehnfachte sich zwischen 1940 und 1980.

Mehr als in allen anderen Staaten der USA ist das spanisch-mexikanische Erbe in New Mexico lebendig geblieben. Fast ein Drittel der Bewohner zählt sich zu den *Hispanics,* und täglich werden es mehr, zieht doch der wohlhabende Norden illegale Einwanderer aus dem benachbarten Mexiko an. Längst schon stützen sich ganze Industriezweige, vor allem im Süden und Westen, auf die Arbeitskraft der Mexikaner. Aber auch die indianische Kultur prägt das Bild des Staates. Verteilt auf 29 Pueblos leben die vielen Stämme noch heute in ihrem angestammten Siedlungsraum, während den später zugewanderten, einst halbnomadischen Apachen und Navajo große Reservate zugewiesen wurden.

Der Norden von New Mexico

Das Gebiet nördlich der I-40, die New Mexico von Ost nach West durchquert, wird von einer abwechslungsreichen Landschaft bestimmt, die im Westen von den Ausläufern des Colorado Plateaus geprägt ist, im Zentrum von den Sangre de Cristo Mountains.

Aztec Ruins National Monument

So wie Montezuma Castle (s. S. 193) keineswegs Zeugnis mexikanischer Hochkulturen ablegt, so dürfen auch die im Nordwesten gelegenen **Aztec Ruins** (tägl. 8–17 Uhr) nicht in Zusammenhang mit dem Volk der Azteken gebracht werden, vielmehr sind sie ein Relikt der eigenständigen Pueblo-Völker des amerikanischen Südwestens. Die Anreise zu der etwa 210 Meilen nordwestlich von Santa Fe gelegenen Pueblo-Siedlung erfolgt am schnellsten über die US 84 und 64.

Die um 1100 entstandene, 500 Räume umfassende Anlage zeichnet sich vor allem durch die 1937 rekonstruierte kreisrunde *Kiva* aus, dem halb in die Erde gesenkten Zeremonienraum. Ein Umweg zu dieser recht abgelegenen Ausgrabungsstätte lohnt sich nur für den an präkolumbischer Geschichte interessierten Reisenden.

Chaco Culture National Historic Park

All jenen, die sich für prähistorische Indianerkulturen interessieren, sei dieser Ausflug empfohlen, obwohl der Weg zur abgelegenen Ausgrabungsstätte lang ist und über staubige Pisten führt (tägl. 8–16 Uhr). Von Aztec Ruins kommend, verläßt man die US 64 bei Bloomfield und folgt der SR 44 bis Nageezi und von dort weiter der Navajo 45. Nach starken Regenfällen kann das letzte Stück (30 Meilen) schwer passierbar sein.

Chaco Culture Nat. Hist. Park

Mit annähernd 7000 Einwohner war Chaco sicherlich einmal eine der größten Anasazi-Siedlungen im Südwesten und ein Mittelpunkt des Handels. Archäologen haben Reste eines strahlenförmig vom Ruinenfeld ausgehenden Straßennetzes entdeckt, das nicht nur bis Mesa Verde in Colorado (s. S. 261 ff.) und Aztec Ruins im Norden verlief, sondern sich bis tief nach Mexiko und Mittelamerika hinein verfolgen läßt.

Der Park umfaßt heute die Reste von 13 größeren Pueblos und über 2500 kleineren Ausgrabungsstellen, anhand derer sich die Entwicklungsgeschichte vom einfachen *pit house* bis zum komplexen Pueblo nachvollziehen läßt. Bewohnt war Chaco zwischen 900 und 1150, bis die Bevölkerung die Siedlung wahrscheinlich infolge anhaltender Dürre aufgab und sich zerstreute.

Mehrere kürzere Pfade führen zu den einzelnen Bauwerken, darunter Pueblo Bonito, dem größten und am besten erhaltenen Wohnkomplex. Die ehemals fünfstöckige Anlage bedeckte eine Fläche von 12 000 m^2 und umfaßte 600 Räume sowie 32 *Kivas*.

Gallup und Umgebung

Die verkehrsgünstig an der I-40 nahe der Grenze zu Arizona gelegene Stadt (20 000 Einwohner) ist Handelszen-

Töpfer, Weber, Silberschmiede
Indianisches Kunsthandwerk

Das künstlerische Schaffen der indianischen Urbevölkerung stand einst in engem Zusammenhang mit der Lebensweise und den zur Verfügung stehenden Ressourcen. Erst wenn der Hunger gestillt war, konnten die Menschen ihre schöpferische Kraft auf Dinge richten, die nicht unmittelbar dem Broterwerb dienten. Bestes Beispiel sind die Nordwestküsten-Indianer, die, im Überfluß lebend, eine für das frühe Nordamerika beispiellose künstlerische Aktivität entfalteten. Mit gewaltigen Totempfählen, kunstvollen Textilmalereien und einzigartigen Masken verewigten sie die Welt der Tiergeister. Von unvergänglichem ästhetischen Reiz ist die stark stilisierte Formgebung, die bis zur völligen Abstraktion reicht.

Zwar lagen den Werken religiöse Motive zugrunde, die Kunst diente aber auch der Erbauung. Selbst Gebrauchsgegenstände wie Löffel, Truhen, sogar Paddel waren verziert. Überdies spielte das Prestige als Impuls für die Suche nach immer neuen Wegen und Techniken eine nicht zu unterschätzende Rolle. So überboten sich die Häuptlinge in der Herstellung von Totempfählen, die nach ihrem Tode von ihrer Größe künden sollten. In Form von Tierdarstellungen erzählten die bis zu 15 m hohen Pfähle die Familiengeschichte, eingefaßt vom Wappen des Herrschers, das wiederum die Gestalt eines Tieres hatte. Mit dem Niedergang der Westküstenvölker gingen auch diese hochentwickelten Fähigkeiten verloren und können nur noch in Museen besichtigt werden. Die Stämme des Südwestens hingegen haben ihre Kunst bis heute bewahrt und gelernt, sie als Kunsthandwerk geschickt zu vermarkten.

Die Ursprünge des Kunstschaffens im Südwesten, das seinen Ausdruck vornehmlich in der Keramik und Weberei findet, gehen weit zurück in präkolumbische Zeiten. Dank des Tourismus haben diese Arbeiten eine Wiederbelebung erfahren, die allerdings vielfach dem Geschmack der Käufer Rechnung tragen und somit zuweilen weit von den traditionellen Mustern abweichen.

Zu den ältesten Ausdrucksformen künstlerischen Schaffens gehören Flechtarbeiten aus Gräsern und Yucca-Fasern, die früher der Herstellung von Behältnissen dienten. Die Tradition wird heute vor allem von den Hopi, Papago und Apachen fortgeführt, die sich damit eine Einkommensquelle erschlossen. Kennzeichen ihrer aufwendigen Arbeiten sind streng geometrische Muster aus verschiedenfarbigen Gräsern.

Die Kunst des Webens kann als eine Erweiterung des Flechtens mit neuen Materialien gesehen werden. Die präkolumbischen Pueblo-Völker verwendeten zunächst Baumwolle; als die Spanier die ersten Schafe ins Land brachten, entwickelten vor allem die Navajo die Wollweberei zu hoher Vollendung, nachdem sie sich mit der Tierhaltung vertraut gemacht hatten.

Zunächst webten die Navajo-Frauen Decken mit einem charakteristisch gestreiften Grundmuster, dem *chief pattern.* Erst unter dem Einfluß westlicher Händler wandten sie sich nach Einzug ins Reservat auch der Teppichweberei zu und differenzierten, dem Geschmack der Käufer entsprechend, die Muster, wobei jedes Dorf des riesigen Reservats seinen eigenen Stil entwickelte. Die

Über die Grenzen der USA hinaus bekannt – die Webarbeiten der Navajo

handgewebten, etwa 1,90 m x 0,90 m messenden Navajo *rugs* erfreuen sich außerordentlicher Beliebtheit und erzielen hohe Preise.

Bekannt sind die Navajo vor allem auch wegen ihres Schmucks, wobei Silber, Türkise und Korallen Verwendung finden. Die Kenntnisse zur Verarbeitung dieser Materialien erlernten sie erst im vergangenen Jahrhundert von den Mexikanern, die Silberschmuck als Tauschware ins Land brachten. Innerhalb nur weniger Jahrzehnte beherrschten die Navajo die Techniken in höchster Vollendung und übertrumpften darin ihre Lehrmeister. Beliebt sind Ketten aus hohlen Silberkugeln, türkisbesetzte Armreifen und Gürtelschnallen. Auch Zuni und Hopi haben sich der Schmuckherstellung zugewandt und darin eine zeitgemäße Möglichkeit gefunden, ihr hohes künstlerisches Talent gewinnbringend einzusetzen.

Weit in die Vergangenheit zurück reicht hingegen die Töpferkunst, die bereits unter den präkolumbischen Völkern einen hohen Stand erreicht hatte und von den Pueblo-Völkern fast unverändert bis ins 19. Jh. fortgeführt wurde. Mit Aufkommen billiger Metallgefäße verarmte die Kunst zunächst, erlebte dann aber nicht zuletzt aufgrund des Tourismus eine Renaissance. Zwar wurden auch hier im Dekor Zugeständnisse an den Zeitgeschmack gemacht, die alten Techniken aber blieben unverändert. Als Hochburg der indianischen Töpferei gelten die Rio Grande Pueblos San Ildefonso und Santa Clara sowie die Dörfer der Hopi. Vorherrschend ist auch hier die bei den Indianerkulturen dominierende Stilisierung und die strenge Geometrie der Muster.

Eine Besonderheit sind die aus Holz gefertigten Kachinas der Hopi, die dem religiösen Kult entstammen (s. S. 25) und nun den Weg in den Souvenirhandel gefunden haben. Früher dienten die Nachbildungen der Kachina-Tänzer dazu, Jugendliche mit der Bedeutung dieser für die Gemeinschaft so wichtigen Geister vertraut zu machen, ehe sie nach der Initiation selbst an den Zeremonien teilnehmen durften.

Als jüngstes Feld indianischen Kunstschaffens gewinnt die Aquarellmalerei zunehmend an Bedeutung, die längst ihren Weg in die Museen und Galerien gefunden hat. Auch mit diesem Medium verstehen es die Indianer meisterhaft, ihre Kunstfertigkeit zu beweisen.

trum der in den umliegenden Reservaten lebenden Indianer. Seine Existenz verdankt Gallup den nahen Kohleminen, die 1881 die Santa Fe Railway veranlaßten, dort eine Bunkerstation für ihre Dampflokomotiven einzurichten, aus der sich sehr schnell eine stattliche Ortschaft entwickelte. Ein Besuch von Gallup lohnt sich eigentlich nur in der zweiten Augustwoche anläßlich des Inter Tribal Indian Ceremonial, eines viertägigen Spektakels mit Rodeo, Indianertänzen und Kunsthandwerksmärkten. Der Andrang ist allerdings dann sehr groß. Indianertänze kann man im Sommer auch täglich um 19.30 Uhr in der Arena des Red Rock State Park sehen.

Praktische Hinweise

Informationen: Gallup Convention and Visitors Bureau, 701 Montoya Blvd., ✆ 505-863-3841, Mo–Fr 8–17 Uhr
Unterkunft: Während des Festes z.T. erhöhte Preise, Vorausbuchung notwendig; Best Western Royal Holiday, 1903 W. US 66, ✆ 505-863-9595, mittlere Preise; El Capitan Motel, 1300 US 66 E., ✆ 505-863-6828, preiswert; Blue Spruce, 1119 US 66 E., ✆ 505-863-5211, preiswert

Rings um Gallup liegen zahlreiche Reservate der Pueblo-Indianer, die auf Tourismus eingestellt sind, ja sogar davon leben. Am bekanntesten ist **Zuni,** 36 Meilen südlich von Gallup, die einzige noch erhaltene Siedlung der legendären Sieben Städte von Cibola, die Coronado so verzweifelt gesucht hatte, nachdem der erste europäische Besucher, Pater Marcos de Niza, sie als große Stadt mit goldenen Dächern beschrieb. Wahrscheinlich hatte de Niza 1539 das Pueblo auch nur aus der Ferne gesehen, denn seinen Begleiter, den schwarzen Abenteurer Esteváns, töteten die Indianer beim Besuch des Dorfs. Noch heute soll das Ereignis in den Legenden der Zuni seinen Platz haben: »Dort und damals wurde von unseren Vorfahren genau an der Stelle, wo der Stein unten am Arroyo von Kya-Ki-Me steht, einer der schwarzen Mexikaner getötet, ein großer Mann mit Pfefferlippen ... Da rannten die übrigen davon, gehetzt von unseren Ahnen ...«.

Auch später zeigten sich die Zuni den Spaniern gegenüber eher reserviert und waren keineswegs geneigt, zum Christentum überzutreten, obwohl eine von den Indianern ausgemalte Kolonialkirche aus dem 17. Jh. im Pueblo steht. Bis heute hat der Stamm viele seiner alten Traditionen wie etwa Regenzeremonien bewahrt. Fremde dürfen den rituellen Maskentänzen beiwohnen und photographieren, sofern sie zuvor eine Erlaubnis beantragt haben (✆ 505-782-4481). Die wichtigste Zeremonie dieser Art, der Shalako-Tanz, findet Ende November statt. Die Zuni sind als hervorragende Silberschmiede über die Landesgrenzen hinaus bekannt. Neben Schmuck gehören auch die Kachinas und Steinfetische in Tiergestalt zu den beliebtesten kunsthandwerklichen Gegenständen, die sie über eine Kooperative anbieten.

Im Mittelpunkt des **El Morro National Monument,** 56 Meilen südöstlich von Gallup, steht der Inscription Rock (Inschriftenfels), in dem bereits präkolumbische Indianer Zeichnungen hinterlassen hatten, bevor sich auch die Spanier dort verewigten, unter ihnen Don Juan de Oñate, erster Gouverneur der spanischen Besitzung (1605), und Don Diego Vargas, der New Mexiko nach dem Pueblo-Aufstand von 1680 für Spanien zurückgewann (1692). Freigelegt wurden überdies Reste zweier Anasazi-Dörfer aus dem 13. Jh.

Albuquerque

Ein Blick auf die Karte zeigt, warum Albuquerque (400 000 Einwohner) zur größten und wirtschaftlich bedeutendsten Metropole von New Mexico heranwachsen konnte: Wie die Nabe eines Rads liegt es im Mittelpunkt der sich hier kreuzenden Autobahnen I-40 und I-25.

Ihre Gründung verdankt die Stadt der Lage an einer damals wichtigen Verkehrsader, die Mexico City mit der Provinzhauptstadt Santa Fe verband. Im Jahre 1706 hatten durchreisende Kolonisten die Vorzüge des fruchtbaren Tals entdeckt und vom Vizekönig Herzog Alburquerque Erlaubnis für die Gründung einer Niederlassung erhalten. Wen wundert es, daß man sie nach dem fernen Gönner benannte – das erste ›r‹ in seinem Namen ging dabei verloren. Zunächst wurde eine Adobe-Kirche errichtet. Einige jeweils durch eine gemeinsame Wand verbundene Häuser gruppierten sich um eine kleine Plaza, so daß ein festungsartiger Innenhof entstand, in den man sich bei Indianerangriffen zurückziehen konnte.

Wie so häufig im Westen gab auch bei der Stadtgründung von Albuquerque die Eisenbahn den entscheidenden Impuls. Um teuren Landerwerb zu vermeiden, ignorierten die Planer der Santa Fe Railroad die Interessen der Reisenden und führten die Trasse 3 km östlich an der Niederlassung vorbei. Damit lösten sie die Gründung einer neuen Siedlung aus, die sich nun schnell zum Hauptzentrum entwickelte – eine Stellung, die sie dann nie mehr abgab. Heute lebt etwa ein Drittel der Bevölkerung von New Mexico in und um Albuquerque, das sich in den letzten Jahren wegen der

Albuquerque
1 Old Town
2 Plaza
3 San Felipe de Neri-Kirche
4 New Mexico Museum of Natural History
5 Museum of Albuquerque
6 Indian Pueblo Cultural Center
7 Civic Plaza
8 University of New Mexico

Ballon-Festival in Albuquerque

nahen Uranbergwerke zu einem Zentrum der Atomforschung entwikkelte.

Kirche und Plaza liegen in **Old Town** (1) noch an derselben Stelle wie zu Zeiten der Spanier, haben ihr Gesicht seither allerdings mehrfach gewandelt. Statt des staubigen Gevierts von einst lockt nun eine **Plaza** (2) mit kleinen Galerien, Boutiquen und Restaurants Besucher. Die in ihren Ursprüngen aus dem Gründungsjahr 1706 stammende **San Felipe de Neri-Kirche** (3) an der Nordwestecke des Platzes präsentiert sich heute als eine Mischung aus Adobe-Stil und viktorianischer Strenge. Ganz in der Nähe liegt das **New Mexico Museum of Natural History** (4, tägl. 9–17 Uhr), das Besucher mit der Naturgeschichte des Staates vertraut macht. Daneben hat das **Museum of Albuquerque** (5, Di–So 9–17 Uhr, Eintritt frei), das sich der Geschichte des Rio-Grande-Gebiets widmet, seinen Platz.

Ein Stück nördlich der Altstadt liegt unmittelbar an der Interstate das unter indianischer Leitung stehende **Indian Pueblo Cultural Center,** eine Kombination aus Museum und Kunstgewerbemarkt (6, tägl. 9–15.30 Uhr). An Wochenenden finden dort Tanzvorführungen und Demonstration einheimischer Kunstfertigkeiten statt.

Einige Blocks östlich hat sich das neuere Stadtzentrum mit dem Civic Center als Mittelpunkt herausgebildet, eine Mischung aus traditionellen Backsteinbauten und modernen Hochhäusern. Südlich der **Civic Plaza** (7) beginnt die Fußgängerzone, die mit schattigen Bäumen und Brunnen bis zur Central Avenue verläuft, hinter der sich nichts anderes verbirgt als der legendäre Highway 66, eine der ersten Transkontinentalstraßen, die von Chicago nach Los Angeles führte.

Das Gelände der **University of New Mexico** (8) liegt ein gutes Stück weiter östlich jenseits der I-25 an der alten US 66. Sehenswert sind vor allem die unterschiedlichen, aus der Adobe-Bauweise entwickelten Architekturformen und einige Museen. Das Art Museum (Di–Fr 9–16 Uhr) legt den Schwerpunkt auf die Kunst des 19. und 20. Jh., die Jonson Gallery (Di–Fr 9–16 Uhr) widmet sich dem Künstler Raymond Jonson, das Maxwell Museum of Anthropology (Mo bis Fr 9–16 Uhr) befaßt sich mit den Anasazi und den daraus entstandenen Indianerkulturen des Südwestens.

Praktische Hinweise

Verkehrsverbindungen: Mit dem Flugzeug gute Verbindungen mit allen größeren Städten der USA – der Flugplatz liegt 5 Meilen südlich der Stadt; öffentliche Busverbindung mit Downtown; mit der Eisenbahn: Amtrak-Verbindung mit Los Angeles und Chicago, der Bahnhof, 314 First St., liegt südlich von Downtown; mit dem Bus: Greyhound und andere Linien, Busbahnhof in Downtown, 300 2nd. St. S. W.

Information: Albuquerque Convention and Visitors Bureau, 625 Silver Ave. S.W., Mo–Fr 8–17 Uhr, und Chamber of Commerce, Convention Center, 401 2nd St. S. W.

Unterkunft: Hyatt Regency, 330 Tijeras Ave. N. W., ✆ 505-842-1234, Luxus; La Posada de Albuquerque, 125 2nd St. N. W., ✆ 505-242-9090, teuer; Best Western Rio Grande Old Town, 1015 Rio Grande Blvd., ✆ 505-843-9500, teuer; Days Inn, 13317 Central Ave. N. E., ✆ 505-294-3297, mittlere Preise; Friendship Inn, 717 Central Ave., ✆ 505-247-1501, preiswert; Sandia Mountain AYH-Hostel, 12234 Hwy 14 N., Cedar Crest, ✆ 505-281-4117

Das Schreckenskabinett der Massenvernichtungsmittel, das **National Atomic Museum,** liegt auf der Kirkland Air Force Base. Zu sehen gibt es eine Original-Wasserstoffbombe, Raketen und Flugzeuge. Historisch interessant ist der fast einstündige Film über das Projekt Manhattan – »Ten Seconds that shook the World« (tägl. 9–17 Uhr, Passierschein erforderlich, erhältlich am Tor, Eintritt frei).

Pueblos um Albuquerque

Acht der insgesamt 19 Pueblos in New Mexico befinden sich in der näheren oder weiteren Umgebung von Albuquerque. Zwar haben sich die Bewohner des **Isleta Pueblo** (16 Meilen südlich von Albuquerque an der I-25 gelegen) weitgehend assimiliert, pflegen aber ihre Traditionen in Form von Tänzen (4. 9., Weihnachten, Ostern) und schönen Keramikarbeiten. Sehenswert ist die Missionskirche San Augustin de Isleta, ein ansehnlicher Adobe-Bau aus dem 17. Jh. Während des Pueblo-Aufstands zerstört und zeitweise als Viehstall genutzt, wurde die Kirche nach der Rückeroberung durch Spanier wieder aufgebaut und dient seither ihrem ursprünglichen Zweck.

Das kleine **Sandia Pueblo** (14 Meilen nördlich von Albuquerque) ist vor allem wegen seines Kunsthandwerkszentrums Bien Mur bekannt, das auch Arbeiten anderer Stämme anbietet. Der traditionelle Mais-Tanz wird alljährlich am 13. 6. dargeboten.

In dem 26 Meilen nördlich von Albuquerque abseits der I-25 gelegenen, konservativen **San Felipe Pueblo** herrscht absolutes Photographierverbot. Alljährlich findet am 1. 5. ein Mais-Tanz statt, an dem über 100 Akteure teilnehmen. Der Mais-Tanz des **Laguna Pueblo,** 45 Meilen westlich von Albuquerque, wird am 9. und 10. 8. gezeigt.

Die Siedlung der **Jemez**-Indianer, die sich bis zuletzt den Spaniern widersetzt hatten, liegt 45 Meilen nordwestlich von Albuquerque eindrucksvoll im engen Tal des Jemez River. Die Einwohner sind für ihre Keramik bekannt, die sie in einer Kooperative verkaufen. Tänze finden am 2. 8., 12. 11., 12. 12. sowie zu Weihnachten und Neujahr statt. Nicht weit entfernt liegt die Ortschaft Jemez-Springs mit den Ruinen einer ehemaligen Franziskaner-Kirche aus dem Jahre 1617, die beim Pueblo-Aufstand von 1680 zerstört und nicht wieder aufgebaut wurde. Auf dem Weg zum Pueblo hat man nahe der Abzweigung von der I-25 Gelegenheit zum Besuch des Coronado State Monument (s. S. 234).

Das **Acoma Pueblo,** nach Taos das bekannteste und sehenswerteste in New Mexico, liegt auf einem felsigen Hochplateau und gilt als die älteste ununterbrochen bewohnte Siedlung

Im Acoma-Pueblo

des Landes. Bis ins 5. Jh. lassen sich die Spuren früher Siedler nachweisen, und als Coronado im Jahre 1540 dort vorbeizog, fand er bereits eine große Gemeinschaft vor. Hauptsehenswürdigkeiten sind die auf dem Plateau liegende Pueblo Sky City und die Mission San Esteban de Acoma aus dem Jahre 1629. Fremden ist das Betreten der Mesa nur in Begleitung eines einheimischen Führers gestattet.

Vor der Besichtigung müssen Besucher im Visitor Center am Fuße des Plateaus eine gebührenpflichtige Erlaubnis einholen, die auch die Führung durch Sky City einschließt. Zum Photographieren wird ein gesondertes Ticket gelöst, Filmen ist verboten. Weit über die Grenzen berühmt ist die dünnwandige, weißgrundige Keramik der Acoma, die im Visitor Center angeboten wird, aber auch landesweit in Kunstgewerbeläden zu finden ist. Am Visitor Center gibt es auch einen Campingplatz.

Das **Coronado State Monument,** ein heute verfallenes Pueblo 13 Meilen nordwestlich von Albuquerque zu Füßen der Jemez Mountains gelegen, diente 1540/41 der Coronado-Expedition als Hauptquartier. Von dort wurden die Expeditionen auf der Suche nach dem sagenhaften Gold der Indianer bis zum Grand Canyon und weit nach Texas hinein ausgeschickt. Daß Coronado für sich den Ruhm in Anspruch nehmen konnte, als erster Weißer bis dahin unbekannte Landstriche durchquert zu haben, muß ihm wenig Trost gewesen sein. Vermeintlicher Reichtum hatte ihn in die Ferne gelockt, mit leeren Händen kehrte er 1541 nach Mexiko zurück.

Über eine Leiter kann man hier in die rekonstruierte *Kiva* hinabsteigen. In bewohnten Pueblos ist dieser heilige Raum für Fremde tabu. Die originalen Wandmalereien wurden entfernt und ins Museum des Visitor Center gebracht, die Wände danach mit Kopien wieder bemalt.

Santa Fe und Umgebung

Wie kaum sonst in den USA sind in der Hauptstadt von New Mexico die unterschiedlichen kulturellen und historischen Strömungen verschmolzen. Die Bewohner des einladenden Städtchens berufen sich bewußt auf das indianische, spanische und anglo-amerikanische Erbe.

An der Stelle eines indianischen Pueblos gründete Pedro de Peralta Santa Fe im Jahre 1610, nachdem die

Santa Fe 1 Plaza 2 Gouverneurspalast 3 Museum of Fine Arts 4 Cathedral of St. Francis 5 Loretto-Kapelle 6 Mission San Miguel 7 Zur Canyon Road 8 Zum Museum of Indian Arts and Culture und zum Museum of International Folk Art

Vor dem Gouverneurspalast in Santa Fe

erste spanische Niederlassung in San Gabriel gescheitert war. Inmitten des fruchtbaren Rio Grande-Tals gelegen, entwickelte sich die Siedlung schnell zum Handelszentrum zwischen den Spaniern und den Indianern der Umgebung. Die hartnäckige Missionierung der Franziskaner, die vor der Ausnutzung und Bevormundung der Indianer nicht haltmachten, löste 1680 den großen Pueblo-Aufstand aus, von dem auch Santa Fe betroffen wurde. Als die Indianer in die Stadt eindrangen, verbarrikadierten sich 1000 Bewohner im befestigten Gouverneurspalast. Erst nach fünf Tagen gelang ihnen die Flucht nach Süden. Es sollte dann noch zwölf Jahre dauern, bis sich die Spanier zurückwagten und mit dem Wiederaufbau begannen.

Die Funktion der Stadt als kommerzielle Drehscheibe erhielt eine neue Dimension, als die Amerikaner 1821 den Santa Fe Trail eröffneten, einen Überlandweg, der sich, ausgehend von Franklin, Missouri, über 1500 km westwärts bis in diesen Ort hinzog. Dank dieser Verbindung und der liberalen Handelspolitik von Mexiko, das 1822 das Erbe Spaniens angetreten hatte, flossen nicht nur Warenströme zwischen dem westlichen und östlichen Teil der USA, es kamen auch Pioniere und Siedler.

Während des mexikanisch-amerikanischen Kriegs rückten amerikanischen Truppen entlang des Santa Fe Trail vor und besetzten am 18. 8. 1846 die Stadt. Vier Jahre später wurde Santa Fe Hauptstadt des neuen Territoriums New Mexico. Während des Unabhängigkeitskriegs geriet die Stadt 1862 kurzfristig in die Hände der Südstaatler, ehe sie nach der Schlacht von Glorieta von den Unionstruppen wieder befreit wurde. Als die Eisenbahn 1880 die Stadt erreichte, verlor der Santa Fe Trail seine Funktion und lebt seitdem nur noch in der Legende fort.

Anders als in den meisten Städten der USA liegen die Sehenswürdigkeiten von Santa Fe dicht beieinander und lassen sich leicht zu Fuß erkunden. Ausgangspunkt des Rundgangs ist die altehrwürdige **Plaza** (1), die bis heute den Mittelpunkt bildet. An der Nordseite liegt der 1610 in Adobe-Bauweise errichtete **Gouverneurspalast** (2), der bis 1909 als Regierungssitz diente und heute ein Museum mit Exponaten zur Geschichte von New Mexico beherbergt (März–Dez. tägl. 10–17 Uhr). In dem Gebäude nahm Lew Wallace, zwischen 1878 und 1881 Gouverneur von New Mexico, nicht nur die Regierungsgeschäfte wahr, sondern verfaßte auch den Roman »Ben Hur«. Unter den Arkaden bieten Indianer unterschiedlicher Stämme ihr Kunsthand-

werk feil und nehmen damit ein historisch verbrieftes Recht in Anspruch. Die anderen Gebäudefronten teilen sich Restaurants, Souvenirläden, Boutiquen und Galerien.

Auf der Plaza endete einst auch der Santa Fe Trail, an den das End of the Trail Monument an der südwestlichen Ecke ebenso erinnert wie die von dort nach Südwesten verlaufende Straße Old Santa Fe Trail. Ein zweites Denkmal ehrt General Stephen Kearny, der im mexikanisch-amerikanischen Krieg Santa Fe eroberte, ein drittes gedenkt der Gefallenen der Schlacht von Glorieta am 28. 3. 1862, die den Rückzug der Südstaatler aus New Mexico einleitete. Die Südostecke der Plaza nimmt das 1919 errichtete Adobe-Hotel La Fonda ein, das nicht nur viele illustre Gäste beherbergte, sondern spanische Tradition fortführt, soll doch hier schon 1610 eine Herberge gestanden haben. An der Palace Avenue hat das ebenfalls im Adobe-Stil erbaute **Museum of Fine Arts** seinen Platz, das 1917 entstand, um dem wachsenden Strom von Künstlern ein Forum für ihre Werke zu geben (3, März–Dez. tägl. 10–17 Uhr, sonst Mo geschlossen). Der in den 80er Jahren erweiterte Bau zeigt eine sehenswerte Kollektion einheimischer moderner Werke sowie wechselnde Ausstellungen zeitgenössischer Künstler.

Ein Block östlich der Plaza erhebt sich die **Kirche des hl. Franziskus von Assisi** (4, Cathedral of St. Francis of Assisi), Schutzpatron und Namensgeber der Stadt. Das Gotteshaus wurde 1869 unter Leitung des Erzbischofs Jean Lamy in neoromanischem Stil auf den Ruinen eines von Indianern 1680 zerstörten Vorgängerbaus errichtet. Aus weitaus früherer Zeit stammt die Madonnenfigur, die bereits 1628 aus Mexiko hierher gebracht wurde und damit als älteste der USA gilt.

Unweit der nordöstlichen Ecke der Plaza führt eine Art Prozessionsweg zum Fort Mercy Hill empor, gesäumt von Bronzetafeln, die auf bedeutende

Wandmalerei in Santa Fe

Ereignisse in der Stadtgeschichte hinweisen. Bis 1868 stand dort ein Adobe-Fort, heute erinnert ein Kreuz an die 1680 von Indianern während des Pueblo-Aufstands umgebrachten 23 Franziskaner.

Ein Stück südlich der Plaza versteckt sich am alten Santa Fe Trail auf dem Gelände des Hotels Inn at Loretto die kleine **Loretto-Kapelle** (5), die 1878 als Kopie der Sainte Chapelle in Paris erbaut wurde und eigentlich Lady of the Light Chapel heißt. Bekannt ist der heute nicht mehr für Gottesdienste genutzte Bau durch seine ›wundersame‹ Wendeltreppe. Als die Handwerker nach Fertigstellung der Kirche entdeckten, daß sie die Treppe zur Empore vergessen hatten, war guter Rat teuer. Die Nonnen flehten Gott um Hilfe an, und wie durch Fügung erschien ein fremder Zimmermann in der Stadt, baute eine hölzerne Wendeltreppe und verschwand, ohne Lohn zu fordern.

Ein Wunder ganz anderer Art erwartet Besucher wenige Schritte weiter in der Show ›Footsteps across New Mexico‹, in der mit modernster Medientechnik Geschichte und Sehenswürdigkeiten des Staates präsentiert werden (tägl. 9.30–17 Uhr).

Über den Santa Fe-Fluß führt der ehemalige Santa Fe Trail weiter nach Süden zur **Mission San Miguel** (6), einem der ältesten noch genutzten Gotteshäuser in den USA. Die in ihren Ursprüngen auf das Jahr 1610 zurückgehende Missionskirche diente zunächst den indianischen Arbeitern der spanischen Siedler, wurde jedoch während der Revolte von 1680 zerstört und nach der Wiedereroberung neu errichtet.

Einige Blocks östlich des Zentrums liegt das Künstlerviertel entlang der **Canyon Road** (7), das in den 30er Jahren entstand, nun aber wegen hoher Grundstückspreise kaum noch junge Talente anzieht. Heute reihen sich dort teure Galerien, Restaurants und restaurierte Adobe-Villen aneinander. Die Künstler zieht es eher in die Guadalupe Street am westlichen Stadtrand, wo sich das bunte Leben einer ›multikulturellen Gesellschaft‹ studieren läßt.

Im Südosten von Santa Fe liegen am Ufer des Arroyo de la Chamisos mehrere Museen dicht beieinander. Das **Museum of Indian Arts and Culture** (8, 710 Camino Lejo, März–Dez. tägl. 10–17 Uhr, sonst Mo geschlossen) spannt den Bogen der indianischen Südwestkulturen von frühen Keramikfunden bis zu den Kunstfertigkeiten der Indianer unserer Tage. Einige Schritte weiter liegt das **Museum of International Folk Art** (706

Camino Lejo, März–Dez., tägl. 10–17 Uhr, sonst Mo geschlossen), das aus einer Privatsammlung hervorgegangen ist und neben spanischer Volkskunst eine Sammlung von Modellen berühmter Bauwerke, Dörfer, Straßen und Plätze aus aller Welt zeigt.

Praktische Hinweise

Anreise: Mit dem Flugzeug: Santa Fe wird nur von kleinen Maschinen lokaler Gesellschaften angeflogen. Die Eisenbahn berührt den Ort nicht; mit dem Bus: Shuttle bus vom Flughafen von Albuquerque, Greyhound-Verbindungen mit allen wichtigen Orten in New Mexico
Information: Santa Fe Visitors and Convention Bureau, 210 W. Marcy St., Mo–Fr 9–17 Uhr
Unterkunft: Inn at Loretto, 211 Old Santa Fe Trail, ✆ 505-988-5531, Luxus; La Fonda, 100 E. San Francisco St., ✆ 505-982-5511, historischer Bau, teuer; Alamo Lodge, 1842 Cerillos Rd., ✆ 505-982-1841, mittlere Preise; Santa Fe Budget Inn, 727 Cerillos Rd., nahe Zentrum, ✆ 505-982-5952, preiswert
Campingplätze: Aspen Basin, 16 Meilen nordöstl. an der SR 475, ✆ 505-753-7331, kostenlos; Hyde Memorial State Park, 8 Meilen nordöstl. an der Hyde Park Rd., ✆ 505-963-7175; Apache Canyon, Santa Fe KOA, 14 Meilen westl. an der I-25, ✆ 505-962-1419
Veranstaltungen: Rodeo (Juli); Indian Market (letzte Augustwoche); Fiesta de Santa Fe (Sept., großes Fest mit Umzügen, Tanz und Musik)

Zwanzig Meilen nördlich von Santa Fe liegt das kleine, für seine Keramikarbeiten bekannte **Santa Clara Pueblo,** dessen Bewohner auch sehenswerte Ernte-Tänze aufführen. Festtag ist am 12. 8., gegen Bezahlung erhält man zuweilen eine Photogenehmigung.

Eine auf dem Pajarito Plateau am Ostabhang der Jemez Mountains gelegene präkolumbische Siedlung wurde von Abkömmlingen der Anasazi-Völker aus Chaco und anderen um 1300 verlassenen Pueblos bis etwa 1500 bewohnt. Zu sehen sind die Reste großer Behausungen, die verglichen mit dem Mesa Verde National Park (s. S. 261 ff.) und dem Canyon de Chelly (s. S. 200 f.) jedoch kaum beeindrucken. So wird das **Bandelier National Monument** (tägl. 8–18 Uhr), das 46 Meilen nordwestlich von Santa Fe liegt, denn auch eher von Wanderern aufgesucht, die in der Wilderness Area unverfälschte Natur suchen.

Polizeistreife in Santa Fe

Taos

Die indianisch-spanische Siedlung Taos (4300 Einwohner) am Rande des gleichnamigen Reservats lag jahrhundertelang durch Berge geschützt abseits der großen Pionierrouten und konnte ihren eigenen, durch das Nebeneinander indianischen, spanischen und anglo-amerikanischen Erbes gekennzeichneten Charakter bewahren. Die Taos-Indianer lehnen die touristische Vermarktung ihrer Traditionen ab und schließen Fremde von ihren Zeremonien aus, Besucher des Pueblo sind jedoch willkommen. Auch die Nachfahren der Spanier pochen stolz auf ihre Vergangenheit und beharren auf der Gleichberechtigung ihrer Sprache, wobei sie großen Wert darauf legen, nicht als Mexikaner verkannt zu werden.

Im hochgelegenen Tal über dem Rio Grande lebten bereits lange vor Ankunft der Spanier Pueblo-Indianer, deren Bauwerke noch immer ihre ursprüngliche Funktion erfüllen und daher auch zahlreiche Touristen anziehen. Die Spanier gründeten im 16. Jh. neben dem Pueblo ihre eigene Niederlassung Don Fernando de Taos und errichteten 1598 die Missionsstation San Géronimo de Taos. Großen Erfolg hatten die Franziskaner mit ihren Bekehrungsversuchen nicht, im Gegenteil. 1680 rief Häuptling Popé von Taos zum Kampf gegen die Fremden, dem allein am 10. 8. des gleichen Jahres 400 Siedler und Priester zum Opfer fielen. Die Überlebenden verschanzten sich in Santa Fe und flüchteten bei der ersten Gelegenheit nach Mexiko. Erst 12 Jahre später wagten die Spanier erneut einen Vorstoß und unterwarfen die Indianer nach langwierigem Kleinkrieg. Im Jahre 1847, während des amerikanisch-mexikanischen Kriegs, war Taos zum zweiten Mal Ausgangspunkt einer Revolte. Diesmal erhoben sich die Spanier gemeinsam mit den Indianern gegen die Annexion von New Mexico durch US-amerikanische Truppen. Mit Geschützen und Granaten griff Coronel Stirling Price am 3. 2. das Pueblo in Taos an, in dem sich 650 Kämpfer verschanzt hatten, und schoß es in Grund und Boden. 150 Indianer starben, der Rest kapitulierte. 14 der Anführer wurden zum Tode verurteilt und gehängt.

Zwei Jahre nach dem Aufstand ließ sich der legendäre Kit Carson in Taos nieder. Weder des Lesens noch Schreibens kundig, hatte er seine Karriere als Trapper begonnen, diente dann während des amerikanisch-mexikanischen Kriegs in der Armee, wo er zum Brigadegeneral aufstieg und später entscheidenden Anteil an der ›Befriedung‹ der Navajo hatte. Zu Beginn unseres Jahrhunderts dann kamen die ersten Maler, fasziniert von der Landschaft, und gaben den Anstoß zur Gründung der Taos Society of Artists, die nachhaltigen Einfluß auf die Kunstszene von Nordamerika ausübte. Eine große Künstlerkolonie, auch etliche Festivals, setzen bis heute diese Tradition fort.

Mit seinen Adobe-Häusern und zahlreichen Galerien sowie Kunstgewerbeläden erweckt Taos fast den Eindruck eines Freilichtmuseums. Herzstück ist die Plaza de Don Fernando de Taos, die im 18. Jh. als Festung gegen die Comanchen und Ute angelegt wurde und heute von neueren Bauwerken umgeben ist.

Taos Pueblo

Westlich des Platzes liegt in der Ledoux Street das Haus des Malers Ernest Blumenschein (tägl. 9–17 Uhr), der 1915 die Taos Society of Artists gründete, einen Block nördlich das Haus des Gouverneurs Bent, der bei der Revolte von 1847 vor den Augen seiner Familie skalpiert wurde. Ein Stück östlich hatte Kit Carson sein Heim (tägl. 8–18 Uhr). Die historischen Gebäude sind heute Gedenkstätten und kleine Museen.

Etwa 3 Meilen nördlich der Ortschaft ragt das Taos Pueblo aus der Ebene, eine vier- bis fünfstöckige Adobe-Anlage, die seit über 500 Jahren bewohnt ist (tägl. 8–18 Uhr; Eintritt, Photo- und Filmerlaubnis gebührenpflichtig).

Unter den farbenfrohen Festen sind besonders die Fiesta zu Ehren des Heiligen Geronimo und die Prozession der Heiligen Mutter Gottes hervorzuheben. Begleitet werden diese Veranstaltungen von zeremoniellen Tänzen, wie dem Sonnenuntergangstanz und dem Maistanz, bei denen striktes Photographierverbot herrscht.

Sechs Meilen südlich von Taos liegt an der SR 68 mit San Francisco de Asis eine der schönsten Missionskirchen des Landes. Das 40 m lange Gebäude aus dem 18. Jh. trägt mit Heiligenbildern und -figuren sowie einem Altaraufsatz aus der Gründungszeit der Kirche spanische Züge. Im Pfarrhaus befindet sich das ›mysteriöse‹ Bild »Der Schatten des Kreuzes« des Malers Henry Ault. Bei bestimmten Lichtverhältnissen scheint Christus das Kreuz zu tragen, bei anderen bleibt es unsichtbar (9–16 Uhr, geschlossen an Sonn- und Feiertagen). Zwei Meilen westlich der Mission erreicht man die große Hacienda Martinez, den fortartigen Herrensitz des Bürgermeisters von Taos aus dem Jahre 1804, ausgestattet im Stil jener Tage (tägl. 9–17 Uhr). Im Millicent Rogers Museum 4 Meilen nördlich an der US 64 kann man sich mit der bewegten Geschichte von Taos vertraut machen (tägl. 9–17 Uhr).

Das Wappentier von New Mexico – der Roadrunner

Praktische Hinweise

Anreise: Mit dem Flugzeug zweimal tägl. mit kleinen Maschinen von Santa Fe; mit dem Bus: dreimal tägl. Verbindung mit Santa Fe; die Straßen nach Taos gehören zu den landschaftlich schönsten im Südwesten
Information: Taos County Chamber of Commerce, Pueblo Sur, Mo–Fr 8–17 Uhr, ✆ 505-758-3873
Unterkunft: Historic Taos Inn, 125 Paseo del Pueblo Norte, ✆ 505-758-2233, historisches Gebäude; Quality Inn, 1043 Camino del Pueblo Sur, ✆ 505-758-2200, teuer; Luxury Inn, 1333 Paseo del Pueblo, ✆ 505-758-2230, mittlere Preise, Taos Indian Country AYH-Hostel, P.O. Box 3271, ✆ 505-776-8298
Camping: Cauplin, 7 Meilen südöstl. an der US 64, ✆ 505-758-8268, einfach, kostenlos, 1. 5.–31. 10.; La Sombra, 7 Meilen südöstl. an der US 64, ✆ 505-758-8268, einfach, 1. 5.–31. 10.

Der Süden von New Mexico

Der Teil von New Mexico, der sich südlich der I-40 erstreckt, trägt weithin wüstenhafte Züge und ist einer der am dünnsten besiedelten Landstriche des Westens.

Die von den Spaniern errichteten **Salinas Pueblo Missions** beiderseits der US 60 befinden sich in drei voneinander getrennten ehemaligen Pueblos. Aufgrund der schwierigen Lebensbedingungen und aus Furcht vor Angriffen der Prärie-Indianer gaben die Bewohner die Siedlungen bereits Ende des 17. Jh. auf, so daß die teilweise gut erhaltenen Pueblos noch heute einen umfassenden Eindruck vom damaligen Leben vermitteln.

Das **Pueblo Abo** der Tompiro-Indianer bei Mountainair an der US 60 war früher einmal eines der größten im Südwesten, wurde aber schon 1670 verlassen. Eindrucksvoll sind die Ruinen der Missionskirche, die aus dem Jahre 1650 stammt und zu den wenigen gehört, die den Pueblo-Aufstand von 1680 überdauert haben.

Mit über 1500 Einwohnern zählte das auf einem Hügel über der Prärie 26 Meilen südlich von Mountainair an der SR 55 liegende **Pueblo Gran Quivira** einmal zu den Siedlungszentren im Südwesten.

Durch ihre Lage in einem Canyon mit Sicht auf die Ebenen ist die Ruinenstätte **Quarai** die vielleicht eindrucksvollste, obwohl die Reste überwiegend aus Hügeln bestehen. Lediglich von der Missionskirche blieben bis zu 12 m hohe Sandsteinmauern erhalten. Als lebendiges Erbe längst vergangener Zeiten wachsen ringsum wilde Rosen, deren ›Urahnen‹ in den Gärten der Franziskaner blühten.

Praktische Hinweise

Öffnungszeiten: Die Pueblos sind tägl. zwischen 9–18, im Winter bis 17 Uhr, geöffnet, der Eintritt ist frei. Das Visitor Center befindet sich in Mountainair, ✆ 505-847-2585, tägl. 8–17 Uhr
Unterkunft: In Belen, 40 Meilen westl. an der I-25, Super 8 Motel, 428 S. Main St., ✆ 505-864-6188, preiswert
Camping: Manzanos Mountain State Park, 14 Meilen nordwestl. an der SR 14

Gila National Forest

Westlich der I-25 erheben sich die Ausläufer des Colorado Plateaus als stark zerklüftete Gebirgsformation, deren einzelne Ketten bis über 3000 m ansteigen. Das schwer zugängliche, von Canyons durchzogene Bergland war letztes Rückzugsgebiet der Apachen, die sich gegen die vordringenden Siedler zu behaupten versuchten. Als 1860 Gold entdeckt wurde, schossen auch dort die Minenorte wie Pilze aus dem Boden, um sich nach dem Boom in Geisterstädte zu verwandeln.

Ausgangspunkt für den Besuch ist **Silver City,** eine am Südrand der Black Mountains gelegene Kleinstadt mit 11 000 Einwohnern, die bis auf zwei Museen (Mining Museum, Silver City Museum, Di–Fr 9–16.30, Sa,

Pueblo Gran Quivira

So 10–16 Uhr) keine Sehenswürdigkeiten bietet.

Fünfzehn Meilen östlich der ›Silberstadt‹ kann man einen Blick in die Tagebaumine Chino Mine werfen. Sieben Meilen nördlich von Silver City liegt an der SR 15 der heute nur noch von wenigen bewohnte Minenort **Pinos Altos.** Dort hatte man 1860 Gold entdeckt, doch die Apachen machten den Schürfern das Leben nicht gerade leicht. Zu sehen gibt es einige noch gut erhaltene beziehungsweise restaurierte Häuser, darunter ein Schulgebäude, den Buckhorn Saloon und die ›Oper‹. Folgt man der kurvenreichen Bergstraße, gelangt man zu den präkolumbischen Klippenwohnungen am **Cliff Dwellers Canyon.**

Die **Gila Cliff Dwellings,** sechs natürliche Höhlen 50 m über der Talsohle, waren zwischen 1250 und 1350 von Indianern bewohnt, die dort 40 Räume in teilweise zweistöckiger Bauweise errichtet hatten. Wie die meisten anderen Klippenhäuser wurde auch Gila im 14. Jh. wegen Wassermangels verlassen. Später nutzten die Apachen die Höhlenwohnungen während der kalten Wintermonate. Von der dichten Besiedlung der Region schon vor Ankunft der Gila-Erbauer zeugen zahlreiche Ruinenfelder am Mimbrez River, wo Archäologen mehrere Grubenhäuser freilegten, die als Vorläufer der Klippenbehausungen gelten.

Praktische Hinweise

Anreise: Von Silver City auf der SR 15 (schmal und kurvenreich) oder der SR 35 von San Lorenzo

Information: Chamber of Commerce, 1103 N. Hudson, ✆ 505-538-3785, Mo bis Fr 8–17 Uhr

Saison: Ganzjährig, tägl. 8–18 Uhr, im Winter 9–17 Uhr, Eintritt frei

Unterkunft: In Silver City: Copper Manor, 710 Silver Heights Blvd., ✆ 505-538-5392; Holiday Motor Hotel, 3 Meilen östl. an der US 180 E., ✆ 505-538-3711; Super 8 Motel, 1 Meile nordöstl. an der US 180, ✆ 505-388-1983; alle mittlere Preise; The Carter House AYH-Hostel, 101 N. Cooper St., ✆ 505-388-5485

Camping: Im National Monument; Cherry Creek, 13 Meilen nordwestl. von Silver City an der SR 15, kostenlos

White Sands National Monument

Im Zusammenspiel von Relief, geologischer Struktur und Klima haben sich im Tularosa-Becken im Süden von New Mexico einzigartige Gipsdünenformationen gebildet, die mit blendend-weißen Kämmen weiten Schneeverwehungen ähneln. Die wasserunlöslichen Gipskristalle entstammen Sedimenten der angrenzenden San Andreas- und Sacramento-Gebirge, die das Tularosa-Becken im Westen und Osten begrenzen.

Das Material, durch Erosion vornehmlich im Becken abgelagert, gelangte in gelöster Form in den Otero-See. Nach dessen Austrocknung vor etwa 5000 Jahren blieben riesige Gipskristalle zurück, die Selenite, die Längen von mehr als 1 m erreichten. Gips bildete sich in Form kleiner Kügelchen auch dort, wo gipshaltiges Grundwasser durch Kapillarwirkung an die Oberfläche gedrungen und

verdunstet war. In den bis zu 15 m hohen Dünen, die überwiegend eine Bogenform aufweisen, erreicht die Konzentration von Kalziumsulfat 96%. Wie in der Sahara ändern auch hier die Dünen durch den Wechsel der Windrichtung ständig ihre Form.

Es erstaunt und fasziniert, in dieser Einöde eine überaus reiche Tier- und Pflanzenwelt anzutreffen, die in der unwirtlichen Umgebung überlebt. Die Yucca-Palme oder der Rio Grande Cottonwood, eine Pappelart, können sich sogar im Gebiet von Wanderdünen behaupten. Beim Anmarsch einer Düne wächst der Stamm, so daß die Krone wie ein Korken auf der Düne ›schwimmt‹. Ist die Düne über die Pflanze hinweggewandert, verkürzt sich diese wieder, indem der jetzt exponierte Stamm Blätter treibt und die alte Krone abstirbt.

Auch die Tierwelt hat sich vorzüglich an die Bedingungen, insbesondere Hitze und Trockenheit, angepaßt. Weiße Eidechsen und Springmäuse sind nur einige Beispiele der perfekten Tarnung, die Besuchern eine leblose Welt vortäuscht, wären da nicht die zahllosen kleinen Spuren als Beweis vielfältigen Lebens. Eine 16 Meilen lange Ringstraße (Loop Road) führt durch die Dünenlandschaft. Ein mit Sonnenschutzdächern versehener Picknickplatz lädt zum Verweilen ein, Übernachten ist dort – wie

Im White Sands National Monument

überall im Park – allerdings nicht erlaubt.

Die friedliche, weltabgeschiedene Atmosphäre ist trügerisch, da der 585 km² große Park inmitten des Raketentestgeländes der US Army und keine 100 km entfernt von der berüchtigten Trinity Site liegt, wo 1945 die erste Atombombe der Welt gezündet wurde. Der dabei aufgerissene Krater kann zweimal im Jahr besichtigt werden. Die nahegelegene Stadt **Alamogordo** (28 000 Einwohner) lebt vor allem von der angrenzenden Holloman Air Force Base, wo Raketen entwickelt und getestet werden. An Raumfahrt interessierte Reisende finden im Space Center (2 Meilen nordöstl. von Alamogordo an der US 54, tägl. 9–18 Uhr) ein hervorragendes Museum mit vielen Exponaten zum Thema Space Shuttle.

Praktische Hinweise

Anfahrt: Über die US 70 16 Meilen südwestl. von Alamogordo
Information: White Sands Visitor Center, tägl. 8–17 Uhr, ✆ 505-479-6124
Saison: Ganzjährig, 7–22 Uhr, im Sommer bei Vollmond bis Mitternacht; im Winter bis 30 Min. nach Sonnenuntergang; Besichtigung des Atombombenkraters jeweils am ersten Samstag im April und Okt.
Unterkunft: In Alamogordo: Best Western Desert Aire Motor Hotel, 1021 S. White Sands Blvd., ✆ 505-437-2110, mittlere Preise; Econo Lodge, 907 S. White Sands Blvd., ✆ 505-437-5090, mittlere Preise; Western Motel, 1101 S. White Sands Blvd., ✆ 505-437-2922, preiswert

Carlsbad Caverns National Park

Unmittelbar an der Grenze nach Texas liegen unter dem Gebirge der Guadaloupe Mountains die größten Höhlen der Welt, die 1930 als Carlsbad Caverns unter Naturschutz gestellt wurden.

Das unterirdische, noch immer nicht völlig erforschte Labyrinth verdankt seine Entstehung komplexen geologischen Prozessen, die vor 250 Mio. Jahren begannen. Damals lag das Gebiet am Rande eines großen Binnenmeers, wo sich durch Muschelablagerungen gewaltige Kalksteinriffe formten. Bei Hebung der Landmasse zerbrachen sie und wurden durch eindringendes Meerwasser teilweise aufgelöst, wodurch unzählige Hohlräume entstanden, die heute bis etwa 300 m Tiefe reichen. Einsickerndes Wasser hat die unterirdischen Räume im Laufe der Jahrmillionen in einen Stalaktitenwald verwandelt.

Guano-Sucher, von Fledermäusen angelockt, die jeden Abend durch eine große Erdspalte ausschwärmten, entdeckten die Höhlen um die Jahrhundertwende. Neben der Haupthöhle gehört auch die 25 Meilen entfernt liegende New Cave zum Naturschutzgebiet. Ihr Besuch erfordert trotz der obligaten Führung eine Portion Abenteuergeist, da die Tropfsteinhöhle noch im Urzustand erhalten ist und weder über ein Wegenetz noch über elektrische Beleuchtung verfügt.

Der für Besucher geöffnete Teil der Haupthöhlen liegt auf mehreren Ebenen, die durch einen asphaltierten, 5 km langen Weg miteinander verbunden sind. Wer es bequemer haben möchte, kann auch mit dem Fahrstuhl vom Visitor Center bis auf die unterste Ebene in über 200 m Tiefe fahren. Die Rückkehr zur Oberfläche erfolgt allerdings immer mit dem Fahrstuhl.

Am Visitor Center (✆ 505-785-2232, tägl. 8–17 Uhr) kann man sich einen tragbaren Empfänger leihen, der an den Aussichtspunkten die jeweils passende Erklärung liefert. Die Blue Tour beschreibt den Weg vom Höhleneingang, die Red Tour beschränkt sich auf die Sehenswürdigkeiten auf der unteren Ebene. Größte Attraktion ist dort der Big Room, der mit einer Höhe von 80 m bei einer Länge von 540 m und einer Breite von 330 m zu den größten unterirdischen Räumen der Welt zählt. Am faszinierendsten aber ist der Formenreichtum der Stalagmiten und Stalaktiten, die durch Kalkablagerungen entstanden. An einigen Stellen bildeten sich sogar die seltenen Heliktiten, die durch Kapillarwirkung wachsen und nicht durch Wassertropfen. Durch Rückgang der Niederschläge hat dieses Wachstum aber schon seit langem aufgehört.

Zwischen Mai und September sollte man bis zum Abend in den Carlsbad Caverns verweilen, um sich ein weiteres Naturschauspiel nicht entgehen zu lassen: Pünktlich bei Sonnenuntergang verlassen Hunderttausende von Fledermäusen in einem riesigen Schwarm die Höhle, um am Pecos River auf nächtliche Insektenjagd zu gehen. Bei Sonnenaufgang kehren sie einzeln zurück und verschlafen den Tag in der Bat Cave, etwa 400 m vom Eingang entfernt. Den Winter verbringen die Tiere in den wärmeren Gefilden von Mexiko.

Praktische Hinweise

Anreise: Über die US 180/62 von El Paso (Süden) und Carlsbad (Norden)
Information: Superintendent Carlsbad Caverns National Park, 3225 National Parks Hwy, Carlsbad, NM 88220
Saison: Ganzjährig, Öffnungszeit des Parks: 8–19, im Winter bis 17.30, der Höhlen 8.30–17, im Winter bis 15.30 Uhr, Führung durch die New Cave zwei Stunden, Anmeldung im Visitor Center erforderlich
Unterkunft in Whites City: Best Western Cavern Inn, 12 Carlsbad Caverns Hwy nahe dem Parkeingang, ✆ 505-785-2291, teuer; **in Carlsbad:** Best Western Motel Stevens, 1829 S. Canal St., ✆ 505-887-2851, mittlere Preise; Park Inn, 3706 National Parks Hwy, ✆ 505-887-2861, mittlere Preise; Lorlodge, 2019 S. Canal St., ✆ 505-887-1171, preiswert
Campingplätze: Park Entrance RV Park am Eingang des Nationalparks; Carlsbad Campground, 3 Meilen südl. des Parks an der US 62, ✆ 505-885-6333; Brantley Lake State Park in Carlsbad an der US 282, ✆ 505-457-2384

–Die Rocky
Mountains-
Staaten

Steckbrief

COLORADO

Postalisches Kürzel: CO
Größe: 269 998 km², 76 % der Fläche der BRD
Hauptstadt: Denver, 468 000 Einwohner
Bevölkerung: 3,3 Mio., überwiegend Weiße
Wirtschaft: Elektronik, Weltraumindustrie, Bergbau, Tourismus
Beiname: Centennial State (hundertjähriger Staat)
Staatsmotto: Nil sine numine (Nichts ohne göttliche Vorsehung)
Symbole: Akelei (Colorado Columbine); Dickhornschaf (Big horn sheep), Coloradofichte (Colorado blue spruce)
Information: In Deutschland (nur für Denver): Rocky Mountain International, Scheidswaldstr. 73, 60385 Frankfurt/M., ✆ 0 69-44 60 02, Fax 0 69-43 96 31; in den USA: Colorado Tourism Board, 1625 Broadway, Suite 1700, Denver, CO 80202, ✆ 303-592-5510, Fax 303-592-5406
Verkehrsverbindungen: Mit dem Flugzeug gute Verbindungen mit fast allen großen Städten der USA von Denver, regelmäßige Flüge von Denver u. a. nach Colorado Springs, Pueblo und Durango; mit der Eisenbahn: Amtrak-Verbindungen mit Chicago, Seattle, Portland, San Francisco und Los Angeles; mit dem Bus: ausgedehntes Netz der Greyhound-Gesellschaft
Reisezeit: Sommer und Herbst; durchschnittliche Sommertemperaturen 13–27° Celsius; die höheren Pässe sind von Nov.–Mai geschlossen; beste Zeit für den Wintersporturlaub Dez.–April
Unterkunft: Es gibt zahlreiche Motels und Hotels aller Kategorien, in den Skigebieten sind kleine Hotels (Inns) weit verbreitet. Wie in den benachbarten Staaten sind auch in Colorado die Ketten Best Western (mittlere bis gehobene Preisklasse) und Super 8 (preiswert) weit verbreitet. Zunehmender Beliebtheit erfreuen sich Privatunterkünfte; eine Adressenliste erhält man von Bed & Breakfast Rocky Mountain, 673 Grant St., Denver, CO 80203, Fax 303-860-9054

Naturraum

Wie die nördlichen Anrainerstaaten Wyoming und Montana gliedert sich auch Colorado in zwei große Naturlandschaften. Den Westen bestimmen die südlichen Ausläufer der Rocky Mountains, den Osten, durch eine deutliche Stufe getrennt, die Prärielandschaften der High Plains. Mit 46 Bergen über 4200 m und zahllosen über 3000 m hohen Gebirgsregionen ist Colorado der höchstgelegene Staat der USA. Selbst der tiefste Punkt liegt noch jenseits der 1000 m-Marke.

Die Rocky Mountains durchziehen Colorado von Nord nach Süd, aufgegliedert in mehrere Ketten. Die Front Range und die sich südlich anschließenden Sangre de Cristo Mountains fallen so jäh zu den Great Plains ab, daß Reisende aus dem Osten wie vor einer unüberwindlichen Mauer stehen.

Parallel dazu verlaufen im Westen die Gebirge der Sawatch und Gore Range, über deren Kamm die kontinentale Wasserscheide verläuft und die mit 4399 m (Mount Elbert) die höchste Erhebung des Staates aufweisen. Kleinere Quergebirge verbinden die beiden Hauptketten und schaffen abgeschlossene Becken, die hier Parks genannt werden. Spuren eiszeitlicher Vergletscherung, wie Kare, Seen und Trogtäler, verleihen den Gebirgen einen ausgeprägt alpinen Charakter. Im Westen hat Colorado noch Anteil am Colorado-Plateau, einer von tiefen Canyons zerschnittenen Hochfläche. Den östlichen Teil des Landes nehmen die Great Plains ein.

Das vielgestaltige Landschaftsbild hat ein außerordentlich differenziertes Klima zur Folge, wobei den Rocky Mountains hier auch die Aufgabe einer Klimascheide zufällt. Im westlich angrenzenden Colorado Plateau sind die Sommer trocken, und auch in den übrigen Monaten fallen nur geringe Niederschläge (200 mm pro Jahr). Die Gipfelregionen der Berge hingegen empfangen bis zu 1500 mm, die östlich angrenzenden Great Plains etwa 400 mm. Ein großer Teil fällt als Schnee – Colorado zählt zu den beliebtesten Wintersportregionen der USA. Aufgrund der Höhenlage und des kontinentalen Einflusses sind die Winter allerdings recht kalt.

Geschichte

Bereits die Spanier hatten auf der Suche nach den sagenhaften Sieben Städten von Cibola im 16. Jh. das heutige Colorado erreicht. Bis 1763, als die Franzosen den Spaniern diesen Teil von Nordamerika verkauften, war der Besitz zwischen den beiden europäischen Großmächten umstritten. Im Jahre 1800 wurde der Osten wieder französisch und ging 1803 durch den *Louisiana Purchase* an die USA über. Der spanische Westen fiel 1821 an das unabhängig gewordene Mexiko; 1835 annektierte Texas Teile davon. Nach dem mexikanisch-amerikanischen Krieg (1845/1846) fiel das gesamte Gebiet dann an die USA.

Bereits 1806 erkundete eine Expedition unter Leitung von Zebulon M. Pike die neu erworbenen Ländereien. Um 1830 wurden die ersten Pelzhandelsposten eröffnet, von denen wagemutige Trapper weiter nach Westen vordrangen und die Routen zum Pa-

Indianische Petroglyphen im Dinosaur National Monument

zifik für nachfolgende Siedler öffneten. Einen wesentlichen Beitrag zur Erforschung lieferte John Fremont, der 1845 eine Expedition durch Colorado nach Salt Lake und Kalifornien führte.

Als 1858 westlich von Denver Gold entdeckt wurde, geriet die Region über Nacht in den Sog des Goldrausches, der Tausende von Abenteurern in die Bergwelt schwemmte, wo in kürzester Zeit Dutzende von Minenorten entstanden. Damit aber war auch das Ende der Ute-Indianer besiegelt, die dort ihren Lebensraum hatten. Angesichts der weißen Übermacht stimmten sie kampflos der Umsiedlung in Reservate am Westrand des Gebirges zu. Doch als Nathan C. Meeker, der die Indianer vor Übergriffen weißer Siedler schützen sollte, sie auch noch zum Ackerbau zwingen wollte, beschwor er einen Aufstand herauf, der ihn selbst und zehn Weiße das Leben kostete und den Ute für die folgenden 20 Jahre drastische Geldstrafen bescherte, die ihnen die Existenzgrundlage entzogen. Überdies wurden sie weit entfernt von ihrer angestammten Heimat nach Utah umgesiedelt.

Der fast explosionsartige Bevölkerungszustrom veranlaßte die Bundesregierung 1861, Colorado als eigenständiges Territorium anzuerkennen, wozu Kansas, Utah, Nebraska und New Mexico Gebiete abtreten mußten. 1876, genau 100 Jahre nach der Unabhängigkeit der USA, wurde Colorado mit dem Beinamen Centennial State in den Staatenverband aufgenommen.

Gold war der Auslöser der Massenzuwanderung; als noch ergiebiger und zukunftsträchtiger erwiesen sich allerdings Silbervorkommen, die bis in unsere Tage ausgebeutet werden. Doch der Reichtum an Bodenschätzen, insbesondere Erdöl, Zinn, Molybdän und Silber, versiegt allmählich, und der Bergbau verliert an wirtschaftlicher Bedeutung. Statt dessen haben sich High-Tech-Unternehmen aus Raumfahrt und Elektronik eine führende Rolle erobert. Aber auch das Dienstleistungsgewerbe und die Tourismusindustrie, die vom ganzjährigen Ferienbetrieb profitieren, haben eine wichtige Position in der Handelsbilanz eingenommen und beschäftigen mehrere Millionen Menschen.

Der Westen von Colorado

Rocky Mountain National Park

Der über 1000 km^2 große, 1925 gegründete Nationalpark erschließt die Bergwelt der Rocky Mountains. Neben der US 34, der einzigen Straße durch den Park, führen einige kurze Stichstraßen in besonders reizvolle Regionen. Der Park besitzt drei Zufahrten, zwei dicht beieinander liegende im Osten und eine im Südwesten. Im Winter (Okt.–Ende Mai) sind die Straßen in der Regel geschlossen oder zumindest nach Schneefällen bis zur Räumung gesperrt. Offengehalten werden nur die Zufahrten zu Ski- und Wandergebieten bei den östlichen Eingängen. Die etwa 48 Meilen lange Hochgebirgsstraße, die einem alten Bergpfad folgt, überquert in 3713 m Höhe die kontinentale Wasserscheide.

Von Denver kommend, erreicht man bei der Fall River Entrance Station das Naturschutzgebiet. Durch die mit Waldinseln durchsetzte Graslandschaft des Horseshoe Park windet sich die Route in das von Gletschern geformte Fall River Valley zu den Sheep Lakes, die ebenfalls Ergebnis eiszeitlicher Vergletscherung sind und ihren Namen von den Dickhorn-Schafen haben, die dort die salzige Lake lecken. Kurz hinter den Seen zweigt die 9 Meilen lange Old Fall River Road ab (unbefestigte Einbahnstraße, Fahrzeuglänge max. 7,60 m, keine Anhänger und Wohnwagen, im Winter geschlossen), die am Alpine Visitor Center (Juni–Sept. tägl. geöffnet) wieder auf die Hauptstraße stößt. Bleibt man auf der US 34, erreicht man als nächsten Punkt Deer Ridge Junction zu Füßen der 3000 m hohen Deer Ridge Mountains. Hier zweigt eine Stichstraße nach Moraine Park und Bear Lake ab, über die man auch den Parkeingang Beaver Meadows erreichen kann.

Die Trail Ridge Road steigt nun an, durchquert subalpine Tannenwälder (schöne Aussicht von Many Parks Curve) und führt alsbald jenseits der Baumgrenze in subarktische Tundra. Der Forest Canyon Overlook bietet eine großartige Aussicht auf das gleichnamige, von Gletschern geformte Tal und die angrenzenden, fast 4000 m hohen Berge Terra Tomah, Mount Julian und Mount Ida.

Ein Stück weiter lädt ein etwa 1,5 km langer, auf 3750 m ansteigender Lehrpfad (Tundra Nature Trail) zu einer Pause ein. Über 300 verschiedene Pflanzen, die sich an die harten klimatischen Bedingungen anpassen konnten, wurden hier gezählt. Bis zur höchsten Stelle der Straße (High Point 3713 m) haben Autofahrer nur noch wenige Höhenmeter zurückzulegen, um kurz darauf das Alpine Visitor Center zu erreichen, von wo sich ein großartiger Blick auf die Bergwelt bietet.

Leicht bergab fahrend, überquert man nach 6 Meilen am 3270 m hohen Milner Pass die kontinentale Wasserscheide. Die Straße führt nun entlang des Kawuneeche Valley, durch das sich der Colorado schlängelt, hinab zum Westausgang beim Kawuneeche Visitor Center, an das sich die als Erholungsgebiete sehr beliebten Seen Shadow Mountain Lake und Lake Granby anschließen.

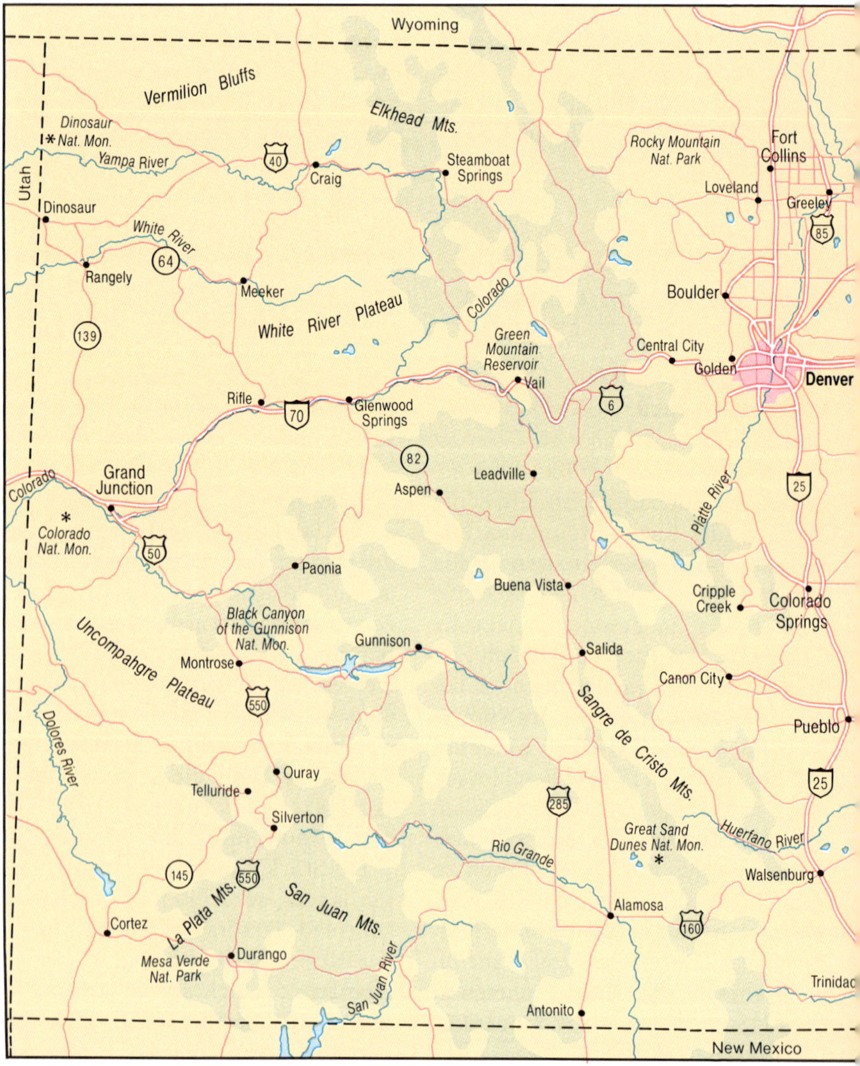

Die etwa 10 Meilen lange Bear Lake River Road entlang des Glacier Creek zweigt bei der Deer Ridge Junction von der US 34 ab und führt in südwestliche Richtung zum Bear Lake am Fuße des Flattop Mountain (3756 m) und Hallet Peak (3875 m). Auch von der Beaver Meadows Entrance Station erreicht man die Straße.

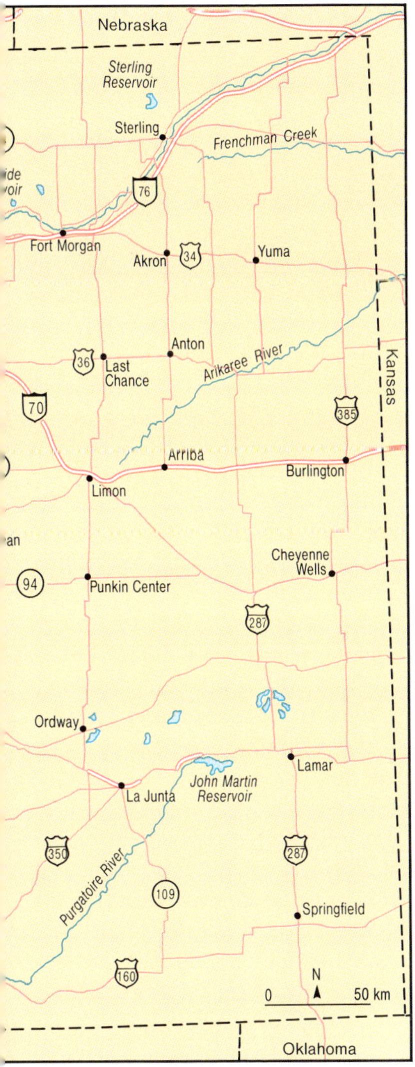

Colorado

Besonders lohnend ist der Ausflug in das waldbestandene Tal in den Herbstmonaten während der Laubfärbung. Das Moraine Park Museum, an dem auch ein kleiner Waldlehrpfad abzweigt, vermittelt Informationen über Geschichte und Entstehung des Parks (Mitte Mai–Ende Sept. tägl. 9–17 Uhr). Ein Stück weiter befindet sich die Endhaltestelle des kostenlosen Shuttle-Busses, der im Sommer regelmäßig bis zum Endpunkt der Straße verkehrt. Aus Gründen des Umweltschutzes und auch wegen des in Ferienzeiten starken Andrangs sollte man diese bequeme Fahrgelegenheit nutzen. Vom pittoresken Bear Lake am Endpunkt der Straße führen anspruchsvolle, bis zu 30 km lange Wanderwege über den Hauptkamm ins Zentrum des Parks (Flattop Mountain Trail) und zu hochgelegenen, ehemaligen Gletscherseen.

Praktische Hinweise

Anreise: Tägl. Greyhound-Verbindungen von Denver bis Estes Park nahe dem Westeingang
Information: In den Visitor Centers oder im Park Headquarter, Estes Park, ✆ 303-586-2371
Öffnungszeiten: Ganzjährig. Die US 34 ist östl. von Hidden Valley, abhängig vom Schneefall, etwa zwischen Ende Sept. und Mai geschlossen, die Old Fall River Road bis Juli
Unterkunft: Keine Hotels oder Motels im Park, zahlreiche jedoch in Estes Park (Westeingang) und einige am Grand Lake (Osteingang); **in Estes Park:** Holiday Inn, 101 S. Vrain Ave., ✆ 303-586-2332, gehobene Preise; Comfort Inn,

1450 Big Thompson Ave., ✆ 303-586-2358, mittlere Preise; Trappers's Motor Inn, 553 W. Elkhorn, ✆ 303-586-2833, preiswert; **in Grand Lake:** Bighorn Lodge, 613 Grand Ave., ✆ 303-627-8101, Mitte Mai–Mitte Sept., Mitte Dez. bis Mitte März, mittlere Preise; Driftwood Lodge, 12255 US Hwy 34, ✆ 303-627-3654, Mitte Mai–Mitte Sept., Mitte Dez.–Mitte Jan., mittlere Preise
Camping: Fünf Plätze im Park, für alle ✆ 303-586-2371: Longs Peak (nur Zelte), Moraine Park und Timber Creek ganzjährig offen, Aspenglen und Glacier Basin, Juni–Sept.; im Sommer 7-Tage-Limit (Longs Peak drei Tage); Gebühren zwischen Memorial Day-Wochenende und 1. 10., jedoch nur sofern Leitungswasser fließt; staatliche Campingplätze auch in der Arapaho National Recreation Area nahe dem Osteingang; für Glacier Basin ist eine Reservierung erforderlich

Dinosaur National Monument

Dinosaur National Monument

Der 854 km^2 große, 1915 gegründete Nationalpark im Nordwesten von Colorado reicht bis ins benachbarte Utah. Die mit Canyons durchzogene wüstenhafte Landschaft gehört zu den bedeutendsten Fundorten fossiler Saurier. Die Funde konzentrieren sich auf den sogenannten Quarry, einen Sandsteinaufschluß mit konzentriertem Vorkommen fossiler Relikte. Seit der Entdeckung 1908 bemühen sich Wissenschaftler, die Skeletteile aus dem Stein herauszupräparieren. Die Wirkungsstätte der Paläontologen ist inzwischen von einer großen Halle überdacht, so daß man den Fortgang der Arbeiten beobachten kann. Gefunden wurden versteinerte Teile von Brontosauriern, Stegosauriern, Camptosauriern und anderen prähistorischen Lebewesen, die im Schlick einer Sandbank eingesunken oder vom Fluß dort angeschwemmt waren. Luftabschluß sorgte für die Konservierung der Skelette, hinzu kam in Jahrmillionen hoher Druck nachfolgender Sedimente. Nach einer Hebung und Schwenkung um 45° trat die nunmehr versteinerte Sandbank ans Tageslicht, wo die Erosion die Fossilien wieder freilegte.

Etwa 10 Meilen von der Fundstätte der Dinosaurier entfernt haben Angehörige der Fremont-Kultur, die um 1000 n. Chr. in dieser Region blühte, ihre Anwesenheit durch Petroglyphen (Felsritzungen) stilisierter Menschendarstellungen bekundet. Durch die wilde Canyon-Landschaft mäandern der Green und der Yampa River. Die Flüsse und geologischen Verwerfungen haben phantastische Felsformationen und Aussichtspunkte geschaffen, die sich teilweise mit dem Auto im Club Creek Valley, weitaus besser noch entlang einsamer Wanderwege und mit dem Boot oder Floß erschließen lassen. Den kurzen Ausflug auf den Harpers Corner Trail (gut 30 Min. eine Richtung) in 2300 m Höhe darf man sich auf keinen Fall entgehen lassen, um an dessen Ende einen unvergeßlichen Blick tief hinunter in den Whirlpool Canyon und den Echo Park zu werfen.

Praktische Hinweise

Anreise: Über die US 40 W. bis kurz vor die Ortschaft Dinosaur nahe der Grenze mit Utah. Die dort rechts abzweigende Asphaltstraße führt zum Besucherzentrum im Ostteil des Parks und weiter nach Harpers Corner; die kurz zuvor abzweigenden Echo Park und Yampa Bench Roads sind steil und unbefestigt und können nur bei Trokkenheit befahren werden; empfohlen wird dazu nach vorheriger Erkundung des Wetter- und Straßenzustandsberichts möglichst ein geländegängiger Wagen. Dinosaurier-Fossilien kann man nur im Westteil des Parks 25 Meilen weiter bei der Ortschaft Jensen (bereits in Utah) besichtigen. Die Straße 190 führt direkt zum Parkplatz des Besucherzentrums. Im Sommer verkehrt von dort ein kostenloser Pendelbus zur Ausgrabungsstätte

Unterkunft: Hotels und Motels in Vernal, Utah, 9 Meilen westl. der Parkzufahrt bei Jensen: Anthlers Best Western, 425 W. Main St., ✆ 801-789-1202, mittlere Preise; Econo Lodge, 311 E. Main St., ✆ 801-789-2000, preiswert

Camping: Sechs Campingplätze (alle ✆

Dinosaur National Monument

303-374-2216), zwei davon, Split Mountain und Green River, ausgebaut, einen kostenlosen im Echo Park; bis auf Split Mountain im Winter (Okt.–Mai) geschlossen

Colorado National Monument

Mit dem 83 km^2 großen Gebiet wurde eine sehr reizvolle, von Canyons durchzogene Plateaulandschaft unter staatlichen Schutz gestellt. Eine 23 Meilen lange Straße erschließt die Sehenswürdigkeiten, zu denen Petroglyphen der Fremont-Kultur, Lagerstätten versteinerter Dinosaurierskelette und pittoreske, an den Bryce Canyon erinnernde Felsformationen zählen. Man erreicht den ganzjährig geöffneten Park von Grand Junction aus, wo es auch Unterkunftsmöglichkeiten gibt, über die SR 340.

Black Canyon of the Gunnison

Ein besonders eindrucksvoller, etwa 75 Meilen von Grand Junction entfernter Abschnitt des Gunnison-Flusses, der nahe der Grenze mit Utah in den Colorado mündet, wurde 1933 unter Naturschutz gestellt. In einem abgrundtiefen, über 70 km langen Canyon durchbricht hier der Gunnison mit starkem Gefälle eine aus grauschwarzem Granit bestehende Kette der Rocky Mountains. Der spektakulärste, etwa 20 km lange Abschnitt wird an der Nord- und Südseite durch Stichstraßen erschlossen. Von dort führen kurze Fußwege zu Aussichtspunkten, die einen großartigen Blick hinab in die bis zu 660 m tiefe und stellenweise nicht mehr als 400 m breite Schlucht gewähren. Der Abstieg zum Fluß erfordert erhebliche Kletterkünste und Schwindelfreiheit, so daß sich Besucher mit bergsteigerischen Ambitionen vor und nach dem Ausflug im Visitor Center registrieren lassen müssen. Dort erhält man auch das für Wanderungen im Canyon abseits der ausgeschilderten Routen notwendige *back-country permit.*

Praktische Hinweise

Anreise: Den Südrand des Canyons erreicht man über die SR 347 von Montrose aus, den gegenüberliegenden Nordrand auf einer unbefestigten, aber planierten Piste von der Ortschaft Crawford. Für eine Besichtigungstour ist dem Südrand der Vorzug zu geben

Öffnungszeiten: Ganzjährig, die North Rim Route bleibt nach den ersten Schneefällen im Winter geschlossen

Unterkunft: Motels und Hotels in Montrose, 15 Meilen südwestl. Best Western Red Arrow Motor Inn, 1702 E. Main St., ✆ 303-249-9641, teuer; Friendship Inn Black Canyon, 1 Meile östlich an der US 50, ✆ 303-249-3495, preiswert

Staatlicher Campingplatz: Je ein Platz am Nord- und Südrand, im Park Wasserknappheit

Telluride

Der ehemalige Bergbauort liegt abseits der Hauptverkehrswege am Ende eines Tals zu Füßen der Un-

Blick auf den Bergbauort Ouray

Bar in Durango

compahgre Range, die schon dem westlich davon liegenden Ort Ouray zu Reichtum verhalf. Am schönsten ist die Anreise von Osten über die US 550, wobei man den Abschnitt zwischen Silverton und Ouray nicht auslassen sollte, den ›Million Dollar Highway‹, der aus der senkrechten Felswand gesprengt werden mußte. Bei Ridgway verläßt man die US 550, um über die Gebirgsstraßen SR 62 und SR 145 den 2800 m hoch in einen Talkessel eingebetteten Ort zu erreichen.

Bereits 1875 entdeckten Prospektoren auch am Ostabfall des Höhenzugs Gold und benannten das daraufhin aus dem Boden schießende Camp nach dem goldhaltigen Element Tellur. Der Ort wurde bald nicht nur für seinen recht lebhaften Rotlichtbezirk bekannt, die Stadtväter investierten auch in ›Kultur‹ und ließen 1891 ein prunkvolles Opernhaus sowie ein repräsentatives Hotel in viktorianischem Stil errichten. So erwiesen denn auch die Größen des damaligen Showgeschäfts, etwa Sarah Bernhardt, dem Minenort die Ehre, aber auch namhafte Banditen fühlten sich vom Reichtum angezogen: Bei einem Überfall erleichterten 1889 Butch Cassidy und seine Wild Bunch die örtliche Bank um 30 000 Dollar, in jenen Tagen ein Vermögen.

Mit Nachlassen der Gold- und Silberfunde sank der Ort in Vergessenheit, wurde aber nie ganz aufgegeben wie viele andere ehemalige Bergbausiedlungen ringsum. Im Jahre 1960 fanden Hippies Gefallen am Charme von Telluride und restaurierten viele der halb zerfallenen Häuser. Nun erst wurde der Staat auf sein wertvolles

Erbe aufmerksam und stellte Telluride unter Denkmalschutz. Heute ist der Ort eines der aufstrebenden Skizentren in Colorado und mit zahlreichen Musikfestivals eine kulturelle Insel in der Wildnis der Rocky Mountains.

Praktische Hinweise

Information: Telluride Chamber Resort Association, 666 W. Colorado Ave., ✆ 303-728-3041
Unterkunft: Best Western Tomboy Inn, 619 W. Columbia, ✆ 303-728-3871, gehobene Preise; Sheridan, 231 W. Colorado, ✆ 303-728-4351, preiswert; Oak Street Inn, Youth Hostel, 134 N. Oak St., ✆ 303-728-3383
Campingplätze: Matterhorn, 12 Meilen südwestl. an der SR 145, ✆ 303-327-4261, 25. 5.–30. 9.; Sunshine, 8 Meilen südwestl. an der SR 145, ✆ 303-327-4261, 25. 5.–30. 9.

Durango und Silverton

Die 12 000 Einwohner zählende Kleinstadt, am Südrand des Gebirgsmassivs der San Juan Mountains gelegen, hat sich zum Drehkreuz für Besucher der Region entwickelt. Sowohl der Mesa Verde National Park liegt in Reichweite (knapp 30 Meilen, vgl. S. 261 ff.) als auch die attraktivsten Regionen der Bergwelt.

Freunde historischer Eisenbahnen werden wohl von Durango eine Fahrt mit dem dampfgetriebenen Silverton zur gleichnamigen ehemaligen Bergbausiedlung unternehmen (3,5 Std., Anfang Mai–Ende Okt., möglichst 30-Tage-Voranmeldung: Durango & Silverton Narrow Gauge Railroad Co., 479 Main Ave., Durango, CO 81301, ✆ 303-247-2733). Das inmitten großartiger Bergszenerie gelegene Städtchen **Silverton** (716 Einwohner), das viel von seinem alten Charme bewahrt hat, wird wegen der farbenprächtigen Holzhäuser und historischen Fassaden aus der Jahrhundertwende heute gern als Filmkulisse genutzt. In der Umgebung liegen zahlreiche, meist nur mit dem Jeep erreichbare verlassene Silberminen sowie *Ghost Towns.*

Praktische Hinweise

Unterkunft: Best Western Durango Inn, 21282 US 160 W., ✆ 303-247-3251, gehobene Preise; Iron Horse Inn, 5800 N. Main Ave., ✆ 303-385-4791, mittlere Preise; Caboose, 3363 Main Ave., 2 Meilen nördl. auf der US 550, ✆ 303-247-1191, preiswert; Teller House Hotel, 1250 Green St., Silverton, Youth Hostel, ✆ 303-387-5423
Campingplätze: Alpen Rose RV Park, 3518 CR 203, 5 Meilen nördl. an der US 550, ✆ 303-247-5540, 15. 4.–31. 10.; Durango East Pinon Acres KOA, 30090 E Hwy 160, 7 Meilen nördl. an der US 160, ✆ 303-247-0783, 1. 5.–15. 10.; Haviland Lake, 18 Meilen Richtung Norden auf der US 550, dann 1 Meile auf der FR 671, ✆ 303-247-4874, 1. 5.–1. 11.

Mesa Verde National Park

In diesem 211 km^2 großen, 2500 m hoch gelegenen Nationalpark 10 Meilen östlich von Cortez verbinden sich großartige Landschaften und präkolumbische Geschichte zu einem der eindrucksvollsten historischen Denkmäler der USA.

In der Grenzregion zwischen den Ausläufern der Rocky Mountains und dem Colorado-Plateau siedelten einst die Anasazi, was in der Sprache der Navajo die Alten bedeutet. Sie waren aus den nomadisierenden Wüstenbewohnern des Südwestens, den Korbmachern *(basket makers)*, hervorgegangen und im 8. Jh. seßhaft geworden. Charakteristisch für die Anasazi, deren Zentrum im heutigen Vierländereck Utah, Colorado, New Mexico und Arizona lag, waren kunstvolle, mehrstöckige Bauwerke, die als Pueblos bezeichnet werden und dieser Epoche auch den Namen ›Pueblo-Phase‹ verliehen.

Zunächst errichteten die Bewohner auf den Hochflächen einfache Adobe-Hütten. Daraus entwickelten sie später die verschachtelten Wohnanlagen der Pueblos. In der Endphase schließlich verlegten die Anasazi aus nicht völlig geklärten Gründen ihre inzwischen anspruchsvollen Behausungen in den Schutz steiler Klippenwände. Viele dieser heute längst verlassenen *Cliff Dwellings* blieben bis zum Ende des vergangenen Jahrhunderts unentdeckt und somit der Nachwelt erhalten. Den architektonischen Meisterleistungen der Anasazi entsprach ihre hochentwickelte Töpferkunst, die im 12. Jh. ihren Höhepunkt erreichte.

Eine intensive Landwirtschaft mit Hilfe ausgeklügelter Bewässerungssysteme auf den Hochplateaus und teilweise auch in den Canyon-Tälern bildete die Grundlage der Pueblo-Kultur. Als Nahrung dienten den Anasazi die drei klassischen von Indianern angebauten Gemüse Kürbis, Mais und Bohnen, den Speiseplan ergänzten Kaninchen und Eichhörnchen sowie wilde Früchte. Als Haustiere kannten sie Hunde und Truthähne. Etwa um 1300 entvölkerten sich die Pueblos ohne Anzeichen kriegerischer Auseinandersetzungen fast über Nacht. Als Ursache für den Niedergang der hochstehenden Pueblo-Kultur vermutet man eine langanhaltende Dürre, ausgelaugte Böden und das Verschwinden jagbaren Wilds. Die Überlebenden wanderten nach Süden und vermischten sich dort mit den Völkern Mexikos – ihre kunstvollen Bauten gerieten in Vergessenheit.

Im Park, für dessen Besichtigung man einen ganzen Tag veranschlagen sollte, findet man unzählige Wohneinheiten aus verschiedenen Perioden. Obwohl die *Cliff Dwellings* bereits 1888 vom Cowboy Richard Wetherill entdeckt und kurze Zeit später vom schwedischen Archäologen Erland Nordenskiöld erstmals wissenschaftlich untersucht wurden, harren noch heute viele Behausungen der Erforschung – zu einigen konnte man bisher noch nicht einmal vordringen. Besucher sollten wissen, daß die Anlagen ohne Ranger nicht betreten werden dürfen und man das Gebiet nur auf den vorgeschriebenen Pfaden erkunden darf.

Vor der Besichtigung der *Cliff Dwellings* empfiehlt sich der Besuch des Chapin Mesa Museum (im Sommer tägl. 8–18.30, sonst 8–17 Uhr), das anhand von Dioramen, ausgewählten Töpferwaren und Webereien einen ausgezeichneten Eindruck vom Leben vor 800 Jahren vermittelt. Ganz in der Nähe liegt das

Cliff Palace im Mesa Verde National Park

Spruce Tree House, die am besten erhaltene präkolumbische Siedlung des Parks, in der einst 100 Personen wohnten. Charakteristisch sind die teilweise rekonstruierten *Kivas* – in den Boden eingelassene Zeremonienräume –, in denen die männlichen Clan-Mitglieder unter Leitung eines Priesters ihre religiösen Rituale durchführten. Dabei spielte das *Sipapu,* ein Loch in der Erde, eine wichtige Rolle als symbolischer Zugang zur Welt der Ahnen. Die *Kivas* und die Zeremonien der Anasazi haben sich bis heute bei den Hopi-Stämmen im Südwesten der USA erhalten.

Oberhalb des Museums zweigen von der durch den Park führenden Hauptroute zwei Schleifen (Einbahnverkehr gegen den Uhrzeigersinn) zu weiteren Sehenswürdigkeiten ab. Auf der westlichen Route gelangt man zunächst zum Cliff Palace, dem Prunkstück des Nationalparks. In einem Bogen schmiegt sich die größte Klippensiedlung Nordamerikas, die einmal mehr als 200 Menschen Schutz bot, unter einen gewaltigen Felsüberhang. Als nächstes Ziel erreicht die Straße Balcony House, das nur unter Führung eines Rangers auf einem etwas abenteuerlichen Aufstieg über steile Leitern und durch eine schmale Tunnelröhre zugänglich ist.

Zur Hauptstraße zurückgekehrt, biegt man nach links ab und gelangt zunächst zum Aussichtspunkt auf das unzugängliche Square Tower House. Ein Stück weiter liegen die Ruinen von Late Pithouse und Early Pueblo Ruins am Wege. Die in die Erde eingelassenen Behausungen entstammen der Frühzeit der Besiedlung und dienten den späteren *Kivas* als Vorbild. Vom Sun Point, von dem sich die Straße wieder nach Norden wendet, hat man einen schönen Blick auf die ebenfalls unzugänglichen Klippenwohnungen Sunset House und Mummy House bis hinüber zum Cliff Palace. In einer Schleife führt die Tour nun zum Sun Temple, einem sorgfältig gearbeiteten Steinbau, dessen ursprüngliche Bedeutung unbekannt ist. Von dort bietet sich die beste Aussicht auf den Cliff Palace.

Die beim Far View Visitor Center abzweigende, kurvenreiche Wetherhill Mesa Route führt entlang der Westgrenze zu zwei Anlagen, die erst 1972 der Öffentlichkeit zugänglich gemacht wurden. Besichtigen kann man das nach dem Treppenzugang benannte Step House, vor allem aber die zweitgrößte Wohnanlage des Nationalparks, das Long House, das Nordenskiöld bereits 1891 eingehend untersucht hatte und das durch seine zahlreichen *Kivas* auffällt. Die Besichtigung ist nur geführten Gruppen gestattet. Mit einer Kleinbahn gelangt man auch zur Badger House Community, die Erdwohnungen und Klippenwohnungen übereinander angeordnet zeigt.

Praktische Hinweise

Öffnungszeiten: Ganzjährig geöffnet, die Wetherill Mesa Route nur zwischen Juni und Sept. (8–16.30 Uhr), bei Schneefall können auch die anderen Straßen vorübergehend gesperrt sein. Ganzjährig sind nur die Ruinen von Spruce Tree House zugänglich, Cliff Palace (beste Beleuchtung nachmittags) und Balcony House (beste Beleuchtung vormittags) nur von Juni–Okt.
Information: Far View Visitor Center, tägl. geöffnet, nur im Sommer

Unterkunft: Far View Lodge, am Far View Visitor Center, ✆ 303-529-4421, April–Okt., gehobene Preise; **in Cortez:** 10 Meilen westl. des Nationalparks, Cortez Inn, 2121 E. Main St., ✆ 303-565-6000, teuer; Bel Rau Lodge, 2040 E. Main St., ✆ 303-565-3738, mittlere Preise
Campingplätze: Mesa Verde RV Park Resort, 34979 Hwy 160, gegenüber dem Parkeingang, ✆ 303-565-3517, 15. 3.–15. 11.; Mesa Verde Point Kampark, 35303 Hwy 160, 1 Meile östl. des Parkeingangs, ✆ 303-533-7421; Morefield, 4 Meilen südl. im Park, ✆ 303-529-4474, 10. 4.–18. 10.

Etwa 35 Meilen südwestlich von **Cortez** stoßen die Grenzen der vier Bundesstaaten Colorado, Utah, Arizona und New Mexico aneinander. Diese für die USA einzigartige geographische Besonderheit wird durch einen Stein dokumentiert, in den die Siegel der vier Staaten eingelassen sind.

Aspen, Vail und Steamboat Springs

Die Berge von Colorado gehören zu den beliebtesten Skizentren der USA, wobei es einige Orte durchaus mit den alpinen Hochburgen von Europa aufnehmen können, ja sie sogar übertrumpfen. Den lockeren, trockenen und vor allem garantierten Pulverschnee der Rockies wird man hierzulande vergeblich suchen, und die bei uns üblichen Schlangen vor den Liften sind fast unbekannt. Einige deutsche Reiseveranstalter bieten recht günstige Pauschalarrangements an, so daß der Skiurlaub kaum teurer wird als in einem europäischen Wintersportgebiet.

Das in 2600 m Höhe gelegene **Aspen** (4000 Einwohner) verdankt seine Gründung einigen Silberminen, die Ende des vergangenen Jahrhunderts entdeckt wurden. Berühmtheit erlangte der Ort durch den Fund eines Silberklumpens von fast 1 t Gewicht. Als der Silberboom durch den drastischen Preisverfall von 1890 über Nacht ein Ende fand, verfiel Aspen fast zur Geisterstadt. Die Rettung kam 1930, als ein Industrieller aus Chicago in der hervorragenden Schneequalität eine zukunftsträchtige Investitionsmöglichkeit sah und damit begann, einen bescheidenen Wintererholungsort aufzubauen. Aspen ist heute das St. Moritz der USA, in dem sich die Schönen und Reichen ein Stelldichein geben. Aber auch für normale Sterbliche ist Aspen selbst in der Hochsaison durchaus erschwinglich. Die Abfahrten verteilen sich auf die Hänge des Aspen Mountain, der Aspen Highlands und der etwas weiter entfernten Buttermilk Mountains und Snowmass, von denen zahlreiche Pisten aller Schwierigkeitsgrade ins Tal führen. Über ein Dutzend Gondelbahnen und Lifte stehen zur Verfügung.

Praktische Hinweise

Anreise: Gut 200 Meilen westl. von Denver; Flugverbindung: mit Continental Express; Busverbindung: mit Greyhound von Denver; Zugverbindung: mit Amtrak bis Glenwood Springs, 40 Meilen entfernt. Mit dem Wagen folgt man von Denver zunächst der I-70 bis Glenwood Springs und von

dort der SR 82. Die Gesamtentfernung beträgt 200 Meilen
Information: Aspen Resort Association, 700 S. Aspen St., Aspen, CO 81611, ✆ 305-925-1940
Unterkunft: Informationen und Buchungen über Aspen Central Reservation, 700 S. Aspen St., Aspen, CO 81611; Hotel Jerome, 330 E. Main St., Luxus; Littel Nell, 675 E. Durant St., Luxus; Aspen Manor, 411 S. Monarch St., mittlere Preise
Campingplätze: Difficult, ✆ 303-925-3445, 4 Meilen südöstl. auf der US 40, dann 12 Meilen nordwestl. auf der FR 15108, 19. 5.–2. 10; Maroon Lake, 1 Meile auf der SR 82, dann 9 Meilen südwestl. auf der FR 15125, 2. 6.–1. 11.; Weller, 11 Meilen südöstl. auf der SR 82 und dann südl. auf der FR 15104, kostenlos, 2. 6.–25. 9.

Mag Aspen seinem Ruf als mondänster Wintersportort der USA gerecht werden, in der Gunst der Skifahrer rangiert **Vail** (2500 Einwohner) aufgrund seiner vielen Abfahrten an erster Stelle. Der 2600 m hoch gelegene Ferienort, dessen Häuser stark an Skizentren in den Alpen erinnern, blickt auf eine nur kurze Geschichte zurück. Nach dem Zweiten Weltkrieg hatten amerikanische Fallschirmjäger bei ihren Winterübungen als erste die reizvolle Lage entdeckt und so den Anstoß zur Entwicklung gegeben.

Praktische Hinweise

Anreise: Vail liegt verkehrsgünstig an der I-70, knapp 100 Meilen westl. von Denver, regelmäßige Busverbindungen von Denver und Grand Junction
Unterkunft: Informationen über Vail Resort Association, 241 E. Meadow Dr., Vail, CO 81657; Gasthof Gramshammer, E. Gore Creek, teuer; Sonnenalp Hotel, 20 Vale Rd., teuer; Sitzmark Lodge, 183 Gore Creek Dr., mittlere Preise
Campingplätze: Gore Creek, 4 Meilen östl. auf der I-70, dann 2 Meilen südöstl., ✆ 303-827-6715, 1. 6.–10. 9.

Im heutigen Wintersportort **Steamboat Springs** (6000 Einwohner, Höhe 2300 m) im Nordwesten von Colorado hatten die Ute-Indianer ursprünglich ihr Sommerquartier. Vor allem die über 100 heißen Heilquellen hatten es ihnen angetan, deren Wasser heute überwiegend in die Pools der Hotels fließt. Als Skiparadies wurde Steamboat Springs 1913 vom norwegischen Skispringer Carl Howelson entdeckt, der diesen Sport in den USA populär machte und den Ort zu einem der ersten Zentren des weißen Sports in den USA erhob. 19 Sessellifte und eine Gondelbahn erschließen über 100 Pisten, für Langläufer stehen mehrere gespurte Loipen zur Verfügung.

Praktische Hinweise

Anreise: Steamboat Springs liegt knapp 160 Meilen nordwestl. von Denver; Flugverbindung von Denver und Chicago; Busverbindung von Denver und Salt Lake City (Greyhound)
Information: Steamboat Ski Resort, 2350 Mt. Werner Circle, Steamboat Springs, CO 80487, ✆ 303-879-0880
Unterkunft: Sheraton Steamboat Resort, 2200 Village Inn Court, ✆ 303-879-2220, Luxus; Nordic Lodge, 1036 Lincoln Ave., ✆ 303-879-0531, mittlere Preise

Campingplätze: Stagecoach State Park, 4 Meilen östl. auf der US 40, dann 7 Meilen südl. auf der RCR 14, ✆ 303-879-3922; Steamboat Lake State Park, 2 Meilen nach Westen auf der US 40, dann 26 Meilen nach Norden auf der CR 129; Ski Town Campground, 29135 W. US 40, 2,5 Meilen westl. der Stadt, ✆ 303-879-0273

Denver und Umgebung

Wie bei den meisten Städten in Colorado ist auch die Entstehungsgeschichte von Denver eng mit dem Goldrausch im 19. Jh. verknüpft, weniger jedoch durch Funde im heutigen Stadtgebiet als durch die reichen Adern in den angrenzenden Bergen. Angelockt von den vermeintlich so unerschöpflichen Vorkommen in Cherry Creek, zogen 1858 Tausende nach Denver und ins benachbarte Auraria, wurden dann aber bitter enttäuscht.

Ein Aufschwung der Stadt zeichnete sich erst ab, als im nahen Clear Creek überaus reiche Funde entdeckt wurden, die neue Abenteurer anzogen, von denen auch Denver als Versorgungs- und Umschlagplatz profitierte.

Im Jahre 1867 wurde die Stadt zur Metropole des neu gegründeten Territoriums gewählt. Als 1870 der kommerzielle Silberbergbau in großem Stil aufgenommen wurde, festigte Denver seine Position. Mit über 100 000 Einwohnern war die Stadt die weitaus größte nicht nur in Colorado, sondern bis hinüber zum Pazifik. Zwar wurde auch Denver vom Preisverfall des Silbers im Jahre 1893 hart getroffen, erholte sich aber bald dar-

Blick auf Denver

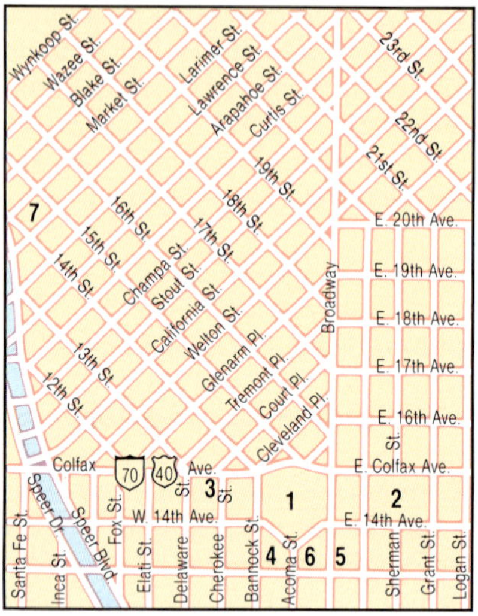

Denver
1 Civic Center 2 Capitol 3 U.S. Mint 4 Denver Art Museum 5 Colorado History Museum 6 Denver Public Library 7 Larimer Square

auf durch die Goldfunde am Cripple Creek, die zu den reichsten in den USA zählten.

In fast 2000 m Höhe mit großartiger Sicht auf die Berge gelegen, ist Denver heute eine Touristenhochburg, die mit 500 000 Einwohnern durchaus noch übersichtlich ist. Aufgelockert wirkt das Stadtbild durch mehr als 200 Parks, die der Metropole eine beschwingte Atmosphäre verleihen.

Das historische Viertel läßt sich leicht anhand des um 45° gegen das übrige Raster ›verdrehten‹ Straßennetzes erkennen. Dort und im angrenzenden Regierungsviertel konzentrieren sich auch die Sehenswürdigkeiten. Als Ausgangspunkt eines kleinen Stadtrundgangs empfiehlt sich das **Civic Center** (1) an der Südwestecke der Innenstadt, wo sich auch das Touristenbüro befindet. Die ausgedehnte, der Mall in Washington D.C. nachempfundene Grünanlage, die in der Mittagszeit ein beliebter Treffpunkt der Angestellten aus den umliegenden Büros ist, leitet zum **Capitol** (2, Mo–Fr 9–15.30, Sa bis 14.30 Uhr) über. Einen schönen Blick bis zu den Rocky Mountains hat man von der Aussichtsgalerie unterhalb der Kuppel, die 1894 mit Blattgold aus den umliegenden Minen verziert wurde. Westlich des Civic Center schließt sich die **U.S. Mint** (3, Mo–Fr 8–15 Uhr) an, die Münze der Vereinigten Staaten (Mo–Fr Führungen, Photoverbot, Münzen für Sammler). Im Süden wird das Civic Center von zwei Museen begrenzt. Das ausgezeichnete **Denver Art Museum** (4, Di–Sa 10–17, So ab 12 Uhr) zeigt neben afrikanischen, asiatischen sowie südamerikanischen Exponaten und einigen Werken europäischer Meister wie Rembrandt, Rubens, Renoir und Picasso vor allem eine hervorragende Sammlung zu Kunst und Kultur der nordamerikanischen Indianer. Zwei Blocks östlich veranschaulicht das **Colorado History Museum** (5, Mo–Sa 10–16.30, So ab 12 Uhr) vor allem die frühe Stadtgeschichte anhand von zahlreichen Photographien, Dokumenten und einem großen Diorama. Speziell an der Geschichte des Westens interessierten Besuchern sei die zwischen den Museen liegende **Public Library** (6) als wahre Fundgrube empfohlen.

Die Sehenswürdigkeiten der ehemaligen Altstadt konzentrieren sich auf einen relativ kleinen Raum. In vorbildlicher Weise hat die Stadt einen kostenlosen Trolleybus-Dienst eingerichtet, der Besucher zu den wichtigsten Punkten bringt. Die lebhafte **16th Street** wurde zur Fußgängerzone erklärt. Besonders sehenswert ist das Tabor Center, ein hochmodernes Einkaufszentrum mit zahlreichen Cafés, Restaurants und Boutiquen. In der Parallelstraße, der **17th Street,** geht es weniger beschaulich zu, schlägt doch hier das wirtschaftliche Herz der Stadt hinter dem Chrom und getönten Glas einer modernen Skyline. Biegt man an der Kreuzung mit der Larimer Street nach Südwesten, gelangt man nach zwei Blocks in die Vergangenheit von Denver. Am arkadengesäumten **Larimer Square** (7), dem ehemaligen Stadtzentrum, hat man zahlreiche Gebäude vergangener Epochen restauriert, in denen sich heute Galerien, Spitzenrestaurants und Juweliere etabliert haben.

Von den außerhalb des Zentrums liegenden Attraktionen sei der **Zoo** (tägl. 10–18 Uhr) erwähnt, der zu den besten des Landes zählt und zahlreiche Tierarten in möglichst natürlicher Umgebung zeigt, darunter Polarbären und arktische Wölfe.

Praktische Hinweise

Verkehrsverbindungen: Mit dem Flugzeug Verbindung von allen größeren Städten der USA. Der Flughafen Stapleton International liegt etwa 6 Meilen nordöstl. des Zentrums, Zubringerbusse; mit der Eisenbahn: Amtrak von Chicago, Portland, Seattle, San Francisco und Los Angeles; mit dem Bus: Greyhound Terminal im Zentrum
Unterkunft: Zahlreiche Unterkünfte aller Kategorien; Brown Palace, 321 17th St., ✆ 303-297-3111, Luxus; Holiday Inn Denver, 15th St., ✆ 303-573-1450, gehobene Preise; Travelodge, 200 W. 48th Ave., ✆ 303-296-4000, mittlere

Am Larimer Square in Denver

Preise; YMCA, 25 E. 16th Ave., Zentrum, ✆ 303-861-8300, preiswert; Denver International Youth Hostel, 630 E. 16th Ave., ✆ 303-832-9996, billig, Mitgliedschaft nicht erforderlich, keine Altersbeschränkung, Melbourne International Youth Hostel, 607 22nd St., ✆ 303-292-6386, 10 Blocks vom Busbahnhof
Campingplätze: Chatfield State Recreation Area, Littleton, 9 Meilen südl., ✆ 303-791-7275; Cherry Creek Reservoir, 8 Meilen südöstl. an der SR 83, ✆ 303-699-3860

Die 1859 gegründete, ehemalige Bergbausiedlung **Golden,** etwa 13 Meilen westlich von Denver zwischen der I-70 und der SR 58 gelegen, stand lange in Konkurrenz zur heutigen Metropole. Von 1861 bis 1867 war der Ort sogar Hauptstadt des neu geschaffenen Territoriums Colorado. Heute vermarktet die etwa 15 000 Einwohner zählende Gemeinde geschickt ihre Vergangenheit. Sehenswert sind das *Colorado Railroad Museum* (Exit 265 von der I-70, tägl. 9–17 Uhr) und das *Golden Dar Pioneer Museum* (im Civic Center, Mo–Sa 11–16 Uhr, Eintritt frei). Fünf Meilen westlich der Stadt liegt auf einem Hügel das Grab von Buffalo Bill. Von der Dachterrasse des angeschlossenen Museums (tägl. 9–17 Uhr) hat man einen herrlichen Blick über Denver. Im Heritage Square ist eine ›historische‹ Westernstadt mit zahlreichen Geschäften aufgebaut. Dort finden auch allerlei kulturelle Veranstaltungen statt. Besonders beliebt ist das viktorianische Melodrama in der Music Hall (nahe der Kreuzung von US 6 und US 40, tägl. 10–19 Uhr, Vorführung nur Mi–Sa).

Im Jahre 1859 lösten Funde am Gulch Creek den Goldrausch aus, der Tausende von Glückssuchenden in die Berge von Colorado strömen ließ und **Central City** den Beinamen ›die reichste Quadratmeile der Welt‹ einbrachte. Für 75 Mio. Dollar wurden hier Edelmetalle geschürft, ehe der Ort in die Bedeutungslosigkeit versank. Erst mit der Restaurierung des Opernhauses, in der Größen wie Sarah Bernhardt und Otis Skinner einst Triumphe feierten, gewann der Minenort in den 20er Jahren touristische Bedeutung. Mit dem jährlichen Opernfestival (Juli–Aug.) wird die Tradition bis in unsere Tage erfolgreich fortgeführt. Ende August kommen Jazz-Liebhaber anläßlich des Central City Jazz Festival auf ihre Kosten. Trotz dieses Engagements ist Central City mit seinen nunmehr 400 Einwohnern noch weit davon entfernt, seinem Namen wieder gerecht zu werden.

Colorado Springs

Die gut 60 Meilen südlich von Denver gelegene Gartenstadt (215 000 Einwohner) bietet sich als Ausgangspunkt für die Fahrt in die angrenzenden Berge an, insbesondere hinauf zum Pikes Peak. Aufgrund des angenehmen Klimas, des reichen Angebots an kulturellen Veranstaltungen und feriengerechter Unterkünfte hat sich Colorado Springs zu einem beliebten Ferienort entwickelt, der jährlich Tausende von US-Amerikanern anzieht.

Bereits der Gründer William J. Palmer hatte 1871 genau diese Absichten, als er unweit der Minenstadt Colorado City an der neuen Bahnlinie einen Ferienort namens Fountain Creek für die Wohlhabenden aus dem Boden stampfte. Bald tummelten sich vor allem vermögende Briten auf Polo- und Cricketplätzen, unternahmen mit ihren Hundemeuten Fuchsjagden und pflegten die Tradition des Empire in englischen Klubs.

Aber auch an den reichen Goldfunden hatte die Stadt Anteil, nicht durch die harte Knochenarbeit der Schürfer in den gefrorenen Minen, sondern durch geschickte Spekulation in geheizten Büros. Ganz anders ging es im rauhen Nachbarort Colorado City zu, wo sich Prospektoren und Cowboys in dunklen Kneipen ein Stelldichein gaben. In den 20er Jahren gesellten sich allabendlich auch die wohlhabenden Nachbarn dazu, um der Prohibition in der Gartenstadt zu entgehen. Zwischen den beiden Gemeinden sollen, so behauptet man, sogar unterirdische Tunnel gegraben worden sein, um die Anonymität der Bar-Besucher zu wahren. Alkoholschmuggel wurde denn auch eine Weile zur Haupteinnahmequelle des Bergbauorts, ehe Colorado Springs den verarmten Nachbarn eingemeindete.

Das friedliche Treiben mag leicht darüber hinwegtäuschen, daß Colorado Springs eines der militärischen Zentren der USA beherbergt. Vor den Toren der Stadt hat sich das American Air Defense Command (NORAD), die Schaltzentrale des weit gespannten Frühwarnsystems, atombombensicher tief in die Cheyenne-Berge eingegraben.

Im Wachsfiguren-Kabinett, dem *Hall of Presidents Wax Museum* (1050 S. 21st St., tägl. 9–21 Uhr), kann man die Galerie aller amerikanischen Präsidenten abschreiten. Das *Museum of the American Numismatic Association* (818 N. Cascade Ave., Mo–Sa 8.30–16 Uhr) besitzt eine der größten Münz- und Papiergeldsammlungen der Welt. Im vier Meilen östlich liegenden *Peterson Space Command Museum* (Di–Sa 8.30–16 Uhr, freier Eintritt) bilden historische Flugzeuge den dekorativen Rahmen für die Informations- und Werbeshow in Sachen NORAD. Weitaus friedlicher geht es im *Garden of the Gods* zu (nordwestl. an der US 24), einer Ansammlung bizarrer Sandstein- und Felsformationen, die ihren Zauber vor allem bei Sonnenuntergang entfalten. Ganz in der Nähe liegt Manitou Springs, ein altehrwürdiges Heilbad, dessen Quellen schon die Indianer nutzten und dem der Ort Colorado Springs den zweiten Teil seines Namens verdankt.

Eine schöne, sehr gebirgige Rundfahrt (High Drive) führt durch die North Cheyenne und Bear Canyons. Noch weiter hinauf verläuft eine kostenpflichtige Bergstraße zum Pikes Peak durch den gleichnamigen National Forest. Belohnt wird die vierstündige Rundfahrt über schmale kurvenreiche Straßen durch großartige Blicke auf die Sangre de Cristo Range.

Praktische Hinweise

Unterkunft: Sheraton Inn, 8110 N. Academy Blvd., ✆ 719-598-5770, teuer; Quality Inn, 555 W. Gardens of the Gods, ✆ 719-593-9119, mittlere Preise; Comfort Inn, 8280 Hwy 83, Exit 150 A, ✆ 719-598-6700, mittlere Preise

Campingplätze: Garden of the Gods, 3704 W. Colorado Ave., ✆ 719-475-9450, 15. 4.–31. 10.; Golden Eagle Ranch RV Park, 710 Rock Creek Canyon Rd., ✆ 719-576-0450, 10 Meilen südwestl. auf der SR 115, dann 1 Meile nördl. auf der Rock Canyon Rd., 1. 5.–30. 9.

Den legendären, etwa 40 Meilen westlich von Colorado Springs gelegenen Goldgräberort **Cripple Creek** erreicht man am einfachsten über die US 24 und SR 67. Wer es abenteuerlicher liebt (enge Straße, Serpentinen, Tunnel), kann auch auf der über die Berge führenden Gold Camp Road ans Ziel gelangen. Man wählt dazu die Ausfahrt 26th St. von der US 24 und fährt in südwestliche Richtung.

Die Geburtsstunde des Orts schlug im Frühjahr 1891, als der Neffe des Farmers Womack, der hier in den Bergen eine kleine Ranch bewirtschaftete, einige *nuggets* auflas und seinen Fund törichterweise sogleich publik machte. Für nicht mehr als 500 Dollar verschleuderte er sein Stück Land und verspielte damit die Chance, Multimillionär zu werden. Das Weideland im Schatten des 3000 m hohen Mount Pisgah entpuppte sich nämlich als die reichste Goldader des Westens, als eine ›300-Millionen-Dollar-Kuhweide‹. Zwei Jahre nach dem ersten Fund durchwühlten auf 500 kleinen *claims* 18 000 Menschen das Gelände, 1896 legte ein Feuer die provisorische Bretterbudenstadt in Schutt und Asche und machte Platz für solide Steinbauten, von denen viele noch heute stehen. Mit Ausbleiben der Funde sank auch die Bevölkerung. Heute hält der Tourismus die 500-Seelen-Gemeinde am Leben. Angeboten werden Besuche alter Minen und eine 6 km lange Dampflokbahnfahrt über eine historische Schmalspurstrecke.

Praktische Hinweise

Unterkunft: Imperial Hotel, 123 N. 3rd St., ✆ 719-689-2713, historisches Bauwerk, Mitte Mai–Mitte Okt., mittlere Preise

Minen-Tour: Ghost Towns and Mine Tours of Cripple Creek, ✆ 719-689-3000, am Ostende der Stadt am Hwy 67 im roten Eisenbahnwagen, Mai–Okt. tägl. 10–17 Uhr

Schmalspureisenbahn: Cripple Creek-Victor Narrow Gauge Railroad, ✆ 719-689-264, am Ostende der Stadt am Hwy 67, Mai–Okt. tägl. 9.30–17 Uhr

Great Sand Dunes Nat. Monument

Great Sand Dunes National Monument

Am Westrand der langgezogenen Kette der Sangre de Cristo Range, etwa 147 Meilen südwestlich von Colorado Springs, hat der überwiegend aus westlichen Richtungen wehende Wind im Laufe von 15 000 Jahren am Fuß des Gebirges Ablagerungen aus feinem Staub und Sand zu bis zu 250 m hohen Dünen angehäuft. Man erreicht dieses recht abgelegene Naturwunder über die I-160 und die 16 Meilen östlich der Ortschaft Alamosa nach Norden abzweigende SR 150, auf der man nochmals 20 Meilen fahren muß. Der Legende zufolge sollen dort sogar ganze Planwagenzüge und Viehherden während der häufig auftretenden Stürme spurlos verschwunden sein. Die helle vom Wind immer wieder neu geformte Landschaft steht in wunderbarem Kontrast zum Blau der im Osten angrenzenden Gebirgskette und wandelt im wechselnden Licht des Tages fortwährend ihr Gesicht. Berüchtigt ist die Region für ihre Gewitter, bei denen sich die elektrischen Spannungen in einem spektakulären Feuerwerk entladen.

Praktische Hinweise

Unterkunft in Alamosa: Holiday Inn, 333 Santa Fe Ave., ✆ 719-589-5833, gehobene Preise; Best Western Alamosa Inn, 1919 Main St., ✆ 719-589-2567, mittlere Preise
Staatlicher Campingplatz: Im Park, April–Nov.

Steckbrief

WYOMING

Postalisches Kürzel: WY
Größe: 253 597 km^2, 71 % der Fläche der BRD
Hauptstadt: Cheyenne, 50 000 Einwohner
Bevölkerung: 470 816, überwiegend Weiße
Wirtschaft: Ölgewinnung, Viehwirtschaft
Beiname: Cowboy State
Staatsmotto: Equal Rights (gleiche Rechte)
Symbole: Katileo (Indian Paintbrush), Wiesenstärling (Meadowlark), Pappel (Cottonwood)
Information: In Deutschland: Rocky Mountain International, Scheidswaldstraße 73, 60385 Frankfurt, ✆ 0 69-44 60 02, Fax 0 69-43 96 31, auch für Denver/Colorado, Idaho, Montana und South Dakota; in den USA: Wyoming Travel Commission, Division of Tourism, Department of Commerce, 1–25 & College Dr., Cheyenne, WY 82002-0660, ✆ 307-777-7777, Fax 307-777-6904
Verkehrsverbindungen: Mit dem Flugzeug Verbindung mit den Nachbarstaaten über den Flughafen von Jackson; mit dem Bus: ausgedehntes Netz der Gesellschaften Greyhound und Zenetti
Reisezeit: Sommer und Herbst; durchschnittliche Sommertemperatur 13 bis 27° Celsius, die höheren Pässe sind von Nov.–Mai geschlossen; beste Zeit für den Wintersporturlaub Dez.–April
Unterkunft: Zahlreiche Hotels und Motels aller Kategorien; auch in Wyoming ist die Kette Best Western stark verbreitet. Zunehmender Beliebtheit erfreuen sich Privatunterkünfte; eine Adressenliste erhält man von Bed & Breakfast Western Adventure, P.O. Box 20972, Billings, MT 59104, Fax 406-248-5683

Naturraum

Wyoming grenzt im Norden an Montana, im Westen an Utah und Idaho. Die südlichen Nachbarn sind Utah und Colorado, die östlichen Nebraska und South Dakota.

Wie das nördlich angrenzende Montana liegt auch Wyoming in der Übergangszone zwischen den westlichen Gebirgsketten und den weiten Ebenen des Osten und wird von den beiden Großlandschaften der Rocky Mountains und der Great Plains geprägt. Während der östliche Teil bereits deutliche Merkmale der Prärielandschaft trägt, bestimmt im Westen das von Gebirgen umrahmte Wyoming Basin das Landschaftsbild. Das Becken trennt die mittleren von den südlichen Rocky Mountains und stellt eine Verbindung zum westlich angrenzenden Colorado Plateau her.

Während die südlichen Rocky Mountains stark zergliedert sind und in Wyoming nur recht geringe Höhen erreichen, weist das nördliche Gebirgsmassiv eine größere Geschlossenheit auf mit Höhen von über 4000 m (Gannet Peak 4202 m). Zwischen die Gebirgszüge sind großräumige Beckenlandschaften wie die Absaroka Range oder das Yellowstone Plateau eingelagert. Die einst starke Vereisung hat auch hier ihre Spuren in Gestalt von Moränen und Seen hinterlassen. Über die Kämme der mittleren Rocky Mountains verläuft von Nordwest nach Südost die kontinentale Wasserscheide, so daß einige Flüsse zum Pazifik, andere zum Golf von Mexiko hin entwässern.

Der östliche Landesteil hat den Charakter einer hügeligen Graslandschaft, Vorboten der Great Plains. Weite Gebiete dieses Landesteils sind jedoch ihrer natürlichen Vegetation beraubt und haben sich durch Erosion in *Badlands* verwandelt. Dieser Begriff – schlechtes Land –, der einst von den Pionieren geprägt wurde, bezeichnet eine durch starke Erosion für die Landwirtschaft unbrauchbare Region. Im Windschatten der Rocky Mountains gelegen, kommt Wyoming nicht mehr in den Genuß regenbringender westlicher Luftströmungen und hat somit stark unter Trockenheit zu leiden. Landwirtschaft ist fast nur mit Hilfe künstlicher Bewässerung möglich, Waldbrände sind eine ständige Gefahr. Das ausgeprägt kontinentale Klima macht sich mit sehr kalten Wintern bemerkbar, während die Sommertemperaturen, die kaum mehr als 20° Celsius erreichen, wegen der Höhenlage von durchschnittlich 2000 m allerdings als angenehm empfunden werden.

Geschichte

Wahrscheinlich haben im Jahre 1743 auch diesen Teil der heutigen USA die beiden französischen Brüder La Vérendrye als erste Weiße auf ihrer Reise von Kanada nach Süden erreicht. Die Region gehörte damals zum französischen Territorium Missouri. Erste genauere Kunde von der Wunderwelt der Berge kam von John Colter, einem ehemaligen Mitglied der Lewis-und-Clark-Expedition von 1805/06. Er berichtete von heißen Quellen, brodelnden Schlammlöchern und Geysiren. Der Trapper hatte nichts Geringeres entdeckt als den heute weltberühmten Yellowstone Nationalpark. Der Wildreichtum lockte zunächst die Pelztierjäger an, die sich in den Bergen von Wyoming, insbesondere am South Pass, zu ihren berüchtigten jährlichen ›Rendezvous‹ trafen. Dabei verkauften sie Pelze an Händler, tauschten Erfahrungen und Erlebnisse aus und leerten so manche Whiskyflasche im Flackerlicht der Lagerfeuer.

Eine der wichtigsten Persönlichkeiten der frühen Geschichte von Wyoming war sicherlich John Fremont, ein Vermessungsingenieur der Armee. Mit dem erfahrenen Trapper Kit Carson erkundete er 1842 und 1844 eine Route von St. Louis durch Wyoming und Utah nach Oregon, die als Oregon Trail zum Schicksal vieler Menschen werden sollte. Lange Jahre waren dieser Weg und der von ihm abzweigende California Trail die bevorzugten Routen nach Westen und der 2300 m hohe South Pass der einzig bekannte Übergang über die Rocky Mountains. Tausende von Siedlern rumpelten nun mit ihren Planwagen durch Wyoming Richtung Pazifik.

Bis auf kleine Forts blieb die Region jedoch unbesiedelt, nicht zuletzt, weil die Indianer ihr Land gegen die Weißen verteidigten. Die Auseinandersetzungen konzentrierten sich auf den sogenannten Bozeman Trail, eine Abkürzung nach Montana, die, von John Bozeman (s. S. 313) erkundet, durch die Jagdgründe der Sioux und Cheyenne führte. Im Jahre 1866 wurde dort der Pionier William Fretterman mit 82 Neusiedlern von den Indianern niedergemacht und die Route geschlossen; 1868 erhielten die Sioux das Territorium zugesprochen. Als Goldfunde dennoch eine Invasion weißer Prospektoren auslösten

Cowboy in Wyoming

und die Armee versuchte, die Indianer wieder zu vertreiben, kam es zum großen Aufstand, der zur Schlacht am Little Bighorn (s. S. 314) und zum alsbaldigen Niedergang der Prärie-Indianer führte.

Erst im Verlauf des Eisenbahnbaus (1867/68) entstanden kleinere Niederlassungen entlang der Trasse. Die sehr schnell wachsende Bevölkerung schuf die Voraussetzungen für die Ernennung zum autonomen Territorium, das 1869 aus Teilen von Utah, Idaho und Dakota gebildet wurde.

Die Grasländer – ohnehin bereits überweidet – zogen vor allem Viehbarone aus Texas an. Hunderttausende von Longhorn-Rindern wurden von Cowboys über Hunderte von Kilometern zu den neuen Weidegründen getrieben. Im Jahre 1882 war der Boom vorbei, Futtermangel und ein strenger Winter dezimierten die Herden um ein Sechstel. Hinzu kamen die Auseinandersetzungen mit zugewanderten Farmern, die ihren Besitz einzäunten und damit die Bewegungsfreiheit der Viehherden einschränkten. Ein blutiger Kleinkrieg, bekannt als Johnson County War, brach zwischen Farmern und Ranchern aus und lähmte von 1889 bis 1892 das Leben in Wyoming. Inmitten dieser Unruhen wurde Wyoming 1890 als 44. Staat in die Union aufgenommen.

Den Beinamen Staat der Gleichheit verdient Wyoming zu Recht, führte er doch als erster 1869 das Frauenwahlrecht ein, wählte Frauen in das Richteramt und hatte zwischen 1925 und 1927 mit Nelly Taylor Ross den ersten weiblichen Gouverneur.

Die Rinderzucht verlor Anfang unseres Jahrhunderts ihre Bedeutung, als in der Region um Rawlins, Douglas und Gillette große Ölquellen entdeckt wurden, die bis heute die Haupteinnahmequelle des Staates sind. Als noch reichhaltiger erwiesen sich die Kohlevorkommen, die zu den ergiebigsten in Nordamerika zählen. Neben Rinderherden sieht man heute vermehrt auch Schafe, von denen über 1 Mio. auf den Weiden von Wyoming grasen. Die großartige Bergszenerie der Rocky Mountains, vor allem der in sie eingebettete Yellowstone Nationalpark, ließ den Staat auch zum beliebten Touristenziel werden.

Der Westen von Wyoming

Yellowstone National Park

Herausragende Sehenswürdigkeit in Wyoming ist der 8990 km^2 große Yellowstone National Park im Nordwesten des Staates. Er ist nicht nur der älteste, sondern zugleich auch der am meisten besuchte der USA, so daß man einen Abstecher nach Möglichkeit außerhalb der Sommerferien auf Frühjahr oder Herbst verlegen sollte.

Der Trapper John Colter, der zur Lewis-und-Clark-Expedition gehört hatte, stieß bereits 1807 auf dieses einzigartige Naturphänomen. Seine abenteuerlichen Indianergeschichten mochte man ihm ja noch abnehmen, aber turmhohe Wasserfontänen und kochende Seen inmitten der Berge – alles Hirngespinste der Phantasie! Erst der oberste Vermessungsingenieur von Montana, Henry Washburn, der 1870 mit einer kleinen Rei-

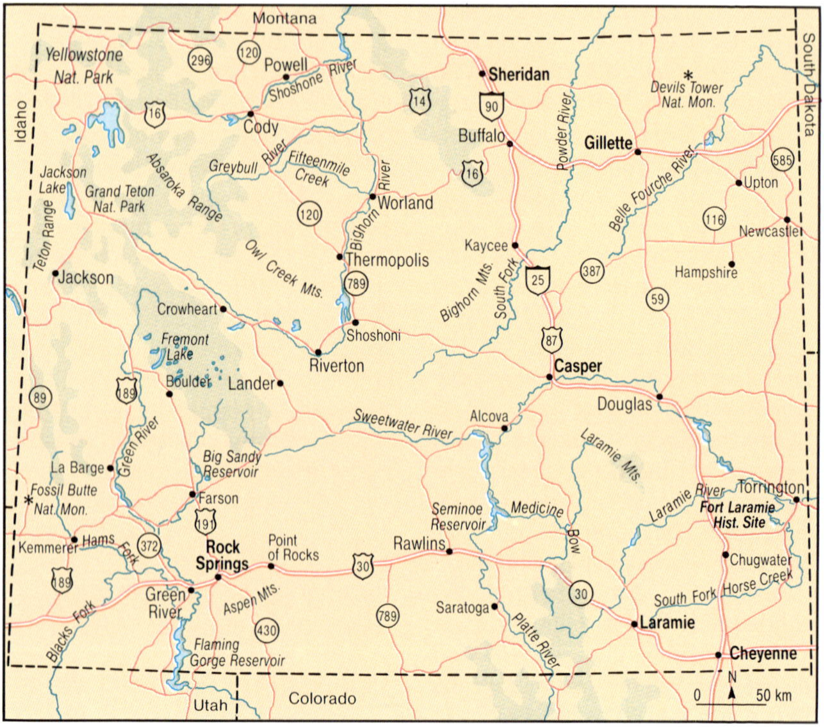

Wyoming

segruppe in die Region vordrang, lüftete das Geheimnis und versetzte mit seinem Bericht die USA in helles Erstaunen. Einen riesigen Geysir hatte er gesehen, dem er den Namen Old Faithful verlieh, brodelnde Schlammlöcher und schwefelgelbe Fumarolen.

Glücklicherweise beließen es die Expeditionsteilnehmer nicht bei detaillierten Berichten, sondern beschworen den Senat in Washington, das Gebiet unter staatlichen Schutz zu stellen – eine aus heutiger Sicht fast seherische Initiative engagierter Bürger zu einer Zeit, in der man Indianern die Jagdgründe nahm und Viehbarone und Farmer sich blutige Kämpfe um Weidegründe lieferten.

Am 1. 3. 1872 unterzeichnete Präsident Grant das Gesetz zur Gründung des Yellowstone-Naturschutzgebiets und legte damit den Grundstein zur Idee der Nationalparks, das wohl größte Vermächtnis der USA.

Seine Entstehung verdankt der Park einem Vulkan, der vor etwa 600 000 Jahren explodierte und eine gewaltige, mit Lava und Asche bedeckte Caldera hinterließ, den in sich zusammengesunkenen ehemaligen Krater. Noch immer glüht der etwa 3000 m tief liegende Magmaherd, so daß sich die einsickernden Regen- und Schmelzwasser bei Annäherung in Dampf verwandeln. Finden die heißen Gase beim Aufstieg durch das poröse Lavagestein einen freien Weg, treten sie fauchend durch Fumarolen zutage. Häufig jedoch blockieren Wasseradern den Weg. Ähnlich wie in einem Dampftopf steigert sich dann der Druck in der Tiefe, bis er die darüberliegende Wassersäule explosionsartig an die Erdoberfläche drükken kann. Das isländische *geys* (hervorbrechen), aus dem der Begriff Geysir abgeleitet wurde, bezeichnet dieses Naturphänomen treffend.

Die aufsteigenden, mit Mineralien gesättigten Wasser der Geysire und Quellen hinterlassen bei ihrer Verdunstung Sinterablagerungen unterschiedlichster Form. Diese können hauchdünn kristallisieren, zu Platten verbacken, Terrassen oder hohe Kegel bilden. Es sind jene vielfach farbi-

Yellowstone National Park

gen, bizarren und leicht zerbrechlichen Formationen, die Teilen des Parks ihr märchenhaftes Bild verleihen.

Die zauberhafte Atmosphäre sollte aber nicht darüber hinwegtäuschen, daß man in Yellowstone wie auf einem Pulverfaß lebt. Messungen, nach denen sich der Boden der ehemaligen Caldera zwischen 1923 und 1985 um gut 1 m gehoben hat, ehe er wieder etwas einsank, deuten Fachleute als Zeichen zukünftiger vulkanischer Aktivität.

Das Plateau des Nationalparks ist von hohen Bergen umgeben und tiefen Canyons durchzogen. Großartige Wasserfälle stürzen über Felskanten, auf Waldlichtungen grasen Bisonherden und Wapiti-Hirsche, die hier *elk* genannt werden. Die Population der mächtigen Grizzly-Bären wird auf etwa 200 geschätzt; allein die vielen ewig hungrigen Schwarzbären, die

früher wie Anhalter die Touristen an den Parkeingängen erwarteten, hat man vor einigen Jahren aus Sicherheitsgründen umgesiedelt. Mit etwas Glück kann man auch Elche, *moose,* sehen.

Im extrem trockenen Sommer 1988 erfaßte ein verheerender Waldbrand die Hälfte des Nationalparks und vernichtete weite Gebiete. Durch starke Winde immer wieder angefacht, wüteten die Brände mehrere Wochen, einige sogar bis in den Winter hinein. Ein Heer von 10 000 Menschen kämpfte zu Lande und aus der Luft mit schwerem technischem Gerät gegen die Flammen und konnte wenigstens den historischen Old Faithful Inn vor der Zerstörung bewahren – sonstige Erfolge hielten sich vergleichsweise in engen Grenzen.

Ohne erkennbare Gründe haben immer wieder Inseln unbeschädigter Natur überlebt, die der bedrängten Tierwelt heute Zuflucht bieten. Die Natur vermochte sich durch die sehr fruchtbare Asche überraschend schnell wieder zu regenerieren, zur Freude der Biologen siedelten sich in den neuen Lichtungen Pflanzen an, die dort nie zuvor gesehen wurden. Doch wird es vielerorts wohl noch bis zu 100 Jahre dauern, ehe die Wälder ihr ursprüngliches Aussehen zurückerhalten haben.

Fünf Zufahrtsrouten führen in den Park: Aus Idaho erreicht man über die US 20 den Westeingang, durch den Grand Teton National Park (s. S. 285 ff.) gelangt man auf der US 89 (191/287) zum Südeingang, die US 14 (16/20) führt zum Osteingang. Aus Montana kommend, kann man im Nordosten auf der US 212 und im Nordwesten auf der US 89 in den Park fahren. Nur diese Zufahrt über die Ortschaft Gardiner ist auch im Winter geöffnet. Als schönster Strecke in den Park ist sicherlich der von Billings, Montana, auf der US 212 der Vorzug zu geben.

Der überwiegende Teil des Yellowstone Park ist naturbelassen. Die Zufahrtsstraßen sind durch die in Form einer 8 verlaufende, etwa 170 km lange Grand Loop Road miteinander verbunden. Sie berührt die wichtigsten Sehenswürdigkeiten, ist in den Sommermonaten jedoch hoffnungslos überlastet.

Die Beschreibung der Route erfolgt hier entgegen dem Uhrzeigersinn, ausgehend vom Visitor Center **Mammoth Hot Springs** nahe dem nördlichen, ganzjährig geöffneten Zugang. Dort befindet sich auch das Hauptquartier des Parks, das aus einem Fort hervorging – von 1886 bis 1918 lag die Kontrolle des Parks in den Händen des Militärs. Das ausgezeichnete Museum im Besucherzentrum bietet einen Überblick über Geschichte und Natur des Parks.

Die Quellen, denen man sich auf Stegen nähern kann, vermitteln durch ihre terrassenförmigen, in zarten Pastelltönen strahlenden Kalktuffablagerungen, über denen Dampfwolken wabern, ein pittoreskes und fotogenes Bild. Nach Süden geht die Fahrt vorbei an den flechtenbedeckten Felsen von Golden Gate, einem aus schwarzem vulkanischen Glas (Obsidian) bestehenden **Obsidian Cliff,** das von Indianern als Lieferant ihrer Pfeilspitzen hoch geschätzt war, zum Norris Geyser Basin, einem der wichtigsten geothermischen Schauplätze des Parks.

Das **Norris Geyser Basin** ist die Wirkungsstätte von Steamboat, dem größten Geysir der Welt. Leider präsentiert er sich mit seiner über 100 m hohen Fontäne nur sehr unregelmäßig und ruht zuweilen sogar jahrelang (Auskunft erhält man in den Besucherzentren). Doch mit den blubbernden Schlammlöchern, den sprudelnden heißen Quellen, dem stündlich aktiven kleinen **Geyser Echinus** und dem durch Mineralien und Bakterien farbenprächtig leuchtenden **Emerald Lake** gehört das Geyser Basin zu den eindrucksvollsten Sehenswürdigkeiten im Park. Das **Norris Museum** erläutert die geothermischen Phänomene.

An der Madison Junction zweigt man nach links ab. Am Weg nach Süden liegen der **Great Fountain Geyser,** der ›zahm‹ gewordene **White Dome Geyser** oder die blubbernden Schlammlöcher von **Fountain Paint Pot.** Von dort ist es nicht mehr weit ins **Midway Geyser Basin,** wo man den Excelsior Geyser bewundern kann, der sich in eine sehr ergiebige Quelle verwandelte, vor allem aber die durch Algen und Bakterien bunt leuchtende Grand Prismatic Spring; jede Farbe signalisiert einen anderen Temperaturbereich. Schon bald kündigt sich mit dem Upper Geyser Basin der nächste Höhepunkt an.

Das **Upper Geyser Basin,** die größte Ansammlung von Geysiren, heißen Quellen und Fumarolen auf der Welt, gleicht einem Bild aus der Frühzeit der Erde. Besonders in kühlen, frühen Morgenstunden vermittelt sich diese Stimmung, wenn man, wie in Watte verpackt, die in Nebelschwaden gehüllte Urlandschaft auf glitschigfeuchten Holzstegen durchstreift. Die höhersteigende Sonne löst dann den Zauber auf, und erste Touristenpulks drängen sich auf den Planken. Nicht versäumen sollte man den **Morning Glory Pool,** der dem Blütenkelch einer Trichterwinde ähnelt. Von dort ist es nicht mehr weit zum erklärten touristischen Höhepunkt des Nationalparks: dem Geysir Old Faithful.

Der Geysir **Old Faithful** gehört weder zu den größten noch zu den spektakulärsten des Parks, geschweige denn seiner Art. Seine Wahrzeichenfunktion für den Yellowstone National Park verdankt er allein seiner relativen Berechenbarkeit, mit der er seit Menschengedenken Wasserfontänen bis zu 40 m hoch in die Luft speit und die ihm daher von seinem Entdecker Henry Washburn den Namen ›der alte Zuverlässige‹ eintrug.

Old Faithful

Doch einige kleinere Erdbeben ließen Sand in sein Uhrwerk rieseln: Lag der Rhythmus vor zehn Jahren noch bei gut einer Stunde, sind es heute 76 Minuten. Gleichwohl eignet sich Old Faithful nicht als Zeitmesser, denn das Intervall der Ausbrüche schwankt zwischen 30 und 120 Minuten. Während der ungefähr fünfminütigen Eruptionen pulsieren dann unter dem »Ah« und »Oh« der wartenden Zuschauermenge zwischen 37 000 und 45 000 l kochendheißes Wasser hoch in den Himmel. Unweit des Geysirs liegt eines der fünf Besucherzentren und das altehrwürdige, hölzerne Hotel Old Faithful, das bei dem Großbrand im Jahre 1988 nur knapp den Flammen entging.

Die Straße wendet sich nach Osten und steigt zum Graig Pass an, um nach gut 12 Meilen West Thumb zu erreichen, einen Ausläufer des Yellowstone Lake, des höchsten Frischwassersees der USA. Von dort führt eine Straße zum südlichen Parkausgang, die Loop Road wendet sich jedoch nach Nordwesten und folgt dem Ufer des Sees bis Fishing Bridge, um dann in das für seinen Tierreichtum bekannte Hayden Valley einzuschwenken und schließlich den Ausgang des **Yellowstone Canyon** zu erreichen.

Spektakulär stürzen unweit des Canyon Village die **Lower** und **Upper Falls** über eine Steilkante in das enge Tal des Yellowstone River, der sich hier seinen Weg durch einen Canyon aus buntem Sedimentgestein bahnt. Den besten Blick auf die über 100 m hohen Lower Falls hat man vom Canyon Rim Drive, insbesondere aber von den Aussichtspunkten Inspiration Point und Grand View Point (am

Nordrand des Canyons). Auf dem Brink of the Falls Trail kann man sogar bis hinunter zur Oberkante der Fälle gelangen. Die etwas südlich gelegenen Upper Falls, trotz ihrer geringeren Fallhöhe von gut 30 m kaum weniger eindrucksvoll, lassen sich leicht erreichen. Den besten Blick hat man dort vom Artists Point am Südrand des Canyons.

Von Canyon Village kann man auf kurzem Weg direkt zum Norris Geyser Basin fahren oder aber den Weg weiter nach Nordosten nehmen. Belohnt wird man mit dem Ausblick auf einen weiteren Wasserfall – die 30 m hohen **Tower Falls.** Etwas später erreicht man die Gabelung zur nordöstlichen Parkzufahrt. Wendet man sich hier nach Westen, gelangt man auf der nunmehr durch Grasland führenden Straße wieder zum Ausgangspunkt Mammoth Hot Springs.

Yellowstone ist auch ein Paradies für Wanderer, die auf den Trails selbst in den Sommermonaten kaum mit größeren Menschenansammlungen rechnen müssen, durchziehen doch fast 2000 km Pfade die Wildnis. Kostenfrei kann man sich bei den Besucherzentren eine Campingerlaubnis besorgen, sollte aber auch sorgfältig die Regeln für den Ausflug in die Wildnis beachten und den Ratschlägen der Ranger, insbesondere für die Begegnung mit Bären und anderen wilden Tieren, folgen. Am einsamsten ist der Lamar River Trail im gleichnamigen, von Bisons und Wapiti-Hirschen durchstreiften Tal im Osten des Parks. Überdies berührt die über 50 km lange Route einen versteinerten Wald, der vor 50 Mio. Jahren durch einem Vulkanausbruch unterging.

Praktische Hinweise

Anreise: Die einzige im Winter geöffnete Zufahrt führt von Norden über Gardiner in den Park (US 89). Die US 212 zum Nordosteingang ist nur vom 30. 5.–1. 10. geöffnet, die West-, Süd- und Osteingänge vom 1. 5.–1. 11.

Reisezeit: Offizielle Saison 1. 5.–31. 10. Der Park ist auch im Winter geöffnet und dann von Mammoth Hot Springs bis Cooke City nahe dem Nordwesteingang mit dem Auto befahrbar. Telefonischer Straßenzustandsbericht unter ✆ 307-344-7381. Im Sommer muß mit starkem Besucherandrang, ja mit Staus auf Straßen und Parkplätzen und ausgebuchten Übernachtungsmöglichkeiten gerechnet werden. So empfiehlt es sich, den Nationalpark außerhalb der amerikanischen Reisesaison, die mit dem Memorial Day am letzten Sonntag im Mai beginnt und mit dem Labor Day am ersten Montag im September endet, zu besuchen. Wegen der Höhenlage steigt dann bei einer Fahrt vor Mai allerdings auch das Risiko, winterliche Straßenverhältnisse anzutreffen, Campingplätze und auch Restaurationsbetriebe könnten geschlossen sein

Information: Yellowstone National Park, P.O. Box 168, WY 82190, ✆ 307-344-7381

Eintritt: Das Eintrittsgeld schließt auch den Besuch des angrenzenden Grand Teton National Park ein

Unterkunft: Reservierungen sind im Sommer unerläßlich, ansonsten grundsätzlich angeraten. Die meisten Hotels sind nur zwischen Mai und Sept. geöffnet. Die Unterkünfte im Park werden von der TW Recreational Service Inc., Yellowstone National Park, WY 82190, verwaltet und können dort reserviert werden: ✆ 307-344-7311, Fax 307-344-7456. Lake Yellowstone Hotel & Cabins, am Lake Yellowstone, gehobene Preise; Grant Village, am Lake Yellow-

stone, mittlere Preise; Lake Lodge, am Lake Yellowstone, preiswert; Old Faithful Inn, am Old Faithful Geysir, preiswert; Mammoth Hot Springs Hotel & Cabins in Mammoth Hot Springs, Mai bis Sept. und 20. 12.–3. 3., mittlere Preise; Canyon Lodge & Cabins, Canyon Junction, mittlere Preise
Camping: Der Park verfügt über 13 Campingplätze. Während der Hochsaison ist der Aufenthalt auf eine Woche, sonst auf 30 Tage beschränkt. Nur für die Plätze Fishing Bridge (über TW Recreational Service, s. o.) und Bridge Bay (✆ 900-370-5566) kann man Reservierungen vornehmen. Wanderer erhalten auf Antrag in jedem Besucherzentrum eine kostenlose Erlaubnis zum freien Zelten

Grand Teton National Park

Der unmittelbar südlich an Yellowstone angrenzende, 1257 km^2 große Nationalpark wurde 1926 gegründet. Der Name des Parks geht auf einsame frankokanadische Waldläufer zurück. Den prüden und wenig sprachbegabten Amerikanern war wohl entgangen, daß sich hinter Grand Teton das Französische *grand téton* verbirgt, eine Bezeichnung für große Brüste, sonst hätten spätere Kirchenvertreter und Frauenorganisationen sicherlich für eine Umbenennung plädiert.

Der Park umschließt den Gebirgszug der Grand Teton Range, einer der

Der Snake River im Grand Teton National Park

Der Jackson Lake

jüngsten Auffaltungen der Rocky Mountains. Steil und gezackt steigen die Granitspitzen, die vielfach an die Alpen erinnern, weit über die 3000-m-Marke. Entstanden ist das Gebirge durch Verschiebungen an einer Bruchkante, wobei eine Scholle nach oben, die andere nach unten gedrückt wurde. Dem von Nord nach Süd verlaufenden Gebirgszug ist das Jackson Hole vorgelagert, ein 70 km langes, von Bergen umschlossenes Hochtal, das der Snake River teilweise mit einem großen See, dem Jackson Lake, gefüllt hat.

Der Grand Teton National Park besitzt drei Straßenzugänge. Von Norden kann man das Gebiet direkt vom Yellowstone Park erreichen, von Osten führt die US 26 (287) in den Park, von Süden die US 191. Die wichtigsten Sehenswürdigkeiten liegen an der Park Road, die im Süden beim Moose Visitor Center die Hauptdurchgangsstraße verläßt und sie im Norden bei Jackson Lake Junction wieder erreicht.

Die Teton Park Road führt vom Moose Visitor Center auf die Berge zu. Besonders schöne Blicke bieten sich vom Taggert Lake Trailhead. Ein etwa 6 km langer Weg führt von dort zum gleichnamigen See. Am Glacier Gulch Turnout ist man den höchsten Bergen am nächsten, South Teton, Middle Teton and Grand Teton, der bis 4197 m aufragt. Die Fahrt geht weiter zur South Jenny Lake Junction, von wo man auf dem großartigen Cascade Canyon Trail tief in das Herz der Tetons vordringen kann. Als nächster Punkt auf der Panoramastraße folgt North Jenny Lake Junction. Auf einer schmalen Straße kann man von dort einen Abstecher mit großartigen Bergblicken zum Cathedral Group Turnout unternehmen. Die Einbahnstraße trifft in South Jenny Lake Junction wieder auf die Park Road. Letztere führt von der North Jenny Lake Junction aus den Bergen hinaus und mündet nach 8 Meilen in Jackson Lake Junction in die Hauptdurchgangsstraße ein.

Der Grand Teton Park hat einige besonders schöne Wanderwege, darunter den anspruchsvollen Teton Crest Trail, ein 60 km langer Höhenweg, der nahe der westlichen Parkgrenze über die gesamte Länge der Gebirgskette führt.

Praktische Hinweise

Anreise: Der Süd- und Osteingang sind ganzjährig geöffnet, die Straße Richtung Yellowstone ist im Winter nur bis Flagg Ranch, ca. 3 km vor dem Südeingang von Yellowstone, befahrbar. Die Nebenstraßen sind nur zwischen Mai und Oktober offen

Information: Box 170, Moose, WY 83012, ✆ 307-739-3300

Eintritt: Das Eintrittsgeld schließt den Besuch des benachbarten Yellowstone National Park ein

Unterkunft: Drei Motels und Lodges werden von der Grand Teton Lodge Company verwaltet und können über folgende Adresse gebucht werden, P.O. Box, Moran, Wyoming 83013, ✆ 307-543-2855, Fax 307-543-2869: Jackson Lake Lodge, Jackson Lake Junction, Juni–Mitte Sept., teuer; Colter Bay Village, Colter Bay, Mitte Mai–Ende Sept., mittlere Preise; Jenny Lake Lodge, 3 Meilen nördl. der Jenny Lake Junct., 30. 5.–20. 9., nur wöchentlich, mittlere Preislage; Signal Mountain Lodge, nahe Moran Junct., ganzjährig, ✆ 307-543-2831, gehobene Preise; Flagg Ranch Vil-

lage, nahe dem Südeingang zum Yellowstone Park, 15. 5.–15. 10. und 15. 12.–15. 3., ✆ 307-733-8761, mittlere Preise; weitere Unterkünfte in Jackson in unmittelbarer Nähe des Südeingangs
Campingplätze: Sechs Campingplätze, bis auf Jenny Lake (7-Tage-Limit) auf 14 Tage begrenzt, geöffnet Mai–Oktober. Nur Colter Bay Trailer Village (für große Fahrzeuge mit Wasser- und Stromanschluß) läßt sich über die Grand Teton Lodge Co., s. o., buchen. Wanderer erhalten bei den Besucherzentren eine kostenlose Genehmigung zum freien Zelten

Jackson

Die kleine, 5500 Einwohner zählende Ortschaft am Südeingang des Nationalparks lebt ganz vom Tourismus und hat sich geschäftstüchtig mit einer Western-Atmosphäre umgeben. Täglich findet in den Sommermonaten auf dem Marktplatz ein Postkutschenraub mit anschließender Schießerei und Gefangennahme der Banditen statt, während der Old West Days am Memorial Day fällt der Ort vollends zurück ins 19. Jh. Das Städtchen hat sich auch als Ausgangspunkt mehr oder weniger abenteuerlicher Wildwasserfahrten auf dem Snake und Salmon River einen Namen gemacht. Im Winter erfreut sich Jackson hingegen großer Beliebtheit bei Skiläufern und Snowmobil-Freaks. Eine Seilbahn führt von Teton Village hinauf zum über 3000 m hohen Rendezvous Mountain, von wo sich ein großartiges Panorama bietet.

Als Westernstadt herausgeputzt: Jackson

Praktische Hinweise

Unterkunft: Zentrale Information und Reservierung, ✆ 800-443-6931; Alpenhof, Teton Village, ✆ 307-733-3242, Luxus; Hitching Post Lodge, 460 E. Broadway, ✆ 307-733-2606, mittlere Preise
Camping: Snake River KOA, 10 Meilen südl. am Hwy 191, ✆ 307-733-7078
Bootsfahrten: Barker Ewing Float Trips, ✆ 807-733-1000; Mad River Boat Trips, ✆ 307-733-6203

Cody

Die 52 Meilen östlich des West-Eingangs zum Yellowstone Park liegende Stadt (8500 Einwohner) verdankt ihre Gründung im Jahre 1898 und ihre heutige Anziehungskraft dem legendären Buffalo Bill Cody (1846–1917). Der ehemalige Bisonjäger, Scout und Postreiter war mit seiner Wildwest-Show ein Medienstar des 19. Jh., der weit über die Grenzen der USA hinaus Berühmtheit erlangte und schon zu Lebzeiten von zahllosen Legenden umgeben war. So vermarktet der kleine Ort bis heute sehr geschickt die Erinnerungen an seinen Gründer.

Zentrum ist das aus vier Museen bestehende **Buffalo Bill Historical Center** (im Sommer Di–So 8–20 Uhr) mit dem Buffalo Bill Museum (persönliche Erinnerungsstücke), dem Cody Firearms Museum (Waffensammlungen der Whitney Gallery of Western Arts (Gemälde sowie Skulpturen) und dem Plains Indian Museum (umfassende Dokumentation über die Prärie-Indianer). Berühmt ist das von Buffalo Bill eröffnete und nach seiner

Tochter benannte Irma Hotel, dessen luxuriöse Barausstattung Buffalo Bill von Queen Victoria als Anerkennung für seine Wildwest-Show geschenkt bekam.

Westlich von Cody kann man sich im Freilichtmuseum **Old Trails Town & the Museum of the Old West** (Mai–Sept. tägl 8–20 Uhr) anhand zahlreicher rekonstruierter Gebäude einen guten Eindruck vom Leben im Wilden Westen verschaffen. Zu den Sehenswürdigkeiten zählt auch das Versteck der Wild Bunch Gang, der größten und tollkühnsten Verbrecherbande des Westens, die von Butch Cassidy angeführt wurde.

Cody ist überdies ein guter Ausgangspunkt für den Besuch des an den Yellowstone Park grenzenden **Shoshone National Forest,** durch den auch die Zugangsstraße US 20 zum östlichen Parkeingang führt, sowie für Wildwassertouren auf dem Shoshone River.

Praktische Hinweise

Unterkunft: Holiday Inn, 1701 Sheridan Ave., ✆ 307-587-5555, teuer; Best Western Sunrise, 1407 8th St., ✆ 307-587-5566, gehobene Preise; Irma Hotel, 1192 Sheridan Ave., ✆ 307-587-4221, historisches Hotel, mittlere Preise; Big Bear Motel, 139 W. Yellowstone Hwy, ✆ 307-587-3117, preiswert

Campingplätze: Zahlreiche staatliche und private Campingplätze an der Straße zwischen Cody und Yellowstone, u. a. Cody KOA Campground, 5561 Grey Bull Hwy, 3 Meilen an den US 14/16/20, 1. 5.–30. 9., ✆ 307-587-2369; Eagle Creek, 45 Meilen westl. an den US 14/16/20, 1. 6.–30. 9., ✆ 307-527-6241; Ponderosa, 1815 Yellowstone Hwy, 1 Meile westl. von Cody, 1. 4.–30. 9., ✆ 307-587-2532

Veranstaltungen: Buffalo Bill Birthday Celebration, letzter Sa im Feb.; Frontier Festival, im Historical Center, Mitte Juli; Plains Indian Pow Wow, Stammestreffen der Plains-Indianer mit Tänzen, Gesängen und Zeremonien, Ende Juni; Cody Stampede, Rodeo und Parade, 2.–4. 7.

Fossil Butte National Monument

Das kleine, 1972 errichtete Naturschutzgebiet im Südwesten von Wyoming ist als Fossilienfundstätte bekannt. Der 33 km^2 große Park inmitten semiarider Landschaft umschließt eine Bergkuppe, an der sich vor 50 Mio. Jahren ein subtropischer See befand. Eingeschlossen in Sedimente aus Kalk und vulkanischer Asche, die den Namen Green River Formation tragen, blieben dort fossile Pflanzen, Fische und andere Seelebewesen erhalten. Nachdem 1856 die ersten Funde gemacht wurden, war die Region Anziehungspunkt für Fossiliensammler aus aller Welt. Heute darf innerhalb der Parkgrenzen nicht mehr nach Fossilien gesucht werden, wohl aber außerhalb mit Genehmigung des jeweiligen Grundstückseigentümers. Wenn auch Gesteinsplatten den Fahrweg säumen, so sollte niemand erwarten, auf Anhieb freiliegende Versteinerungen zu finden; man kann getrost seine Kräfte schonen und sich lieber in der kleinen Ausstellung im Visitor Center (Juni bis Aug. 8–17, sonst 8–16.30 Uhr) ein Bild der Fauna und Flora versunkener Jahrmillionen machen. In der näheren und weiteren Umgebung allerdings haben sich Rock Shops etabliert, die Funde zu günstigen Preisen anbieten.

Praktische Hinweise

Anreise: Der Park liegt etwa gut 15 Meilen von der Grenze mit Utah entfernt an der US 30 nahe der südwestl. Ecke von Wyoming
Information: Box 527, Kemmerer, WY 82101, ✆ 307-877-4455. Das Besucherzentrum ist von Nov. bis Anfang Mai geschlossen
Unterkunft: In Kemmerer, 10 Meilen östl. an der US 30: Energy Inn, an der Kreuzung von US 30 und US 189, ✆ 307-877-6901, preiswert; Fairview Motel, 1429 1st W. Ave., ✆ 307-877-3938
Staatlicher Campingplatz: Lake Viva Naughton State Park, 12 Meilen nördl. von Kemmerer über die SR 233

Der Osten von Wyoming

Jenseits der Bighorn Mountains und der Laramy Mountains gewinnt das Land hügeligen Charakter und geht in die Prärien über. Die touristischen Attraktionen halten sich in Grenzen, so daß sich ein Abstecher in diesen Teil von Wyoming nur bei genügend Zeit lohnt.

Cheyenne

Die an der Ostabdachung der Laramy Mountains gelegene, 50 000 Einwohner zählende Hauptstadt von Wyoming verdankt ihre Existenz der Union Pacific-Eisenbahngesellschaft, die hier 1867 eine Station an der wichtigen Ost-West-Verbindung einrichtete und damit den etwas nördlich vorbeiführenden Oregon Trail überflüssig machte. Der Name entstammt einem in dieser Gegend ansässigen Indianerstamm, der sich erbittert gegen die Besiedlung durch Weiße zur Wehr gesetzt hatte, ehe er in ein Reservat nach Oklahoma zwangsumgesiedelt wurde. Schon vor dem Eisenbahnanschluß wuchs die Stadt aufgrund spekulativer Grundstückskäufe sehr schnell und zählte bereits 4000 Einwohner, als der erste Zug eintraf. Die frühen Jahre waren noch recht wild. Bisons entwurzelten immer wieder die Telegrafenmasten, und der erste Bürgermeister erhob auf jede Strafe einen Zuschlag von 25 Cents, um die trockene Büroarbeit angenehmer zu gestalten. Im Jahre 1869 erhob man die Ortschaft zum Verwaltungssitz des neu geschaffenen Territoriums Wyoming, 1890 zur Metropole des neuen Staates.

Sehenswürdigkeiten sind eher dünn gesät: Eisenbahnfreunde werden im **Union Pacific Railroad Depot**, das immer noch in Betrieb ist, auf ihre Kosten kommen und können im **Holiday Park** ›Big Boy‹ bewundern, eine der größten Dampflokomotiven der Welt. Briefmarkensammler wird es in das **National First Day Cover Museum** ziehen (702 Randall Ave., Mo bis Fr 9–12 Uhr), das ausschließlich Ersttagsbriefe präsentiert. Dem historischen Westen kann man im **Frontier Days Old West Museum** (N. Carly Ave., Mo–Fr 9–17, sonst 11.30 bis 16.30 Uhr) nachspüren.

Besonders lohnend jedoch, wenn auch weniger beschaulich, ist der Besuch von Cheyenne anläßlich der Cheyenne Frontier Days, eines siebentägigen Wild-West-Spektakels in der letzten Juliwoche. Nicht nur das größte Rodeo der USA findet dann statt, man kann Indianertänze sehen, Paraden historischer Wagen erleben und bekannte Country-Barden live bewundern. Daß der Teig für die *pancakes* in einem Zementmix-Lastwagens angerührt wird, zeigt, daß man nicht allein ist.

Praktische Hinweise

Information: Greater Cheyenne Visitor Council, 301 W. 16th St., ✆ 307-778-1401, Mo–Fr 8–17 Uhr
Unterkunft: Best Western Hitching Post Inn, 1700 W. Lincolnway, ✆ 307-638-3301, mittlere Preise; Days Inn, 2360 W. Lincolnway, ✆ 307-778-8877, mittlere Preise; Super 8, 1900 W. Lincolnway, ✆ 307-635-8741, preiswert
Staatlicher Campingplatz: Curt Gowdy State Park, 26 Meilen westl. an der 210

Fort Laramie

Von den zahlreichen Forts, die früher die Wege in den Westen sicherten, ist das am ehemaligen Oregon Trail gelegene Fort Laramie (nicht zu verwechseln mit der Stadt gleichen Namens westlich von Cheyenne) eines der am besten erhaltenen. Von Cheyenne erreicht man es am schnellsten über die US 85 und US 26, der man in nordöstlicher Richtung bis Fort Laramie folgt (100 Meilen). Die 1834 als Fort William gegründete Anlage diente zunächst als wichtiger Pelzhandelsplatz, ab 1849 als Militärposten zur Sicherung des Überlandwegs. Nachdem dieser durch die Eisenbahn seine Funktion eingebüßt hatte, wurde das Fort 1890 aufgegeben und die 67 Gebäude versteigert. Als der Staat das Gelände zurückerwarb und in einen Historical Park umwandelte, fanden sich noch Reste von 21 Bauten, von denen gut die Hälfte restauriert werden konnte. Das Fort vermittelt heute einen authentischen Eindruck damaligen Lebens an der Pioniergrenze, zumal im Sommer Freiwillige in historischen Uniformen die Szenerie beleben.

Praktische Hinweise

Unterkunft: In Torrington, 26 Meilen südöstl. Best Western Kings Inn, 1555 Main St., ✆ 307-532-4011, mittlere Preise; Super 8, 1548 Main St., ✆ 307-532-7118, preiswert
Campingplätze: Fort Laramie Municipal Park Grounds, Fort Laramie Ave., ✆ 307-837-2711, kostenlos; Bennet Court, 1/4 Meile nördl. der N. Laramie Ave., ✆ 307-837-2270

Devils Tower National Monument

Gleich einem riesigen abgestorbenen Baumstumpf erhebt sich im Norden von Wyoming ein einsamer Tafelberg aus Basalt fast 300 m unmittelbar aus flacher Landschaft, lange bevor man das ganzjährig geöffnete National Monument erreicht (staatlicher Campingplatz). Auf 80 Routen läßt sich der Berg besteigen (Information und erforderliche Voranmeldung im Visitor Center, Mai bis Sept. tägl. 8 Uhr bis Sonnenuntergang).

Devils Tower National Monument ▷

Steckbrief

IDAHO

Postalisches Kürzel: ID
Größe: 216 421 km^2, 61 % der Fläche der BRD
Hauptstadt: Boise, 110 000 Einwohner
Bevölkerung: 945 000, überwiegend Weiße
Beiname: Gem State (Edelsteinstaat)
Staatsmotto: Esto perpetua (mag es immer so sein)
Symbole: Pfeifenstrauch (Syringa), Berghüttensänger (Mountain Bluebird), Wermutkiefer (White pine)
Information: In Deutschland: Rocky Mountain International. Scheidswaldstraße 73, 60385 Frankfurt, ✆ 0 69-44 60 02, Fax 0 69-43 96 31, auch für Denver/Colorado, Montana, South Dakota und Wyoming; in den USA: Idaho Division of Tourism Development; Department of Commerce, 700 W. State St., Boise, ID 83720, ✆ 208-334-2470, Fax 208-334-2631
Verkehrsverbindungen: Mit dem Flugzeug gibt es nur wenige Verbindungen, u. a. von Las Vegas und Salt Lake City; mit der Eisenbahn: Amtrak-Züge auf der Route Chicago-Seattle (Empire Builder) durchqueren Idaho und halten in Pocatello, Shoshone, Boise, Nampa und Sandpoint; mit dem Bus: Ausgedehntes Netz der Greyhound-Gesellschaft
Reisezeit: Sommer und Herbst; durchschnittliche Sommertemperatur in den Rocky Mountains 13–27° Celsius, die höheren Pässe sind von Nov.–Mai geschlossen; beste Zeit für den Wintersporturlaub Dez.–April
Unterkunft: Die Unterkunftsmöglichkeiten sind weniger breit gefächert als in den Staaten der Westküste, es mangelt vor allem an größeren Hotels und Privatquartieren; staatliche und private Campingplätze sind auch hier zahlreich vertreten

Naturraum

Mit seiner schmalen Nordspitze grenzt der Binnenstaat an Kanada, im Westen hat er Washington und Oregon als Nachbarn, im Osten Montana und Wyoming, im Süden Utah und Nevada. Landschaftsprägend ist die Westabdachung der Rocky Mountains, die Idaho einen außerordentlich gebirgigen Charakter mit Durchschnittshöhen von 1500 bis 2400 m verleiht. Die Clearwater Mountains und die südlich anschließenden Salmon River Mountains erreichen Höhen von über 3000 m. Die östliche Staatsgrenze wird auf weiten Abschnitten von der Bitterroot Range gebildet, einem scharf ausgeprägten Faltengebirge, über das die kontinentale Wasserscheide verläuft. Im Westen und Süden hat der Staat noch Anteil am Columbia-Plateau, durchflossen vom Snake River, der im Hells Canyon an der Grenze zu Oregon die tiefste Schlucht der USA herausgewaschen hat.

Trotz der weiten Entfernung vom Meer und des ausgeprägt kontinentalen Klimas empfangen die Hänge der Rocky Mountains durch die vorherrschende Westwinddrift noch ergiebige Niederschläge, die in Hochlagen die 1000 mm-Marke erreichen und einen dichten Waldbewuchs ermöglichen. Während in den begünstigten Lagen die aus Douglasien, Wermut und Gelbkiefern bestehenden Nadelwälder bis tief in die Täler reichen, zählt der flache, aus Lavadecken bestehende Süden bereits zur Trockenzone, geprägt von steppenhafter Sagebrush-Landschaft.

Mit nur drei Einwohnern pro Quadratkilometer zählt Idaho zu den am dünnsten besiedelten Regionen der USA und zu einer der ländlichsten. Das Leben konzentriert sich in den flachen, vielerorts bewässerten Zonen des Südens und Südwestens um die Städte Boise und Twin Falls.

Geschichte

Der Name ist der indianischen Bezeichnung *Ee da How* (Edelstein der Berge) entlehnt, was Idaho auch den Beinamen Edelsteinstaat verliehen hat. Wie die meisten Regionen Nordamerikas war Idaho vor Ankunft der Weißen reines Indianerland, bewohnt von den Stämmen der Salish (Flathead), Kalispell (Pendant d'Oreilles) und Skitswish (Cœur d'Alenes), die mit den Nordwestküstenstämmen verwandt waren.

Bereits 1830 wurden diese als wenig kriegerisch beschriebenen Stämme von Jesuiten christianisiert. Im Jahre 1859 schlossen sie nach einem Aufstand Frieden mit den Weißen. Idaho war aber auch Schauplatz letzter heroischer Kämpfe der Nez Percé-Indianer, die über Tausende von Kilometern vom amerikanischen Militär verfolgt wurden, als sie nach der Vertreibung aus ihrer Heimat in Oregon Zuflucht in Kanada suchten (vgl. S. 97).

Als erste Fremde durchquerten Lewis und Clark auf ihrer Expedition 1805 das heutige Idaho (vgl. S. 98), schon bald gefolgt von englischen Pelztierjägern, die in den Wäldern und Flußtälern reiche Beute machten und am Pend Oreille-See einen ersten Handelsposten gründeten. Viele der abenteuerlustigen Trapper waren französischer Abstammung, hatten den weiten Weg von der kanadischen Ostküste mit dem Kanu zurückgelegt und ein Transportnetz entlang der Wasserwege aufgebaut. So erklärt sich die große Zahl französischer Bezeichnungen auf der Landkarte von Idaho.

Den Trappern, die durch einen Wandel der Mode, mehr aber noch durch die fast völlige Ausrottung der Biber um ihren Verdienst gebracht worden waren, folgten Missionare auf der Suche nach Indianerseelen. Ihnen verdankt Idaho seine erste Siedlung in Franklin, die 1860 entstand. Auf dem Oregon Trail strömten nun immer mehr Siedler ins Land, die meisten von ihnen allerdings nur auf der Durchreise zur Westküste.

Erst als noch im gleichen Jahr Gold in Pierce entdeckt wurde, brach eine Welle von Abenteurern über Idaho herein und löste Konfrontationen mit den Indianern aus, was zu den großen Auseinandersetzungen von 1877 bis 1879 führte. Der durch den Goldrausch verursachte Zustrom veranlaßte die Bundesregierung 1863, Idaho den Status eines eigenständigen Territoriums zu verleihen. Bis dahin hatte es zum Oregon-Territorium gehört, war dann zwischen den neu geschaffenen Territorien Washington und Oregon aufgeteilt und schließlich Washington zugeschlagen worden. Bis 1864 gehörte zu Idaho auch das heutige Montana.

Wachstumsimpulse erhielt das Land in den 80er Jahren des vergangenen Jahrhunderts durch den im Süden begonnenen Bewässerungsfeldbau, die Anbindung an das transkontinentale Eisenbahnnetz und die Entdeckung reicher Silber- und Bleivorkommen in Cœur d'Alene und Wood River. Im Jahre 1890 hatte Idaho die zur Staatsgründung notwendige Einwohnerzahl erreicht und wurde als 43. Staat in die Union aufgenommen. Streiks der Minenarbeiter führten 1905 zur Ermordung des ehemaligen Gouverneurs Frank Steunenberg.

Trapper beim Tauschhandel mit einem Indianer, Darstellung aus dem 19. Jh.

Sein Nachfolger William E. Borah beendete die Unruhen und festigte die wirtschaftliche und politische Position von Idaho während seiner 35jährigen Regentschaft. Als Dank benannte man den höchsten Berg des Staates (Borah Peak 3859 m) nach ihm. Weit über die Landesgrenzen hinaus ist Idaho für seine Kartoffeln berühmt, die vor allem als *Idaho baked potatoes* in Nordamerika gefragt sind. Um diesem Ruf Rechnung zu tragen, hat der Staat die Knollenfrucht sogar als ›Staatswappen‹ auf seinen Auto-Nummernschildern verewigt.

Der Norden von Idaho

Der auch als *panhandle* (Pfannenstiel) bezeichnete nördliche Teil von Idaho wird von zahlreichen, in Berge eingebettete Seen geprägt, die sich nach Abschmelzen der Gletscher bildeten. Der Besuch lohnt sich vor allem für Reisende mit Wohnmobil oder Zelt, die dort großartige Standplätze inmitten unberührter Natur finden.

Zentrum der Seenlandschaft ist **Cœur d'Alene** (20 000 Einwohner), das aus einem Pelzhandelsposten hervorging. Seinen Namen erhielt der Ort von dem gleichnamigen, dort einst ansässigen Indianerstamm, der sich selbst Skitswish nannte. Die europäische Bezeichnung ›geiziges Herz‹ stammt von frankokanadischen Trappern, die vergeblich versucht hatten, bei den Indianern kostbare Pelze gegen billigen Tand einzutauschen. Zwischen 1877 und 1902 war das an dem gleichnamigen See gelegene Cœur d'Alene Standort eines Forts, heute ist es ein beliebtes Touristenziel an einem der schönsten Binnengewässer der USA (Bootsausflüge).

In der Umgebung des Städtchens gibt es zahlreiche weitere reizvolle Erholungsgebiete mit Campingmöglichkeiten. Gut 30 Meilen südöstlich von Cœur d'Alene liegt das Bergbaugebiet von Idaho mit den Zentren Kellog und Wallace. Während in **Kellog** die Sunshine Silver Mine, die größte Silbermine der USA, Besuchern keinen Zutritt gestattet, veranstaltet die Sierra Silver Mine in **Wallace** von Mai bis Mitte September mehrfach täglich einstündige Touren durch die unterirdischen Stollen. Interessant ist auch der Besuch des Wallace District Mining Museum (tägl. geöffnet) und des Northern District Depot Railway Museum (tägl. geöffnet) in einer restaurierten Bahnstation aus dem frühen 20. Jh.

Praktische Hinweise

Unterkunft: Cœur d'Alene Resort on the Lake, 115 S. 2nd St., ✆ 208-765-4000, teuer; Flamingo, 718 Sherman Ave., ✆ 208-664-2743, mittlere Preise; Motel 6, 416 Appleway, ✆ 208-664-6600, preiswert
Staatliche Campingplätze: Heyburn, am Südende des Sees, erreichbar über die US 95 bis Plummer; Bell Bay, 25 Meilen südl. des Sees an der US 97, kostenlos; beide Campingplätze ✆ 208-667-2561

Die am Nordende des Pend Oreille-Sees liegende Ortschaft **Sandpoint** (4500 Einwohner) hat sich als Künst-

Idaho

lerkolonie einen Namen gemacht und wurde sogar zur schönsten Kleinstadt der USA gewählt. Attraktion ist eine nach Florentiner Vorbild mit Geschäften bebaute Brücke über den Sand Creek. Als einzige Ortschaft von Idaho besitzt Sandpoint zudem einen Bahnanschluß. Mit einer Länge von über 60 km zählt der Pend Oreille-See zu den größten Binnengewässern der Vereinigten Staaten, aufgrund seines Fischreichtums und der vielfältigen Wassersportmöglichkeiten auch zu den beliebtesten Erholungsgebieten im Nordwesten. Ähnlich wie in Cœur d'Alene standen hier französische Trapper bei der Namensgebung Pate, und wie dort ist die geographische Bezeichnung vom Namen eines Indianerstamms abgeleitet, den Kalispell, die von den Weißen aufgrund ihres Ohrschmucks *Pendants d'Oreilles,* Ohrringvolk, genannt wurden.

Praktische Hinweise

Unterkunft: Best Western Connie's Motor Inn, 323 Cedar St. im Zentrum, ✆ 208-263-9581, gehobene Preise; Quality Inn, 507 N. 5th Ave., ✆ 208-263-2111, mittlere Preise
Staatliche Campingplätze: Mehrere Plätze am Pend Oreille Lake; Springy Point, 3 Meilen westl. an der US 95, ✆ 208 437-3133; Round Lake State Park, Abzweigung 8 Meilen südl. auf der US 95, von dort 2 Meilen westl., ✆ 208-263-3489

Hells Canyon

Der Durchbruch des Snake River durch die Wallowa Mountains gehört zu den spektakulärsten Naturerscheinungen der USA. Im Laufe der Jahrmillionen grub sich der Fluß auf einer Länge von etwa 70 km den tiefsten Canyon (2400 m) der USA durch die Formation der Devils und Wallowa Mountains. Der Snake River, den heute zahlreiche Dämme zähmen, bildet in diesem Abschnitt die Grenze zu Oregon. Den eindrucksvollsten Blick in den Canyon hat man von Oregon (s. S. 115).

In Idaho erfolgt der Zugang über die SR 71 vom südöstlich des Canyons an der US 95 gelegenen Cambridge aus. Die Straße folgt zunächst dem Fluß, überquert ihn beim Brownlee-Damm, verläuft eine Weile auf dem Territorium von Oregon, um beim Oxbow-Damm wieder nach Idaho zu wechseln, wo sie bis zum Hells Canyon-Damm führt (Gesamtdistanz von Cœur d'Alene 376 Meilen). Von dort kann man Bootstouren flußabwärts bis nach Lewiston unternehmen, stromaufwärts verkehren schnelle Motorboote bis zum Damm. Ein besonders schöner Abschnitt der US 95, die östlich des Canyons verläuft, führt von White Bird im Norden bis Cambridge im Süden teils entlang des Salmon River, der nördlich des Hells Canyon in den Snake River mündet.

Praktische Hinweise

Unterkunft: Pony Soldier Motor Inn, Lewiston, 1716 Main St., ✆ 208-743-9526, mittlere Preise; Tapadera Motor Inn, Lewiston, 1325 Main St., ✆ 208-746-3311, mittlere Preise; Super 8 Motel, Lewiston, 3120 N. South Hwy, ✆ 208-743-8808, preiswert
Staatliche Campingplätze: Hells Gate State Park, 4 Meilen südl. von Lewiston; Winchester Lake, 1 Meile südwestl. von Winchester, an der US 95 südöstl. von Lewiston; Lake Waha, 18 Meilen südöstl. von Lewiston, alle ✆ 208-743-2363

Salmon River Mountains

Die weitgehend noch wilde Bergwelt im Herzen von Idaho an der Westabdachung der Wasserscheide gehört zu den am wenigsten entwickelten Gebieten der USA und ist nicht zuletzt auch deshalb beliebtes Ziel von abenteuerlustigen Wanderern und Wildwasserenthusiasten. Durch diese Region fließt der Salmon River, ein wildtosender Gebirgsfluß, der den Beinamen *river of no return* – Fluß ohne Wiederkehr – trägt und nördlich des Hells Canyon in den Snake River mündet. Ausgangspunkt einer Fahrt durch die Salmon River Mountains ist die ehemalige Goldgräbersiedlung **Salmon** (3500 Einwohner) unweit der Grenze zu Montana. Von dort kann man organisierte, bis zu einer Woche dauernde Schlauchboottouren in die Wildnis unternehmen. Etwa 25 Meilen südöstlich, erreichbar über die SR 28, liegt die Geisterstadt **Lemhi,** eine Mormonen-Gründung aus dem Jahre 1855. Trotz eines kleinen Forts konnten sich die Siedler nur drei Jahre gegen angreifende Indianer behaupten und mußten dann aufgeben.

Praktische Hinweise

Anreise: Auf der in diesem Teil besonders schönen US 93 von Montana im Norden oder von Twin Falls im Süden von Idaho
Unterkunft: Stagecoach Inn, 201 Hwy 93 N., ✆ 208-756-4251, mittlere Preise; Suncrest, 705 Challis St., ✆ 208-756-2294, preiswert
Campingplätze: Cougar Point, 5 Meilen südl. an der US 93, ✆ 208-756-3724, preiswert; McFarland Recreation Site, 36 Meilen südöstl. an der SR 28, ✆ 208-756-5400, kostenlos

Der Süden von Idaho

Der südliche Teil des ›Kartoffelstaats‹ wird vom Snake River Basin eingenommen, das die Salmon River Mountains in einem weiten Bogen umschließt und den Siedlungskern des Staates bildet.

Am westlichen Gebirgsrand liegt **Boise** (110 000 Einwohner), die verschlafen wirkende Hauptstadt von Idaho. Obwohl erst 1863 im Zuge des Goldrausches gegründet, hat man sich bei der Namensfindung am französischen *les bois* (die Wälder) orientiert, eine Bezeichnung frankokana-

Blick auf Boise

discher Trapper für diese waldreiche Region. Touristen aus Europa hat die Hauptstadt von Idaho allerdings kaum Sehenswertes zu bieten. Am interessantesten dürfte noch der Besuch des Boise Interagency Fire Center sein, das eindrucksvoll über die Methoden der Waldbrandbekämpfung informiert (Voranmeldung, Mo–Fr, ✆ 208-389-2458).

Im wörtlichen Sinn herausragendes Gebäude ist das State Capitol, ein Sandsteinbau mit Marmorverzierungen, dessen Errichtung von 1905 bis 1921 dauerte. Einen weiten Blick über das Boise River Valley hat man vom 350 m höher gelegenen Table Rock aus, dessen nächtlich illuminiertes Kreuz weithin sichtbar ist. Boise eignet sich gut als Ausgangspunkt für den Besuch der östlich angrenzenden, kaum erschlossenen Wildnis der Salmon River Mountains. Mit dem Wagen kann man die Region auf der schmalen Landstraße SR 21 erreichen.

Praktische Hinweise

Anreise: Boise, abseits der I-80 N. gelegen, besitzt einen Flughafen mit Verbindungen nach Salt Lake City und Las Vegas
Unterkunft: Best Western Airport Motor Inn, am Flughafen, ✆ 208-384-5000, mittlere Preise; Boisean, 13006 Capitol Blvd., ✆ 208-343-4823, preiswert
Campingplätze: Boise KOA, 6 Meilen östl. der Stadt an der I-84, Exit 57, 7300 E. Federal Way, ✆ 208-345-7673, 15. 3.–15. 11.; Willow Creek, 16 Meilen östl. an der SR 21, dann 23 Meilen östl. an der FR 10268, ✆ 208-434-2527, kostenlos

Die verlassene Goldgräberstadt **Silver City** in den Owyhee Mountains bietet sich als lohnendes Ausflugsziel vom 55 Meilen entfernt gelegenen Boise an. Die kurvenreiche, nicht asphaltierte Piste kann man bei Regenfällen mit normalen Fahrzeugen nicht mehr bewältigen, im Winter ist sie geschlossen. Die Mühen belohnt die noch gut erhaltene, wenig besuchte Geisterstadt, die einen faszinierenden Eindruck der Goldgräbertage vermittelt. Im Jahre 1863 wurden Gold- und Silberadern entdeckt, bald darauf lebten in Silver City über 5000 Menschen. Es gab sogar eine eigene Zeitung – die erste in Idaho – und das Idaho Hotel, weit und breit die beste Adresse. Zu Beginn unseres Jahrhunderts begann dann der Abstieg, der sich bis 1930 hinzog.

Craters of the Moon National Monument

Das Naturschutzgebiet zu Füßen der Pioneer Mountains gewährt einen einzigartigen Einblick in die Vielfalt der Basaltformationen, die durch zahlreiche Eruptionen entlang einer Erdspalte entstanden (Visitor Center, tägl. 8–16 Uhr, ✆ 208-527-3257). Die Lavaergüsse begannen vor etwa 15 000 Jahren und reichten bis ins 1. Jh. Mit Basaltkegeln, Lavatunneln, natürlichen Brücken und vulkanischen Bomben haben sie der Landschaft einen wahrhaft mondartigen Charakter verliehen.

Von Boise kommend, erreicht man das Craters of the Moon National Monument auf der I-84 East und über

Craters of the Moon

die auf etwa halber Wegstrecke abzweigende US 26 nach insgesamt 177 Meilen.

Man kann den 215 km^2 großen Park auf einer 12 km langen Rundstraße durchqueren, mit entsprechendem Schuhwerk aber auch zu Fuß durchstreifen. Mehrere ausgeschilderte Wege führen von der Straße zu sehenswerten Punkten, etwa zur Cave Area mit Lava-Tunneln, den Aschefeldern von Devils Orchard oder zur Tree Mold Area, wo die Lava lebende Bäume umschlossen hat. Besonders schön ist der Besuch im Frühjahr, wenn Tausende von Blumen einen eigenartigen Kontrast zum schwarzen Lavagestein bilden.

Sun Valley

Die kleine Ortschaft ›Sonnental‹ (900 Einwohner) zu Füßen der Boulder Mountains, gut 30 Meilen nordwestlich der Craters of the Moon, erfreut sich bei US-Amerikanern als Sommerfrische und Wintersportgebiet gleichermaßen größter Beliebtheit. Für ausländische Touristen mit begrenzter Zeit lohnt der Abstecher trotz der landschaftlichen Schönheit kaum, es sei denn, sie wollen auf den Spuren von Ernest Hemingway wandeln, der dort auf einer Farm in Ketchum die letzten Lebensjahre verbrachte und nach seinem Selbstmord am 2. 7. 1961 auf dem kleinen Friedhof des Ortes die letzte Ruhe fand.

Steckbrief

MONTANA

Postalisches Kürzel: MT
Größe: 381 084 km^2, etwas größer als die BRD
Hauptstadt: Helena, 25 000 Einwohner
Bevölkerung: 800 000, überwiegend Weiße
Wirtschaft: Viehwirtschaft, Weizenanbau
Beiname: Big Sky Country (Land des hohen Himmels)
Staatsmotto: Oro y Plata (Gold und Silber)
Symbole: Auferstehungspflanze (Bitterroot), Wiesenstärling (Western meadowlark), Goldkiefer (Ponderosa pine)
Information: In Deutschland: Rocky Mountain International, Scheidswaldstraße 73, 60385 Frankfurt/M., ✆ 0 69-44 60 02, Fax 0 69-43 96 31, auch für Denver/Colorado, Idaho, South Dakota und Wyoming; in den USA: Montana Travel Promotion Division, Department of Commerce, 1424 Ninth Ave., Helena, MT 59620-0411, ✆ 406-444-2654, Fax 406-444-2808
Verkehrsverbindungen: Mit dem Flugzeug Verbindungen mit den Nachbarstaaten und teilweise auch mit Kanada (Calgary und Edmonton) über die Flughäfen von Helena, Missoula, Bozeman, Butte und Kalispell; mit der Eisenbahn: Die Amtrak-Route Seattle-Chicago verläuft parallel zur I-2 durch den Norden und berührt auch den Glacier National Park. Die Durchquerung der Rocky Mountains gilt als einer der schönsten Abschnitte im Eisenbahnnetz der USA; mit dem Bus: Ausgedehntes Netz der Greyhound-Gesellschaft
Reisezeit: Sommer und Herbst; Sommerliche Durchschnittstemperatur in den Rocky Mountains 13–27° Celsius, höhere Pässe sind von Nov.–Mai geschlossen. Beste Zeit für den Wintersporturlaub Dez.–April
Unterkunft: Zahlreiche Hotels und Motels aller Kategorien. In abgelegenen Gebieten und Nationalparks auch rustikale Blockhäuser *(cabins).* Zunehmender Beliebtheit erfreuen sich Privatunterkünfte; eine Adressenliste erhält man von Bed & Breakfast Western Adventure, P.O. Box 20972, Billings, MT 59104, Fax 406-248-5683

Naturraum

Montana grenzt im Norden an die kanadischen Provinzen Alberta und Saskatchewan, im Westen stößt es an Idaho, im Süden an Wyoming, im Osten hat es die beiden Dakotas als Nachbarn.

Der Naturraum ist von der Übergangszone zwischen Rocky Mountains und Great Plains geprägt. Die nördlichen Ausläufer der Rocky Mountains ziehen sich an der westlichen Grenze entlang und lösen sich nach Süden in einzelne Gebirgsmassive auf. Sehr ausgeprägt sind die Anzeichen ehemaliger Vergletscherungen in Gestalt zahlreicher Seen, die sich hinter Moränen aufgestaut haben. In den hochalpinen Regionen der nördlichen Rocky Mountains blieb die Vereisung in Form von Kargletschern sogar bis heute erhalten. Im Osten schließt sich an das Gebirge das flache Missouri Plateau an, eine Schichtstufenlandschaft, die bis über den Missouri hinausreicht und den nördlichen Teil der Great Plains bildet.

Die Entfernung vom Meer verleiht dem Klima in Verbindung mit der schützenden Gebirgskette im Westen einen ausgeprägt kontinentalen Charakter. Ungehindert können im Winter polare Luftmassen von Norden bis tief ins Landesinnere vordringen und die berüchtigten *blizzards* auslösen, verheerende Schneestürme, die mit Urgewalt hereinbrechen und das Land in wenigen Stunden unter einer meterdicken Schneedecke begraben. In den geschützten Beckenlandschaften der südlichen Rockies hingegen können warme Westwinde, *Chinook* genannt, selbst im Winter das Thermometer innerhalb eines Tages auf über 20° Celsius ansteigen lassen.

Geschichte

Als erste Weiße warfen 1743 die französischen Brüder La Vérendrye einen Blick auf das heutige Montana, das damals noch Teil des französischen Territoriums Missouri war und 1803 an die Amerikaner verkauft wurde. Genauere Kenntnisse über die Region brachte aber erst die große Lewis-und-Clark-Expedition von 1805/1806. Zunächst folgten Pelztierjäger den Spuren der Forscher, dann kamen Missionare, die bereits 1841 im Bitterroot Valley eine erste Station bauten.

Wie auch in anderen Teilen des Westens waren Goldfunde der Auslöser für den Zuzug neuer Siedler, die ab 1862 in Scharen über den Bozeman Trail, eine Abzweigung des Oregon Trail, ins Land strömten. An den Fundorten von Gold Creek, Bannack, Virginia City und Helena schossen die provisorischen Minenstädte aus dem Boden, regierten Gesetzlosigkeit und Gewalt. Am Gold entzündete sich auch der zweite Feldzug gegen die Sioux. Als auf ihrem vertraglich zugesicherten Stammesgebiet in den geheiligten Black Hills Gold gefunden wurde und die Sioux den Verkauf ihres Landes verweigerten, setzten die US-Amerikaner Militär ein, um die Indianer zu vertreiben. Die Sioux wehrten sich erbittert und erfochten unter Führung ihrer legendären Häuptlinge Sitting Bull, Crazy Horse und Red Cloud zahlreiche Siege, darunter ihren größten Triumph am Little Bighorn, wo sie am 25. 6. 1876 das Kavallerie-Regiment von General Custer aufrieben. Um der Vergeltung der US-Armee zu entgehen, führte Sitting Bull den Großteil seines Volkes Monate später über die Grenze nach Kanada.

Die Weißen gingen in jener wilden Zeit allerdings auch miteinander nicht zimperlich um. Viehzüchter hatten nach Vertreibung der Indianer ihre Herden aus Texas über den Bozeman Trail in die neuen Weidegründe getrieben, gerieten aber schon bald in heftige Auseinandersetzungen mit den Eisenbahngesellschaften, die Land für ihre Schienenstränge beanspruchten, und mit nachrückenden Siedlern, die ihren Besitz einzäunten und damit die freien Weidemöglichkeiten der Rinderherden einschränkten.

Bereits 1864, kurz nach Beginn des Goldrausches, wurde Montana ein eigenständiges Territorium mit Verwaltungssitz zunächst in Bannack, dann Virginia City und ab 1875 schließlich in Helena, 1889 trat Montana der Union bei. Ruhe kehrte aber erst ein, als die drei reichsten Männer des Staates, allesamt Kupferbarone, gegen Ende des vergangenen Jahrhunderts ihre verbalen Machtkämpfe in den lokalen Zeitungen beendet hatten. Bergbau ist nach wie vor ein bedeutender Wirtschaftsfaktor, gefolgt von Viehzucht und Tourismus, der sich vornehmlich auf die wilde Gebirgsszenerie der Rocky Mountains konzentriert.

Der Norden von Montana

Der Norden von Montana wird von den durch Auffaltung entstandenen Formationen der Rocky Mountains

Mountain Men Rendezvous

geprägt, die dort Höhen von über 3000 m erreichen und zahlreiche Gletscher hinab in die weiten u-förmigen Täler senden, an deren Enden sich hinter Moränen Seen aufgestaut haben.

Glacier National Park

Die eindrucksvollste Gebirgswelt von Montana ist im etwa 2000 km² großen, 1910 gegründeten Glacier National Park unter Naturschutz gestellt, der mit dem nördlich angrenzenden, in Kanada liegenden Waterton Lakes National Park zu einem ›Friedenspark‹ zusammengeschlossen wurde. Zugang zum Park gewährt eine großartige Hochgebirgsstraße (›going to the sun road‹), die den Park von Ost nach West über die kontinentale Wasserscheide am Logan Pass (2200 m) durchquert, allerdings nur zwischen Mitte Juni und Mitte Oktober geöffnet ist. Am schönsten ist es im Juli, wenn sich die Matten zu einem Blumenmeer verwandeln und viele der 1000 Pflanzen ihre kurze Blütezeit haben.

Die Hochregion der Gletscher ist meist nur zu Fuß oder mit dem Maul-

tier auf einem markierten Wegenetz erreichbar, das eine Gesamtlänge von gut 1000 km aufweist (Vorsicht, Bären). Aber auch kurze Abstecher von der Autostraße gewähren bereits großartige Einblicke in den einzigartigen Hochgebirgspark. So führt ein lohnender, etwa 3 km langer Fußweg vom Avelanche Creek an der Westseite des Logan Pass zu einem See, über dessen 200 m hohe Uferfelsen mehrere Wasserfälle herabstürzen. Eine andere Exkursion läßt sich vom Logan Pass zum Hidden Lake Overview unternehmen, eine weitere, besonders schöne von St. Mary an der Ostseite des Parks zu den Barring Falls. Von der Ortschaft Babb, etwa 6 Meilen nördlich von St. Mary, führt eine Stichstraße zum Gebiet Many Glacier mit pittoresken Seen. Über eine andere, von Reisenden häufig befahrene Straße erreicht man von Babb das dicht bewaldete Belly River Country und kann ein Stück weiter in den kanadischen Teil des Parks überwechseln.

Praktische Hinweise

Anreise: Über die US 2 von Westen und US 89 von Osten. Mit der Eisenbahn auf der Route Seattle-Chicago, Stationen in West Glacier und East Glacier

Informationen: Superintendent, Glacier National Park, West Glacier, MT 59936. Hauptquartier in West Glacier, Visitor Centers am Lake McDonald, am Logan Pass und in St. Mary

Unterkunft: (Voranmeldungen erforderlich) Glacier Park Lodge, nahe der Kreuzung von US 2 und Hwy 49 im Südosten, teuer, Mitte Juni bis Mitte Sept., ✆ 406-226-5551; Many Glacier, 12 Meilen westl. von Babb, teuer, Anfang Juni bis Mitte Sept., ✆ 406-226-5551; Lake McDonald Lodge, am Lake McDonald im Westen an der *going to the sun road,* teuer, Anfang Juni bis Mitte Sept., ✆ 406-226-5551; Swiftcurrent Motor Inn, 13 Meilen westl. von Babb, preiswert, auch Stellplätze für Camper, Mitte Juni bis Labor Day, ✆ 406-226-5551; Jugendherberge Brownie's Grocery & AYH-Hostel, East Glacier Park, sechs Blocks bis zur Bahnstation, ✆ 406-226-4426

Staatliche Campingplätze: Es gibt acht große und sieben kleinere Camping-

plätze (alle ✆ 406-888-5441, Sieben-Tage-Limit); Rucksackwanderer können ein kostenloses *Camping-Permit* für 61 Plätze im Park bei der Ranger Station, West Glacier, beantragen
Besonderheiten: Wildwassertouren von West Glacier

Das Reservat der Schwarzfußindianer

Unmittelbar an den Glacier National Park grenzt im Osten das Reservat der Blackfeet. Einen guten Einblick in das Leben der Prärie-Indianer vermittelt das Museum of the Plains Indians im kleinen Ort **Browning** (1300 Einwohner) gut 15 Meilen nordöstlich des East Glacier Park. Die Schwarzfußindianer, die ihren Namen wahrscheinlich wegen ihrer schwarzen Mokassins erhielten, waren einst die unbestrittenen Herren der nördlichen Plains. Dem kühnen, kämpferischen Reitervolk, das 1790 die ersten Pferde erhalten hatte, galt der Viehdiebstahl als höchste Tugend. Bis weit nach Kanada und hinab zur mexikanischen Grenze dehnten sie ihre Raubzüge aus, die bei Weißen wie auch den Nachbarstämmen gleichermaßen gefürchtet waren. Im Jahre 1832 überfielen die Schwarzfußindianer Trapper bei deren alljährlichen feuchtfröhlichen ›Rendezvous‹ in Pierre's Hole, hatten allerdings die Treffsicherheit der Waldläufer unterschätzt und mußten eine empfindliche Niederlage einstecken, die ihnen lange Zeit die Lust an einer weiteren Konfrontation mit den Weißen nahm. 1855 unterzeichneten sie mit den anderen Stämmen der Region – Flathead, Gros Ventre und Nez Percé – einen Friedensvertrag, der bis 1864 hielt. Sechs Jahre später richtete die Armee unter den Schwarzfußindianern ein Blutbad an und trieb viele von ihnen über die kanadische Grenze, während der klägliche Rest des einst stolzen Volks im Reservat angesiedelt wurde.

Bei einem *Pow Wow* der Blackfeet

Historische Bergbaugebiete

Das alte Kernland von Montana, auf das sich die frühe Landnahme der Weißen konzentriert hatte, liegt in den von Bergen durchsetzten Tallandschaften im Südwesten. Gold- und Kupferfunde, blutige Indianerkriege und Machtkämpfe frühindustrieller Grubenbesitzer kennzeichnen die Geschichte dieser Region.

Helena und Umgebung

Die heutige Hauptstadt von Montana (25 000 Einwohner) verdankt ihre Gründung vier Goldsuchern aus Georgia, die nach monatelangem vergeblichen Schürfen 1864 einen letzten Versuch wagten und dabei genau dort auf Gold stießen, wo heute die Hauptstraße verläuft. Als aus den Hütten und Zelten der ›Last Chance Mine‹ durch Zuzug weiterer Abenteurer eine permanente Siedlung erwuchs, änderten die Bewohner den Namen in Helena, von den rauhen Burschen allerdings bewußt auf der ersten Silbe betont, nicht etwa um den Bezug zur schönen Griechin herzustellen, sondern im Gegenteil zur *hell,* der Hölle, was wohl der Realität der damaligen wilden Zeit auch eher Rechnung trug.

Der Goldrausch dauerte nur kurz, doch dem Ort blieb durch seine verkehrsgünstige Lage als Versorgungsdepot für die umliegenden Schürffelder der Abstieg zur *Ghost Town* erspart. Die Stellung von Helena festigte sich, als es nach heftigen Machtkämpfen zwischen den Kupferbaronen W. A. Clark und M. Daly im Jahre 1894 zur Hauptstadt des neuen Bundesstaats gewählt wurde. Die bewegte Geschichte der Metropole und des Staates kann man im *Montana Historical Society Museum* nachvollziehen (Mo–Fr 8–16, Sa, So 9–17 Uhr, freier Eintritt), sich auch die Tage des Goldrausches in der *Pioneer Cabin* vor Augen halten (218 S. Park St., Fr–Mi 10.30–12, 13–15 Uhr) und einige der *nuggets,* mit denen alles anfing, in der *Norwest Bank Helena* bewundern (350 N. Last Chance

Förderturm in Butte

Gulch, Mo–Fr während der Schalterstunden, Eintritt frei). Vom 1. 6. bis zum Labor Day verkehrt das Touristenbähnchen Last Chance Gulch Tour im stündlichen Takt vom Museum zu einer jeweils einstündigen Stadtrundfahrt (8.30–16.30 Uhr).

Wie in den Metropolen der USA üblich, dominiert auch in Helena das *Kapitol* die Bauwerke im Zentrum, die Kuppel wurde jedoch statt mit weißem Marmor mit Kupferplatten belegt.

Praktische Hinweise

Information: Chamber of Commerce, 201 E. Lyndale St., ✆ 406-442-4120
Unterkunft: Jorgenson's, 1714 11th Ave., ✆ 406-442-1770, teuer; Park Plaza Hotel, 22. N. Last Chance Gulch, ✆ 406-443-2200, mittlere Preise; Aladdin Coach House East Hotel, 2101 11th Ave., ✆ 406-443-2300, preiswert
Veranstaltungen: Traditional Jazz Festival, letztes Wochenende im Juni; Last Chance Stampede and Fair mit Rodeo im Juli

Das 88 Meilen südwestlich von Helena am Fuße der Anaconda Ridge gelegene **Anaconda** (13 000 Einwohner) wurde 1883 vom Kupferbaron Marcus Daly als Standort für ein Hüttenwerk mit dem Namen Copperopolis gegründet. Im Jahre 1894 erhielt der Ort seinen heutigen Namen, der auf eine Begebenheit aus dem Bürgerkrieg zurückgeführt wird, bei welcher der Nordstaatengeneral Grant mit seinen Truppen die Formationen seines Widersachers General Lee wie eine Anakonda ›in den Würgegriff‹ genommen haben soll. In der Auseinandersetzung der Kupferbarone um die neue Hauptstadt von Montana Ende des vergangenen Jahrhunderts unterlag Daly dann W. A. Clark, dem Fürsprecher von Helena. Im Visitor Center (306 E. Park St.) kann man sich einen Einblick in die Kupfergewinnung und -verarbeitung in der Region verschaffen. Etwa 12 Meilen westlich von Anaconda liegen versteckt in der Nähe des Georgetown Lake einige Geisterstädte und verlassene Saphirminen.

Das gut 30 Meilen südwestlich von Anaconda, unmittelbar an der Grenze zu Idaho gelegene **Big Hole National Battlefield** erinnert an den heroischen Widerstand der Nez Percé-Indianer unter ihrem legendären Führer Joseph. Am 9. 8. 1877 wurden dort einige Indianerverbände auf ihrer Flucht nach Kanada von amerikanischen Truppen angegriffen. Durch geschicktes Taktieren konnten sie sich den Weißen zunächst entziehen und ihren Weg nach Norden fortsetzen, wo sie dann aber kurz vor dem ersehnten Ziel nahe Chinook am Chief Joseph Battlefield zur Aufgabe gezwungen wurden.

Bis weit in unser Jahrhundert zählte **Butte** (34 000 Einwohner) mit seinen reichen Kupfervorkommen zu den wichtigsten Bergbauzentren in Nordamerika. Noch 1955 wurde nahe der 67 Meilen südwestlich von Anaconda gelegenen Stadt eine der größten Tagebauminen der Welt, die Berkeley Mine, in Betrieb genommen. Die erzreichen Lagerstätten, um die einflußreiche Industrielle im 19. Jh. erbittert gekämpft hatten, waren zu jener Zeit jedoch schon ausgebeutet. So trägt der Bergbau heute vornehmlich museale Züge, gepflegt vom *Mineral Museum* (Park St., tägl. 8–17 Uhr) und dem *World Museum of Mining & Hellroarin' Gulch* (Park St., im Sommer tägl. 9–21, sonst Di–So 10–17 Uhr). Mit einem historischen Wagen (Old No. 1) werden im Sommer mehrfach täglich Stadtrundfahrten veranstaltet (Abfahrt an der Chamber of Commerce).

Praktische Hinweise

Unterkunft: Best Western Copper King Inn, 4655 Harrison Ave., ✆ 406-494-6666, teuer; Townhouse Inns, 2777 Harrison Ave., nahe Flugplatz, ✆ 406-494-8850, mittlere Preise; Capri Motel, 220 N. Wyoming St., Exit Montana der I-90, ✆ 406-723-4391, preiswert
Veranstaltungen: Rodeo und Copper Festival im Juli

In der etwa 9 Meilen östlich von Butte gelegenen kleinen Ortschaft **Whitehall** (1100 Einwohner) ist ein Höhlensystem als Lewis and Clark Caverns State Park ausgewiesen. Eindrucksvoll sind vor allem die vielfarbigen Kalksteinformationen. Im Sommer werden täglich zweistündige Führungen veranstaltet.

Die liebevoll restaurierte, südöstlich von Butte gelegene Geisterstadt **Virginia City** gehört zu den lohnendsten Zielen in Montana. Im Mai 1863 stießen einige Prospektoren dort auf eine reiche Goldader und gaben den Anstoß zur Gründung einer der wildesten Pioniersiedlungen im Westen. Eine Zeitlang wurde die Ortschaft von Banditen der berüchtigten Plummer-Bande kontrolliert, die innerhalb von nur sechs Monaten 160 Menschen umgebracht haben soll. Die terrorisierten Bewohner stellten dann

Wandmalerei in Butte

Die Goldgräberstadt Nevada City

schließlich eine Bürgerwehr auf, der es gelang, die Mitglieder der Bande zu stellen und ohne Gerichtsurteil zu hängen. Als einer der ersten ging der Anführer in die Falle, kein geringerer als der leutselige Bürgermeister Henry Plummer. Am 10. 1. 1864 wurde er mit seinen *Deputies* Ned Ray und Buck Stinson in Bannack aufgeknüpft. Innerhalb von sechs Wochen war die Bande zerschlagen, 21 ihrer Mitglieder von der Bürgerwehr gelyncht.

Die Stadt wuchs explosionsartig. Mitte 1864 wurden jede Woche etwa 100 neue Häuser errichtet. Zahlungsmittel waren *nuggets* und Goldstaub. Als Bezahlung für einen Drink durfte der Barkeeper in den Goldstaubbeutel des Kunden greifen und so viel behalten, wie zwischen zwei Fingerkuppen paßte. Alle Barkeeper von Virginia City, so heißt es, hatten in jener Zeit besonders lange Fingernägel ...

Am 7. 2. 1865 löste Virginia City Bannack als Hauptstadt ab und behielt diesen Status, bis 1875 Helena die Funktion übernahm. In jener Zeit befand sich die Goldgräbermetropole allerdings schon im Niedergang und zählte kaum noch 2000 Einwohner. Mit Ausbleiben der Funde erlosch das Leben fast gänzlich. Heute ›schürfen‹ die etwa 200 Bewohner der vollständig restaurierten, etwas disneylandartig wirkenden Geisterstadt mit großem Erfolg in den Geldbörsen der Touristen.

In *Gilbert's Brewery* wurde schon 1864 Gerstensaft nach schwäbischem Vorbild gebraut, heute läuft hier jeden Abend die Show ›The Brewery Follies‹ ab, und Bier gibt es natürlich auch. Sehr lohnend ist der Besuch der beiden Museen *Thomson-Hickmann Memorial* mit Relikten aus der Goldgräberepoche (Wallace St., Mai–Sept. tägl.) und *Virginia City Madison County Historical Museum* (Wallace St., Juni–Sept. tägl.), das Erläuterungen zur Geschichte von Montana gibt. Knapp 2 Meilen von Virginia City entfernt liegt **Nevada City,** eine weitere Geisterstadt (regelmäßige Verbindung mit Alder Gulch Short Line Juni–Sept. tägl. 10.30–18 Uhr), in der ein Freilichtmuseum mit alte Bauten aus Montana eingerichtet wurde. Gezeigt wird überdies eine große Sammlung mechanischer Musikinstrumente.

Praktische Hinweise

Unterkunft: Fairweather Inn, an der US 287, historisches Gebäude, ✆ 406-843-5377, preiswert; Nevada City Hotel, historisches Gebäude in Nevada City, ✆ 406-843-5377, mittlere Preise
Veranstaltungen: Aufführungen im Stil des 19. Jh. im historischen Opernhaus

Das wichtige Agrarzentrum **Bozeman** (22 000 Einwohner) inmitten des fruchtbaren Gallatin-Tals trägt den Namen seines Gründers John Bozeman. Der Pionier, der 1864 einen neuen Weg in den Westen erkundet hatte, ließ sich später mit einigen Familien hier nieder. Doch da er auf den geheiligten Jagdgründen der Sioux siedelte, kam es bald zu Auseinandersetzungen mit den Indianern, bei denen Bozeman dann getötet wurde.

Der Abstecher in die ansonsten gesichtslose amerikanische Kleinstadt lohnt vor allem wegen des weit über die Grenzen bekannten *Museum of the Rockies* (tägl. 9–21 Uhr), das eine der größten Dinosaurier-Sammlungen der USA zeigt, aber auch einen Blick in die Pionierzeit vermittelt und ein Planetarium besitzt. Anhänger modernster Technik kommen im neuen *American Computer Museum* (234 E. Babcock St., tägl.) auf ihre Kosten.

Praktische Hinweise

Unterkunft: Holiday Inn, 5 Baxter Lane, ✆ 406-587-4561, teuer; Prime Rate, 805 Wheat Dr., ✆ 406-587-2100, preiswert
Veranstaltungen: Großes Rodeo Mitte Juni

Der Osten von Montana

Das östliche Montana wird vom Missouri-Plateau bestimmt, das übergreifend auch Teile der Dakotas bedeckt und den nördlichsten Bereich der Great Plains innerhalb der USA bildet. Die hochgelegenen Prärien im Regenschatten der Rocky Mountains zählen zu den trockensten Gebieten des ›Big Sky Country‹.

Billings

Die über 70 000 Einwohner zählende, im Yellowstone Valley gelegene Stadt lohnt zwar keinen Umweg, wohl aber bei der Durchreise einen kurzen Aufenthalt für all jene, die an der Geschichte des Westens Interesse haben. Billings ist auch nördlicher Ausgangspunkt für den Besuch des Yellowstone National Park (s. S. 277 ff.).

Im Jahre 1823 wurden dort einige Trapper der American Fur Company von Indianern überfallen und ihrer Pelzausbeute beraubt. Der an sich alltägliche Diebstahl sollte internationale Verwicklungen auslösen, als die Stücke über die britische Hudson Bay Company nach London gelangten und dort als vermeintlich eigene Ware auf den Markt kamen. Als Ort existiert Billings erst seit 1882, gegründet von der Northern Pacific Railroad, die der Siedlung den Namen ihres Präsidenten Frederick Billings gab.

Die Bewässerung des Tals brachte der Stadt einen ungeahnten Aufschwung zum Agrarzentrum von West-Montana und zur größten Stadt des Bundesstaats. Ein Besuch lohnt

Die Schlacht am Little Bighorn

Kaum eine kriegerische Auseinandersetzung hat die Gemüter der US-Amerikaner so bewegt wie die Niederlage des Siebten Kavallerieregiments unter Führung von George Armstrong Custer. An einem Maitag des Jahres 1876 waren die Soldaten von Fort Lincoln in Dakota zu einer ›Strafexpedition‹ gegen die Sioux und Cheyenne aufgebrochen, die sich immer wieder der Umsiedlung widersetzt hatten. Custer, den seinen Soldaten General nannten, obwohl er nur Oberstleutnant war, hatte seine Meriten im Bürgerkrieg verdient und es dort bereits mit 25 Jahren zum Major gebracht, war dann aber bei Präsident Grant in Ungnade gefallen. Durch einen erfolgreichen Feldzug gegen die Häuptlinge Sitting Bull und Crazy Horse hoffte er, seine Reputation wiederzuerlangen.

Am 25. 6. blickte Custer von einer Anhöhe auf die Zelte der Indianer, unterschätzte aber ihre Zahl und die Kampfbereitschaft der Bewohner. So beging er den Fehler, seine Truppen aufzuteilen. Obwohl er den Befehl erhalten hatte, bei Feindberührung Verstärkung abzuwarten, ließ er eine Abteilung unter Führung von Major Reno mit 131 Mann das Indianerlager angreifen. Reno erlitt eine verheerende Niederlage, die in der Flucht der Soldaten endete.

Die Indianer konzentrierten sich nun auf Custer und seine 215 Mann, die etwa 5 km weiter nach Norden geritten waren. Aus der Deckung heraus umzingelten sie die Truppe und vernichteten sie innerhalb nur einer Stunde bis auf den letzten Mann. Unter den Gefallenen befanden sich auch zwei Brüder von Custer. Dann wandten sich die Sioux und Cheyenne den anderen Abteilungen von Custers Regiment zu, belagerten sie den ganzen Tag, um plötzlich ihre Zelte abzubrechen und sich in die Bighorn Mountains zurückzuziehen; Späher hatten das Nahen amerikanischer Soldaten gemeldet. Die Nachricht von der Niederlage Custers erreichte die Ostküste just am 4. 7., als man dort stolz das hundertjährige Bestehen der USA feiern wollte.

Erst in jüngster Zeit wurden archäologische Untersuchungen auf dem Schlachtfeld durchgeführt, die den Verlauf des Kampfes anhand von über 4000 Funden aufhellen sollen. Danach waren die Indianer nicht nur zahlreicher, sondern auch weitaus besser bewaffnet, als Custer angenommen hatte.

Der Sieg über den ›Weißen Mann‹ konnte das Schicksal der Indianer jedoch nicht mehr wenden; im Gegenteil, ihr endgültiger Untergang wurde dadurch nur beschleunigt, denn von nun an wurde gnadenlos Jagd auf alle ›Rothäute‹ gemacht. Crazy Horse kapitulierte und starb in Fort Robinson durch einen Bajonettstich, Sitting Bull floh nach Kanada und kehrte 1881 in die USA zurück. Er wurde im Dezember 1890 von Soldaten der US-Armee erschossen.

sich in den Museen **Oscar's Dreamland** 5 Meilen südwestlich von Billings, 1. 5.–20. 9., tägl. 9–18 Uhr) mit der größten Sammlung motorisierter Landwirtschaftsmaschinen der Welt und **Yellowstone County Historical Museum** (nahe Billings International Airport, Sa geschlossen). Interessant sind auch die 7 Meilen südöstlich gelegenen **Pictograph Caves,** Höhlen mit Felszeichnungen indianischen Ursprungs.

Praktische Hinweise

Unterkunft: Holiday Inn Billings Plaza, 5500 Midland Rd., ✆ 406-248-8954, teuer; Sheraton, 27 N. 27th St., nahe dem Flughafen, ✆ 406-252-7400, teuer; Billings Inn, 880 N. 29th St., nahe dem Flughafen, ✆ 406-252-6800, mittlere Preise; Rimrock Inn, 1203 N. 27th St., nahe dem Flughafen, ✆ 406-252-7107, preiswert
Campingplätze: Big Sky Campground, Exit 446 von der I-90, 5516 Laurel Rd., ✆ 406-259-4110; Billings Metro KOA, südl. der I-90, Exit 27th St., 3087 Garden Ave., ✆ 406-252-3104

Sehr reizvoll ist die Zufahrt zum Yellowstone Park (vgl. S. 277 ff.) über die nach Süden führende US 212 (Beartooth Scenic Highway). Die Straße berührt die Ortschaft **Red Lodge,** überquert den 3300 m hohen Colter Pass (im Winter geschlossen) und erreicht **Cooke City.** Von dort kann man mit Maultieren und zu Fuß einen Ausflug zum Grashopper Glacier (14 Meilen nordöstlich) unternehmen. Bei geeigneten Wetterbedingungen (August) sieht man in einem der größten Gletscher der USA Millionen eingefrorener Heuschrecken.

Custer Battlefield

Die Schlacht am **Little Bighorn** ist als größter Erfolg der Indianer in die Geschichte der Auseinandersetzung mit den immer weiter nach Westen vordringenden weißen Siedlern eingegangen. Der Ort des Geschehens wurde zum National Monument erklärt, das ausschließlich den gefallenen Soldaten General Custers gewidmet ist und die damaligen Ereignisse recht einseitig beleuchtet. Hier zeigt sich, daß US-Amerikaner die Schattenseiten ihrer Geschichte noch nicht recht aufgearbeitet haben.

Den Indianern, die als Sieger hervorgingen und etwa 100 Krieger dabei verloren, wurde kein Denkmal gesetzt. Nur ein bescheidenes Schild mit der Aufschrift »Lame White Man, a Cheyenne leader, fell near here« (Lahmer Weißer Mann, ein Führer der Cheyenne, fiel in der Nähe) kündet von ihrem erfolgreichen Kampf. Überdies wird die Inschrift »Know the power that is peace« (Kenne die Kraft, die Frieden heißt), die am Besucherzentrum eingelassen ist, dem Sioux-Häuptling Black Elk zugeschrieben, der als Junge in Little Bighorn mitgekämpft und zwei Skalps erobert hatte. Amerikanische ›Patrioten‹ haben sich wiederholt, wenn auch vergeblich, für die Entfernung dieser indianischen Gedenkzeichen eingesetzt.

Der State Park besteht aus zwei Teilen, dem Gebiet, in dem Custer und seine Männer fielen mit dem Last Stand Hill als Zentrum, sowie einem Geländeeinschnitt etwa 4 km südlich, in dem sich die von den Indianern geschlagenen Verbände Captain Renos verschanzt hatten. Beide Abschnitte sind durch die Battlefield Road verbunden.

Praktische Hinweise

Anfahrt: Haupteingang 15 Meilen südwestl. von Hardin, Exit 510 an der I-90, tägl. 8 Uhr bis Sonnenuntergang
Unterkunft: In Hardin, 13 Meilen nordwestl. an der I-90: American Inn, ✆ 406-665-1870, preiswert; Lariat, ✆ 406-665-2683, preiswert

Die Plains-Staaten

Steckbrief

NORTH DAKOTA

Postalisches Kürzel: ND
Größe: 183 022 km^2, 51 % der Fläche der BRD
Hauptstadt: Bismarck, 49 250 Einwohner
Bevölkerung: 689 400, überwiegend Weiße
Wirtschaft: Weizen, Viehzucht
Beiname: Sioux State
Staatsmotto: Liberty and Union, Now and Forever, One and Inseparable (Freiheit und Union, jetzt und für immer, als Einheit untrennbar)
Symbole: Wiesenstärling (Western Meadowlark), Prärierose (Wild Prairie Rose), Amerikanische Ulme (American Elm)
Information: Tourism Promotion Division, Liberty Memorial Bldg., 604 E. Boulevard Ave., Bismarck, ND 58505, ✆ 701-224-2525, Fax 701-223-3081
Verkehrsverbindungen: Nur nationale Flugverbindungen u. a. mit Bismarck, Grand Forks, Fargo und Minot; mit der Eisenbahn: Die Amtrak-Route Chicago – Seattle (Empire Builder) durchquert North Dakota; mit dem Bus: Ausgedehntes Netz von Greyhound und Trailways
Reisezeit: Sommer-Frühherbst. Durchschnittstemperatur im Frühjahr 4, Sommer 19, Herbst 6 und Winter -12 °Celsius; Schneestürme *(blizzards)* mit arktischen Temperaturen bis Anfang April möglich
Unterkunft: Überwiegend einfachere Hotels, verglichen mit anderen US-Staaten recht preiswert. Weit verbreitet sind die Unterkünfte der Ketten Holiday Inn (gehobene Preise), Comfort Inn und Best Western (beide mittlere Preise)

Naturraum

North Dakota grenzt im Norden an die kanadische Provinz Manitoba. Im Osten markiert der Red River die Grenze zu Minnesota. Der südliche Nachbar ist South Dakota, der westliche Montana. North Dakota weist die gleiche räumliche Gliederung auf wie der südliche Schwesterstaat, mit dem es bis 1889 politisch verbunden war. Das Gebiet östlich des Missouri verdankt seine Gestalt der Eiszeiten, im Westen dehnen sich die aus tertiären Sedimenten aufgebauten Prärien des Missouri Plateau aus, die im Südwesten durch die Erosion teilweise in *Badlands,* eine unfruchtbare Landschaft, verwandelt wurden.

Die nördliche Lage führt in Verbindungen mit kontinentalen Klimaeinflüssen zu extrem kalten Wintern und nur kurzen, zuweilen heißen Sommern. North Dakota ist eines der größten Weizenanbaugebiete in den USA. Schon seit Ende des 19. Jh. werden hier riesige Flächen mit einem Höchstmaß an Technik kultiviert. Der Staat übernahm die Vorreiterrolle in der mechanisierten Landwirtschaft, die eine Stütze des ökonomischen Aufschwungs der USA war, aber auch zur Überproduktion führte, unter der das Land nun zu leiden hat. Touristen besuchen North Dakota nur selten, da es dort nur wenige klassische Sehenswürdigkeiten gibt.

Geschichte

Als erste Weiße drangen Mitte des 18. Jh. französische Fallensteller auf der Jagd nach Bibern von Kanada her in das Land, ohne jedoch weitere Spuren zu hinterlassen. Etwa zur gleichen Zeit revolutionierte die Übernahme des Pferdes die Lebensweise einiger Indianerstämme vom seßhaften Bauerntum zur nomadisierenden Bisonjäger-Kultur. Bekannteste Vertreter dieser Gruppen waren die Sioux (gesprochen: ßuh). Der Name hat seinen Ursprung in der Sprache der Chippewa, die ihre Erzfeinde *Nadoweis-siw,* Feinde, nannten. Französische Trapper verballhornten es in *Nadoues-sioux* und ließen später die Vorsilbe weg. Die Sioux nannten sich selbst Da-koh-tah, Freund. Vor allem die Teton-Sioux, die ausschließlich von der Bisonjagd lebten, widersetzten sich vehement den Siedlerwellen, da die Weißen ihnen durch das Abschlachten der Herden die Existenzgrundlage nahmen.

Auch nachdem Dakota 1803 durch den *Louisiana Purchase* Teil der USA geworden war, fühlten sich zunächst nur Trapper von der Einöde angezogen. Im Jahre 1829 baute Johann Jacob Astor mit Fort Union am Zusammenfluß von Yellowstone und Missouri einen ersten befestigten Handelsposten, der später von der Armee übernommen wurde. Erst als die Indianerkriege in den ausgehenden 80er Jahren ihr Ende gefunden hatten und die Eisenbahn einen bequemen Zugang ermöglichte, kamen weiße Siedler und entdeckten die Fruchtbarkeit der Schwemmlandböden im Tal des Red River. Im rauhen Klima und der kargen Landschaft fühlten sich besonders Zuwanderer aus Skandinavien, Rußland und Deutschland wohl, die das Land sehr bald in eine Kornkammer verwandelten. Nicht von ungefähr trägt die Hauptstadt den Namen des Eisernen Kanzlers.

Der Westen von North Dakota

Theodore Roosevelt National Park

Der 285 km^2 große Park liegt im Westen von North Dakota an der I-94, der Hauptdurchgangsstraße durch den Staat. Ähnlich wie im Badlands National Park im Süden (vgl. S. 331 f.) haben hier die Kräfte der Erosion die Landschaft zerfurcht. Von der spröden Schönheit fühlte sich vor allem Präsident Theodor Roosevelt (1858 bis 1919) angezogen, dessen Namen der 1978 gegründete Park trägt. Wann immer er Zeit hatte, zog er sich auf seine Farm Elkhorn zurück.

Der Park gliedert sich in einen nördlichen und einen südlichen Teil, die knapp 40 Meilen auseinanderliegen. Während die South Unit unmittelbar von der I-10/94 berührt wird, gelangt man zur North Unit über die US 85, die bei Belfield von der Interstate abzweigt. Durch den häufiger besuchten Südteil führt vom Medora Visitor Center (tägl. 8–20 Uhr) eine Rundstrecke, in den Nordteil nur eine Stichstraße.

Besonders deutlich lassen sich hier die geologischen Formationen der tertiären Ablagerungen studieren, die einen großen Teil der Great Plains ausmachen. Farbig voneinander abgesetzt, wechseln Bänder ehemaliger Flußablagerungen mit vulkanischen Aschen und vermitteln so einen Querschnitt durch die bis 60 Mio. Jahre zurückreichende Entwicklungsgeschichte der Plains. Auch Tierfreunde kommen hier auf ihre Kosten, die Bison- und Wildpferdherden erinnern an längst vergangene Tage. Entlang der Straßen laden immer wieder *Prairie Dog Towns,* Präriehundkolonien, dazu ein, das gesellige Leben der flinken Nager zu beobachten.

Einen guten Überblick genießt man vom Boicourt Overlook im nördlichen Abschnitt des 36 Meilen

North Dakota

langen Scenic Loop Drive, der sich durch die South Unit zieht. Der nördliche Teil des Parks, dessen Landschaft vom Little Missouri River geprägt ist, lockt insbesondere durch Ursprünglichkeit. Der dortige Scenic Drive, der vom North Unit Visitor Center ausgeht (tägl. 9–17.30 Uhr), endet nach 15 Meilen als Sackgasse am Oxbow Overlook, neben dem River Bend Overlook einer der schönsten Aussichtspunkte der von Reisenden weniger besuchten North Unit des Nationalparks.

Praktische Hinweise

Saison: Ganzjährig, im Winter können einige Straßen wegen Schneefalls geschlossen sein

Unterkunft: In Medora, unmittelbar am Südeingang: Bad Lands I-94 Business Rd., nur im Sommer geöffnet, ✆ 701-623-4422, mittlere Preise; Medora, East River Rd., ✆ 701-623-4444, mittlere Preise

Camping: Zwei Plätze im Park, Cottenwood in der South Unit, Squaw Creek in der North Unit

Fort Union Trading Post

Der Highway 85 führt bei der Weiterfahrt vom Theodore Roosevelt National Park nach Norden in unmittelbare Nähe des befestigten Handelspostens. Die Anlage, 1829 im Auftrag von John Jacob Astors American Fur Company am Zusammenfluß von Missouri und Yellowstone River gegründet, wurde bald zum Zentrum des Pelzhandels im Norden der heutigen USA. Biber- und Bisonhäute wechselten hier den Besitzer; Zulieferer waren meist Indianer vom Stamm der Assiniboin, Crow und Blackfeet, die allerdings das Fort nicht betreten durften, sondern ihre Waren durch ein kleines Fenster reichen mußten.

Mit Zunahme der Feindseligkeiten zwischen Siedlern und Indianern gingen auch die Umsätze zurück, Pockenepidemien und der Bürgerkrieg brachten die Geschäfte vollends zum Erliegen. Ende der 60er Jahre zerfielen die Häuser, was noch zu verwenden war, wurde für den Bau eines benachbarten Armee-Forts abtransportiert. Heute sind die wesentlichen Anlagen samt Palisaden an alter Stelle und in altem Glanz originalgetreu wiederaufgebaut (tägl. 9–17.30 Uhr). Allein der Missouri hat sein angestammtes Bett verlassen und ist nur noch aus der Ferne zu sehen.

Praktische Hinweise

Anreise: Das Fort liegt 24 Meilen südwestl. von Williston, North Dakota, und 21 Meilen nördl. von Sidney, Montana, am Hwy 1804
Veranstaltung: ›Rendezvous‹ (Trapperfest) am zweiten Wochenende im Juni

Theodore Roosevelt National Park

Steckbrief

SOUTH DAKOTA

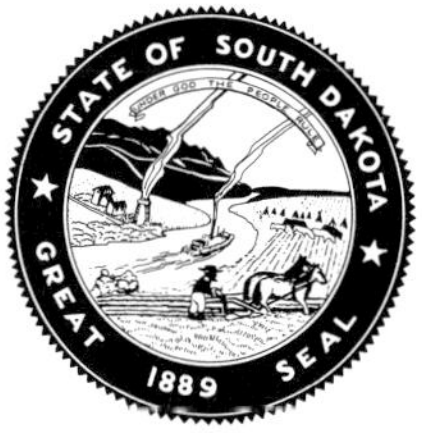

Postalisches Kürzel: SD
Größe: 199 551 km^2, 56 % der Fläche der BRD
Hauptstadt: Pierre, 12 900 Einwohner
Bevölkerung: 705 000 überwiegend weiße Einwohner
Wirtschaft: Landwirtschaft, Vichzucht, Tourismus
Beiname: Coyote State
Staatsmotto: Under God, the people rule (Die Menschen regieren unter Gott)
Symbole: Küchenschelle (Pasque); Jagdfasan (Chinese ringnecked pheasant); Rottanne (Black Hills spruce)
Information: In Deutschland: Rocky Mountain International, Scheidswaldstraße 73, 60385 Frankfurt/M., ✆ 0 69-44 60 02, Fax 0 69-43 96 31, auch für Denver/Colorado, Idaho, Montana und Wyoming; in den USA: South Dakota Department of Tourism, Capitol Lake Plaza, 711 E. Well Ave., Pierre, SD 57501-3369, ✆ 605-773-3301, Fax 605-773-3256
Verkehrsverbindungen: Mit dem Flugzeug nur nationale Verbindungen u. a. mit Sioux Falls und Rapid City; keine Anschluß an die Bahnlinie; mit dem Bus: ausgedehntes Netz von Greyhound und Trailways
Reisezeit: Spätes Frühjahr-Frühherbst; Durchschnittstemperaturen im Frühjahr 7, Sommer 21, Herbst 9 und Winter -4 bis -8° Celsius; Schneestürme *(blizzards)* mit arktischen Temperaturen bis Anfang April möglich
Unterkunft: Die Hotels besitzen im Vergleich zu anderen US-Staaten nur recht einfachen Standard, sind dafür aber auch preiswerter. In der gehobenen Klasse ist die Holiday Inn-Kette weit verbreitet, bei den Mittelklassenunterkünften Best Western, bei den preiswerten Super 8

Naturraum

South Dakota wird im Norden durch eine schnurgerade Linie von North Dakota getrennt. Im Osten schließt sich Minnesota und zu einem kleinen Teil Iowa an, im Süden liegt Nebraska, im Westen grenzt der Staat an Wyoming und Montana. Landschaftsprägend ist der Missouri, einer der größten Flüsse der USA, der den Staat etwa in der Mitte von Nord nach Süd durchquert. Der Strom trennt die beiden Großräume des östlichen Zentralen Tieflands vom Missouri Plateau und markiert die östliche Grenze der Inlandvereisung. So haben die Eisströme im Osten eine vielgestaltige Landschaft aus fruchtbaren Senken, Endmoränenzügen und kleinen Seen hinterlassen, während das Gelände westlich des Flusses als hügelige Ebene nach Westen allmählich bis auf 1000 m Höhe ansteigt und im Südwesten von den Black Hills überragt wird. Zu Füßen dieses Gebirges hat die Erosion die tertiären Ablagerungen ihres natürlichen Pflanzenkleids beraubt und in die bizarre Welt der kulissenhaft wirkenden *Badlands* verwandelt (s. S. 331 f.).

Kontinentale Einflüsse bestimmen das Klimageschehen, wobei von Ost nach West abnehmende Niederschläge auch hier zu einer Bevölkerungskonzentration in den östlichen Landesteilen führen, zumal die Böden durch eiszeitliche Ablagerungen in dieser Region sehr fruchtbar sind.

Farmen mit Durchschnittsgrößen von mehr als 360 ha prägen das Bild der Kulturlandschaft; nur drei Städte haben mehr als 20 000 Einwohner – sie wirken wie Fremdkörper in dieser ländlichen Region der USA, die von Mais-, Hafer-, Sonnenblumenanbau und der Viehwirtschaft lebt. Trotz der Abgeschiedenheit hat South Dakota einige sehenswerte, weit über seine Grenzen hinaus bekannte Ziele zu bieten.

Geschichte

Im Gegensatz zum südlich angrenzenden Nebraska ist die Geschichte von South Dakota seit je eng mit jener der Indianerkulturen verknüpft. Bereits um 800 n. Chr. waren die Ufer des Missouri besiedelt. Als die ersten Europäer das Land erreichten, trafen sie auf die Arikara, die sich nach anfänglichem Widerstand in den Dienst der Weißen stellten, um den Angriffen der Sioux zu entgehen. Diese hatten um 1640 von den Franzosen die ersten Feuerwaffen erhalten und sie gegen ihre Nachbarn eingesetzt, bis sie nach Übernahme des Pferdes zu den ungekrönten Herrschern der Prärie aufgestiegen waren.

Obwohl sich die Sioux mit aller Kraft gegen das Vordringen der Weißen wehrten – sie hatten erkannt, daß auf Friedensverträge kein Verlaß war –, mußten auch sie sich der militärischen Übermacht beugen. Das letzte Aufbäumen der Indianer in der Geistertanzbewegung beantwortete die Armee im Dezember 1890 mit dem Massaker von Wounded Knee.

Die französischen Gebrüder Verendrye drangen 1742 als erste Weiße bis in die Black Hills vor und nahmen das Territorium für Frankreich in Besitz. Bald darauf folgten die ersten Trapper dem Lauf des Missouri auf der Suche nach Pelztieren. Die Besiedlung begann aber erst, nachdem

Buffalo Bill mit Indianern im Pine Ridge Reservat

die USA 1804 Eigentümer des Landes geworden waren und die Lewis-und-Clark-Expedition die ersten verläßlichen Nachrichten gebracht hatte. Zunächst widersetzten sich die hier ansässigen Arikara dem Vordringen der Weißen, wurden aber 1823 in einer gemeinsamen Aktion von Soldaten, Trappern und Sioux geschlagen.

Obwohl 1831 das erste Dampfboot den Missouri hinaufsteuerte, dauerte es noch bis 1859, ehe sich mit Gründung von Yanktown eine feste Niederlassung etablierte. Die Landvergabe unter dem *Homestead Act* (vgl. S. 335) lieferte allerdings nur geringe Impulse für die Kultivierung. Der Aufschwung war wieder einmal der Eisenbahn zu verdanken, die 1870 den Staat erreichte. Goldfunde in den Black Hills lösten im Jahre 1874 einen Goldrausch aus. Auf das geheiligte Land der Sioux, das die Regierung dem Stamm vertraglich zugesichert hatte, nahmen die Glückssucher aber keine Rücksicht. Als unmittelbare Folge kam es zu einem großen Sioux-Aufstand und zur Schlacht von Little Bighorn (vgl. S. 314).

Bereits 1861 wurde Dakota, damals noch nicht in Süd und Nord aufgeteilt, zum Territorium erklärt. Als sich die Aufnahme in die Union abzuzeichnen begann, kam es zwischen den beiden Landesteilen wegen des Standorts der neuen Hauptstadt zu blutigen Auseinandersetzungen. Der Streit fand ein salomonisches Ende, indem die USA die feindlichen Brüder 1889 getrennt als North und South Dakota in die Union aufnahm.

Zeugnis des Freiheitskampfs und Symbol der Hoffnung für die Indianer mit Emotionen behaftet und Gegenstand von Konfrontationen mit der Regierung.

Der Westen von South Dakota

Die Black Hills

Die wichtigsten Sehenswürdigkeiten von South Dakota konzentrieren sich in den Black Hills, einem Gebirgszug an der Südwestecke des Staates, der bis nach Wyoming hineinreicht. Die isolierte, etwa 110 km lange und 150 km breite Bergkette erhebt sich aufgrund ihres Tannenbewuchses als dunkle Wand 1000 m über die Ebene.

Den Sioux galten die Berge als geheiligter Boden, doch erst nachdem sie zu der 1868 gegründeten *Great Sioux Reservation* gehörten. Die zähe Verteidigung der Black Hills gegen die Goldsucher hatte allerdings weniger religiöse als wirtschaftliche Motive. Die indianischen Verhandlungspartner, allen voran die Häuptlinge Red Cloud und Spotted Deer, waren sich des Reichtums der Black Hills sehr wohl bewußt und versuchten, der Regierungskommission einen möglichst hohen Preis abzuringen. Die Verhandlungen scheiterten vor allem deshalb, weil die Regierung nicht bereit war, die Forderungen von 70 Mio. Dollar zu erfüllen. Bis heute blieben die Berge der Black Hills als

Rapid City

Die mit 49 000 Einwohnern zweitgrößte Stadt des Landes ist Ausgangspunkt für den Besuch der zahlreichen Sehenswürdigkeiten in den Black Hills. Der Ort wurde 1876, zwei Jahre

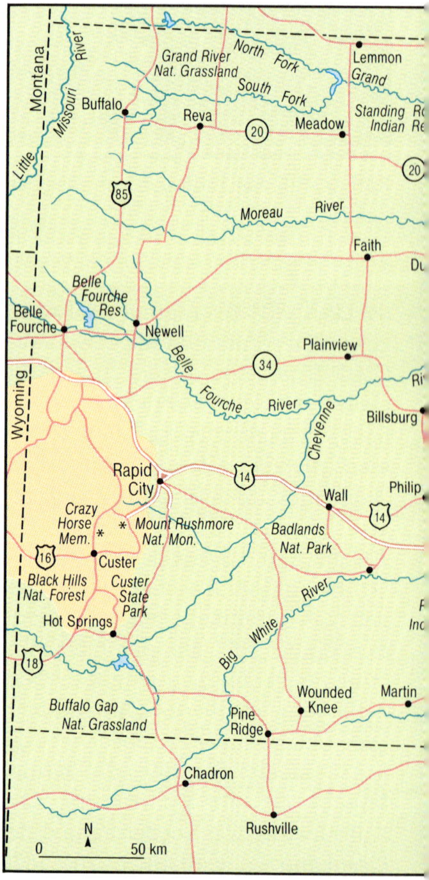

South Dakota

nach Entdeckung des ersten Goldes, gegründet. Längst hat sich der Tourismus als die neue, wesentlich leichter auszubeutende Goldader erwiesen. In der Stadt präsentiert das **Sioux Indian Museum & Crafts Center** in wechselnden Ausstellungen Arbeiten zeitgenössischer indianischer Künstler (515 W. Blvd., tägl. 9–17 Uhr, Eintritt frei). Wer die Geschichte aus Sicht der Weißen nachvollziehen will, sollte das benachbarte **Minnilusa Pioneer Museum** besuchen (tägl. 9–17 Uhr, Eintritt frei). Die übrigen Attraktionen liegen außerhalb von Rapid City.

Im Tierpark **Bear Country** (8 Meilen südl. an der US 16, Mai–Okt. tägl., 8 Uhr bis Sonnenuntergang) kann man vom Auto die in freier Wildbahn selten gewordenen Bären, Wölfe und Bisons aus nächster Nähe betrachten. Die **Black Hills Cavern** (6 Meilen südwestl. an der SR 44, Mai–Okt. tägl. 8–17 Uhr) bieten ein gutes Beispiel des von zahlreichen Höhlen durchzogenen Gebirges, können allerdings mit den Carlsbad Caverns in

New Mexico (vgl. S. 246) nicht mithalten.

Praktische Hinweise

Information: Convention & Visitors Bureau, 444 Mt. Rushmore Rd., ✆ 605-343-1744
Unterkunft: Holiday Inn – Rushmore Plaza, 505 N. Fifth St., ✆ 605-348-4000, teuer; Gold Nugget, Keystone Rte., an der US 16, ✆ 605-348-2082, mittlere Preise; Super 8, 2140 La Crosse St., ✆ 605-348-8070, mittlere Preise

Custer State Park

Ein schöner Ausflug führt 25 Meilen von Rapid City Richtung Süden auf der SR 79 bis Hermosa und von dort entlang der SR 36 nach Südwesten zum etwa 30 000 ha großen **Custer State Park.**

Der Name des Parks erinnert an den umstrittenen ›Helden‹ aus den Indianerkriegen, dessen Regiment am Little Bighorn von den Sioux vernichtend geschlagen wurde (s. S. 314). Es war auch Custer, der am French Creek durch Zufall auf Gold stieß, als er im August 1874 mit einem Trupp Soldaten den Standort für ein neues Fort sondierte.

Das Naturschutzgebiet ist berühmt für seine 1400 Tiere zählende Bisonherde, die in kleineren Trupps die Umgebung durchstreift. Während Fahrzeuge von den mächtigen, urweltlichen Tieren oft gar nicht wahrgenommen oder zumindest nicht als Bedrohung empfunden werden, kommt es unter Touristen, die sich den unberechenbaren Bisons zu Fuß nähern, immer wieder zu schweren Unfällen mit oft tödlichem Ausgang. Der Park, der über mehrere Campingplätze verfügt, ist ganzjährig geöffnet, das Visitor Center nur im Sommer. Die Schönheiten der Prärie und der Bergwelt erschließen sich Autofahrern auf drei landschaftlich reizvollen Straßen, von denen der durch mehrere enge Tunnel führende Needles Highway ganz besondere Erwähnung verdient.

Mount Rushmore National Memorial

Neben den Niagara-Fällen und dem Grand Canyon gehören die aus der Felswand gemeißelten Präsidentenköpfe zu den wohl bekanntesten ›Markenzeichen‹ der Vereinigten Staaten. Von US-Amerikanern wird das 25 Meilen südwestlich von Rapid City liegende ›Nationalheiligtum‹ als Schrein der Demokratie verehrt – Picknick und Alkoholkonsum sind hier verboten. Die Idee zu dem monumentalen Werk der Bildhauerkunst stammt vom Lokalhistoriker Doane Robinson. Gegen den anfänglichen Widerstand der Bevölkerung machte sich der Bildhauer John Gutzon de la Mothe Borglum 1927 an die Sisyphus-Arbeit. Statt mit Hammer und Meißel rückten die Arbeiter dem Granit unter Aufsicht des Künstlers mit Dynamit zu Leibe und sprengten fast 500 000 t Gestein aus der Wand. So sind denn auch die über 18 m hohen Köpfe der Präsidenten George Washington, Thomas Jefferson, Abr-

aham Lincoln und Theodore Roosevelt eher als technische Meisterleistung zu bewerten, ein Stück amerikanische Folklore.

Als der Künstler 1941 starb, trat sein Sohn die Nachfolge an, mußte aber aus Geldmangel die Arbeit kurz darauf einstellen. So blieb den Riesenbüsten bis heute der letzte Schliff versagt, was aber ihrer Beliebtheit bei Besuchern keinen Abbruch tut. Das beste Licht zum Photographieren bietet sich in den Vormittagsstunden.

Crazy Horse Memorial

Nur wenige Kilometer westlich von Mount Rushmore entsteht an der US 16 eine Monumentalskulptur noch viel größeren Ausmaßes. Der Steinmetz Korczak Ziolkowski, der bereits für Gutzon Borglum gehämmert hatte, begann hier 1947 seinen ganz persönlichen Lebenstraum zu verwirklichen und ein Abbild des Sioux-Häuptlings Crazy Horse hoch zu Roß dreidimensional aus dem Berg zu sprengen. Die geplanten Endmaße: Länge 195 m, Höhe 172 m – mehr als zehnmal so groß wie die benachbarten Präsidentenköpfe.

Ziolkowski starb 1982. Seitdem arbeiten seine Frau und seine zehn Kinder an der Vollendung oder doch wenigstens an der Fortsetzung seines Werks. Denn obwohl bereits weit mehr Material bewegt wurde als beim Mount Rushmore, zeichnen sich die Züge des Monumentalwerks nur undeutlich ab. Es wird wohl auch noch Jahrzehnte dauern, bevor der große Sioux-Häuptling glattpoliert das Black Hill-Tal überblickt – falls diese Stunde überhaupt jemals schlägt. Denn dank Mount Rushmore klingeln auch so die Kassen, unterstützt durch clevere Vermarktung von Nebenprodukten und rührigen Reklamerummel (im Sommer 6.30 Uhr bis Sonnenuntergang, sonst von 8 Uhr).

Mammoth Site

Außerhalb der Ortschaft Hot Springs am südlichen Rand der Black Hills stießen Paläontologen auf die größte Ansammlung prähistorischer Skelette in der westlichen Hemisphäre,

Badlands National Park

die nur noch von sibirischen Fundorten übertroffen wird. Hunderte von Großsäugern, darunter Mammuts, Bären und Kamele, versanken hier vor etwa 26 000 Jahren am Rande eines Tümpels im Schlamm; Sedimente überdeckten und konservierten die Kadaver. Bisher sind die Reste von 43 Mammuts freigelegt. Das Museum zeigt sie so, wie man sie fand (Fundstelle und Museum im Sommer Mo–Fr 8–20, Sa, So 9–17 Uhr, sonst nur auf Anfrage, ✆ 605-745-6017).

Badlands National Park

Das 1978 gegründete und fast 1000 km^2 große Naturschutzgebiet etwa 60 Meilen südöstlich von Rapid City ist über die I-90 erreichbar, der man bis Wall folgt, um dann nach Süden auf die SR 240 zum Park abzubiegen. Die Kräfte der Erosion schufen in Jahrmillionen aus dem einst flachen Steppenboden die bizarren Formen der Badlands, einer gebirgsartigen, zerklüfteten Landschaft aus weichem Tuffgestein und Sedimenten urzeitlicher Flüsse.

Trotz der Lebensfeindlichkeit zog die Region seit über 12 000 Jahren Menschen an. Mammutjäger fanden hier ein bevorzugtes Jagdgebiet, in dem sich die gewaltigen Tiere leichter in die Enge treiben und erlegen ließen als auf den weiten Ebenen. Im 18. Jh. begaben sich die Indianer in den Schutz der unübersichtlichen Canyons, die von den ersten französischen Trappern als *les mauvaises terres à traverser* bezeichnet wurden. Die Amerikaner übernahmen den Begriff als Badlands in ihren Sprachschatz, wo er auch als Bezeichnung für zerklüftete Erosionslandschaften Eingang fand.

Die Badlands waren Ausgangspunkt des letzten verzweifelten Aufbäumens der Indianer gegen die Herrschaft der Weißen. Von Nevada ausgehend, hatte in den 80er Jahren die ›Geistertanzbewegung‹ auch unter den Sioux in Dakota viele Anhänger gefunden. Die visionäre, von christlichem Gedankengut geprägte Heilslehre kündigte das Nahen einer neuen Friedenszeit an, in der die Indianer wieder nach ihren alten Traditionen auf eigenem Boden leben wür-

Badlands National Park

den. Die Weißen hätten die Botschaft Christi nicht verstanden, nun würde der Messias den Indianern erscheinen und ewigen Frieden bringen.

Im Mittelpunkt der kultischen Handlungen stand der ›Geistertanz‹, durch den sich die Indianer in einen Trancezustand versetzten, um mit den Ahnen Kontakt aufzunehmen. Nachdem Soldaten der US-Armee die Geistertänzer im Dezember 1890 in der Sioux-Reservation verhaftet und dabei den Häuptling Sitting Bull erschossen hatten, flüchteten die Überlebenden in die Badlands, wo sie 14 Tage später im Massaker von Wounded Knee niedergemacht wurden (dieser heute als *Historical Site* ausgewiesene Platz am gleichnamigen Fluß liegt südlich der Badlands, erreichbar über die US 18).

Der Park, der in drei Teile gegliedert ist – North Unit, South Unit und Palmer Creek Unit –, verfügt über zwei Besucherzentren, das Cedar Pass Center (Juni–August 7–20, sonst 8–16.30 Uhr) und das White River Visitor Center (Juni–August tägl. 9–17 Uhr).

Einen guten Blick auf die Formationen hat man bereits kurz hinter der Einfahrt in die North Unit vom Big Badlands Overlook. Bevor man das Ben Reifel Visitor Center erreicht, hat man Gelegenheit, auf kurzen Fußwegen in die zerklüftete Wildnis vorzudringen. Einer der lohnendsten Ausflüge ist der Abstecher zum Sheep Mountain Table. Der etwa 10 km lange Weg, der von der Verbindungsstraße zur South Unit abzweigt, ist zwar nicht asphaltiert, aber leicht befahrbar. Am Ende der Piste bietet sich ein großartiger Panoramablick, vor allem am späten Nachmittag bei tiefstehender Sonne. Ansonsten sind die South und Palmer Units nur mit geländegängigen Autos befahrbar. Wie in alten Zeiten durchstreifen heute wieder größere Bisonherden das Naturschutzgebiet und vermitteln so ein unverfälschtes Bild amerikanischer Prärielandschaft aus der Zeit vor der Landnahme durch Weiße.

Ein Kuriosum ist **Wall** am Eingang des Nationalparks, das 1907 als Bahnstation der Chicago & North Western Railroad entstand. Hauptanziehungspunkt der nur 770 Einwohner zählenden Ortschaft ist der riesige Wall Drug Store, der nicht nur 23 Geschäfte und Cafés unter seinem Dach vereint, sondern auch ein Gotteshaus, einen 25 m hohen Dinosaurier und ein Cowboy-Orchester. Dem Einkaufskomplex gegenüber verewigt das Wild West Historical Wax Museum die Größen des Wilden Westens von Jesse James bis John Wayne (Mai–Okt. tägl. 8–22 Uhr).

Praktische Hinweise

Unterkunft: Cedar Pass Lodge, im Badlands National Park nahe dem Nordeingang, ✆ 605-433-5460, preiswert, Mitte April–Mitte Okt.; weitere Unterkünfte in Interior am Parkeingang, Badlands Inn, 1 Meile südl. des Visitor Center an der SR 377, preiswert; **in Wall:** Best Western Plains Motel, 712 Glenn St., ✆ 605-279-2145; Elk Motel, S. Blvd., ✆ 605-279-2145, Kings Inn, 608 Main St., ✆ 605-279-2178, alle mittlere Preise

Camping: Zwei einfache Plätze im Park, Cedar Pass und Sage Creek

Besonderheiten: Vorsicht ist vor Klapperschlangen und Bisons geboten

Steckbrief

NEBRASKA

Postalisches Kürzel: NE
Größe: 200 017 km^2, 56 % der Fläche der BRD
Hauptstadt: Lincoln, 192 000 Einwohner
Bevölkerung: 1,6 Mio., überwiegend Weiße
Wirtschaft: Mais- und Getreideanbau, Viehzucht
Beiname: Cornhusker State (Maisschälerstaat)
Staatsmotto: Equality before the Law (Gleichheit vor dem Gesetz)
Symbole: Goldrute (Goldenrod); Wiesenstärling (Western meadowlark); Amerikanische Pappel (Cottonwood)
Information: Nebraska Travel und Tourism Division. P.O. Box 94666, 301 Centennial Mall South, Lincoln, NE 68509, ✆ 402-471-3794, Fax 402-471-3778
Verkehrsverbindungen: Mit dem Flugzeug nur nationale Verbindungen mit Omaha und Lincoln; mit der Eisenbahn: Durch Nebraska verläuft die Amtrak-Hauptroute Chicago–Salt Lake City. Von Omaha besteht eine Verbindung mit Kansas City und St. Louis; mit dem Bus: Ausgedehntes Greyhound-Netz
Reisezeit: Spätes Frühjahr–Herbst. Durchschnittstemperaturen im Frühjahr 10, Sommer 24, Herbst 12 und Winter -4° Celsius; Kaltlufteinbrüche mit Schneestürmen *(blizzards)* und arktischen Temperaturen bis Anfang April möglich
Unterkunft: Nebraska gehört zu den preiswerten Regionen der USA. Verbreitet sind auch hier die Motels der Ketten Best Western Inn, Super 8 und Days Inn

Naturraum

Nebraska hat im Norden South Dakota zum Nachbarn, im Osten bildet der Missouri die Grenze zu Iowa, im Süden stößt es an Kansas, im Westen an Wyoming und Colorado.

Der Staat liegt im Herzen der Great Plains und zeigt dementsprechend eine nur flach gewellte, wenig abwechslungsreiche Oberfläche. Richtung Rocky Mountains steigt das Land unmerklich an, um in die High Plains einzumünden. Als größter Fluß durchzieht der Platte River den Staat in seiner gesamten Länge.

Der Osten und Südosten mit fruchtbaren Lößböden bildet einen großen Teil der US-amerikanischen Kornkammer, die sich im Sommer in ein schier uferloses Meer wogender Ähren verwandelt. Nach Westen gehen die Getreidefelder allmählich in Weideflächen über, machen sich Trockenheit und sandige Böden langsam bemerkbar und erlauben nur noch eine beschränkte landwirtschaftliche Nutzung mit künstlicher Bewässerung.

Weit entfernt von jedweder Küste ist der Staat dem harten Wechsel des Kontinentalklimas mit glühend heißen Sommern und eisig kalten Wintern ausgesetzt. Zudem unterliegt die Region schutzlos dem Wechselspiel subtropischer und subpolarer Luftmassen, die immer wieder zu Temperatursprüngen führen und im Winterhalbjahr die gefürchteten *blizzards* auslösen, verheerende Schneestürme, die das Leben im Staat in wenigen Stunden lahmlegen können.

Vor allem im nordwestlichen Bereich gehört Nebraska zu den strukturschwachen Regionen der USA. Obwohl der Staat fast dreimal so groß ist wie Bayern, zählt er nur sieben Städte mit mehr als 20 000 Einwohnern, und im Gegensatz zu den meisten anderen Regionen der USA hat sich die Bevölkerungszahl zwischen 1980 und 1990 kaum erhöht.

Eine Fahrt durch Nebraska bedeutet – durchaus im positiven Sinn – eine Reise in die Einsamkeit, vor allem, wenn man die monotone Hauptroute I-80 verläßt und das Land auf Nebenstraßen erkundet. Man wird auf riesige Farmen stoßen, endlose, eingezäunte Weiden, gelegentlich eine Bahnstation, turmhohe Getreidesilos und winzige Ortschaften, in denen die Uhren vor 30 Jahren stehengeblieben zu sein scheinen. Noch immer haftet an Nebraska etwas von jener *Great American Desert* aus den Tagen an, als sich die Ochsenkarren der Pioniere durch die Prärien Richtung Westen kämpften.

Geschichte

Frankreich und Spanien hatten zwar Anspruch auf das Territorium des heutigen Nebraska geltend gemacht, aber nur wenige Weiße fanden vor dem 19. Jh. den Weg in diese abgelegene und lebensfeindliche Region. Als erste drangen die Franzosen Jacques Marquette und Louis Jolliet 1673 von Kanada bis in die Grasländer vor, gefolgt von einer spanischen Expedition im Jahre 1820. Aber diese Erkundungen zogen weder Missionsgründungen noch Siedlungen nach sich. Bevor Indianer Pferde von den Spaniern erhalten hatten, waren die Prärien menschenleer und wenig einladend.

Selbst als das Gebiet 1803 durch den *Louisiana Purchase* an die USA fiel und nun erstmals genauer in Augenschein genommen wurde, war das Urteil nicht günstiger. *Great American Desert* tauften die Kundschafter die Region und hielten sie als Siedlungsgebiet für ungeeignet. Allein die Bisonjäger, darunter auch Buffalo Bill Cody, folgten den riesigen Tierherden und dezimierten sie bis zur Ausrottung.

Werbung für die Union Pacific

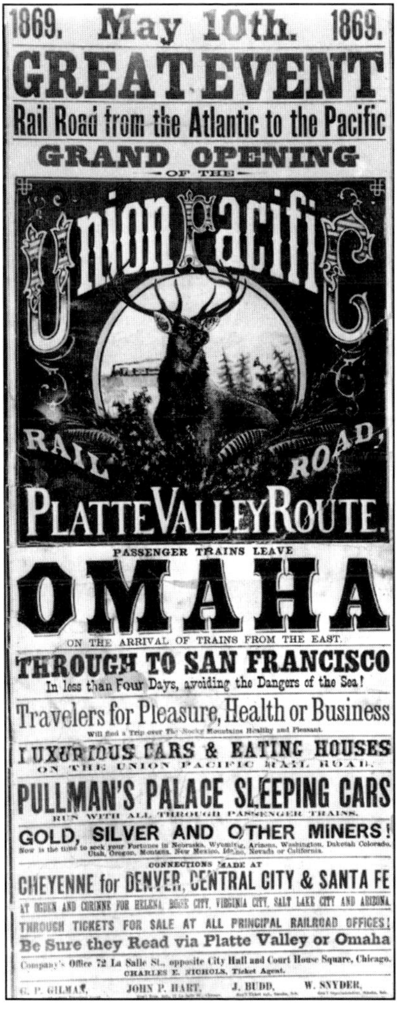

Erst nach 1840 schenkte man dem Land etwas mehr Beachtung, da sich der Platte-Fluß als natürliche Leitlinie für die Überlandverbindungen anbot. Entlang der Route, die als Oregon Trail in die Geschichte des Westens einging, entstanden die ersten Handelsposten und Forts als Vorboten raumgreifender Besiedlung. Mit dem benachbarten Kansas erhielt Nebraska 1854 den Status eines Territoriums. Die schnurgerade Grenze zu Kansas soll der Legende zufolge ein gewisser Febold Feboldson gezogen haben, der Münchhausen der Plains. Nach jahrelangen Versuchen sei ihm die Kreuzung zwischen Adler und Biene gelungen, die in einem adlergroßen Insekt ihren krönenden Abschluß fand. Eines dieser Tiere spannte er vor den Pflug und schuf mit einer schnurgeraden Linie die noch heute als *beeline* bekannte Grenze.

Die Besiedlung von Nebraska kam erst in Schwung, als die Eisenbahn den Staat erreichte und die Regierung mit dem *Homestead Act* großzügig Land vergab. Danach erhielten Neusiedler, sofern sie sich einige Jahre lang zur Kultivierung des Bodens verpflichteten, für geringes Entgelt Land zugeteilt.

Heuschreckenschwärme, Trokkenheit und wiederholte Tornados bedrohten jedoch fortwährend die Existenz der Farmer. Die Unsachgemäße Kultivierung tat ein übriges und führte in Verbindung mit anhaltender Dürre zur Aufgabe vieler Farmen. Trockenheiße Winde trugen die Bodenkrume über Hunderte von

Meilen und hinterließen die *Great Dustbowl* (große Staubschüssel). Zu leichtfertig hatten die Menschen in das Ökosystem eingegriffen und die schützende Grasnarbe der Prärien untergepflügt. Erst durch die Entwicklung des sogenannten *dry farming*, einer Anbaumethode, die den geringen Niederschlägen und der Gefahr der Winderosion Rechnung trägt, konnte die Region erneut landwirtschaftlich genutzt werden.

Schrittweise begann man mit Bewässerung, bei der man ein Tiefenwasser-Reservoir der Ogallala Aquifer Area nutzen kann. So wird Nebraska heute hinsichtlich der bewässerten Anbaufläche nur noch von Kalifornien übertroffen. Dennoch macht sich in dem von der Agrarwirtschaft geprägten Staat die derzeitige Krise der amerikanischen Landwirtschaft besonders deutlich bemerkbar. Sinkende Exporterlöse und zunehmende Verschuldung haben auch hier zur Aufgabe zahlreicher Betriebe geführt.

Der Osten von Nebraska

Verglichen mit den anderen Staaten des Westens, nehmen sich die Sehenswürdigkeiten in Nebraska bescheiden aus. Gleichwohl hinterläßt die Fahrt durch den Plains-Staat einen nachhaltigen Eindruck vom ländlichen Amerika ohne Glanz und Glamour. Dazu sollte man statt der I-80 die SR 2 benutzen, die von Grand Island zur Nordwestecke des Staates führt und als schönste Straße in Nebraska gilt, oder wenigstens die sehr viel kürzere SR 26 von Ogallala nach Scottsbluff, die dem historischen Oregon Trail folgt.

Aufgrund der besseren klimatischen Bedingungen konzentriert sich die Besiedlung bis heute auf den Osten des Staats beiderseits des Platte River. Vor der Kultivierung durch weiße Zuwanderer war der Boden mit Langgrassteppe bedeckt, die allerdings vollständig der Rodung zum Opfer fiel.

Omaha

Die weitaus größte Stadt des Landes (335 000 Einwohner) verdankt sowohl ihren indianischen Namen ›Über allen anderen am Strom‹ wie auch ihre wirtschaftliche Bedeutung der Lage am Westufer des Missouri. Lange Zeit bildete die Siedlung einen vorgeschobenen Posten der Zivilisation, an dem sich Goldsucher und Pioniere für ihre gefährliche Reise nach Westen ausrüsteten.

Nachdem 1854 die dort lebenden Omaha das Westufer aufgegeben hatten, ließen sich zahlreiche Neusiedler in der Umgebung nieder, um von dem aufstrebenden Verkehrsknotenpunkt zu profitieren, zumal er der Verwaltungssitz des im gleichen Jahr neu geschaffenen Territoriums wurde. Am 2. 12. 1863 erfolgte auf Anregung von Präsident Lincoln in Omaha der erste Spatenstich zum Bau der Union Pacific-Bahnlinie, die Ost- und Westküste miteinander verbinden sollte. Bis heute hat Omaha seine Stellung als wichtigster Umschlagplatz für Getreide und größter Viehmarkt des Staates beibehalten, ergänzt durch Dienstleistungsbe-

Blick auf Omaha

triebe, die vom nahe gelegenen Strategischen Bomberkommando (Strategic Air Command) profitieren.

Omahas Sehenswürdigkeiten halten sich in Grenzen. Lohnend ist der Besuch des historischen Stadtteils **Old Market** mit Galerien, Kneipen und Boutiquen. Fußmüde Touristen können das Bähnchen Ollie the Trolley für eine kleine Rundfahrt durch diesen Bezirk benutzen. Einen Blick in die große Zeit der Eisenbahn ermöglicht das **Union Pacific Historical Museum** (im Hauptgebäude der Union Pacific, 1416 Dodge St., Mo–Fr 9–17, Sa bis 13 Uhr). Die Indianergemälde des Schweizer Malers Karl Bodmer, der 1833 die Expedition des Prinzen Maximilian zu Wied begleitete und dokumentierte, sind die Prunkstücke des **Joslyn Art Museum** einige Häuser weiter (2200 Dodge St., Di–So 10–17, So ab 13, Do bis 19 Uhr).

Am Ufer des Missouri sind zwei alte Kriegsschiffe, das Minensuchboot »Hazard« und das U-Boot »Marlin«, beides Veteranen aus dem Zweiten Weltkrieg, zur Besichtigung freigegeben (April–Okt. tägl. 13 Uhr bis Sonnenuntergang).

Praktische Hinweise

Information: Greater Omaha Convention and Visitors Bureau, 1819 Farnam St., 402-444-4660, Mo–Fr 8–17 Uhr
Unterkunft: Days Inn Downtown, 3001 Chicago, 402-345-2222, zentral, gehobene Preise; Best Western Immanuel Plaza, 6901 N. 72nd St., 402-571-6161, mittlere Preise; Satellite Motel, 6006 L St., 402-733-7373, preiswert
Camping: Glen Cunningham Recreation Area, 90th St.; Dodge Memorial Park, 7 Meilen nördl. von Omaha, 11000 N. River Dr.; West Omaha KOA,

14601 Hwy 6, ✆ 402-332-3010, 1. 4. bis 15. 11.
Veranstaltungen: River City Round Up, Ende Sept., Umzüge, Festveranstaltungen; World's Championship Rodeo, Ende Sept.

Lincoln und Umgebung

Eine amerikanische Stadt mit Regierungssitz weist selten zugleich die größte Einwohnerzahl im Staat vor. So nimmt auch Lincoln mit 172 000 Einwohnern hinter Omaha nur den zweiten Rang ein. Als sich Nebraska 1867 der Union anschloß, fiel die Wahl der Metropole nach heftigen Auseinandersetzungen mit Omaha auf den Ort Lancaster, der damals nur 30 Bewohner zählte. Aus Dankbarkeit dem Präsidenten gegenüber erhielt die neue Hauptstadt den Namen Lincoln, konnte sich ihr Recht aber nur sichern, nachdem in einer Nacht-und-Nebel-Aktion die Staatsdokumente von Omaha abtransportiert wurden, das bis dahin Verwaltungszentrum des Territoriums war. Dennoch erwies sich der Weg zur Festigung des Anspruchs als lang und beschwerlich. Eine Heuschreckeninvasion entmutigte die Bewohner ebenso wie das 1870 kursierende Gerücht, der Regierungssitz solle zurück nach Omaha verlegt werden. Erst in den 80er Jahren vermochte Lincoln den Staub und die Provinzialität abzu-

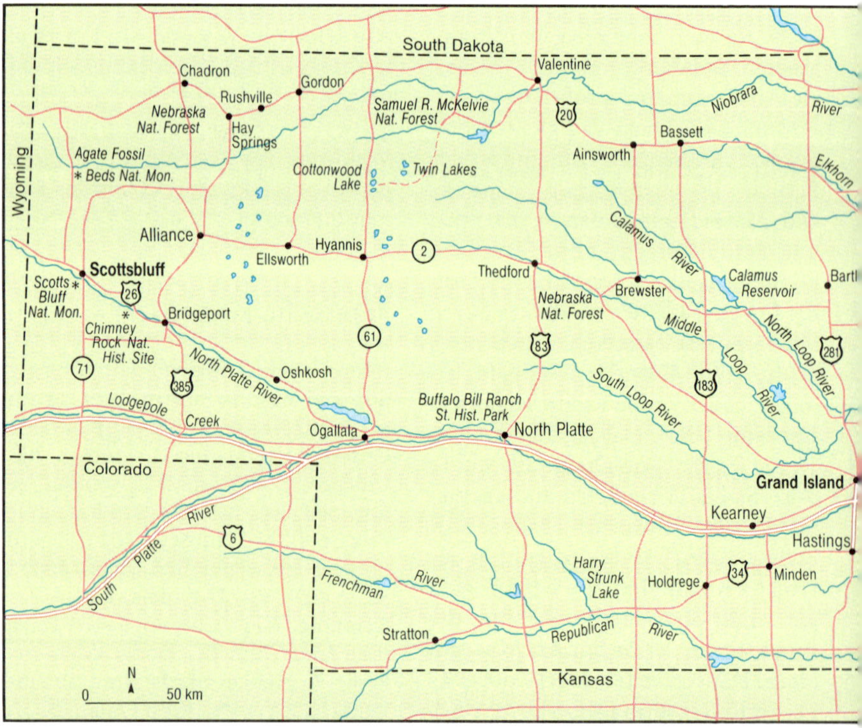

schütteln und sich zum modernen Verwaltungszentrum zu entwickeln.

Für Durchreisende lohnt allenfalls ein kurzer Blick auf das erst in den 20er Jahren errichtete **Kapitol** (Mo–Fr 9–16, Sa 10–16, So 13–16 Uhr), dessen Fertigstellung wegen Geldmangels zehn Jahre auf sich warten ließ. Mit seinem hoch hinaufragenden Turm weicht es beträchtlich von dem üblichen Vorbild in Washington D.C. ab. Im **Museum of Nebraska History** (15th/P Sts, tägl. Mo–Sa 9–17, So ab 13.30 Uhr) kann man einen Streifzug durch die Geschichte des Staates machen, und in der **American Historical Society of Germans from Russia** sich über die Zuwanderung von Rußlanddeutschen informieren (631 D St., tägl. außer So), deren Niederlassungen auf mennonitische Bauern aus Rußland im Jahre 1874 zurückgehen.

Praktische Hinweise

Information: Convention and Visitors Bureau, 1221 N. St., ✆ 402-476-7511, Mo–Fr 8–17 Uhr

Unterkunft: Cornhusker Hotel, 333 S. 13th St., ✆ 402-474-7474, zentral, teuer; Best Western Villager Motor Inn, 5200 W. O St., ✆ 402-464-9111, mittlere Preise; Super 8 Motel, 2635 W. O St., ✆ 402-476-8887, preiswert; Cornerstone Youth Hostel, 640 N. 16th St., ✆ 402-476-0355/0926

Staatliche Campingplätze: Pawnee Lake, 7 Meilen nordwestl. von Lincoln an der US 60; Stagecoach, 9 Meilen südl. bei Hickman nahe US 77

Mit dem 1862 verabschiedeten *Homestead Act* versuchte die Regierung in Washington mit großem Erfolg, das menschenleere Neuland, das ihr durch den *Louisiana Purchase* zugefallen war, möglichst gerecht zu verteilen und nicht reichen Großgrundbesitzern zu überlassen. Jeder siedlungswillige Pionier erhielt gegen eine nominelle Gebühr 160 Acres (64,8 ha) zugeteilt. Gleichzeitig verpflichtete er sich, das Land mindestens fünf Jahre lang zu bearbeiten. Aufgrund des hohen Ernterisikos bei Weizen erwiesen sich die Flächen jedoch schon bald als zu klein und wurden zweimal verdoppelt.

Das **Homestead National Monument,** die Gedenkstätte für Pioniersiedler, etwa 40 Meilen südlich von Lincoln dokumentiert in eindrucksvoller Weise die Mühsal, mit der die ersten Farmer den Prärieboden unter den Pflug nahmen. Das Freilichtmuseum liegt auf dem Besitz, den Daniel Freeman 1862 als erster *Homesteader* nach dem neuen Gesetz erhalten hatte. Auf dem Gelände befinden sich eine einfache Holzhütte, wie sie jeder Pionier der ersten Stunde sofort nach Ankunft baute, um die kalten Winter zu überstehen, sowie eine Schule aus dem Jahre 1872 (tägl. bis Sonnenuntergang).

Einen lebendigen Einblick in den Verlauf der technischen Revolution in den USA vermittelt das Freilichtmuseum Harold Warp Pioneer Village im 2800 Einwohner zählenden **Minden,** das Mitte des 19. Jh. von einem Bürger der gleichnamigen deutschen Stadt gegründet worden war. Man erreicht die gut 150 Meilen westlich von Lincoln liegende Ortschaft über die I-80 und die US 6. Neben der Demonstration traditioneller Handwerksarbeiten werden über 350 Autos, 100 restaurierte Traktoren und 20 Flugzeuge gezeigt, dazu 26 Gebäude vom Fort über die Poststation des Pony Express bis zum Farmhaus und der ersten Kirche von Minden.

Wer den Weg nach Minden gefunden hat, sollte keineswegs den Abstecher in die Ortschaft **Holdrege** (5700 Einwohner) versäumen, um dem Phelps County Historical Society Museum einen Besuch abzustatten (Mo bis Sa 10–17, So ab 13 Uhr). Neben den üblichen Relikten früher Pioniertage widmet sich eine Abteilung des Museums auch den vielen deutschen Kriegsgefangenen *(Prisoners of War),* die während des Zweiten Weltkriegs in Nebraska interniert waren und einen wesentlichen Anteil an der wirtschaftlichen Entwicklung der Region hatten.

Das Hauptcamp in der Nähe der Ortschaft Atlanta sieben Meilen südwestlich von Holdrege beherbergte zwischen 1943 und der Schließung 1946 über 100 000 Kriegsgefangene. Es galt als das friedlichste in den USA und hatte keinen einzigen Fluchtversuch zu verzeichnen. Bis auf den Schornstein der ehemaligen Bäckerei blieb von den einst 70 Gebäuden allerdings nichts mehr erhalten. Obwohl die Gefangenen nicht zur Arbeit gezwungen wurden, betätigten sich die meisten gegen ein geringes Taschengeld in der Landwirtschaft und beim Bau von Bewässerungsanlagen. Einige kehrten sogar nach ihrer Freilassung zurück und wurden amerikanische Staatsbürger. Kleinere Gefangenenlager befanden sich auch in Grand Island, Ogallala, Hastings und Lexington.

Die etwa 100 Meilen westlich von Lincoln liegende Kleinstadt **Grand Island** (40 000 Einwohner) wurde 1850 von einigen Grundstücksspekulanten aus dem Osten am Nordufer des Platte-Flusses in Höhe einer großen Insel gegründet, deren französischen Namen sie übernahm. Die Siedler hofften, die Eisenbahn würde durch ihre Stadt hindurchführen und ihnen einen gewaltigen Gewinn sichern. Die Union Pacific schlug jedoch aus genau diesem Grund einen großen Bogen und baute 1866 den Bahnhof 5 Meilen nördlich von Grand Island. So mußte der Ort 1869 notgedrungen zur Bahnstrecke umziehen. Als einer der aktivsten Bürger erwies sich der deutsche Zuwanderer Wilhelm Stolle

Farmland in Nebraska

(William Stolley), der große Anstrengungen unternahm, die Prärie mit Bäumen zu bepflanzen und durch den Bau eines Forts gegen Indianerüberfälle zu sichern.

Zwei Attraktionen zeichnen die Stadt aus: Das auf einer Insel liegende Freilichtmuseum *Stuhr Museum of the Prairie Pioneer* ist der Besiedlung von Nebraska gewidmet und verhilft mit 50 alten Gebäuden – unter anderem dem Geburtshaus des Schauspielers Henry Ford – einer Eisenbahnstadt aus dem vergangenen Jahrhundert zu neuem Leben. Über das 80 ha große Gelände fährt ein historischer Zug (Mai–Okt. tägl. 9–18 Uhr). Mit etwas Glück kann man Kraniche beobachten, die auf ihrem jährlichen Zug von Mexiko und Kalifornien ins nördliche Kanada im Mormon Island Preserve zusammen mit Enten und Wildgänsen Station machen. Das Spektakel erstreckt sich über etwa sechs Wochen von April bis in den Mai. Besuch nur nach Anmeldung (im Visitors Bureau) in Begleitung eines Rangers.

Praktische Hinweise

Information: Hall County Convention & Visitors Bureau, P.O. Box 1486, Tel. 308-532-4966

Unterkunft: Holiday Inn Midtown, 2503 S. Locust St., ✆ 308-384-1330, mittlere Preise; Best Western Island Inn, 2311 S. Locust St., ✆ 308-382-1815, preiswert

Der Westen von Nebraska

Der Westen des Staates gehört den weiten Prärien, den Cowboys und Rinderherden. Verfestigte ehemalige Sanddünen, die sogenannten Sand

Hills, und Kurzgrassteppen bestimmen das Bild der Landschaft. Aufgrund des trockenen Klimas und der überwiegend sandigen Böden ist Landwirtschaft nur mit künstlicher Bewässerung an einigen Standorten möglich.

North Platte

Die 23 000 Einwohner zählende Stadt am Zusammenfluß zwischen North Platte- und South Platte River ging aus Fort McPherson hervor, das die Siedlertrecks auf dem Oregon Trail schützen sollte. Der berühmteste Sohn der Stadt, Bill Cody, verdiente sich seinen Beinamen ›Buffalo‹, als er die Arbeiter der Kansas-Pacific-Eisenbahn mit Bisonfleisch versorgte. Seine Karriere reichte vom einfachen Ochsentreiber bis zum schillernden Medienstar, der Ende des 19. Jh. die ganze Welt mit seiner Wildwest-Show faszinierte (s. S. 343). Die erste Vorführung fand in North Platte statt, als Bill Cody, der seit einigen Jahren dort lebte, ein Fest zum Nationalfeiertag ausrichtete. Bis heute stets am gleichen Tag begangen, läutet der *blowout* die Rodeo-Saison in den USA ein.

Die in einem Park liegenden Gebäude von Buffalo Bills Ranch, Scout's Rest, 1886 zur Zeit der größten Erfolge der Wildwest Show errichtet, wurden 1965 unter Denkmalschutz gestellt (Mo–Fr 9–15, Sa und So ab 13 Uhr). Wohnhaus und Stallungen sind mit unzähligen Erinnerungsstücken an das abenteuerliche Leben des Westernhelden angefüllt. Cody verdiente Unsummen, gab das Geld aber auch mit vollen Händen für allerlei mehr oder weniger sinnvolle Projekte wieder aus. Unter anderem gründete er die nach ihm benannte Ortschaft in Wyoming (s. S. 288). Drei Tage vor seinem 71. Geburtstag starb er in Denver, wo er auch begraben liegt.

Buffalo Bills Ranch in North Platte

Die Bedeutung von North Platte als eines der größten Eisenbahndepots findet seinen Niederschlag in einer Sammlung im Cody Park, die außer historischen Wagen auch die größte Dampflok der USA zeigt, die berühmte 534 t schwere Mallet-Gelenklokomotive aus dem Jahre 1941.

Praktische Hinweise

Information: North Platte/Lincoln County Convention & Visitors Bureau, 502 S. Dewey, ✆ 308 532 4966
Unterkunft: Stockmann Inn, 1402 S. Jefferson, ✆ 308-534-3630, mittlere Preise; Far West, 321 S. Dewey, ✆ 308-532-8130, preiswert
Camping: West Hershey, 14 Meilen westl. bei Hershey, staatlich; Sunset Mobile Park, 3210 Rodeo Rd., privat
Veranstaltungen: Nebraskaland Days, Mitte Juni, Umzüge, Rodeos

Chimney Rock National Historic Site

Die am Ufer des North Platte River abseits der US 92 steil in den Himmel ragende Felsnadel liegt 150 Meilen nordwestlich von North Platte. Ihrem Namen, Schornsteinfelsen, macht sie alle Ehre, diente sie doch den nach

Westen rumpelnden Planwagentrecks lange Jahre als Orientierungspunkt, der das Ende der eintönigen Prärien markierte, aber auch den Beginn der schwierigen Bergstrecke durch die Rocky Mountains ankündigte. Als erste hatten Trapper die weithin sichtbare, 180 m hohe Spitze auf ihren Streifzügen um 1814 zu Gesicht bekommen. Ihre Entstehung verdankt die Felsnadel einer harten Sandsteindecke, die das darunterliegende weichere Gestein vor der Erosion bewahrte, während die umliegenden Formationen längst abgetragen wurden. Der Platz hat keine touristischen Einrichtungen; Vorsicht vor Klapperschlangen. Erläuterungen zur Geschichte findet man im Scotts Bluff National Monument.

Chimney Rock, Nebraska

Scotts Bluff National Monument

In dem historischen Park am North Platte River, unweit der Grenze zu Wyoming, hinterließen die Pioniere des Oregon Trail ihre deutlichsten Zeichen (ganzjährig 8–17 Uhr). Tief eingefurcht haben sich die Spuren der ›Prärieschoner‹, jener legendären Planwagen, ohne die noch heute kein Western auskommt. Ihre Prototypen, nach einem Indianerstamm des Ostens *Conestoga* genannt, gehen auf eine Entwicklung der Herrnhuter aus dem 18. Jh. zurück und hatten die in Deutschland gebräuchlichen Frachtwagen jener Zeit als Vorbild.

Scotts Bluff, benannt nach einem Pionier, der hier sein Leben aushauchte, wurde von den Indianern treffend als *me-a-pa-te* bezeichnet, als schwer zu umgehender Hügel. Und in der Tat mußten die Wagen hier die Ebene über einen steilen Anstieg verlassen, ehe sie nach Überwindung des Mitchell Pass weiter westwärts rollen konnten. Die jäh abfallenden, bis zu 150 m hohen Sandsteinformationen gehören zu Ausläufern der Wildcat Range, die sich von Colorado herüberzieht; eine harte Deckschicht hat auch hier die Erosion verhindert. Heute durchquert die US 92 den Park. Auf einer gebührenpflichtigen Stichstraße kann man durch drei Tunnel zur Oberkante hinauffahren und die schöne Aussicht genießen. Auf dem Gelände sind auch noch die Wagenspuren zu sehen, ergänzt durch eine detailgetreue Dokumentation des Oregon Trail, der bis zur Fertigstellung der Eisenbahn die wichtigste Landverbindung zwischen Ost- und Westküste war und sich weiter westlich in mehrere Arme auf-

Scotts Bluff

gliederte, darunter der California Trail und der Mormon Trail.

Praktische Hinweise

Unterkunft: In Scottsbluff: Candlelight Inn, 1822 E. 20th Pl., ✆ 308-635-3751, mittlere Preise; Capri Motel, 2424 Ave. 1, ✆ 308-635-2057, preiswert
Camping: Riverside Campground, 1 Meile westl. von Scottsbluff am South Belt Line Hwy, staatlich; KOA Campground, 3 Meilen westl. von Scottsbluff an der US 26, privat

Agate Fossil Beds National Monument

Die reiche, 35 Meilen nördlich von Scottsbluff liegende Fundstätte fossiler Lebewesen aus dem Miozän (vor 19 Mio. Jahren) ist seit 1878 bekannt. Eingebettet in Sedimente des Niobrara River, der noch immer das Gelände durchfließt, sich allerdings inzwischen 60 m tief in das Land eingegraben hat, findet man die gut erhaltenen Relikte der prähistorischen Fauna. Der Name geht auf Achatfunde in benachbarten Felsformationen zurück. Am häufigsten fanden sich Skelette des kleinen zweihörnigen Nashorns Menoceras, aber auch solche des Dinohyus, wegen seiner langen, furchterregenden Hauer und seiner Größe auch ›schreckliches Schwein‹ genannt.

Die Hauptfundstelle (Visitor Center im Sommer 8–17 Uhr) soll nach dem Vorbild des Dinosaur National Monument in Colorado (s. S. 256) abgetragen werden, so daß Besucher einen Überblick über die gesamte Anlage erhalten.

Steckbrief

KANSAS

Postalisches Kürzel: KS
Größe: 213 063 km^2, 60 % der Fläche der BRD
Hauptstadt: Topeka, 120 000 Einwohner
Bevölkerung: 2,5 Mio, überwiegend Weiße
Wirtschaft: Weizen, Agrarindustrie, Erdöl und Erdgas
Beiname: Sunflower State (Sonnenblumenstaat)
Staatsmotto: Ad Astra per Aspera (über rauhe Pfade zu den Sternen)
Symbole: Sonnenblume (Sunflower); Bison (Buffalo), Wiesenstärling (Western Meadowlark), Pappel (Cottonwood)
Information: Kansas Travel and Tourism Division, 400 S.W. 8th St., Topeka, KS 66603-3957, ✆ 913-296-2009; Fax 913-296-5055
Verkehrsverbindungen: Mit dem Flugzeug nationale Verbindungen u. a. mit Topeka und Wichita, der größte Flughafen des Staates befindet sich in Kansas City; mit der Eisenbahn: Die Hauptroute Chicago – Los Angeles (Southwest Chief) verläuft mitten durch den Staat. Bahnhöfe befinden sich u. a. in Topeka und Dodge City; mit dem Bus: Ausgedehntes Greyhound Netz
Reisezeit: Spätes Frühjahr – Herbst. Durchschnittstemperatur im Frühjahr 12, Sommer 25, Herbst 13 und Winter 0° Celsius; Kaltlufteinbrüche mit Schneestürmen *(blizzards)* und arktischen Temperaturen bis Anfang April möglich; Tornadozeit April–Juni
Unterkunft: Zahlreiche Unterkünfte aller Kategorien, preiswerter als in den meisten anderen US-Staaten: Die Ketten von Best Western, Days Inn (mittlere Preislage) und Super 8 sind auch hier weit verbreitet

Naturraum

Kansas grenzt im Norden an Nebraska, im Osten an Missouri, im Süden liegt Oklahoma, im Westen Colorado. In Kansas geht das Zentrale Tiefland allmählich in die Great Plains über, die nach Westen zum Fuß der Rocky Mountains ansteigen und an der Grenze von Colorado eine Höhe von über 1000 m erreichen. Die leicht gewellten Sedimentschichten werden im Zentrum durch die Hügellandschaft der Smoky Hills aufgelokkert, im Osten durch die Flint Hills. Im nördöstlichen Zipfel zwischen Kansas und Blue River geben abgerundete Hügel und breite Täler einen deutlichen Hinweis auf ehemalige Vergletscherung.

Wie die benachbarten Bundesstaaten liegt auch Kansas im kontinentalen Klimabereich mit starken Temperaturschwankungen zwischen Sommer und Winter, und auch hier nehmen die Niederschläge von Ost nach West ab.

Geschichte

Angelockt durch die Legende vom goldreichen Land Quivira, durchquerte als erster der Spanier Francisco Vasquez de Coronado 1541 die Prärien von Kansas, nachdem sich die Sieben Städte von Cibola als einfache Pueblos erwiesen hatten (s. S. 222). Doch er fand nur abermalige Enttäuschung. Immerhin brachte er die erste Kunde von Bisons, die er als Kühe bezeichnete, zurück nach Mexiko und wußte auch von Indianern zu berichten, die in Zelten wohnten und sich Hunde als Haustiere hielten.

Erst als das Land 1803 durch den *Louisiana Purchase* an die USA fiel, regte sich erneut Interesse. Im Auftrag der Regierung erforschte Stephen Long 1819 die Region genauer und verlieh ihr den wenig verheißungsvollen Namen *Great American Desert.* An einer Erschließung bestand zunächst kein Interesse, daher überließ man das Gebiet ›großzügig‹ der Urbevölkerung als *Indian Territory.* Die Besiedlung begann erst 1854 nach Schaffung des Territoriums Nebraska, war jedoch von blutigen Auseinandersetzungen der Siedler untereinander begleitet, die sich in Befürworter und Gegner der Sklavenhaltung aufspalteten. Im Jahre 1859 distanzierte sich auch Kansas von der Sklaverei und konnte zwei Jahre später der Union beitreten. Während des Bürgerkriegs hatte Kansas schwer unter Angriffen konföderierter Verbände zu leiden. Nach Ende des Sezessionskriegs wurden die Indianer aus ihren Reservaten vertrieben. Man benötigte das Land für riesige Rinderherden, die nun auf den Plains grasten, ehe sie die Cowboys zu den Verladebahnhöfen von Dodge City, Abilene und Wichita trieben.

Die wilden Jahre amerikanischer Cowboy-Romantik, von denen Western noch heute zehren, dauerten von 1860 bis 1875. In den *cow towns* saßen Geld und Colt locker. Saloons und Freudenhäuser schossen wie Pilze aus dem Boden, um den Cowboys, die bei Wind und Wetter oft wochenlang im Sattel gesessen hatten, den gerade erhaltenen Lohn möglichst schnell wieder aus der Tasche zu ziehen. Die rauhen Zeiten fanden ihr Ende, als die Bahnlinien auch den Westen erschlossen und obendrein immer mehr Zäune den freien Durchzug von Viehherden einschränkten.

Im Jahre 1880 versuchten die Landesväter, die ›Westernrüpel‹ zu disziplinieren, indem sie sich den Forderungen nach Alkoholverbot anschlossen und die Prohibition bis 1948 gesetzlich verankerten. Bekannteste Vertreterin der militanten Antialkoholiker war Carry Nation, eine streitbare Pfarrersfrau, die mit einem Beil, das sie immer mit sich führte, die Saloons der Westernstädte zertrümmerte und jedem Raucher die Pfeife aus dem Mund schlug. Es wäre keinem der harten Männer eingefallen, die Hand gegen sie zu erheben – Frauen galten im Westen als unantastbar. Noch heute ist die Einfuhr von Alkohol verboten und der Kauf nur in lizensierten *Liquor Stores* möglich, die sonntags freilich geschlossen haben.

Der Westen von Kansas

Dodge City

Die berühmt-berüchtigte Westernstadt am Arkansas River im Südwesten von Kansas hat ihren Ruf als ›Hölle der Plains‹ zwar längst abgelegt, vermarktet ihn aber wieder geschickt im Zeichen des Tourismus. Ihre Existenz verdankt die Stadt (16 000 Einwohner) dem 5 Meilen östlich gelegenen Fort Dodge von 1854, das den Santa Fe Trail sichern sollte. Acht Jahre später entstanden die ersten Häuser, aus denen nach Anschluß an die Eisenbahn schnell eine Boomtown wuchs.

Zunächst hatten sich in Dodge City Bisonjäger einquartiert, die zwischen 1872 und 1874 etwa 850 000 Felle auf die Eisenbahn luden und nach Osten verfrachteten. Als die Herden dezimiert waren, nutzten die Rancher den Umschlagplatz für ihre Rinder, die von weither in riesigen Herden von Texas über die Chisholm- und Western Trails nach Dodge City strömten. Kein Wunder, daß auf 50 Einwohner ein Saloon entfiel und Sheriffs Mühe hatten, die Ordnung aufrecht zu erhalten.

Kansas

Auch einer der berühmtesten Gesetzeshüter des Wilden Westens, der legendäre und etwas zwielichtige Wyatt Earp (vgl. S. 219), verdiente sich 1876 in Dodge City seine ersten Sporen als Hilfsmarshal, wenn auch nur wenige Monate lang, bevor er wegen einer Schlägerei den Dienst quittieren mußte.

Die wilden Jahre sind vorüber, aber noch immer beherbergt Dodge City mit zahlreichen Schlachthöfen eines der wichtigsten Zentren der Viehwirtschaft. Die ausgedehnten Gleisanlagen am Bahnhof mit Verschiebeeinrichtungen, die längst ihre Funktion verloren haben, legen noch Zeugnis ab von der einstigen Bedeutung als Umschlagplatz, als hier über 300 000 Tiere pro Jahr verladen wurden. Heute hält nur noch der ›Southwest Chief‹ auf dem Weg von Chicago nach Los Angeles jeden Morgen um 7.19 Uhr vor dem etwas heruntergekommenen Bahnhofsgebäude.

Deutlicher tritt historisches Erbe in der **Front Street** zutage, der damaligen Main Street, mit zahlreichen rekonstruierten Gebäuden aus den 70er Jahren des 19. Jh. wie etwa einem Saloon oder der Schmiede. Am Ende der Straße liegt das **Boot Hill Museum** (im Sommer tägl. 8–20, sonst 9–17 Uhr), benannt nach dem ehemaligen

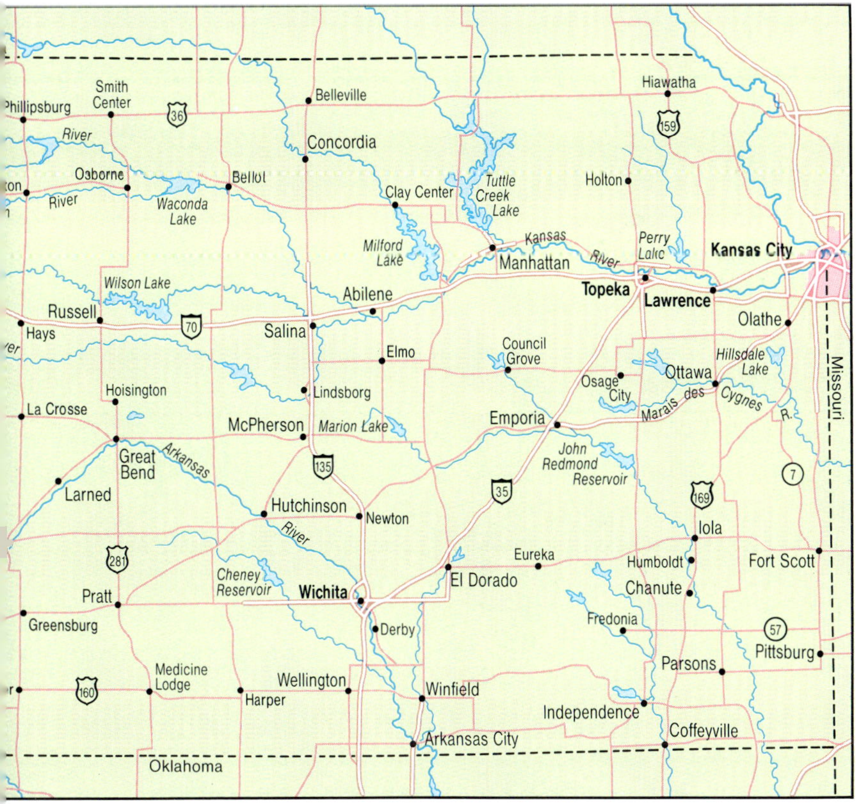

Cowboys
Legende und Wirklichkeit

Schlicht und einfach Kuhjunge – mehr bleibt nicht übrig, wenn man den Begriff Cowboy seines legendären Inhalts entkleidet und ihn auf die einfache Wortbedeutung reduziert. Der Mythos beginnt bereits damit, daß die geschichtlichen Ursprünge der Bezeichnung in Vergessenheit gerieten. Bereits um 1000 n. Chr. war der Begriff in Irland gebräuchlich und erreichte Mitte des 17. Jh. mit den Emigranten die USA.

Dort kannte man längst berittene Kuhhirten. Sie standen in Diensten spanischer und später mexikanischer Großgrundbesitzer, hießen *Vaqueros (la vaca* – die Kuh) und rekrutierten sich zunächst aus mexikanischen Indianern, die von den Spaniern bei der Eroberung gefangengenommen worden waren. Bereits 1521, im Jahr des Sieges über die Azteken, hatten die Spanier mit den Pferden auch die ersten Rinder in die Neue Welt gebracht. Die Tiere verbreiteten sich schnell, teils durch gezielte Zucht, nicht selten auch durch Ausreißer, die in den Weiten Nordamerikas ideale Lebensbedingungen fanden und zu den berühmten Longhorns verwilderten.

Um 1700 betraten als weitere Urväter der sogenannte Cowboys *Ciboleros*, Büffeljäger (*el cibolo* – der Büffel), die Bühne. Sie beherrschten ihre Pferde ebenso vollendet wie die *Vaqueros*. Als die verwegenen Jäger, zumeist spanisch-indianischer Herkunft, herausfanden, daß sich mit Handel weit einfacher und gefahrloser Geld verdienen ließ, tauschten sie ihre Mustangs gegen Planwagen und trieben Geschäfte mit den Comanchen.

Einen Bedeutungswandel und damit den ersten Schritt zur Legendenbildung erfuhr das Wort Cowboy zu Beginn des 19. Jh., als das unabhängige Texas nicht nur siedlungswillige Farmer anzog, sondern auch zwielichtigen Gesellen Zuflucht vor dem Arm der Unionsgesetze bot. Diese Männer mit dem Beinamen *GTT (gone to Texas)* hatten mit dem ursprünglichen Beruf nichts gemein – ihr Umgang mit Rindern beschränkte sich auf Diebstahl frei umherstreifender Herden der mexikanischen Großgrundbesitzer, aber dennoch lieferten sie einen farbigen Tupfer für das spätere Bild der Cowboys.

Die große Zeit der Cowboys begann in den USA erst nach dem amerikanisch-mexikanischen Krieg, als man das vor allem in Texas sehr verbreitete Wildrind nicht nur zu jagen begann, sondern der Besitz großer Longhorn-Herden Prestige versprach. Es erforderte Geschicklichkeit und Wagemut, die Tiere auf den damals noch offenen Weiden zusammenzutreiben und mit dem Brandzeichen zu versehen, standen doch die wilden Longhorns den Bisons an Gefährlichkeit nicht nach. Ein weiteres Mosaiksteinchen in der Legendenbildung war geschaffen.

Daß die Tiere auch beträchtliches Kapital verkörperten, erwies sich erstmals beim großen Goldrausch in Kalifornien im Jahre 1849, als mit dem Zustrom von Glückssuchern die Fleischversorgung des Westens zusammenbrach. Bereits 1850 führte ein gewisser W. H. Snyder eine erste Herde über Tausende von Kilometern bis zur Pazifikküste und erzielte in den Goldgräberstädten phantastische Preise für seine ausgemergelten Tiere. Die kurze Ära der großen Rindertrecks war angebrochen und damit den Cowboys eine weitere Aufgabe zugefallen, die so recht in das damals schon aufkommende Bild vom Helden im Sattel passen wollte. Nicht nur mit nervösen Longhorns hatte er sich nun herumzuschlagen, sondern auch mit sengender Hitze, Schneestürmen, reißenden Flüssen und unberechenbaren Indianern. Es ist nur zu verständlich, daß sich die Männer nach Abschluß ihrer strapaziösen Ritte quer durch den Kontinent in den Städten austobten und ihren Verdienst mit vollen Händen zum Fenster hinauswarfen. Geld bedeutete den Cowboys wenig, sonst hätten sie wohl auch nicht diesen unterbezahlten Beruf ergriffen, der sie bei Wind und Wetter in den Sattel zwang. Aber gerade diese Einstellung trug in dem ansonsten so materialistischen Land viel zu ihrem Mythos bei.

Schriftsteller nahmen sich des dankbaren Themas erstmals zu Beginn unseres Jahrhunderts mit der Veröffentlichung des Romans »The Virginian, a Horseman on the Plains« von Owen Wisters an. Als Projektionsmodell für eigene Wünsche wurden Cowboys bereits damals zur Kunstfigur stilisiert, die sich nur wenig von der unterscheidet, die heute auf Plakaten der Zigarettenindustrie in die untergehende Sonne reitet. Die harte Arbeit allerdings bleibt ebenso unerwähnt wie die Abneigung der Cowboys gegen seßhaftes Farmertum und ihre Dünkel gegenüber Schafhirten. Die dadurch entbrannten Weidekriege und die Jagd auf Schäfer passen nicht in das makellose Bild.

Die Filmindustrie hat mit ihren Mitteln die Legende vom Cowboy weiter ausgeformt und sie in alle Welt getragen. Damit jedermann Gut und Böse klar unterscheiden kann, empfahl sich das bewährte Rezept der Schwarz-Weiß-Malerei. Der ›gute‹ Cowboy, meist von links ins Bild reitend, durfte sich mit Tugenden schmücken, die alle Amerikaner verehren: Patriotismus, Ehrlichkeit, Gerechtigkeit, Ritterlichkeit und Tapferkeit. Sein Gegenspieler, von rechts kommend, in schwarzem Hemd und von zwielichtigen Kumpanen umgeben, verkörperte die dunklen Seiten des Lebens, die es zu überwinden gilt. Der so beliebte Widerstreit von Gut und Böse hat sich in Cowboy-Filmen bis in unsere Zeit gerettet, angereichert mit kriegerischen Rothäuten, blonden Siedlerfrauen und dahinrasenden Postkutschen. Der Cowboy in der Metamorphose vom Rinderhirten zum Messias in einem amerikanischen Mysterienspiel – auch dies ist Teil der Kultur des Wilden Westens.

Friedhof der Stadt. Der Name Stiefelhügel, in Dodge City geprägt, entspringt der Tradition, die Verblichenen in ihren Stiefeln auf einem Hügel zu beerdigen, damit sie dem Himmel näher seien. Ein zweite, eingängigere Version der Namensdefinition will damit umschreiben, daß die hier Ruhenden beileibe nicht im Bett ihr Leben beendeten. Später wurden auch die Friedhöfe anderer Westernstädte so bezeichnet, etwa in Virginia City (s. S. 218) oder Tombstone (s. S. 312). Neben dem Museum mit Erinnerungsstücken an bessere Zeiten findet man Grabsteine mit kernigen, aber nicht unbedingt authentischen Sprüchen, und historische Gebäude.

Vor dem Visitors Center beansprucht eine überlebensgroße Cow-

Rinder-Ranch in Kansas

boy-Statue mit der pathetischen Inschrift »On the ashes of my campfire this city was built« (Auf der Asche meines Lagerfeuers wurde diese Stadt gebaut) den historischen Beitrag der ›Kuhjungen‹ beim Aufbau von Dodge City. Doch der dürfte weniger die wirtschaftliche Entwicklung als den Ruf beeinflußt haben. Das Denkmal entstand auch erst 1972, als die touristische Vermarktung schon auf vollen Touren lief.

Moderne Viehwirtschaft kann man gut 2 Meilen östlich von Dodge City auf dem Weg nach Garden City am Feedlot Overview, einer größeren Rindermästerei, studieren. Hier drängen sich an die 40 000 Rinder in einem weithin erkennbaren Korral ohne Schutz vor Niederschlag, Hitze oder Kälte. Sie stehen 120 bis 140 Tage bis zu den Gelenken im Schlamm und in den eigenen Exkrementen. Viele Tiere mögen nie Gras gesehen haben. Der Feed Yard ist durch den penetranten Gestank kaum zu verfehlen; man ahnt, warum die fleischverarbeitende Industrie in den USA in Verruf geriet.

Praktische Hinweise

Information: City Convention and Visitors Center, an der Cowboy-Statue auf dem Boothill, Ecke 4th und Spruce Sts, Mo–Fr 8.30–17 Uhr, 4th und Spruce Sts., ✆ 316-227-2176

Unterkunft: Best Western Silver Spur Lodge, 1510 W. Wyatt Earp Blvd., ✆ 316-227-2125, mittlere Preise; Super 8, 1708 W. Wyatt Earp Blvd., ✆ 316-225-3924, mittlere Preise; Astro Motel, 2200 W. Wyatt Earp Blvd., ✆ 316-227-6146, preiswert

Veranstaltungen: Dodge City Days, sieben Tage lang in der letzten Juliwoche, Paraden, Rodeos

Steckbrief

OKLAHOMA

Postalisches Kürzel: OK
Größe: 181 090 km^2, 51 % der Fläche der BRD
Hauptstadt: Oklahoma City, 405 000 Einwohner
Bevölkerung: 3,03 Mio., großer Anteil von Indianern
Wirtschaft: Landwirtschaft, Luft- und Raumfahrt, Erdöl und Erdgas
Beiname: Sooner State (Der Staat, der schon vorher existiert hat)
Staatsmotto: Labor omnia vincit (Arbeit besiegt alles)
Symbole: Mistel (Mistletoe); Fliegenschnäpper (Scissortailed flycatcher); Judasbaum (Redbud)
Information: Oklahoma Tourism and Recreation Dept., P.O. Box 60000, 500 Will Rogers Building, Oklahoma City, OK 73105-4492, ✆ 405-521-3981, Fax 405-521-3992
Verkehrsverbindungen: Mit dem Flugzeug nationale Verbindungen mit Oklahoma City und Tulsa; keine Eisenbahnanbindung; mit dem Bus: ausgedehntes Greyhound-Netz
Reisezeit: Frühjahr und Herbst; kühle Winter, heiße Sommer; Durchschnittstemperatur von Oklahoma City im Frühjahr 15, Sommer 27, Herbst 17 und Winter 1° Celsius; Tornadozeit April–Juni
Unterkunft: Unterkünfte aller Kategorien sind vergleichsweise preiswert. Am weitesten verbreitet sind die Häuser der Ketten Holiday Inn und Best Western (mittlere Preise)

Naturraum

Aufgrund der relativ späten Eingliederung in die Union ist der Grenzverlauf recht komplex. Mit nicht weniger als sechs Staaten hat Oklahoma direkte Berührung. Im Süden trennen die Windungen des Red River Oklahoma von Texas, im Norden hingegen bildet eine schnurgerade Linie entlang des 37. Breitengrads die Grenze zu Kansas und Colorado. Im Westen greift Oklahoma mit einem schmalen Landstreifen weit nach Westen und hat dort auf einer Strecke von 60 km eine gemeinsame Grenze mit New Mexico, ist ansonsten aber auch im Westen von Texas umschlossen. Im Osten gestalten sich die Nachbarschaftsverhältnisse einfacher. Über den größten Teil der Breite stößt Oklahoma an Arkansas, nur im Nordosten mit einem kurzen Abschnitt an Missouri.

Der überwiegende Teil von Oklahoma gehört zum Zentralen Tiefland, dem am tiefsten gelegenen Teil der Interior Plains, die im Westen an die Great Plains und im Osten an das Appalachen-Gebirge stoßen. Im Südosten greift die Golfküstenebene über die Grenze, im westlichsten Abschnitt hingegen die Ebene der Great Plains. Im Osten nahe der Grenze zu Arkansas gewinnt die Landschaft mit den Quachita und Boston Mountains sogar gebirgigen Charakter.

Klimatisch liegt Oklahoma in der Übergangszone zwischen dem trokkenen kontinentalen und dem feuchten subtropischen Einflußgebiet. Die reichen Niederschläge im Osten führten zu dichter Bewaldung, während im nordwestlichen schmalen Streifen, *panhandle* genannt, längere Trockenperioden auftreten können, die nur Steppenvegetation zulassen. Die fruchtbaren Lehmböden im Osten ermöglichen intensive landwirtschaftliche Nutzung. Kultiviert werden vor allem Bohnen, Weizen, Erdnüsse und Baumwolle.

Geschichte

Enger als in den meisten Staaten der USA ist die Geschichte von Oklahoma mit dem Schicksal der Indianer verbunden. Oklahoma hat nicht nur die größte Indianerbevölkerung und die meisten Stämme (64), auch der Name deutet auf die Ureinwohner. Er stammt aus der Sprache der Chocktaw und leitet sich von den Begriffen *okla* (Volk) und *humma* (rot) ab.

Die Geschichte von Oklahoma als organisiertem Staatsgebilde begann bereits vor Ankunft weißer Siedler mit der zwangsweisen Umsiedlung mehrerer Indianerstämme aus Georgia, Alabama, Mississippi, Louisiana, Tennessee, North Carolina und Florida. Im Jahre 1830 war das heutige Oklahoma als *Indian Territory* vorgesehen, das der indianischen Urbevölkerung vorbehalten bleiben sollte. Zu den wichtigsten Stämmen, die hier ihre neue Heimat fanden, gehörten die sogenannten fünf zivilisierten Nationen (Creek, Choctaw, Chickasaw, Seminole und Cherokee). Sie trugen diesen Namen nicht nur im Hinblick auf ihre indianischen Nachbarn zu Recht, sondern auch im Vergleich zu den Weißen, deren Vorgehen gegen die Indianer alles andere als zivilisiert genannt werden konnte.

Nach dem Vorbild der Vereinigten Staaten hatten sich diese Stämme be-

Siedlertreck in Oklahoma

reits in ihrer alten Heimat unter der Federführung der Creek zu einem eigenen Indianerstaat mit Zweikammersystem, eigener Ordnungsmacht und eigenem Schulsystem zusammengeschlossen. Im Jahre 1875 verkündeten die fünf Hauptstämme eine eigene Verfassung, die jedoch vom Staat nicht anerkannt wurde.

Nach dem Bürgerkrieg beendeten die siegreichen Nordstaaten 1898 die politische Autonomie der Indianer und zogen ihren Grundbesitz ein. Erfolglos hatten diese versucht, nicht in den Sezessionskrieg verwickelt zu werden. Da vor allem die Cherokee Sklaven besaßen, hatten sie sich auf die Seite des Südens geschlagen und waren dafür nach Kriegsende durch die Enteignung hart bestraft worden. Ihr Siedlungsgebiet wurde auf den Osten von Oklahoma beschränkt, der Westen am 22. 4. 1889 für weiße Neusiedler freigegeben. Zu Tausenden hatten diese sich an der Grenze des Indianerterritoriums eingefunden, um in einem *run* besonders gute Parzellen zu sichern.

Zur Eingliederung von Oklahoma in die Union kam es erst 1907, nachdem das indianische Stammesland in individuelles Eigentum übergeleitet worden war. Noch immer befindet sich ein großer Teil im Besitz frei siedelnder indianischer Bauern, die in Gemeinden im Osten des Landes leben und nicht das Schicksal ihrer Brüder in den Reservaten teilen.

Die Unerfahrenheit, mit der die ersten Farmer von Oklahoma die Grasländer unter den Pflug genommen hatten, sollte sich bitter rächen. Bei der Dürre Mitte der 20er Jahre hatte die offenliegende Krume in den Weiten der Plains dem Wind nichts entgegenzusetzen. Bald überzogen verheerende Staubstürme den Westen des Landes, vernichteten die Ernten und machten das Land zur *Dust Bowl* (Staubschüssel). Die nur wenig später einsetzende Weltwirtschaftskrise vollendete den Ruin der Farmer, sie mußten in den 30er Jahren zu Tausenden ihre Höfe aufgeben. Viele von ihnen zogen vor allem nach Kalifornien, wo sie als glücklose *Okies* nur widerwillig aufgenommen wurden. Erst nach Einführung künstlicher Bewässerung, von Konturpflügen und Bebauung auch brachliegender Flächen gehörten die gefürchteten Staubstürme der Vergangenheit an.

In bemerkenswerter Offenheit wird heute in Oklahoma das brutale und gesetzlose Vorgehen der Weißen an den Pranger gestellt und das indianische Erbe voller Stolz betont. Bezeichnend ist auch, daß nur Oklahoma seinen Ureinwohnern in der National Hall of Fame for Famous American Indians das Denkmal gesetzt hat, das sie auch in anderen Staaten längst verdient hätten.

Im Frühjahr 1995 verwüstete eine Autobombe ein mehrstöckiges Regierungsgebäude in Oklahoma City, wobei 167 Menschen den Tod fanden. Als Tatverdächtige wurden Amerikaner festgenommen. Mit Entsetzen mußte die Nation erkennen, daß der weltweite Terror nicht länger nur von Ausländern begangen wird und daß darüber hinaus keine noch so abgelegene, friedliche Provinz der USA gegen diese Geißel der Neuzeit gefeit ist.

Das Kapitol in Oklahoma City

Der Westen von Oklahoma

Oklahoma City

Die mit 405 000 Einwohnern größte Stadt des Landes präsentiert sich als moderne Metropole in dem für die USA typischen Nebeneinander von kompakter Hochhausarchitektur im Zentrum und weiträumiger Bungalowbauweise in den Außenbezirken. Die Stadt, die im Schnittpunkt zahlreicher sich kreuzender Straßen liegt, hat ihre Ursprünge in der Landnahme vom 22. 4. 1889, als die Regierung den Westen von Oklahoma für die Besiedlung durch Weiße freigab. Innerhalb weniger Stunden hatten Spekulanten und Siedler rings um eine bereits bestehende Eisenbahnstation 10 000 *claims* abgesteckt.

Sehr schnell entwickelte sich das anfängliche Zeltlager zum größten Ort des Staates und übernahm 1910 unangefochten die Rolle der Metropole. Als am 4. 12. 1928 im Stadtgebiet Öl entdeckt wurde und bald 2000 Quellen sprudelten, war der weitere Aufschwung vorprogrammiert. So konnte man es sich 1964 leisten, das Zentrum nach dem Vorbild des Kopenhagener Tivoli umzugestalten und mit Grünflächen und Seen aufzulockern.

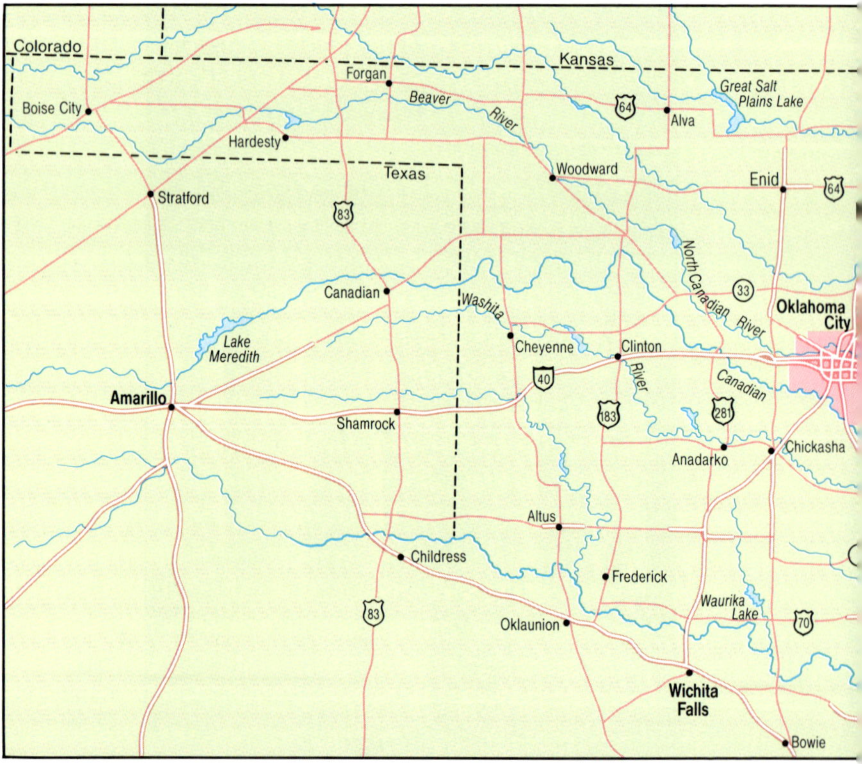

Attraktion von Oklahoma City ist die gläserne Brücke in **Myriad Gardens,** einem treibhausähnlichen, über 70 m langen und sieben Stockwerke hohen Glaszylinder voller exotischer Pflanzen (tägl. 9–18 Uhr). Daß die Stadt auch ein kulturelles Zentrum ist, beweisen die über 20 Museen, von denen nur die wichtigsten genannt werden sollen. Die Ausstellung **Enterprise Square** verherrlicht die amerikanische Wirtschaftsform des freien Unternehmertums und vermittelt Einblicke in die kapitalistische Denkweise (2501 E. Memorial Rd., Mo–Sa 9–16 Uhr). Nicht versäumen sollte man einen Besuch des großen Museums **National Cowboy Hall of Fame and Western Heritage Center** (1700 N.E. 63rd St., tägl. 9–17 Uhr, im Sommer bis 18 Uhr), das auf 12 ha das Leben gegen Ende des 19. Jh. in vorbildlicher Weise präsentiert. Zu den bekanntesten Exponaten gehört das große Denkmal »The End of the Trail« von James Earl Fraser, das einen in sich zusammengesunkenen Indianer auf seinem völlig erschöpften Pferd zeigt – Symbol für den Untergang der Urbevölkerung am Ende einer gnadenlosen Jagd. Auch die hervorragende Gemäldesammlung mit Werken der berühmten Western-Maler Charles M. Russel und Frederic Remington beleuchtet die für Indianer schicksalhafte Begegnung mit den Weißen. Eine Abteilung im Untergeschoß ist den Stars von Western-Filmen gewidmet.

Die größte Ansammlung kultureller Einrichtungen befindet sich im **Kirkpatrick Center** (N.E. 52nd/Martin Luther King Ave., Mo–Sa 9–14, So 12–14 Uhr): Das Air Space Museum mit Dokumenten von der frühen Luftfahrt bis zur Raumfahrt, die International Photography Hall of Fame und die Kirkpatrick Galleries mit Gemälden und Plastiken sind dort unter einem Dach vereint.

Praktische Hinweise

Information: Oklahoma City Convention and Visitors Bureau, 4 Santa Fe Plaza, ✆ 405-278-8912, Mo–Fr 8–17 Uhr
Unterkunft: Waterford Hotel, 6300 Waterford Blvd., ✆ 405-848-4782, Luxus; Best Western Saddleback Inn,

4300 S.W. 3rd St., ✆ 405-947-7000, zentral, gehobene Preise; Comfort Inn West, 321 N. Mustang Rd., nördl. des Zentrums, ✆ 405-947-0038, mittlere Preise; Carlyle Motel, 3600 N.W. 39th St., ✆ 405-946-3355, nördl. des Zentrums, preiswert

Anadarko

Die kleine, 30 Meilen südwestlich von Oklahoma City gelegene Ortschaft (6600 Einwohner) wurde 1901 gegründet, nachdem die Regierung dieses ehemalige Jagdgebiet der Kiowa, Comanchen und Wichita für weiße Siedler freigegeben hatte. Bis heute hat sich das indianische Erbe besonders deutlich erhalten, wenn auch in touristisch kommerzielle Bahnen gelenkt.

Etwa 3 Meilen südlich von Anadarko entstand an der US 281 das bisher einzige, ausschließlich Indianern gewidmete Freilichtmuseum **Indian City.** Eingebettet in einen Park, vermitteln die traditionellen Behausungen der Wichita, Navajo, Apachen, Pawnee, Comanchen und Kiowa einen guten Eindruck vom Leben der Indianer vor Ankunft der Weißen. Touristen werden von indianischen Führern durch die Anlage geleitet. Angegliedert ist ein Museum mit einer umfangreichen ethnologischen Sammlung (tägl. 11–21 Uhr, Tanzvorführungen).

Östlich der Stadt hat am Highway 62 die **National Hall of Fame for Famous American Indians** ihren Platz, wo auf einem großen Freigelände über 30 Bronzebüsten der ruhmreichsten Indianer arrangiert wurden, darunter Geronimo, Pocahontas und Chief Joseph. (Mo–Sa 9–17, So ab 13 Uhr, an Wochenenden häufig Tänze). Nicht weit entfernt liegt an der US 62 das **Southern Indian Museum and Crafts Center,** das indianisches Kunsthandwerk präsentiert (Di–Sa 9–17, So ab 13 Uhr).

Steckbrief

TEXAS

Postalisches Kürzel: TX
Größe: 692 403 km^2, fast doppelt so groß wie die BRD
Hauptstadt: Austin, 470 000 Einwohner
Bevölkerung: 17 Mio., im Osten starker Anteil von Schwarzen
Wirtschaft: Erdöl, Elektronik, Weltraumtechnik, Rinderzucht
Beiname: Lone Star State (Der Staat mit dem einzelnen Stern)
Staatsmotto: Friendship (Freundschaft)
Symbole: Kornblume (Bluebonnet); Pecanobaum (Pecano), Spottdrossel (Mockingbird)
Information: In Deutschland: State of Texas European Office, Schillerstr. 10, 60313 Frankfurt/M., ✆ 0 69-9 20 73 90, Fax 0 69-28 08 72. In den USA: Texas Department of Commerce, Tourism Division, Box 12728, Austin, TX 78711-2278, ✆ 512-936-0203, Fax 512-936-0089
Verkehrsverbindungen: Mit dem Flugzeug: Houston und Dallas/Fort Worth haben internationale Flughäfen mit Verbindungen nach Europa, Fernost und Mexiko; mit der Eisenbahn: Amtrak-Verbindungen mit Chicago (Texas Eagle) und Los Angeles (Sunset Limited); mit dem Bus: Ausgedehntes Netz der Greyhound-Gesellschaft
Reisezeit: Frühjahr und Herbst; heiße Sommer mit Durchschnittstemperaturen in Del Rio von 30° Celsius, kühle Winter im Norden mit Durchschnittstemperaturen in Lubbock von 5° Celsius, Tornadozeit April–Juni, Hurrikanzeit Aug.–Sept.
Unterkunft: Zahlreiche Hotels und Motels aller Kategorien. Sehr verbreitet ist die Kette La Quinta Motor Inn (mittlere Preislage). Zunehmender Beliebtheit erfreuen sich Privatunterkünfte; eine Adressenliste erhält man von Bed & Breakfast Texas Style, 4224 W. Red Bird Lane, Dallas, TX 75237

Naturraum

Texas, nach Alaska zweitgrößter Staat der USA, grenzt im Süden an den Golf von Mexiko, im Osten an Louisiana und Arkansas. Im Norden markiert der Red River über weite Strecken die Grenze zu Oklahoma, im Nordwesten schiebt sich New Mexico wie ein Keil ins Land, im Südwesten bildet der Rio Grande eine viele hundert Kilometer lange Grenze zu Mexiko.

Drei Großlandschaften bestimmen das Bild des Bundesstaats. Zwischen Rio Pecos und Rio Grande ziehen sich die Ausläufer der Rocky Mountains durch den südwestlichen Zipfel. Im Südosten prägt der Golf mit seinen Schwemmlandebenen die Region. Dazwischen liegen die weiten Ebenen der Great Plains, denen Texas den Ruf als ›Rinderland‹ verdankt. Im Nordwesten gehen sie in die Llano Estacado über, eine bis über 1000 m ansteigende trockene Hochebene, die landwirtschaftlich kaum genutzt wird. Im Westen formt die Steilstufe des Balcones Escarpment eine deutliche Grenze.

Die gewaltige Ausdehnung des Staates, jeweils über 1200 km von Nord nach Süd und von Ost nach West, muß sich auch in ausgeprägten Klimaschwankungen niederschlagen: Im Osten unterliegt der Staat subtropischen Einflüssen, im Landesinneren herrscht kontinentales Steppenklima vor, während Teile westlich des Rio Pecos sogar wüstenhafte Züge tragen. Entsprechend unterschiedlich staffeln sich die Durchschnittstemperaturen. Am unteren Rio Grande erreichen sie stattliche 23° Celsius, im Nordwesten auf den

Frühling in den Chihuahua Mountains

Hochebenen der Llano Estacado nur noch 13° Celsius. Im Sommer kann das Thermometer die 40° Celsius-Marke erreichen, im Winter versinken weite Teile unter einer meterdikken Schneedecke. Perioden langer Trockenheit im Landesinneren stehen verheerenden Überschwemmungen an der Küste gegenüber, ausgelöst von Wirbelstürmen, die vor allem im Winter vom Golf von Mexiko hereinbrechen.

Geschichte

Vor Ankunft der Europäer lebten auf dem heutigen Territorium von Texas zahlreiche Indianerstämme, von denen aber keiner die Besiedlung durch die Weißen überlebte. Zu ihnen zählten die seßhaften Caddoe, die nomadisierenden Lipan-Apachen und die kriegerischen Karankawa, mit denen die ersten europäischen Besucher recht unliebsame Erfahrungen machten.

Im Jahre 1528 landete eine Expedition unter dem Befehl des königlichen Schatzmeisters Panfilo Narváez bei Tampa in Florida und brach, schlecht ausgerüstet, ins Landesinnere auf, um das Gebiet zwischen Golf und Pazifik für Spanien in Besitz zu nehmen. Der geplante Eroberungszug endete als Fiasko. Von den 300 Mann überlebten nur drei, darunter Nuñez Cabeza de Vaca, der zunächst jahrelang Sklavendienste für die Indianer leisten mußte, ehe ihm mit zwei weiteren Überlebenden die Flucht gelang und sie nach achtjähriger Abwesenheit Mexiko erreichten. Sein packender Bericht über die Gefangenschaft und Odyssee quer durch den Kontinent bis zum Pazifik blieb der Nachwelt als eine der frühesten Beschreibungen von Nordamerika erhalten.

Als nachster durchzog Francisco Vasquez de Coronado 1540 Teile des Landes auf der Suche nach den Sieben Städten von Cibola (s. S. 222). Auch ihm war das Glück nicht hold, aber mit der Freilassung einiger Pferde setzte er – allerdings unbeabsichtigt – eine Entwicklung in Gang, die das Leben der Indianer revolutionieren sollte. Zwar nahmen die Spanier das Land offiziell in Besitz, kolonisierten es aber nicht. So konnten der Franzose Robert Cavalier Sieur de La Salle 1685 zunächst französische Gebietsansprüche anmelden und Fort St. Louis an der Lavaca-Bucht errichten.

Als die Spanier nach 1687 von dem Vorstoß der Franzosen erfuhren, der zu diesem Zeitpunkt aber schon gescheitert war, unternahmen sie ernsthaftere Anstrengungen, ihren Anspruch auch zu sichern. Zunächst verliehen sie der Region den Namen Texas-Coahuila, für den der Indianerstamm der Thecas Pate stand. Weitaus schwieriger gestaltete sich die Besiedlung sowie die ›Bekehrung‹ der meist nomadisierenden Indianerstämme.

Zum Zentrum spanischer und später mexikanischer Präsenz entwickelten sich die Missionsstation San Antonio de Valero und das benachbarte Fort Alamo, die 1719 entstanden; weitere Missionsstationen entlang des San Antonio-Flusses folgten. Im Jahre 1731 ließen sich hier die ersten, von den Kanarischen Inseln stammenden Siedler nieder. Das Land aber blieb ein ungeliebtes Kind der Spanischen Krone und entwickelte sich nur langsam. Auch Mexiko, das 1821 die Nachfolge Spaniens antrat, schenkte seinen Besitzungen im Norden nur wenig Beachtung und duldete, daß sich der Amerikaner Stephen J. Austin im gleichen Jahr mit 300 Familien in Texas niederließ. Doch Mexiko schickte vermehrt Neusiedler, so daß die Bevölkerung von 7000 im Jahre 1821 sprunghaft auf fast 50 000 im Jahre 1836 emporschnellte.

Die unterschiedliche Lebensart der Mexikaner und der amerikanischen Siedler, die sich Texaner nannten, führte immer öfter zu Konflikten, die in der amerikanischen Forderung nach der Unabhängigkeit von Mexiko gipfelten. Im März 1836 kam es zur ersten kriegerischen Auseinandersetzung zwischen mexikanischen Truppen und amerikanischen Separatisten, die sich in der Kirche von

Deutsche in Texas

German Roots

Bis ins 20. Jh. hinein war das Hill Country fast ausschließlich von deutschen Einwanderern bewohnt, die in mehreren Wellen ins Land gekommen waren. Begonnen hatte die deutsche Besiedlung von Texas mit dem Versuch Mexikos, einen Gegenpol zum Vordringen nordamerikanischer Siedler in dem damals noch zu Mexiko gehörenden Landstrich zu bilden. Als Lockmittel diente die großzügige Landschenkung an sogenannte *Impressarios* unter der Voraussetzung, daß diese innerhalb von sechs Jahren mindestens 100 Familien seßhaft machten. Bald schossen die deutschen Niederlassungen wie Pilze aus dem Boden.

In Deutschland herrschten zu Beginn des 19. Jh. unruhige Zeiten. Nicht wenige folgten dem Ruf der *Impressarios* und deutscher Siedlungsgesellschaften nach Texas, wo sie von ihren Nachbarn aufgrund ihrer Ausbildung zunächst mit der spöttischen Bezeichnung ›Lateinbauern‹ belegt wurden, sehr schnell aber durch ihren Arbeitseinsatz die Skeptiker zum Schweigen brachten. »An den Wänden hingen wertvolle Madonnenbilder; ein Bücherregal war zur Hälfte mit deutschen Klassikern zur anderen Hälfte mit Kartoffeln gefüllt. Man saß auf Fässern und lauschte Beethovens Musik, die der Hausherr auf dem Flügel vortrug«, berichtete Julius Froebel 1858 über seinen Besuch bei deutschen ›Lateinbauern‹ in Texas.

Baron von Meusebach tat sich als besonders eifriger Kolonisator hervor und gründete zahlreiche Niederlassungen, darunter Fredericksburg (Friederichsburg), Schönberg, Leiningen, Meerholz und die nach kommunistischem Muster organisierte Gemeinschaft Bettina, deren Namen auf Bettina von Arnim zurückgeht. Die experimentierfreudigen Neubauern führten den Reis- und Tabakanbau ein und widersetzten sich aufgrund ihrer liberalen Gesinnung der damals in Texas noch praktizierten Sklaverei, die den frühen Anschluß an die USA verhindert hatte. Das deutsche Element wurde in Zentral-Texas schließlich so stark, daß alle Verordnungen zweisprachig abgefaßt wurden und sogar der Traum von ›Deutsch-Texas‹ durch die Köpfe einiger Zuwanderer geisterte.

Die zweite deutsche Siedlungswelle erreichte das Land nach 1848. Fast 300 000 Flüchtlinge aus Deutschland fanden in jenen Jahren Aufnahme in den Vereinigten Staaten, viele von ihnen in Texas. Heute sind die Deutschstämmigen assimiliert, sprechen kaum noch die Sprache ihrer Vorfahren und haben auch ihre Namen angepaßt. Daß sie ihr ›kulturelles‹ Erbe dennoch nicht ganz vergessen haben, bezeugen die zahlreichen ›Oktoberfeste‹ in den ehemaligen Hochburgen deutscher Zuwanderer.

Fort Alamo verbarrikadiert hatten. Nach dreizehntägiger Belagerung wurden sie bis auf den letzten Mann niedergemacht. Zur gleichen Zeit hatten 44 einflußreiche Texaner eine Unabhängigkeitserklärung verfaßt, David G. Burnet zum Gouverneur ernannt und Sam Houston die militärische Führung der ›Truppe‹ übertragen.

Der Sieg von Alamo genügte dem mexikanischen General Santa Anna nicht. Um den amerikanischen Einfluß weiter einzudämmen, machte er Jagd auf Texaner und ließ in dem Städtchen Goliad 350 Gefangene ermorden. Bei San Jacinto nutzten die Texaner die Nachlässigkeit der siegesgewohnten Mexikaner und überraschten den General und seine Leute bei der Siesta. In knapp 20 Minuten war die mexikanische Truppe trotz ihrer Übermacht besiegt und Santa Anna dazu gezwungen, im April 1836 mit dem Vertrag von Velasco die Unabhängigkeit des Staates Texas anzuerkennen.

Zunächst bemühte man sich um Anschluß an die USA, doch stieß das Begehren des sklavenhaltenden Staates in Washington auf taube Ohren. So zog Präsident Houston den Antrag zurück und proklamierte Texas 1838 zur unabhängigen Republik. Mexiko verweigerte die Anerkennung, und auch von den USA war keine Hilfe zu erwarten, so daß die paramilitärische Ordnungsmacht der Texas Rangers für Ruhe und Sicherheit sorgte; wiederholt drang sie dabei tief auf mexikanisches Territorium vor. Dennoch kamen zahlreiche Neusiedler. Im Jahre 1844 gründeten deutsche Geschäftsleute den ›Verein zum Schutz deutscher Einwanderer‹, eine Siedlungsgesellschaft, die 8000 Deutschen zu einer neuen Heimat in Texas verhalf, ehe sie 1848 in Konkurs ging. Es kamen aber auch Iren, Tschechen, Polen und Dänen, so daß sich Texas sehr schnell zu einem Schmelztiegel kultureller, ethnischer und religiöser Gruppierungen entwickelte.

Als sich England für die Republik zu interessieren begann, waren die USA irritiert; so durfte Texas am 19. 2. 1846 als 28. Mitglied endlich dem Staatenbund beitreten, löste damit aber den mexikanisch-amerikanischen Krieg aus, der 1848 mit dem Vertrag von Hidalgo zugunsten der

Die Schlacht von Alamo, historische Darstellung aus dem 19. Jh.

USA endete. Während des Bürgerkriegs löste sich Texas erneut von den USA und schloß sich den Konföderierten an. Dieses Mal stand der Staat auf der Verliererseite und durchlief harte Jahre des Wiederaufbaus.

Stacheldraht und Eisenbahnlinien entwickelten sich zu Motoren des Fortschritts. Im Jahre 1879 ging die Zeit der freien Weideflächen zu Ende, mit Stacheldrahtzäunen widersetzten sich die Farmer der unkontrollierten Nutzung ihrer Grundstücke durch Herden fremder Rancher. Ein Gesetz beendete schließlich die daraus entstehenden erbitterten Auseinandersetzungen, die als ›Zaunschneidekrieg‹ in die Geschichte eingingen.

Der Standort der Hauptstadt wurde mehrfach gewechselt. Auf Washington-on-the Brazos folgte Columbia, dann Houston und schließlich Austin.

Als man auf der Suche nach Wasser 1866 auf eine Ölquelle stieß, schüttete man enttäuscht das Loch wieder zu – der Fund kam 30 Jahre zu früh; 1901 aber begann der Boom, der dem Goldrausch nicht nachstand. Hunderte von Gesellschaften wurden gegründet. Der bis dahin arme Staat, der noch kurz zuvor einen Teil seines Territoriums für den Wiederaufbau seines Kapitols in Austin hatte verkaufen müssen, schwamm plötzlich im Geld, das für den weiteren Aufbau von Industrie, Landwirtschaft und Infrastruktur genutzt wurde. Bereits um 1900 hatte sich die Zahl der Städte verdoppelt. Mit gro-

Texas

Oklahoma
Perryton
River
Pampa
arillo
Oklahoma City
83
Childress
287
Plainview
Red
River
Floydada
Arkansas
Wichita
Falls
Gainesville
Sherman
Paris
82
Lubbock
Seymour
Jacksboro
Denton
30
Aspermont
277
Dallas
Snyder
Fort Worth
Lamesa
Abilene
20
Tyler
Henderson
Louisiana
Sweetwater
Cleburne
Athens
Colorado
67
Corsicana
Hillsboro
Rio
Brownwood
69
Buffalo
Lufkin
San Angelo
87
377
Eden
Brazos
Brady
Temple
Madisonville
59
Sabine
Lampasas
Huntsville
Livingston
River
10
Sonora
Junction
Austin
Orange
Beaumont
Houston
Colorado
Port
Arthur
83
New
Braunfels
10
Rosenberg
90
Luling
Del Rio
San Antonio
Galveston
Mexico
Freeport
Pearsall
59
Victoria
Eagle
Pass
37
Rio
35
Grande
Corpus Christi
59
Kingsville
Nuevo Laredo
Laredo
Padre
Island
Nat.
Seeshore
Golf von Mexiko
77
McAllen
Brownsville

ßen Ölfunden im Jahre 1931 wurde die führende Position des Staates weiter gestärkt und die Depression der 30er Jahre aufgefangen. Und auch heute noch zählt Texas zu den reichsten Staaten der USA.

Der Westen von Texas

Der Westen des größten Bundesstaats der USA verdankt seine abwechslungsreiche Gestalt dem Gebirgszug der Guadalupe Mountains, dem südlichen Ausläufer der Rocky Mountains-Kette, der sich fast bis zum Rio Grande hinunterzieht. Aufgrund des wüstenhaften Klimas ist dieser Landesteil bis heute recht dünn besiedelt, konnte aber dadurch einiges von seinem historischen Flair erhalten.

El Paso und Ciudad Juarez

An der Nahtstelle mit New Mexico und Mexiko profitiert die in einem Talkessel zwischen den Guadalupe Mountains im Norden und den Ausläufern der Sierra Tarahumara im Süden liegende Stadt (550 000 Einwohner) von einem der wichtigsten Grenzübergänge nach Mexiko. Mit der mexikanischen Schwesterstadt Ciudad Juarez ist El Paso bereits zu einer wirtschaftlichen Einheit verschmolzen.

Man sieht der modernen und wenig attraktiven Stadt nicht an, daß sie auf eine lange Geschichte zurückblickt. Bereits 1598 überquerte dort Juan de Oñate, der die ersten Siedler nach New Mexico geführt hatte, den Rio Grande; er nannte den Platz El Paso del Rio del Norte (Übergang über den Norden-Fluß). Es vergingen

Blick auf El Paso

jedoch mehr als 80 Jahre, ehe die Spanier die günstige Lage nutzten. Die ersten Siedler kamen allerdings nicht freiwillig, sondern befanden sich auf der Flucht vor den Indianern, die im Pueblo-Aufstand von 1680 die Fremden aus dem heutigen New Mexico gejagt hatten (s. S. 223). In der Nachbarschaft eines Pueblo der freundschaftlich gesonnenen Tigua-Indianer ließen sie sich 1681 nieder und begannen mit dem Bau der ersten Mission Nuestra Señora del Carmen. Der Grundstein für El Paso war gelegt.

El Paso bietet Touristen kaum Sehenswürdigkeiten. Unverkennbar allerdings ist der mexikanische Einfluß, der sich in einer etwas geruhsameren Gangart niederschlägt. Überdies strömen täglich mehr als 15 000 Pendler über den Rio Grande zu ihren Arbeitsplätzen in den USA, zahlreiche amerikanische Firmen unterhalten Niederlassungen *south of the border.* Einige davon gerieten durch den Müllexport ins arme Nachbarland in Verruf, wo die Vorschriften weniger streng gehandhabt werden.

Immerhin kann man die wechselvolle Geschichte der Stadt in zahlreichen Museen nachvollziehen. Das **El Paso Centennial Museum** auf dem Gelände der Universität (University Ave./Wiggins Rd., Di–Fr 10–15, So 13.30–17.30 Uhr) dokumentiert die Entwicklung anhand von Karten, Photos und archäologischen Fundstücken. Das **El Paso Museum of History** (Avenue of the Americas, Di–So 9–16.45 Uhr) legt den Schwerpunkt auf die Zeit nach der Loslösung von Mexiko und die Geschichte der US-Kavallerie. In **Fort Bliss** (tägl. 9–16.30 Uhr), einer der wichtigsten Raketenbasen, die auch der Bundeswehr als Ausbildungsstätte dient, läßt sich amerikanische Militärgeschichte in recht eindrucksvoller Weise studieren. Der Bogen spannt sich vom Nachbau des alten Adobe-Forts aus dem Jahre 1854 (Fort Bliss Museum) über die Verherrlichung der Kavallerie während der Indianerkriege (Third Armoured Cavalry Museum, Mo–Fr 7.30–16.30 Uhr) bis zur Demonstration moderner Abwehrbereitschaft (Air Defense and Artillery Museum, Mi–So 9–16.30 Uhr).

Einen weitaus friedlicheren Eindruck vermitteln die Missionen östlich der Stadt, die den Wechsel der Geschichte gut erhalten und kaum verändert überdauert haben. Die wichtigste und älteste, die **Ysleta Mission,** liegt 14 Meilen östlich des Zentrums von El Paso im Vorort Ysleta. Von der Nuestra Señora del Carmen genannten Station ging seit 1681 die Besiedlung aus. Im Jahre 1690 durch eine Flut zerstört, wurde die Mission nach dem Wiederaufbau in Corpus Christi de la Isleta umbenannt, heute heißt sie kurz Ysleta Mission. Interessanterweise befand sich die Mission ursprünglich jenseits des Rio Grande und würde heute zu Mexiko gehören, hätte nicht der Grenzfluß im 19. Jh. sein Bett nach Süden verlegt und damit Texas ein Geschenk gemacht. Die Kirche ist noch immer religiöser Mittelpunkt der Tigua-Indianer, in deren Reservat sie liegt. Der Stamm hat sich heute ganz auf Touristen eingestellt und vermarktet geschickt sein indianisches Kulturgut, so daß man sich eher in einem Freilichtmuseum wähnt als in einer indianischen Enklave.

Die **Socorro Mission,** mit dem vollen Namen Nuestra Señora de la

Conception de Socorro, wurde 1682, nur ein Jahr nach der nahe gelegenen Ysleta Mission zur ›Bekehrung‹ der Piros, Thanos und Jemes errichtet. Nach einem Indianeraufstand verlegten die Padres die Wirkungsstätte an ihren heutigen Platz unweit der Ysleta Mission. Auch sie wurde zu Beginn des 19. Jh. durch die Verlagerung des Flusses über Nacht ein Teil von Texas. Beachtung verdienen die von Indianern geschnitzten Deckenbalken.

Die kleine Kirche im heutigen Ort **San Elizario** gehört zu einer 1777 angelegten Festung, die bis zur Fertigstellung der Eisenbahnlinie 1881 als Verwaltungszentrum des *county* diente. Der Bau zeigt allerdings nicht mehr den klaren strengen Stil der frühen Missionskirchen, die durch ihre Schlichtheit noch heute bezaubern, sondern ähnelt einer spanischen Barockkirche im Kolonialstil.

Wem die in den Museen von El Paso dargebotene Geschichte zu trokken erscheint, kann die Entwicklung der Stadt während eines zweistündigen Musicals nachvollziehen, das vom 25. 6. bis 29. 8. im McKelligon Canyon Amphitheater aufgeführt wird (Di–Sa 20.30 Uhr).

Drei Brücken überqueren den Rio Grande im Stadtgebiet von El Paso und laden dank unkomplizierter Grenzabfertigung zu einer Stippvisite der mexikanischen Grenzstadt **Ciudad Juarez** ein. Namensgeber ist der mexikanische Präsident Benito Juarez, der dort während der bürgerkriegsähnlichen Unruhen 1865 Unterschlupf fand. Im Jahre 1911 wählte der Revolutionsgeneral Pancho Villa die Stadt als Ausgangspunkt für seinen Kampf gegen die korrupte Zentralregierung. Heute ist Ciudad Juarez wegen seiner Verflechtungen mit den USA zur viertgrößten Stadt in Mexiko herangewachsen, aber auch von zahlreichen Armenvierteln umschlossen.

US-Amerikaner zieht es vor allem wegen der guten und preiswerten mexikanischen Restaurants und der Einkaufsmöglichkeiten über die Grenze. Wer mexikanische Volkskunst sucht, dem sei die Casa Artesanal (Lincoln Avenue) empfohlen, ein staatlicher Kunstgewerbemarkt, der typische Arbeiten aus ganz Mexiko vertreibt. Im gegenüberliegenden ProNaf Center, einem riesigen Supermarkt, kann man all die Dinge erstehen, für die Mexiko berühmt ist, von Gewürzen bis Tequila. Auf dem städtischen Markt, Ecke 16. Septiembre/ Constitution werden recht preiswert Lederwaren angeboten.

Praktische Hinweise

Anreise: Mit dem Flugzeug gute Verbindungen u. a. von Houston, Los Angeles und New Orleans; mit der Eisenbahn: El Paso liegt an der Strecke des Sunset Limited von New Orleans nach Los Angeles; mit dem Bus: Greyhound-Busbahnhof im Zentrum, 111 San Francisco Ave., von dort verkehren auch Busse der Gesellschaft Transportes Chihuahuenses nach Mexiko

Information: El Paso Convention and Visitors Bureau, 1 Civic Center Plaza, ✆ 915-534-0698, Mo–Fr 8–17 Uhr

Unterkunft: Park Place, 325 N. Kansas St. zentral, ✆ 915-533-8241, teuer; El Paso City Center Travel Lodge, 409 E. Missouri St., zentral, ✆ 915-544-3333, mittlere Preise; Warren Inn, 4748 E. Mesa St., Exit 16 der I-10, ✆ 915-544-

4494, preiswert; Jugendherberge, 5,5 km von Busterminal, 311 E. Franklin Ave., ✆ 915-532-3661

Staatlicher Campingplatz: Hueco Tanks State Historical Park, 30 Meilen östl. von El Paso über US 180 und FR 2775

Ausflug nach Ciudad Juarez: Für den Aufenthalt bis zu 72 Stunden benötigt man keine Touristenkarte. Es bestehen folgende Übergänge: Santa Fe Bridge (Fußgänger); Cordova Bridge (kostenlose Autobrücke, führt direkt zum Pro-Naf-Einkaufszentrum); Stanton-Brücke (in Richtung Mexiko gebührenpflichtig); Zaragossa Bridge (in Richtung USA gebührenpflichtig); die Einfuhr von Alkohol in die USA ist auf ein Quart (1 l) beschränkt und unterliegt der Alkoholsteuer. Die Einfuhr von Frischfleisch, Obst und Gemüse ist verboten. Nach Möglichkeit sollte man die Grenze zu Fuß überqueren, um lange Wartezeiten und den Abschluß einer Kfz-Versicherung zu vermeiden

Guadalupe Mountains National Park

Der wenig besuchte, 350 km^2 große Park umschließt den südlichen Teil der gleichnamigen Gebirgskette. Wie auch die 38 Meilen nördlich in New Mexico liegenden Carlsbad Caverns (s. S. 246) entstand dieser Gebirgszug aus einem Riff, das vor ungefähr 250 Mio. Jahren in einem urzeitlichen Meer gebildet und später gehoben wurde. Zahlreiche archäologische Funde dokumentieren eine bis 12 000 Jahre zurückreichende Besiedlung durch steinzeitliche Höhlenbewohner, die in den damals noch feuchten Niederungen und Tälern reichlich Nahrung fanden.

Später nutzten die Mescalero-Apachen die Quellen am Fuße der zerklüfteten, bis auf 2667 m ansteigenden Berge, wurden dann aber von der

In den Guadaloupe Mountains

Armee vertrieben, um Neusiedlern Platz zu machen. Die Indianer hatten sich vorzüglich an die spärliche Vegetation der Trockenzone angepaßt und wußten die Pflanzen geschickt zu nutzen. Hauptnahrungsmittel war Mescal, das Fruchtfleisch der Mescalagave, das auch als Grundlage zur Herstellung des berauschenden Getränks gleichen Namens dient.

Die faszinierende, von Canyons durchschnittene Bergwelt läßt sich auch heute nur zu Fuß erkunden. Ausgangspunkt für die meisten Wanderungen ist das Visitor Center bei Pine Springs Frijole, in dessen Nähe die Reste der Pinery liegen, einer alten Pferdestation der Butterfield Overland Mail Company. Die 1858 gegründete Gesellschaft bot als erste einen regelmäßigen Postkutschendienst zwischen St. Louis und San Francisco an, eine höchst abenteuerliche, 25tägige Reise über 4500 km durch Indianerland. Jeder Reisende wurde aufgefordert, ein Gewehr, einen Colt, ein Bowie-Messer und 100 Patronen im Gepäck mit sich zu führen, dazu sechs Unterhosen, zwei Wolldecken und einen dicken Mantel. Nach nur drei Jahren mußte die Verbindung wieder eingestellt werden, als Texas am 1. 2. 1861 aus der Union austrat und die meisten der 139 Stationen verfielen.

Ein weiteres Relikt aus den Pioniertagen erwartet Besucher ein Stück nordöstlich in der 1870 erbauten Frijole Ranch. Auf einem kurzem Rundweg erreicht man von dort die Quellen Manzanita und Smith Spring, in deren Umfeld sich eine artenreiche Vegetation entfaltet.

Auf der Zufahrtsstraße US 62/180 gelangt man auch zum zweiten Visitor Center im McKittrick Canyon, einem oasenähnlichen, von Steilwänden umschlossenen Tal. Eine sehr beliebte, etwa 10 km lange Rundwanderung durch den Canyon ermöglicht Wanderern einen Blick in die Entstehungsgeschichte des einstigen 600 km langen Riffs. Besonders reizvoll ist ein Besuch während des *Indian Summer*, wenn das rot gefärbte Laub der Bäume einen großartigen Kontrast zum tiefblauen Himmel und den ockerfarbenen Felsen bietet.

Von Norden führt mit der SR 137 eine weitere, 60 Meilen lange Stichstraße in den Park. Sie kommt aus New Mexico, wo sie nördlich der Carlsbad Caverns von der US 285 abzweigt, und endet im Dog Canyon. Auch von diesem wenig besuchten Endpunkt bieten sich schöne Wanderrouten, darunter der Bush Mountain Trail (14 km) und der Tejas Trail (17 km), die bis zum Visitor Center von Pine Springs führen. Vom Tejas Trail kann man über den McKittrick Canyon Trail (16 km) auch zum McKittrick Visitor Center gelangen.

Praktische Hinweise

Anfahrt: Der Hauptzugang liegt an der US 62/180, etwa 110 Meilen östl. von El Paso

Öffnungszeiten: Ganzjährig, jedoch Schließung bei starkem Schneefall; der Eintritt ist frei

Unterkunft: In der Ortschaft White's City, New Mexico, 35 Meilen nördl. an der US 62/180 (s. S. 246, Carlsbad Caverns National Park)

Campingplätze: Pine Springs und Dog Canyon im Park

Big Bend National Park

Dieser 3245 km^2 große Nationalpark an der Grenze zu Mexiko verdankt seinen Namen großer Bogen der hufeisenförmigen Schleife des Rio Grande, in die er sich einfügt und die über eine Strecke von knapp 110 Meilen die südliche Grenze des Parks bildet. Das Naturschutzgebiet kann man über von Norden kommende Stichstraßen erreichen, die am Visitor Center im Zentrum des Parks zusammentreffen.

Die wilde Landschaft zeigt ein vielgestaltiges Bild aus Bergen, Wüste, fruchtbaren Flußauen und schmalen Canyons. Obwohl Indianer wie auch die Spanier den Rio Grande schon sehr früh an mehreren Stellen regelmäßig überquerten, begann die Erforschung im Gebiet von Big Bend erst 1852. Der Fluß, der durch den Rio Conchos gespeist wird, hat sich auf seinem Weg zum Golf von Mexiko im Laufe der Jahrmillionen tief in die Landschaft eingefressen und mehrere Canyons gebildet.

Der größte Teil des Parks liegt in der Chihuahua-Wüste, die sich als Teil des mexikanischen Hochlands bis nach Texas hineinzieht. Im Gegensatz zu den drei anderen nordamerikanischen Wüsten, dem Great

Big Bend National Park

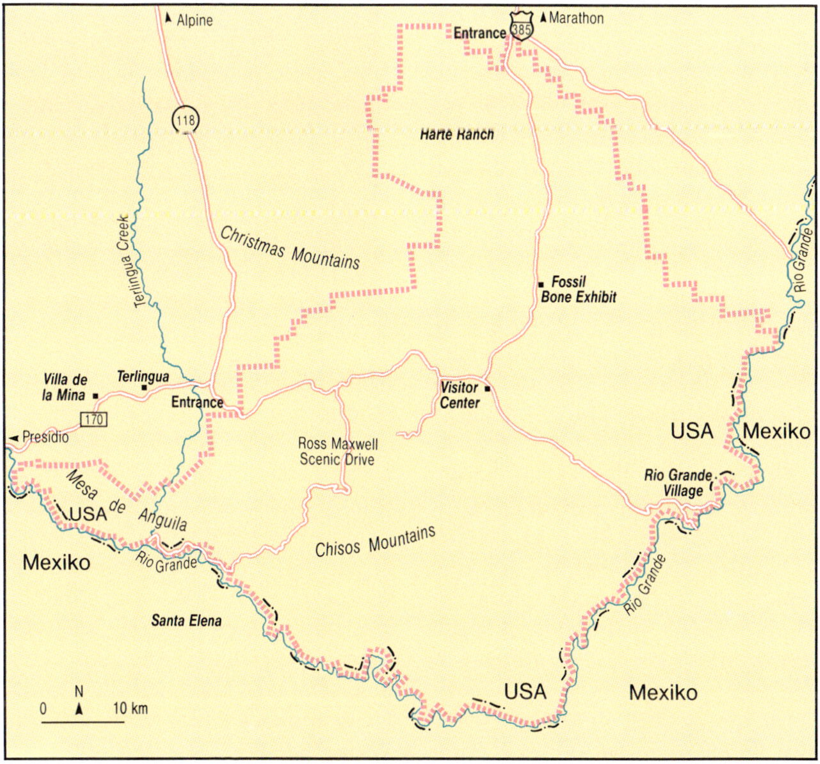

In den Chisos Mountains

Basin, der Wüste von Sonora und der Mojave, wird die Chihuahua-Wüste von sommerlichen Regenfällen begünstigt, die eine artenreiche Vegetation ermöglichen. Dennoch sind die klimatischen Bedingungen auch hier extrem. Während im Sommer die Sonne den Boden nicht selten auf über 60° Celsius aufheizt, können im Winter kalte Luftmassen aus dem Norden Nächte mit Frost bringen.

Um der gefährlichen UV-Strahlung zu entgehen, führen die meisten Tiere ein nachtaktives Leben, so daß Besucher auf den ersten Blick den Eindruck einer leblosen Landschaft gewinnen. Doch mit etwas Glück kann man langohrige Antilopenhasen *(jack rabbits)*, Wüstenratten *(kangaroo rat)*, Erdkuckuck *(roadrunner)* und Präriewölfe *(coyote)* sehen. Big Bend ist auch die Heimat von Pumas, auch Panther oder Berglöwen genannt, die allerdings keine Gefahr für den Menschen darstellen. Nur ganz selten wird man die scheuen Raubkatzen zu Gesicht bekommen, und nur in Ausnahmefällen würden sie Menschen angreifen. Auch die furchterregend aussehende Riesenspinne *(tarantula)* ist ungefährlich, doch ist größte Vorsicht vor Schlangen geboten, vor allem vor der im Park häufig vorkommenden Klapperschlange.

Im Herzen des Parks erheben sich die **Chisos Mountains** bis auf eine Höhe von über 2000 m. Aufgrund der relativ hohen Niederschläge liegen sie wie eine grüne Oase inmitten wüstenhafter Umgebung und haben sich dadurch über die Jahrtausende zum Lebensraum endemischer Tier- und Pflanzenarten entwickelt. So gibt es nur hier das *Sierra del Carmen whitetail deer*, eine Hirschart, die während der Eiszeiten weit verbreitet war, nunmehr aber auf diese kleine Region beschränkt ist. Der Lebensraum der Colima-Grasmücke beschränkt sich auf ein winziges Biotop in einem kleinen Canyon. Auch unter den 1000 Pflanzenarten gibt es endemische Gewächse wie die Chisos-Eiche und die Chisos-Agave. Wer die Wüste in voller Farbenpracht erleben

will, sollte den Park im März und April besuchen, wenn sich Wildpflanzen und Kakteen mit Blüten überziehen.

Vom Visitor Center an der Panther Junction führt ein etwa 10 Meilen langer Ausflug in die **Chisos-Berge.** Mit Blick auf eine großartige Gebirgskulisse steigt die Straße zum Panther Pass (1760 m) auf. Hier hat man Gelegenheit zu einer kleinen Wanderung (7 km hin und zurück) zum Lost Mine Peak, in dem sich der Legende zufolge eine Silbermine verbirgt. Von Spaniern ausgebeutete Indianer sollen den Stollen verschlossen haben, nachdem sie ihre Peiniger ins Jenseits befördert hatten. Vom Paß führt die Straße in sehr steilen Kehren zu ihrem Endpunkt hinab ins Chisos Basin.

Hier nimmt die recht anstrengende, aber lohnende 20 km lange Rundwanderung entlang des South Rim Trail ihren Ausgang, die bis auf 2200 m Höhe führt und unvergeßliche Fernblicke über die Landschaft des Big Bend ermöglicht.

Den **Rio Grande** kann man auf zwei asphaltierten Straßen erreichen. Die östliche, 20 Meilen lange Route führt durch abwechslungsreiche Landschaft zum Visitor Center im Rio Grande Village. Kurz vorher hat man vom Rio Grande Overlook einen weiten Blick über den Fluß auf das mexikanische Dorf Boquillas und die Sierra del Carmen, das Gegenstück der Chisos Mountains. Vom Rio Grande Village führt ein Fußweg durch dichte Ufervegetation, in der unzählige Vögel ihr Revier haben. Es ist erstaunlich, daß Big Bend mit über 400 Arten alle anderen Nationalparks der USA übertrifft. Einen besonders eindrucksvollen Blick über die Schlucht des Rio Grande bietet sich vom Boquillas Canyon Overlook, zu dem eine 4 Meilen lange Piste führt. Vom Ufer unterhalb kann man zu Floßfahrten starten oder ohne Formalitäten nach Mexiko übersetzen, um dem Dorf Boquillas einen kurzen Besuch abzustatten.

Die westliche, 22 Meilen lange Stichstraße zum Rio Grande beginnt an der Santa Elena Junction und führt zum gleichnamigen Canyon. Dabei passiert man zwei ehemalige Farmen, die Sam Nail Ranch und Blue Creek Ranch, die durch Überweidung zur Vernichtung der Grasnarbe beigetragen haben. Linker Hand ragen bald die beiden Felsdome Mule Ears in den Himmel, einige Meilen weiter bietet sich ein Blick in den Tuff Canyon. Am Berg Castellan vorbei, erreicht die Straße die gleichnamige ›Siedlung‹, die auf eine Grenzbefestigung aus dem Jahre 1914 zurückgeht. Das Fort sollte die Siedler des Umlands vor mexikanischen Banditen schützen, die in den unruhigen Jahren des mexikanischen Bürgerkriegs ihre Raubzüge bis in die USA ausdehnten.

Etwa 8 Meilen weiter endet die Straße am Terlingua Creek, den man durchwaten kann, um zum Santa Elena Canyon Trail zu gelangen, der eng an den Felsen geschmiegt einen großartigen Blick auf den bis zu 500 m steil abfallenden Rio Grande-Durchbruch gewährt. Vor dem Parkplatz befindet sich die Anlegestelle für Schlauchbootausflüge (Informationen im Visitor Center).

Praktische Hinweise

Anfahrt: Alle drei Zufahrtsstraßen zum Big Bend National Park beginnen an der US 90. Am längsten und schönsten ist die in Marfa abzweigende SR 67/170, die zum Grenzübergang Presidio führt und von dort am Rio Grande entlang zum Park (125 Meilen). Von Alpine gelangt man auf der SR 118 direkt zum Westeingang (80 Meilen); auf der in Marathon abzweigenden SR 385 sind es nur 70 Meilen bis zum Visitor Center. Vor Verlassen der US 90 sollte man das Fahrzeug volltanken (Tankstelle am Visitor Center). Öffentliche Verkehrsmittel in den Park gibt es nicht
Saison: Ganzjährig geöffnet, empfohlene Besuchszeit Frühling und Herbst; nach den oft heftigen Regenfällen kann es zu Überschwemmungen kommen
Information: Panther Junction Visitor Center, ganzjährig, tägl.; Rio Grande Village Visitor Center, tägl. Mitte Okt. bis Mitte Mai, Auskunft auch über die Zentrale, ✆ 915-477-2251

Der Rio Grande im Big Bend National Park

Unterkunft: Chisos Mountain Lodge, im Chisos Basin im Park, ✆ 915-477-2291, teuer
Camping: In Chisos Basin, Rio Grande Village und Castolon, freie Campingmöglichkeit an einigen Pisten, nur bei Trockenheit nach Buchung beim Visitor Center

Langtry

Das winzige Nest (30 Einwohner), 80 Meilen nordwestlich von Del Rio gelegen, verdankt seine Bekanntheit dem Richter Roy Bean, der durch seine unorthodoxe Rechtsprechung bereits zu Lebzeiten eine Legende war. Am 2. 8. 1882 trat der Ladenbesitzer aus Vinegaroon das Amt des ersten Friedensrichters im Pecos County an und verlegte seinen Wirkungskreis in die Eisenbahnsiedlung Langtry. Mit Hilfe der Texas Rangers, des Gesetzbuchs »1879 Revised Status of Texas« und seines Colts pflegte er fortan eine sehr persönliche Gesetzesauslegung, die bald als das ›Recht westlich des Pecos‹ bekannt und gefürchtet war. Man sagte ihm sogar zahlreiche Todesurteile nach und stempelte ihn zum *hanging Judge*. Doch sein härtestes Urteil war die Ausweisung eines Verbrechers aus Langtry ohne Waffe, Pferd und Geld. Als Gerichtssaal fungierte Roy Beans Kneipe, die er mit dem Schild ›Richter Roy Bean, öffentlicher Notar, eiskaltes Bier, Friedensrichter, das Gesetz westlich des Pecos‹ zierte und ›The Jersey Lilly‹ nannte. Der Name bezog sich auf seine platonische Liebe für die im Westen berühmte englische Sängerin Lily Langtry, der er zahlreiche unbeantwortete Briefe schrieb.

Das Gerichtsgebäude ist heute unter Denkmalschutz gestellt. Ein modernes Visitor Center ergänzt das Originalbauwerk mit Dioramen aus dem Leben des ungewöhnlichen Helden. Über eine kleine Brücke gelangt man in einen Kakteengarten, den eine jener alten Windmühlen überragt, die schon bei der Besiedlung des Staates gute Dienste geleistet hatten. Es ist kein Zufall, daß sich die erste Windmühle der USA 1854 auf dem Boden von Texas drehte.

Laredo

Weit mehr noch als El Paso ist der 150 Meilen südwestlich von San Antonio liegende Grenzort Laredo vom Einfluß mexikanischer Lebensart geprägt. 90% der Bewohner haben ihre Wurzeln im Nachbarland jenseits des Rio Grande, so daß man sich hier wie in einer mexikanischen Enklave fühlt, die zufällig auf dem Boden der USA liegt.

Im Jahre 1775 gründete der spanische Offizier Tomas Sanchez den Ort, den er nach seiner Heimatstadt Laredo benannte. Auch nach der Unabhängigkeit von Texas blieb Laredo bis 1846 ein Teil von Mexiko. Erst der Vertrag von Hidalgo, mit dem der amerikanisch-mexikanische Krieg beendet war, legte den Rio Grande als Grenze fest und bewog einen Teil der Bewohner, aufs jenseitige Ufer zu wechseln und dort die mexikanische Schwesterstadt Nuevo Laredo zu gründen.

Mittlerweile ist das im Sommer hitzeflimmernde Provinznest zu einer respektablen Stadt mit über 100 000 Einwohnern herangewachsen, bietet jedoch keine Sehenswürdigkeiten im klassischen Sinn. Größte Attraktion ist die mexikanische Atmosphäre. Auch von Laredo kann man problemlos einen Abstecher ins Nachbarland unternehmen, um von den guten Einkaufsmöglichkeiten und den preiswerten Unterkünften zu profitieren.

Praktische Hinweise

Unterkunft: Holiday Inn Civic Center, 800 Garden St., ✆ 512-727-5800, teuer; Civic Center Inn, 2620 Santa Ursula Ave., ✆ 512-722-6321, preiswert; weitere preiswerte Hotels in Nuevo Laredo

Zentral-Texas

Weite Teile dieses Landstrichs, der sich um die Stadt San Antonio erstreckt, haben durch die erodierten Reste des Edwards Plateau einen hügeligen Charakter erhalten. Gewelltes Grasland, durchsetzt mit Bauminseln und stellenweise durch Felskuppen aufgelockert, bestimmen das Bild dieses auch als Hill Country bezeichneten Teils von Texas.

San Antonio

Wie die Nabe eines Rades liegt die geschichtsträchtige, 1 Mio. Einwohner zählende Stadt im Herzen von Zentral-Texas. Ihr Aufstieg begann 1718 mit der Errichtung der Mission San Antonio de Valero, die später den Namen Alamo erhielt, abgeleitet aus der spanischen Bezeichnung für Pappel.

Im Laufe der nächsten Jahre entstanden im Umkreis vier weitere Missionen, der Zuzug von Siedlern begann allerdings erst 1731. Die Missionen wurden 1794 säkularisiert und die Gebäude aufgegeben, die Stadt blieb aber weiterhin Metropole der spanischen Provinz Texas.

Im Jahre 1821 erhielt Stephen F. Austin von der Republik Mexiko, die kurz zuvor ihre Unabhängigkeit von Spanien erkämpft hatte, die Erlaubnis, 300 Familien in Texas anzusiedeln. In kaum 15 Jahren war der Strom der Nordamerikaner auf über 35 000 angewachsen und hatte Mexiko 1824 veranlaßt, sich um Siedler aus anderen Nationen zu bemühen (vgl. S. 364). Nach der Schlacht von Alamo (s. S. 363 f.) wurde die Stadt aufgegeben und 1840 durch deutsche Zuwanderer wieder besiedelt.

Heute ist San Antonio auf den ersten Blick eine Großstadt wie viele, gewinnt aber bei näherem Kennenlernen durch ihren historischen Kern, durch den der kleine San Antonio River fließt. Indianer hatten dem sich in zahlreichen Windungen dahinschlängelnden Gewässer den schönen Namen ›betrunkener alter Mann auf dem nächtlichen Heimweg‹ gegeben – angeregt durch ihre Beobachtungen der spanischen Padres, die offensichtlich nicht immer ein gottgefälliges Leben führten.

Ein Spaziergang entlang der etwa 3 km langen Flußpromenade dient als Einstimmung auf die Stadt und ruft mit kleinen Straßencafés, Restaurants und Boutiquen Erinnerungen an Europa wach. Auch einige der besseren Hotels findet man hier.

Das mexikanische Herz von San Antonio schlägt am Market Square, einige Blocks westlich an der Commerce Avenue, wo zahlreiche Geschäfte, Imbißbuden, Restaurants und Galerien ein Stück mexikanischer Kultur verkörpern. Auf der anderen Seite des Flusses breitet sich die Hemis Fair Plaza aus, auf der 1968 der Texas World Fair abgehalten wurde. Anziehungspunkt ist der über 250 m hohe Tower of the Americas mit Drehrestaurant und großartiger Rundumsicht (tägl. 8–23 Uhr).

Die alte Missionsstation **The Alamo,** drei Blocks nördlich der Hemis Fair Plaza, ist heute ein Schrein amerikanischer Geschichte und Denkmal für den Widerstand von 187 Texanern, die 1836 13 Tage dem Ansturm der Truppe von General Santa Anna standhielten. Daß die Gründe für die Rebellion der Texaner, die auf mexikanischem Staatsgebiet siedelten, weniger rühmlich waren, verschweigen die Amerikaner gern. Einer der wichtigsten Streitpunkte zwischen den amerikanischen Siedlern und der mexikanischen Regierung gründete in der Weigerung Mexikos, die Texaner weiterhin mit Sklaven zu versorgen und der auch von den Nordstaaten der USA unterstützten Forderung nach Abschaffung der Sklaverei. Für die texanischen Großgrundbesitzer war dies Anlaß genug, die Loslösung von Mexiko zu proklamieren. Was heute als heroischer Akt im Befreiungskampf gesehen wird, galt damals in den Nordstaaten als ›Verschwörung von Sklavenhaltern‹. Darin liegt auch der Grund, warum Texas so lange um die Aufnahme in die Union buhlen mußte.

The Alamo

Unter den fast 200 Mann, die sich in Alamo verschanzt hatten, befanden sich so prominente Männer wie Davy Crockett und der berühmt-berüchtigte Jim Bowie, dem schon zu Lebzeiten ein legendärer Ruf folgte. Obwohl er als todkranker Mann in Alamo eintraf – er litt an Tuberkulose – und durch einen Sturz in der Festung halb gelähmt war, fanden die Mexikaner ihn nach der Erstürmung auf seinem Krankenbett, umgeben von 16 mit dem Bowie-Messer getöteten Feinden. Nur eine Frau, ein Kind und zwei schwarze Diener überlebten den fünfstündigen Sturmangriff am Morgen des 6. 3., aber auch Santa Anna hatte mit 1500 Toten gewaltige Verluste hinnehmen müssen, von denen sich seine Armee nicht wieder erholte. Nur sieben Wochen später ereilte ihn in Jacinto das Schicksal, als seine Truppe aufgerieben und er gefangengenommen wurde.

Als sich die Texaner in Alamo verschanzten, war die Mission zwar bereits aufgegeben, aber nach wie vor von einer Mauer umschlossen und mit mehreren Geschützen bewaffnet. Erhalten ist heute nur die Ruine der ehemaligen Missionskapelle und eine Mannschaftsbaracke, die als Museum und Gedenkschrein dient (Mo–Sa 9–17.30, So ab 10 Uhr, Photographieren in den Gebäuden verboten). Vor der Anlage steht ein Gedenkstein mit den Namen der in Alamo Gefallenen.

The Alamo ist zwar die berühmteste Mission in San Antonio, aber bei weitem nicht die schönste. Mit vier weiteren Gründungen versuchten die Spanier, im Gebiet von San Antonio Fuß zu fassen. Es gelang ihnen allerdings nur vorübergehend. Angriffe der Apachen und Comanchen sowie Seuchen dezimierten die ansässige Indianerbevölkerung und führten 1824 zur Säkularisierung der Missionen.

Die historischen Stätten liegen südlich des Zentrums in Flußnähe und sind im **San Antonio Missions National Historical Park** zusammengefaßt (tägl. 9–18 Uhr). Ein im Touristenbüro erhältliches Faltblatt gibt eine genaue Routenbeschreibung, überdies weisen Schilder mit der Aufschrift Mission Trail den Weg.

Am eindrucksvollsten ist die 1720 gegründete **San Jose Mission** (6539 San Jose Dr., 6 Meilen südlich an der US 281), deren weiträumiges Gelände wie eine Oase der Ruhe erscheint, zu der das 20. Jh. noch keinen Zugang gefunden hat. Besondere Beachtung verdient das ›rosa Fenster‹ an der Südfassade, das als herausragendes Beispiel früher Steinmetzkunst gilt.

Die nicht weit entfernt am Ufer des San Antonio River liegende **Mission San Francisco de la Espada** (US 281/ Mission Dr.), die zehn Jahre später errichtet wurde, fällt durch ihren festungsartigen Charakter auf. So diente der Glockenturm nicht nur seinem üblichen Zweck, sondern bei Angriffen auch als Bastion. Die Mission war eine Gründung der Franziskaner, die ihre alte Wirkungsstätte San Francisco de los Tejas in Ost-Texas wegen Seuchen und Trockenheit hatten aufgeben müssen.

Ein Stück in Stadtrichtung hatte auf der gegenüberliegenden Flußseite die **Mission San Juan Capistrano** ihren Platz (erreichbar über die US 181). Erhalten blieben nur eine 1909 restaurierte Kapelle und die Grundmauern einiger Wirtschaftsgebäude. Diese Mission, 1731 als Ersatz für eine im Osten aufgegebene Station gegründet, entwickelte sich sehr schnell zum wichtigsten Nahrungsmittellieferanten der gesamten Region. In der Nähe liegt ein noch erhaltener Aquädukt, der zur Bewässerung der missionseigenen, kultivierten Ländereien diente.

Dem Zentrum am nächsten liegt **Nuestra Señora la Purissima Concepción** (Mission Rd. nahe Mitchel Rd.). Die mit ihren kantigen Türmen trutzig wirkende Kirche stammt aus dem Jahre 1755 und gilt als älteste nicht restaurierte Steinkirche der USA. In der Kapelle kann man Wandgemälde aus der Kolonialzeit bewundern.

Wandmalerei in San Antonio

NACIONAL
NOTICIEROS Y CORTOS
LA PRENSA
PALETA

San Antonio versteht sich als Kulturmetropole. Unter den etwa ein Dutzend Museen ist der **Spanish Governor's Palace** (hinter der City Hall, Mo–Sa 9–17, So ab 10 Uhr) hervorzuheben, der ab 1772 als Regierungssitz diente und 1931 restauriert wurde. Über dem Eingangsportal des flachen Adobe-Gebäudes hängt das Wappen der Habsburger als Erinnerung an Karl V., unter dessen Regentschaft (1516–56) Spanien seine amerikanischen Kolonien erwarb und zur Großmacht aufstieg.

Ein Besuch lohnt sich auch im **Institute of Texan Cultures** (801 S. Bowie St., Di–Sa 9–17 Uhr, Spende), das einen Querschnitt durch die texanische Geschichte bietet. Der Schwerpunkt liegt auf dem Beitrag der 26 am Aufbau des Landes beteiligten ethnischen Gruppen. Das **Witte Museum** (3801 Broadway, Mo bis Sa 10–17 Uhr, So nur nachmittags) widmet sich den naturwissenschaftlichen Aspekten der Landeskunde.

Eine völlig andere Art, Geschichte zum Leben zu erwecken, bietet der neue Freizeitpark **Texas Fiesta,** eine Art multikulturelles Disneyland (nahe Loop Rd. 1604 und I-10). Auf 80 ha wurden vier historische Episoden herausgegriffen. Bei Los Festivales geht es mexikanisch zu, im Crackaxie Canyon erwacht die Zeit um 1920 zu neuem Leben, Spassburg dokumentiert das deutsche Erbe mit Sängerhalle, Karussell und Bierzelt, Rockville gedenkt der wilden 50er Jahre mit Rock und Jukebox (im Sommer tägl., im Frühjahr und Herbst nur an Wochenenden, Jan. und Feb. geschlossen).

Eine Mischung aus Zoo und Zirkus bietet **Sea World of Texas** auf 100 ha mit der Vorführung dressierter Delphine und Killerwale, dazu zahlreichen Aquarien und Einzelausstellungen sowie zwei Wildwasserfahrten, alles eingebettet in üppige Flora (10500 Sea World Dr., im Sommer tägl. 10–22 Uhr, im Frühjahr und Herbst nur an Wochenenden).

Praktische Hinweise

Verbindungen: Mit dem Flugzeug gute Verbindungen von allen größeren Städten der USA und von Mexiko. Der Flughafen liegt 6 Meilen nördl. des Zentrums an der US 281, Super Van Shuttle-Verbindung mit der Innenstadt; mit der Eisenbahn: San Antonio liegt an der Gablung der Amtrak-Strecken Los Angeles – New Orleans (Sunset Limited) und Los Angeles – Chicago (Texas Eagle); der Bahnhof, 1174 E. Commerce St., liegt südöstl. des Zentrums; mit dem Bus: Ausgedehntes Greyhound-Netz; Busbahnhof, 500 N. St./Mary's St.
Information: San Antonio Visitor Center, 317 Alamo Park
Unterkunft: Alamo Plaza, 705 E. Houston St., im Zentrum, ✆ 512-225-8486, Luxus; Holiday Inn Riverwalk, 217 North St./St. Mary's St., im Zentrum, teuer, ✆ 512-224-2500; Rodeway Inn Downtown, 900 N. Main Ave., ✆ 512-223-2951; Jugendherberge, 3 km bis Busterminal, 621 Pierce St., ✆ 512-223-9426
Camping: KOA Campground, 602 Gambler Rd., ✆ 210-224-9296, zentral, östl. des Zentrums zwischen US 35 und US 10
Veranstaltungen: Carnival del Rio, entlang Riverwalk, März; Fiesta San Antonio, 10 Tage Ende April, größtes Fest der Stadt mit Veranstaltungen und Umzügen; San Antonio Festival, zwei Wochen im Juni; Texas Folklife Festival, August, Auftritt ethnischer Gruppen

New Braunfels

Während die meisten ehemals deutschen Gemeinden sich längst dem *American Way of Life* angepaßt haben und allenfalls noch im Namen die Herkunft ihrer Gründer zu erkennen geben, hat die Ortschaft New Braunfels, 23 Meilen nordöstlich von San Antonio, ihr deutsches Erbe bewußt in den Dienst des Fremdenverkehrs gestellt. »In New Braunfels you can dine at bier gartens and dance to oompah music« preist ein Prospekt die Hauptattraktionen (Information: Chamber of Commerce, 390 S. Seguin, ✆ 512-625-2385).

Die auf 28 000 Einwohner angewachsene Stadt wurde 1845 auf Initiative des hessischen Prinzen Carl von Solms-Braunfels gegründet. Bis heute ist sie in den USA für deutsche Wurst und deutsches Brot bekannt und lockt alljährlich Tausende zum großen zehntägigen ›Wurstfest‹ im November. Selbst der mit Wasserrutschen ausgestattete Vergnügungspark Schlitterbahn spiegelt nicht nur in seinem Namen, sondern auch in der Dekoration das amerikanische Deutschlandbild mit ›Rothenburg-Touch‹ und bayerischer Kneipengemütlichkeit wider (im Sommer täglich 10–20 Uhr, Mai und Sept. nur an Wochenenden).

Die meisten Bauten aus der Zeit der ersten deutschen Siedler blieben in der eingemeindeten Ortschaft Gruene erhalten, darunter eine rustikale Bierhalle mit dem ältesten Tanzboden von Texas. Wer deutscher Vergangenheit detaillierter nachspüren möchte, dem empfiehlt sich das Sophienburg-Museum mit umfangreichen Archiven als wahre Fundgrube (401 W. Coll St., Mo–Sa 10–17, So ab 13 Uhr).

New Braunfels

Austin

Der Weg von Austin zur Hauptstadt begann 1839, als sich fünf Ranger im Auftrag des Vizepräsidenten Mirabeau Lamar aufmachten, einen geeigneten Standort für den Regierungssitz der Republik zu erkunden. In der kleinen Ortschaft Waterloo am Ufer des Colorado glaubten sie, den rechten Platz dafür gefunden zu haben.

Bei der Umbenennung des Städtchens besann man sich des Mannes, der die ersten nordamerikanischen Siedler nach Texas gebracht hatte: Stephen F. Austin (1793–1836). Doch die Entwicklung der neuen Metropole ging nur schleppend voran.

Größter Widersacher des Plans war Sam Houston, der erste Präsident des unabhängigen Texas; er plädierte für das nach ihm benannte Houston als Hauptstadt. Im Jahre 1842 konnte er sich auch durchsetzen, Austin verlor seine bevorzugte Stellung. Doch 1850 wendete sich das Blatt erneut, und seither behauptete Austin seinen Anspruch unangefochten, obwohl die Frage nach dem rechtmäßigen Eigentum am Kapitol noch immer ungeklärt ist; nach wie vor besitzt der Staat kein verbrieftes Recht an diesem Grundstück.

Obwohl die 470000 Einwohner zählende Stadt als Kulturzentrum gilt, über mehrere Museen verfügt und mit der Laguna Gloria Fiesta die größte Kunstausstellung des Staates ausrichtet, bietet sie Reisenden aus Europa recht wenig.

Im Zentrum steht das 1881 errichtete **Capitol,** ein Granitbau nach dem Vorbild in Washington D.C. (tägl. 6–23 Uhr). Auf den Spuren neuerer Geschichte kann man im **Lyndon B. Johnson Museum** wandeln, einer hochmodernen Anlage mit Erinnerungsstücken an den 36. Präsidenten der USA (1963–69), der 1973 in Austin starb. Besonders Deutsche dürfte ein Abstecher in das **Elisabet Ney Museum** mit dem Studio der deutschen Bildhauerin interessieren, die in den 70er Jahren des vergangenen Jahrhunderts nach Texas emigrierte und zu einer bekannten Künstlerin aufstieg (304 E. 44th St., Mi–Sa 10–17, So ab 12 Uhr). Zum Bummeln empfiehlt sich die Sixth Street, die Hauptstraße aus alten Tagen. Auf dem unter Denkmalschutz gestellten Abschnitt zwischen I-35 und der Congress Avenue bietet sie mit viktorianischen Häuserzeilen, Cafés, Restaurants, Galerien und Souvenirläden vor allem an Wochenenden ein buntes Bild.

Praktische Hinweise

Verbindungen: Mit dem Flugzeug Direktverbindungen nur mit Houston und Dallas. Der kleine Robert Mueller Municipal Airport liegt zwischen I-35 und US 290 in unmittelbarer Nähe des Zentrums; Stadtbus zum Zentrum; mit der Eisenbahn: Austin liegt an der Strecke Los Angeles – San Antonio – Dallas – Chicago (Texas Eagle); der Bahnhof liegt nahe dem Zentrum, 250 N. Lamar Blvd.; mit dem Bus: Greyhound Station im Zentrum, 916 E. Koenig

Information: Austin Convention and Visitors Bureau, ✆ 512-478-0098, Texas Department of Transportation, Travel Information Center, Südeingang Capitol, ✆ 512-463-8586, tägl. 8–17 Uhr

Unterkunft: Four Seasons, 98 San Jacinto Blvd., am Fluß, ✆ 512-478-4500, Luxus; Best Western Quartes at the Capitol, 300 E. 11th St., ✆ 512-476-7151, mittlere Preise; Rodeway Inn University, nahe Campus und Capitol, ✆ 512-477-6395, preiswert

Camping: Staatlicher Campingplatz im Emma Long Metropolitan Park, 4 Meilen nordwestl. von Austin am Colorado

Houston

Mit 1,7 Mio. Einwohnern ist Houston nicht nur die weitaus größte Stadt in Texas, sondern auch wirtschaftliches Zentrum des Staats und einer der wichtigsten Häfen der USA. Ihre Gründung verdankt die Metropole den Gebrüdern Allen, die 1836 einen maritimen Handelsposten am Buf-

Blick auf Houston

falo Bayou eröffneten, einem kleinen Fluß, der etwas weiter südlich in die Bucht von Galveston mündet. Namenspatron war Sam Houston, der kurz zuvor die mexikanischen Truppen geschlagen und damit die Unabhängigkeit seines Landes erkämpft hatte.

Die Stadt galt wegen des feuchtwarmen Klimas bis weit in unser Jahrhundert hinein als höchst ungesunder Ort – erst mit Einführung der Klimaanlagen verlor sie ihre Schrekken. Der Hauptimpuls für den ökonomischen Aufschwung ging 1935 von der Anlage eines 12 m tiefen Kanals aus, der Houston mit dem 70 km entfernten Golf von Mexiko verband. Hinzu kamen Baumwollplantagen, Textilverarbeitungsbetriebe und vor allem Raffinerien, die den Reichtum der texanischen Ölfelder verarbeiteten. Houston kann nur mit wenigen Attraktionen aufwarten, die einen Besuch für europäische Touristen lohnend machen. Das Netz der Stadtautobahnen, das nicht von ungefähr den Spitznamen *spagetti bowl* (Spaghetti-Schüssel) trägt, muß jeden Autofahrer verwirren.

Ein Stadtrundgang zu Fuß beschränkt sich auf das alte Zentrum **Allen's Landing Park** (Ecke Commerce und Main St.), wo allerdings kaum etwas aus der Gründerzeit erhalten blieb. Als viel gepriesene Sehenswürdigkeit gilt der **Astrodome,** eine 18 Stockwerke hohe Sporthalle der Superlative mit 65 000 Sitzplätzen (5 Meilen südwestl., tägl. Führung um 11, 13, und 15 Uhr, sofern keine Veranstaltungen stattfinden). Gegenüber liegt das nicht weniger eindrucksvolle Vergnügungszentrum **Astroworld** mit riesigen Rollschuhbahnen, Shows und zahlreichen Attraktionen im Stil von Disneyland (im Sommer tägl. ab 10 Uhr, im Frühjahr und Herbst nur an Wochenenden).

Als wohltuender Kontrast empfängt Stille die Besucher des gepflegten, 1927 errichteten Anwesens **Bayou Bend,** das die Philanthropin Ima Hoog mit einer erlesenen Sammlung amerikanischer Möbel und Gemälde des 17. bis 19. Jh. ausstattete und 1965 dem Houston Museum of Fine Arts vermachte (Westcott St., Mi–Sa 10–17, So ab 13 Uhr).

Das **Museum of Fine Arts** besitzt eine große Sammlung aus vielen Epochen und Regionen der Erde, darunter Exponate aus Ägypten, Griechenland und Rom, Werke der Renaissance aus Italien und Spanien sowie Gemälde des bekannten Western-Malers Frederic Remington (1861 bis 1909, Bissonet zwischen Main St. und Monroe Blvd., Di–Sa 9–17, Do bis 21, So ab 12.30 Uhr). Die größte Attraktion von Houston, das **Lyndon B. Johnson Space Center,** liegt 25 Meilen südöstlich der Stadt, erreichbar über die I-45. Das Visitor Center des NASA-Kontrollzentrums gibt einen lückenlosen Querschnitt durch die bemannte amerikanische Raumfahrt anhand zahlreicher Originale, darunter Raumkapseln und Raketentriebwerke gigantischen Ausmaßes. Zuweilen finden auch kurze Vorträge und Führungen durch das Mission Control Center statt, von dem die Raketenstarts und bemannten Raumflüge überwacht werden (tägl. 9–16 Uhr, Eintritt frei).

Praktische Hinweise

Verbindungen: Sehr gute nationale und internationale Verbindungen, Houston hat zwei Flugplätze, Houston Interna-

Blick über den Houston Ship Canal

tional (15 Meilen nördl.) und W.P. Hobby Airport (9 Meilen südl.). Zum Stadtzentrum verkehren Airport Expreß-Pendelbusse; mit der Eisenbahn: Houston liegt an den Amtrak-Strecken New Orleans–Los Angeles (Sunset Limited) und Houston–Dallas–Chicago (Texas Eagle); mit dem Bus: Greyhound Terminal im Zentrum (2121 Main St.)
Information: Houston Convention and Visitors Bureau, 3300 Main St., ✆ 713-523-5050, Mo–Fr 8–17 Uhr
Unterkunft: Hyatt Regency, 1200 Louisiana St., ✆ 713-654-1234, Luxus; Days Inn, 801 Caloun, ✆ 713-659-2222, teuer; Hotel Concord Hobby Airport, 7777 Airport Blvd., ✆ 713-644-1261, mittlere Preise; Grant Motor Inn, 8200 S. Main St., ✆ 713-668-8000, preiswert; Jugendherberge, 4 km vom Busterminal, 5302 Crawford, ✆ 713-523-1009
Veranstaltungen: Houston Livestock Show and Rodeo, 14 Tage im Feb., Cowboys und Rinder beherrschen die Szene, Umzüge; Houston International Festival, zwei Wochen im April, Tanz, Musik, Ausstellungen

Dallas

Hinter dem durch die gleichnamige Fernsehserie weltweit bekannt gewordenen Namen verbirgt sich die siebtgrößte Stadt der USA, die mit dem benachbarten Fort Worth zu einem Ballungszentrum mit über 1 Mio. Einwohnern verschmolzen ist. Ihre Entstehung verdankt die Stadt einem Irrtum. Als John Neel Bryan 1841 auf den Trinity River stieß, hielt er ihn für einen Verkehrsweg bis zum Golf von Mexiko. Zwar erreichte 1868 ein Dampfboot von Galveston die Niederlassung, benötigte allerdings ein volles Jahr. Was dem Schiffsverkehr versagt blieb, gelang der Eisenbahn.

Lange Zeit war Dallas Endpunkt der unter Geldmangel leidenden Linien Texas Pacific- und Texas Central Railroad. Die Verschnaufpause

Downtown Dallas

der Bahnbauer verhalf dem Ort zu einem erheblichen Bevölkerungsanstieg, da das fast vergessene Dallas über Nacht zum begehrten Umschlagplatz für die Agrarprodukte der Umgebung geworden war. Wie Houston empfing auch Dallas seinen entscheidenden Wachstumsimpuls durch die Erschließung ergiebiger Ölvorkommen in unmittelbarer Umgebung. Der Grundstein zum Reichtum war gelegt und zog weiteres Geld an, unter anderem die Federal Reserve Bank. Bereits 1908 hatten wiederholte

Überschwemmungen des Trinity River eine Neugestaltung der Innenstadt erforderlich gemacht, die vom Städteplaner George Kessler in Angriff genommen und im Laufe der Jahrzehnte auch umgesetzt wurde. Dallas gibt sich ultramodern und zukunftsorientiert, als Ort des Kennedy-Attentats wird es auch in die Geschichte eingehen.

Den besten Eindruck von der konsumorientierten Gesellschaft und der hektischen Jagd nach dem Dollar erhält man Downtown, wo die gläsernen Paläste der Banken, Ölkonzerne und Versicherungsgesellschaften in den Himmel ragen. Viele Besucher bestaunen ›The Sixth Floor‹ (das sechste Stockwerk) jenes Gebäudes an der Ecke Elm und Houston Streets, aus dessen Fenster am 22. 11. 1963 höchstwahrscheinlich die tödlichen Schüsse auf John F. Kennedy fielen. Eine kleine Ausstellung zeichnet den Lebensweg des ersten katholischen Präsidenten der USA nach (tägl. 10–17, Sa 10–18 Uhr).

Im **State Fair Park,** dem Gelände der Texas Centennial Exhibition von 1936, blieb in den Fassaden der Gebäude ein sehenswerter Querschnitt des Art déco-Stils jener Zeit erhalten, zu dem namhafte Architekten der USA beitrugen. Im Park haben heute zahlreiche Museen ihren Platz, darunter das **Age of Steam Railroad Museum** mit einer Sammlung alter Lokomotiven und Waggons (Do und Fr 9–13, Sa und So 11–17, während des Texas Fair tägl. 10–18 Uhr), das **Dallas Civic Garden Center** mit tropischer Blütenpracht (Di–Sa 10–17, So ab 12.30 Uhr) und die beiden Wissenschaftsmuseen **Science Place I und II** (tägl. 9.30–17.30 Uhr).

◁ Die Skyline von Dallas

Praktische Hinweise

Verbindungen: Mit dem Flugzeug sehr gute nationale und internationale Verbindungen; Dallas/Fort Worth hat mehrere Flughäfen. Der International Airport liegt 17 Meilen vom Zentrum entfernt zwischen Dallas und Fort Worth. Vom Addison Municipal Airport (12 Meilen nördl.) wird ein großer Teil des nationalen Flugverkehrs abgewickelt. Verbindungen mit der Innenstadt durch private Buslinien (Van Shuttle); mit der Eisenbahn: dreimal wöchentl. Amtrak-Verbindung mit Chicago oder San Antonio (Texas Eagle). Der Bahnhof Union Station liegt im Zentrum, 400 S. Houston St.; mit dem Bus: Der Greyhound-Busbahnhof befindet sich ebenfalls im Zentrum, Ecke Lamar und Commerce Sts

Information: Dallas Convention & Visitors Bureau, 1201 Elm St., ✆ 214-746-6677; Visitor Information Center in der Union Station, 400 S. Houston St., tägl. 8–17 Uhr

Unterkunft: Fairmont, 1717 N. Akard St., ✆ 214-720-2020, Luxus; Best Western Market Center, 77 Market Center Blvd., ✆ 214-741-5041, zentral, teuer; Comfort Inn, 3536 Kingsley Rd., östlich am Fwy 635, ✆ 214-340-3501, mittlere Preise; Exel Inn of Dallas East, 8510 R. L. Thornton Fwy, ✆ 214-328-8500, preiswert

Camping: Traders Village, 2602 Mayfield Rd. in Grand Prarie, 12 Meilen westl. nahe der I-30, an Wochenenden Flohmarkt; Arlington Campground, zwischen Dallas und Fort Worth nahe der I-20, Exit 449; Lake Whitney State Park

Veranstaltungen: Texas Fair, 17 Tage im Okt., das größte Volksfest in Texas

Die Golfküste

Im Süden grenzt Texas auf einer Länge von etwa 600 km an den Golf von Mexiko. Das Land verschmilzt dort ganz allmählich mit dem Meer, begleitet von Untiefen und flachen Sandinseln, an denen manch spanische Galeone scheiterte. Zudem liegt die Küste im Wirkungsbereich der Hurrikans, die immer wieder verheerende Schäden anrichten. Autofahrern erschließt sich die reizvolle Landschaft am besten bei einer Fahrt entlang der Nebenstraßen SR 35 und 87.

Corpus Christi

Im Jahre 1519 – so vermerkt die Chronik der Stadt – sichtete der spanische Konquistador Alvarez Alonzo de Pineda eine einladende Bucht im Golf von Mexiko, just an jenem Tag, an dem man das heilige Fest ›Christi Leib‹ – Fronleichnam – beging. Die so gefundene Bezeichnung übertrug sich von der Bay auch auf die spätere Siedlung, aber zunächst mußten noch einige ›geschichtslose‹ Jahrhunderte vergehen, bis der amerikanische Pionier Henry Lawrence Kinney 1839 die Meerenge als Standort für einen Handelsposten erkor. Bedeutung erlangte Corpus Christi erst mit dem Bau eines Schiffahrtskanals im Jahre 1920, der den Hafen – mit fast 14 m der tiefste im Golf von Mexiko – auch für größere Schiffe erreichbar machte. Wegen seiner schönen, palmenbestandenen Promenade und den nahegelegenen 150 km langen Sandstränden auf den vorgelagerten schmalen Inseln Mustang und Padre gehört die 258 000 Einwohner zählende Stadt zu den beliebtesten Badezielen am Golf. Das *Texas State Aquarium* (2710 N. Shoreline Blvd., Mo–Sa 10–18, So ab 12 Uhr) zeigt einen Querschnitt durch die Tier- und Pflanzenwelt des Golfs von Mexiko und der Karibik. Liebhabern asiatischer Kunst werden im *Museum of Oriental Cultures* (418 Peoples St., Di–Sa 10–16 Uhr) Exponate aus dem chinesischen, japanischen und indischen Kulturkreis geboten.

Als Padre Island National Seashore wurde der größte Teil der gleichnamigen Insel unter Naturschutz gestellt. Man kann sie zwar mit dem Fahrzeug über einen Damm erreichen, eine durchgehende Verbindung gibt es aber nicht. Das nördlich anschließende Mustang Island, das in einem State Park teilweise ebenfalls unter Naturschutz steht, wird hingegen von der SR 53 in seiner ganzen Länge durchquert. Im Norden besteht von Port Aransas eine kostenlose Fährverbindung zum Festland. Die Hotels konzentrieren sich auf die Küstenpromenade und das North Padre Island, wo auch die Parkverwaltung zu finden ist.

Praktische Hinweise

Information: Corpus Christi Area Convention & Visitors Bureau, 1201 N. Shoreline Dr., ✆ 512-882-5603
Unterkunft: Holiday Inn North Padre Island Resort, North Padre Island, ✆ 512-949-8041, teuer; Gulf Beach Luxury Motor Inn, 3500 Surfside Blvd., am Strand, ✆ 512-882-3500, mittlere Preise; Days Inn, 901 Navigation Blvd., ✆ 512-888-8599, mittlere Preise

Am Strand von Galveston

Camping: Sehr gute Campingmöglichkeiten (z. T. kostenlos) auf den Inseln Padre und Mustang

Galveston

Die etwa 37 Meilen südlich von Houston auf einer vorgelagerten Insel liegende Kleinstadt (60 000 Einwohner) kann auf eine bewegte Geschichte zurückblicken. Die Mexikaner hatten hier einen vorgeschobenen Posten, den der französische Freibeuter Jean Laffite 1817 zur Basis für seine Kaperfahrten ausbaute, als die Mexikaner sich zurückgezogen hatten. Nach dem Anschluß an Texas schneiderte der Stadtplaner Michael Menard 1839 einen neuen Grundriß mit rechtwinklig sich kreuzenden Straßen, was bis heute die Orientierung leicht macht.

Im September 1900 verwüstete eine haushohe Flutwelle im Gefolge eines Hurrikans die Ortschaft und forderte 6000 Menschenleben. Mit enormem Aufwand entstand ein neues Galveston. Die Überlebenden errichteten nicht nur einen Betondamm, den Seawall, gegen die Flut, sondern legten die Stadt durch Aufschüttung bis zu 5 m höher. Daß sich die Mühen lohnten, zeigte sich beim Sturm von 1915, der ›nur‹ 275 Tote forderte.

Als Houston durch einen Kanal direkten Zugang zum Golf bekam, verlor Galveston seine Bedeutung als wichtigster Hafen des Südens. In den 70er Jahren begannen die Stadtväter mit der Renovierung der historischen Bausubstanz und forcierten den Tourismus, mit dem man sich nun eine neue Einnahmequelle erschlossen hat.

Zur Stadtbesichtigung empfiehlt sich das rosa Touristenbähnchen Treasure Isle Tour Train, das eine Rundfahrt durch die neuen und alten Viertel unternimmt, und The Galveston Yellow Flyer, ein motorisierter Nachbau der alten Straßenbahn. Sehenswert sind die historischen Bauten im Distrikt The Strand, der ehemaligen Wall Street des Südwestens. Die Eisenfassaden der Gebäude dokumentieren den Übergang von der Ziegelbauweise zum Stahlskelettbau, der die Voraussetzungen zur Hochhausarchitektur schuf. Lohnend ist auch der Blick auf den geschäftigen Fischereihafen, wo man mit dem Nachbau eines Mississippi-Dampfers zu einer zweistündigen Rundfahrt durch die Bucht ablegen kann. Am Pier 21 hat das *Texas Seaport Museum* (tägl. 10–17 Uhr) seinen Platz und präsentiert voller Stolz die 400-Tonnen-Bark »Elissa«, einen Windjammer aus dem Jahre 1877, der zuweilen sogar Segel setzt und auf große Fahrt geht.

Ein großer Teil der Insel wird von einem 50 km langen Strand eingenommen, an dem sich während der Ferien und an Wochenenden die Bewohner von Houston tummeln.

Praktische Hinweise

Verbindungen: Mit dem Auto von Houston auf der I-45 über die Dammstraße; von Port Bolivar (an der SR 87) mit der Fähre; mit der Eisenbahn: An Wochenenden verkehrt ein historischer Zug der Amtrak mit Waggons aus den 30er Jahren zwischen Houston und Galveston; mit dem Bus: Häufige Verbindung mit Houston, Texas Busline
Information: Galveston Convention & Visitors Bureau, 2106 Seawall Blvd., ✆ 409-763-4311, tägl. 8.30–17 Uhr
Unterkunft: La Quinta, 2106 Seawall Blvd., ✆ 409-763-1224, teuer; Motor Inn Galveston Resort Inn, 600 Strand St., am Jachthafen, ✆ 409-654-5544, teuer
Camping: Galveston State Park, 6 Meilen südwestl.; ein weiterer Platz am Ende der West Beach; freies Campieren nur an bestimmten Stellen

Abbildungsnachweis

Archiv für Kunst und Geschichte, Berlin S. 27, 223, 296, 325
Bildagentur Schuster/Barnes, Oberursel S. 308
Bildagentur Schuster/Explorer, Oberursel S. 209
Bildagentur Schuster/Kost, Oberursel S. 287
Bilderdienst Süddeutscher Verlag, München S. 98
Manfred Braunger, Freiburg S. 109, 133, 179, 192, 203 unten, 226, 243, 269, 288, 309, 311, 312, 371
Inge und Oswald Burk, München S. 115, 137
Colorado Tourism Board, Denver S. 267
Gesche-M. Cordes, Hamburg S. 189
Dick Durrance/Agentur Focus, Hamburg S. 350
Gerhard Eisenschink, Poing S. 22, 210, 231, 260
Eric Haase/Agentur Focus, Hamburg S. 400 oben
Christian Heeb/Look, München S. 8, 12, 48/49, 51, 59, 69, 71, 96, 104, 107, 214, 272/273, 285 oben, 292/293, 300, 302, 305, 330, 331, 337, 345, 368, 374/375, 387, 388, 389, 390/391, 394
Rainer Held/Das Fotoarchiv., Essen S. 248/249
Stephanie Henseler, Köln S. 66/67
Roland E. Jung, Bad Sassendorf S. 126/127, 131
Peter Korniss/Das Fotoarchiv., Essen S. 24, 29
John Launois/Das Fotoarchiv., Essen S. 148
H. Matsumoto/Das Fotoarchiv., Essen S. 195
Ulf Müller-Moewes, Königswinter Titelbild, Umschlagklappe vorne und hinten, Umschlagrückseite oben und unten, S. 10/11, 15, 17, 18, 20, 33, 35, 36/37, 39, 46, 52/53, 55, 56, 57, 60, 64, 75, 78, 80, 82, 84/85, 87, 88/89, 92/93, 102/103, 122, 124, 134, 144, 146, 153, 156, 157, 162/163, 165, 166, 167 links, 167 rechts, 170, 172, 174, 176, 181, 183, 184/185, 193, 194, 197, 198/199, 200, 205, 218, 233, 235, 236/237, 241, 242, 245, 246, 252, 256, 257, 259, 263, 280 oben, 280 unten, 281, 283, 285 unten, 316/317, 322, 329, 341, 342, 344, 353, 357, 360, 362, 377, 379, 380, 383, 385, 398/399
Mike Nichols/Agentur Focus, Hamburg S. 190
Louie Psihoyos/Agentur Focus, Hamburg S. 276
John Running/Das Fotoarchiv., Essen S. 228
Transglobe Agency, Hamburg S. 2 (David Frazier), 31 (Klaus Tiedge), 43 (Jeff Slocumb), 73 (Ben Simmons), 238/239 (Kay Sommer), 400 unten (K. Plaumann)
Ullstein Bilderdienst, Berlin S. 203 oben, 335, 365
U.S. Information Service, Bonn S. 41, 118, 160, 356
Maria Waber, Frankfurt/M. S. 217

Karten und Pläne
DuMont Buchverlag, Köln

Quellennachweis

Der Text auf S. 128/129 wurde mit freundlicher Genehmigung des Bertelsmann Lexikon-Verlags entnommen aus H. J. Stammel, Die Indianer, Gütersloh 1992.

Die Zitate auf S. 222/223 wurden mit freundlicher Genehmigung der Verlagsgruppe Bertelsmann GmbH entnommen aus Cumming/Skelton/Quinn, Die Entdeckung Nordamerikas. Alle Rechte an der deutschen Übersetzung von Theodor Knust beim C. Bertelsmann Verlag GmbH, München.

Kartenverzeichnis

S. 398/399 Güterzug in der Wüste von Kalifornien
S. 400 Indianer bei Wounded Knee, oben; mexikanische Fiesta in San Francisco, unten

5050
5050
Santa Fe
5050

5054
5054
5054
Santa Fe

Praktische Reiseinformationen

Reisevorbereitung und Anreise

Informationsstellen

Amerika-Bibliotheken gibt es in den Amerika-Häusern von Berlin, Frankfurt, Hamburg, Leipzig, Köln, München und Stuttgart sowie in den Deutsch-Amerikanischen Instituten in Darmstadt, Freiburg, Heidelberg, Kiel, Nürnberg, Regensburg, Saarbrücken und Tübingen.

Auskunft erteilt auch das Fremdenverkehrsamt der USA ›USTTA‹: Platenstr. 1, 60320 Frankfurt/M., ✆ 0 69-9 56 79 00-18 (Mo–Fr 9–13 Uhr, Durchkommen fast unmöglich!), Fax 0 69-56 11 30. Vom USA-Ferienplaner-Versanddienst, Sporthallenstr. 7, 64850 Schaafheim erhält man gegen eine Gebühr von DM 5,– eine 135seitige Informationsbroschüre.

Die Niederlassungen des ADAC halten für ihre Mitglieder kostenloses Karten- und Informationsmaterial bereit und arbeiten auf Wunsch Touren aus. Die AAA (American Automobile Association), der größte amerikanische Automobilklub, stellt in seinen Niederlassungen Mitgliedern deutscher Schwesterorganisationen gegen Vorlage des deutschen Klubausweises Tourenbücher *(Tour Books)*, Campingplatznachweise *(Camp Books)* und Kartenmaterial *(Maps)* kostenlos zur Verfügung.

Diplomatische Vertretungen der USA

... in Deutschland
Amerikanische Botschaft, Deichmanns Aue, 53179 Bonn, ✆ 02 28-3 39-1

... in der Schweiz
Amerikanische Botschaft, Jubiläumsstraße 93, 3005 Bern, ✆ 031-3577011

... in Österreich
Amerikanische Botschaft, Boltzmanngasse 16, 1090 Wien 9, ✆ 01-31339

Gesundheitsvorsorge

Wer schon bei Reisebeginn körperlich fit ist, wird die Zeitverschiebung und Klimaveränderung leicht meistern. Größere und kleinere Beschwerden einschließlich Zahnprobleme sollte man möglichst schon zu Hause behandeln lassen.

Da in den USA deutsche Krankenscheine nicht akzeptiert werden, erhält man nach Rückkehr bestenfalls die in der Heimat üblichen Kosten erstattet, die mit Sicherheit unter den amerikanischen liegen. Wenigstens sollte der behandelnde Arzt die Rechnung deutlich lesbar und ausführlich spezifiziert haben. Beruhigter fährt man mit einer Reisekrankenversicherung, die sich in Europa preiswert tageweise abschließen läßt. Hier gilt es, zuvor das Kleingedruckte zu studieren, um sich über Ausschlußklauseln im klaren zu sein und Prämien zu vergleichen.

Da eine Krankenbehandlung in den USA – gleichgültig, ob mit oder ohne Versicherung – stets sofort bezahlt werden muß, sollte man eine Kreditkarte besitzen. Muß aus gesundheitlichen Gründen der Rückreisetermin verschoben werden, verzichten einige Fluggesellschaften bei nachgewiesener Arzt- oder Krankenhausbehandlung auf Umbuchungsgebühren. Regelmäßig benötigte Medikamente sollten in ausreichender Menge bereits zu Hause besorgt werden, weil sie wahrscheinlich unter demselben Namen in den USA unbekannt sind und obendrein die Apotheken nur amerikanische Rezepte anerkennen. Nicht verschreibungspflichtige Arzneien, etwa Aspirin, sind oft zu einem Bruchteil des deutschen Preises erhältlich.

Reisen mit Kindern

Die USA geben sich als besonders kinderfreundliches Land, wo dem Nachwuchs ein freizügiges Leben geboten wird. So verfügt jedes bessere Lokal über Kinderstühle, Präsente zum Ablenken der Kleinen und Kindermenüs. Fast Food-Restaurants besitzen Spielplätze, wo die Kinder zwischen riesenhaften Plastik-Hamburgern Parties feiern. Viele Museen, Zoos oder andere Touristenattraktionen unterhalten spezielle Kinderabteilungen, in denen die jungen Besucher alles anfassen und nichts falsch machen können.

Reisen mit der Familie kostet nur unwesentlich mehr Geld als ohne, dazu verhelfen reduzierte Flugtarife und oftmals freie Logis oder verbilligte Eintrittskarten für Kinder. Wegen Erdbeben- und Feuergefahr dürfen laut Gesetz Jugendliche unter 14 Jahren abends in Hotels und Motels nicht unbeaufsichtigt bleiben. Größere Hotels haben festangestellte Babysitter, so daß Eltern nachts ausgehen können; wenn nicht, erhält man von den örtlichen Touristenbüros eine Adressenliste staatlich lizensierter Babysitter für *temporary tod tending.*

Reisen für Behinderte

Die USA können sich rühmen, in vorbildlicher Weise für behindertengerechte Einrichtungen gesorgt zu haben. Kalifornien hat dies sogar in seinen Statuten verankert: Schon seit 1982 müssen neue Gebäude, Toiletten oder Schalter auch mit dem Rollstuhl zugänglich sein.

Behinderte, die Auto fahren möchten, sollten sich als erstes beim DMW *(Department of Motor Vehicle),* dem jeweiligen Straßenverkehrsamt, einen Ausweis besorgen, der sie zum bevorzugten, meist kostenlosen und zeitlich unbegrenzten Parken an günstigen Stellen berechtigt. Die vielen mit dem Behindertenlogo oder blauen Bordsteinkanten markierten Parktaschen werden aus Angst vor den empfindlichen Geldbußen fast nie unberechtigt benutzt. Auch Einrichtungen des öffentlichen Lebens gewähren Vergünstigungen; so läßt die Busgesellschaft Greyhound die Begleitperson eines Behinderten kostenlos mitfahren; Amtrak sorgt nach einer 24stündigen Anmeldung für besondere Sitzplätze in der Eisenbahn, Gepäckträger und 25 % Preisermäßigung. Die Broschüre »Access Amtrak« mit nützlichen Hinweisen für behinderte und ältere Reisende ist erhältlich bei Amtrak, National Railroad Passenger Corporation, 400 N. Capitol St. N.W. Washington, DC 2001.

Der National Park Service (U.S. Department of Interior, 18th and C Sts N.W., Washington, D.C. 20240) vergibt einen *Golden Access Passport,* eine Freikarte für alle US-Nationalparks, an Behinderte und eine Begleitperson. Man erhält den Paß, der auch zu 50 %iger Gebührenermäßigung bei Campingplätzen und einigen anderen Einrichtungen berechtigt, gegen Vorlage des Behindertenausweises an der Kasse eines kostenpflichtigen Nationalparks. Informationsbroschüren, »Access Travel« und »Access National Park«, erhält man gegen eine Schutzgebühr vom U.S. Printing Office, Washington, DC 20402.

Reisezeit

Eine Empfehlung für die beste Reisezeit im Westen der USA könnte wegen der Größe der Region nur sehr vage sein. Durch das kontinentale Klima, dem fast die gesamten USA unterliegen, muß mit viel ausgeprägterem jahreszeitlichem

Wettergeschehen gerechnet werden als in Mitteleuropa. Die größten Einschränkungen in der Reisefreiheit wird man in der kalten Jahreszeit zwischen November und Mai hinnehmen müssen, wenn nördliche Regionen unter arktischen Temperaturen erstarren, die meisten Pässe der Sierra Nevada und Rocky Mountains geschlossen und Campingplätze und Restaurants ihren Betrieb eingestellt haben. Andererseits bringt die Feriensaison zwischen Ende Mai und Anfang September einen Ansturm auf Sehenswürdigkeiten und Quartiere mit sich, Städte und Landschaften in südlicheren Wüstenregionen verwandeln sich in Brutöfen. Die oft nur kurze Spanne der idealen Reisezeit in den einzelnen Bundesstaaten auszunutzen oder zumindest Klima-Extremen aus dem Weg zu gehen, helfen die in den jeweiligen ›Steckbriefen‹ aufgeführten Daten, welche die beste Reisezeit angeben.

Mit der Nachsaison kommt die zum Reisen insgesamt gesehen günstigste Zeit, vor allem ab Mitte September, wenn das Wasser die Höchsttemperatur erreicht hat, die Kraft der Sonne gebrochen ist und Touristenzahlen und Preise wieder auf ein erträgliches Maß geschrumpft sind. Auch wenn es dann in den Bergen nachts schon recht kühl werden kann, haben Pässe und Gebirgsstraßen noch geöffnet und alle Regionen der Nationalparks sind zugänglich.

Reisekleidung

Das Klima der USA wird von derart unterschiedlichen Einflüssen geprägt, daß man leichtere und wärmere Kleidung mitnehmen sollte. Was fehlt, kann man nachkaufen, in der Regel zu einem günstigeren Preis als bei uns. Alles in allem ist möglichst bequeme Freizeitkleidung angebracht, mit Jeans, Pullover und Turnschuhen. Manche Restaurants machen dezente Abendgarderobe zur Auflage *(dress code),* Krawatte und Jackett für den Herrn, Kleid oder Rock und Bluse für die Dame.

Reisekasse

Zum fast unumgänglichen Zahlungsmittel hat sich in den USA die Kreditkarte entwickelt. Als Tourist braucht man sie für den täglichen Einkauf, den Abschluß von Mietwagenverträgen, das Reservieren von Unterkunft und Campingplatz, das telefonische Buchen von Flugreisen, die Bargeldbeschaffung und nicht zuletzt für vereinfachtes Telefonieren im In- und Ausland. Mit größeren Geldmitteln dagegen macht man sich fast verdächtig: Bar zahlen nur Bankrotteure, die nirgendwo mehr Kredit genießen.

Überall gern akzeptiert sind auch Reiseschecks in US-Währung. Anders als bei uns werden sie in den USA als gängiges Zahlungsmittel angesehen; der Wunsch nach Umtausch in Bargeld stößt in Banken auf Unverständnis und wird oft nur gegen Extragebühren akzeptiert.

Wegen der überwiegend bargeldlosen Bezahlung und nicht zuletzt auch aus Sicherheitsgründen halten Geschäftsleute nur wenig Wechselgeld in ihren Kassen; deshalb ist man bei seinen Reiseschecks mit einem niedrigen Nennbetrag – möglichst unter 50 Dollar – gut beraten. Etwas Bargeld sollte man bereits zu Hause getauscht haben. Euroscheck und Scheckkarte sind in den USA wertlos und europäisches Bargeld praktisch unbekannt. Auch telegraphische Geldüberweisungen aus der Heimat sind möglich, sollten aus Kostengründen jedoch nur im Notfall getätigt werden.

Literarische Reisevorbereitung

Eine Auswahl interessanter Werke über die Reiseregion:

Brown, D.: Begrabt mein Herz an der Biegung des Flusses, Hamburg 1979; die Vernichtung der Indianer, packend und mit vielen Details geschildert von einem der besten Kenner der Geschichte des wilden Westens

Ceram, C.W.: Der erste Amerikaner, Reinbek 1972; zum Klassiker gewordenes Buch des Autors von »Götter, Gräber und Gelehrte« über die Zeit der Prähistorischen Besiedlung des amerikanischen Kontinents

Farb, P.: Die Indianer. Entwicklung und Vernichtung eines Volkes, Wien/München 1979; wissenschaftlich fundierter Überblick über die unterschiedlichen Stämme, ihre Strukturen und ihren Kampf gegen die Weißen

Fleming, P. R./J. **Luskey:** Die Nordamerikanischen Indianer in frühen Photographien, München 1992; 340 Photos meist aus der Frühzeit der Photographie, die oft unter abenteuerlichen Umständen entstanden

Geronimo: Ein indianischer Krieger erzählt sein Leben, Hamburg 1987; die Geschichte des berühmtem Apachen-Häuptlings, der sich bis zuletzt der weißen Übermacht widersetzte

Hagen, V. v.: Der Ruf der neuen Welt. Deutsche bauen Amerika, München/Zürich 1974; interessante Details zum deutschen Anteil an der Besiedlung der USA und Lateinamerikas

Harpprecht, K.: Amerikaner. Freunde, Fremde, ferne Nachbarn, Stuttgart 1984; Analyse der Amerikaner von dem Journalisten und ehemaligen Chefredakteur der Zeitschrift GEO

Jenkins, P.: Das andere Amerika. Zu Fuß durch die Vereinigten Staaten, München/Wien 1981; der ungewöhnliche Fußmarsch eines jungen Amerikaners mit seinem Hund durch seine Heimat

Johann, A. E.: Westwärts nach Oregon, München 1985; der Globetrotter verbindet seine Reise in der Gegenwart mit historischen Rückblicken auf die Besiedlungsgeschichte von Oregon

ders.: Der große Traum Amerika, Hamburg 1965; sieben Reisen in die USA zwischen 1926 und 1965, beschreibend, vergleichend, meditierend; historisch interessant

Michener, J. A.: Colorado-Saga; München 1989; Texas, München 1988, Romane des bekannten Pulitzer-Preisträgers mit historisch-geographischem Bezug, hervorragend recherchiert und voller Atmosphäre

Miller, H.: Big Sur oder die Orangen des Hieronymus Bosch, Hamburg 1958; der Autor der Wendekreis-Bücher beschreibt in diesem autobiographischen Klassiker verschiedene Stationen seines Lebens

Schlesier, K. H.: Die Wölfe des Himmels, Köln 1985; die Welterfahrungen der Cheyenne, ein Beitrag zum tieferen Verständnis dieser Indianerkultur

Schattenfänger – Die Indianer Nordamerikas in historischen Meisterphotographien, München 1993; bisher überwiegend unveröffentlichte Bilder in prachtvoller Aufmachung

Schuler, L. L.: Tochter der Sonne, München 1993; episches Werk über die Zeit der Anasazi-Kultur mit der Seherin Kwani als Zentralfigur

Stammel, H. J.: Das waren noch Männer, Reinbek 1973; spannend und detailreiche Dokumentation des besten deutschen Western-Kenners von Cowboys

Steinbeck, J.: Meine Reise mit Charley, Frankfurt 1974; einfühlsame Reportage des Nobelpreisträgers über eine Reise durch die USA mit Campingwagen und Hund Charley

ders.: Die Straße der Ölsardinen, Frankfurt 1965; zum Kultbuch gewordener Roman vor der Kulisse des Hafens Monterey zu Zeiten der Fischfabriken

Einreise- und Zollbestimmungen

Deutsche, Schweizer und Österreicher benötigen zur Einreise in die USA einen Paß, der noch sechs Monate nach der geplanten Ausreise gültig ist. Die Aufenthaltsdauer ist auf 90 Tage begrenzt, Reisende müssen im Besitz eines Rückflug- oder weiterführenden Tickets sein und genügend finanzielle Mittel bei der Einreise nachweisen können. Die Reisepässe der ehemaligen DDR sind nur in ihrer neuen Version gültig (Größe 9,8 x 13,5 cm oder 9,3 x 13,5 cm, 48 Seiten, Paßnummer mit zwei Buchstaben beginnend). Personen mit bundesdeutschem blauen Reiseausweis oder Fremdenpaß müssen nach wie vor ein Visum beantragen.

Weitere Visa-Fragen beantworten die Konsularabteilungen der Botschaft. Im Zweifel ist es sicherer, mit einem Visum einzureisen, um nicht auf dem Territorium der USA zurückgewiesen zu werden.

Während des Flugs müssen Einreise- und Zollerklärung ausgefüllt werden. Nach der Landung interessieren den *Immigration Officer* Grund und geplante Dauer der Reise, Anschriften von Freunden in den USA, Hotelreservierungen, Geldmittel usw., ehe er die Aufenthaltsgenehmigung erteilt. Die Einfuhr insbesondere offener Lebensmittel in die USA ist zum Schutz vor Tier- und Pflanzenseuchen streng untersagt. Proviantreste wie Wurstbrote, Gemüse oder Obst kann man gleich im Flugzeug liegenlassen oder spätestens vor der Zollabfertigung in speziellen Behältern entsorgen. Haustiere benötigen ein amtstierärztliches Zeugnis (nähere Auskunft beim Center for Disease Control, Public Health Service, Atlanta, GA 30333).

Zollfrei in die USA einführen darf man – sofern mindestens 18 Jahre alt – neben Artikeln des persönlichen Bedarfs 1,3 kg Tabak (oder 50 Zigarren bzw. 200 Zigaretten), 1 l Spirituosen und Geschenke im Wert bis zu 100 Dollar, sofern man mindestens 72 Stunden bleibt und in den letzten sechs Monaten keine zollfreien Geschenke eingeführt hat. Weitere Zollinformationen erteilen die amerikanischen Botschaften, die Generalkonsulate oder der U.S. Customs Service (P.O. Box 7188, Washington D.C. 20044).

Anreise

Linien- und Chartermaschinen fliegen ab Frankfurt, Düsseldorf, Hamburg, München und anderen europäischen Städten die internationalen Flughäfen im Westen der USA (San Francisco, Los Angeles, Dallas, Houston, Seattle oder Denver) an; die Flugdauer für die über 9000 km lange Reise zur Westküste beträgt etwa 12 Stunden.

Kurzfristig freie Plätze und preisgünstige Flüge erhält man nach Beginn der Hauptreisezeit Mitte März kaum noch. Es empfiehlt sich, frühzeitig bei Reisebüros Angebote einzuholen oder notfalls Last Minute-Flüge zu buchen.

Fluggepäck unterliegt Beschränkungen; es darf bei Charterflügen nicht mehr als zwischen 20 und 30 kg wiegen. Bei Linienflügen in die USA und dort bei Inlandsflügen zählt allerdings der Umfang der Gepäckstücke. Die Vorschriften sollte man einhalten, andernfalls muß man für das Übergepäck bezahlen.

Wer genügend Zeit mitbringt, kann sein eigenes Fahrzeug in die USA transportieren lassen. Ein Carnet de Passage wird für Nordamerika nicht benötigt, jedoch ist die Aufenthaltsdauer auf ein Jahr beschränkt. Deutsche Haftpflichtversicherungen kann man rabattunschädlich vom Einschiffungstag an ruhen lassen, auch wenn der Wagen mit deutschen Kennzeichen weiterhin in Deutschland steuerpflichtig registriert bleibt. Ein Ummelden auf ovale Zollkennzeichen birgt Probleme bei der späteren Wiedereinfuhr nach Deutschland. Informationen über Haftpflichtversicherungen für den amerikanischen Kontinent, die unbedingt in Deutschland abgeschlossen werden sollten, erhält man bei den Automobilklubs. Ausländische Führerscheininhaber oder Fahrer von Fahrzeugen mit ausländischem Kennzeichen werden in den USA trotz Versicherungspflicht vergeblich nach einem Versicherer Ausschau halten. Auch wer sich als Nichtamerikaner im Lande einen Pkw, Camper oder ein Motorrad kaufen will, besorge sich vorsorglich in Deutschland eine Blanko-Versicherung, deren Prämie bei Nichtbenutzung bis auf eine Bearbeitungsgebühr zurückerstattet wird.

Je nach Wert des in die USA gebrachten Fahrzeugs kann der amerikanische Zoll eine Kaution verlangen, die erst nach Rückverschiffung erstattet wird. Ein Verkauf des Wagens in den USA ist generell nicht möglich, weil unter anderem ein für Deutschland gebautes Fahrzeug in der Regel die hohen amerikanischen Sicherheits- und Umweltschutznormen nicht erreicht.

Unterwegs in den USA

Entfernungen

Wollte man die Fläche der USA (ohne Alaska) auf Europa und Asien projizieren, so würde sie ein Gebiet etwa von Stockholm bis Athen und von London bis Sverdlovsk bedecken! Wohl alle Reisenden, die zum ersten Mal in die USA kommen, verfallen dem Fehler, beim Planen einer Route die riesigen Dimensionen zu unterschätzen. Die landesweite Geschwindigkeitsbeschränkung auf 55 bzw. 65 Meilen pro Stunde (88 bzw. 105 km/h) drückt die vermuteten Tagesetappen; *speeding,* schneller zu fahren, als die Polizei erlaubt, kann nicht empfohlen werden, da vor allem entlang der Autobahnen ständig mit Geschwindigkeitskontrollen zu rechnen ist.

... mit dem Mietwagen

Die Mietpreise staffeln sich nach Fahrzeugtypen, wie *sub-compact* (Kleinstwagen), *compact* (europäischer Mittelklassewagen), *station wagon* (Kombiwagen) und *sedan* (Limousine). Einen Leihwagen bucht und bezahlt man günstiger bereits zu Hause über ein Reisebüro, wo europäische Reiseveranstalter weitaus bessere Konditionen erhalten als individuell reisende ausländische Touristen in den USA. Wer sich dennoch erst im Lande für einen Mietwagen entscheidet, findet internationale Gesellschaften – und nur die sind trotz höherer Preise wegen ihres dichten Netzes von Niederlassungen zu empfehlen – in den Flughafen-Empfangsgebäuden, den Stadtzentren oder deren Adressen in den Branchenseiten der Telefonbücher unter *Automobiles – Rentals.*

Voraussetzungen für den Erhalt eines Wagens sind ein gültiger Reisepaß, der Führerschein – der nationale genügt bis zu einem Jahr – und eine Kreditkarte. Ohne Karte wird man um ein beträchtliches *deposit* (Kaution) gebeten oder – sofern unter 21 Jahren – abgewiesen. Die Preisunterschiede sind teilweise sehr groß und die Leistungen schwer vergleichbar. Da man in den USA weite Entfernungen zurücklegt, sollte im Mietvertrag eine unbegrenzte Meilenzahl vereinbart sein. Auch Fragen nach der Höhe der Deckungssumme der Haftpflichtversicherung, Kaskoversicherung, Verhalten bei Pannen oder Unfall und Verbleib des Wagens zum Ende der Mietzeit müssen vor Vertragsabschluß geklärt sein.

Vor der Fahrt sollte man sich mit der Technik des Fahrzeugs vertraut machen – die meisten haben Automatikgetriebe – und äußeren Zustand, Tankfüllung, Reserverad und Werkzeug überprüfen. Bei Wohnmobilen kann oftmals ein Aufgeld sparen, wer den Innenraum vor Rückgabe reinigt. In diesem Fall lohnt sich, schon bei der Wagenübernahme zu erfahren, welche Ausrüstungsgegenstände nach Benutzung keine Wiederverwendung finden (es sind mehr, als man ahnt), damit man sich deren Säuberung zum Schluß erspart. Die großen Camper lassen sich nach kurzer Eingewöhnungszeit wegen ihres Automatikgetriebes, Servolenkung und Bremshilfe leicht bedienen.

... mit der Eisenbahn

Obwohl die Eisenbahn die amerikanische Geschichte stark beeinflußt hat, spielt sie heute im öffentlichen Verkehrswesen nur eine untergeordnete Rolle. Die berühmten Linien aus den Anfangstagen sind in der Dachorganisation Amtrak aufgegangen, mit der man in den USA bequem, wenn auch bei größeren Strecken nur sehr gemächlich reisen kann. Für längere Zugfahrten empfiehlt sich der Kauf einer der sechs *USA Rail Passes,* die bei beliebigen Unterbrechungen entweder 15 oder 30 Tage Gültigkeit besitzen, jedoch nur außerhalb der USA erhältlich sind: National, Far West, West, East oder Coastal. Die Preise liegen zwischen 180 Dollar (15 Tage Ostküste) und 390 Dollar (30 Tage ganz USA).

Wer eine Eisenbahnreise plant, sollte rechtzeitig eine Platzreservierung vornehmen lassen, da die Züge meist zwei Wochen vorher ausgebucht sind. Reservierung und gebührenfreie Informationen von jedem Punkt der Vereinigten Staaten: Amtrak, ✆ 1-800-872-7245 (1-800-USA-RAIL). In Deutschland vermittelt jedes D.E.R. Reisebüro Amtrak-Informationen.

... mit dem Bus

Größere Entfernungen legt in den USA im Überlandbus zurück, wer es sich nicht leisten kann zu fliegen. Trotz mancherlei Komfort an Bord, wie Toilette, (meist zu kalt gestellter) Klimaanlage und mehr oder minder bequemer Liegesitze, wird das Reisen im Bus nicht dem bei uns gepflegten romantischen Image gerecht, das wohl noch aus alten Tagen stammt. Im Gegenteil – außer trostlosen Busbahnhöfen und langweiligen Freeways wird man von den USA wenig Interessantes sehen, und auch die mitreisende Klientel wirkt nicht immer sehr gesellig oder vertrauenseinflößend.

Die hinteren Sitzreihen sollte man möglichst meiden, da es dort besonders stark schaukelt, oft die Raucherecke eingerichtet ist und der penetrante Geruch von Desinfektionsmitteln in der Luft hängt. Zum Essen wird gewöhnlich an wenig appetitlichen Fast Food-Restaurants mit Monopolpreisen gehalten. Dennoch reist man preiswert und zügig; eine Netzkarte, gültig für unterschiedliche Zeitabschnitte, kann bei längeren Reisen von Vorteil sein. Greyhound, das wohl bekannteste Fernbusunternehmen, bietet für Fahrten auf allen Strecken den *International Ameripass* an, der allerdings nur außerhalb der USA zu erwerben ist. Richtpreis: ca. DM 250,– für eine Woche Gültigkeitsdauer, längere Zeiten (15 und 30 Tage) preiswerter; nähere Information erhält man in Reisebüros.

... mit dem Flugzeug

Flüge zwischen den USA und Europa werden über die großen International Airports abgewickelt. Für Inlandsflüge gibt es in fast jeder größeren Stadt weitere Flughäfen. Landepisten für Rund- und Besichtigungsflüge in ein- oder zweimotorigen Sportflugzeugen (Richtpreis 1 Dollar pro Minute) gibt es in jeder größeren Ortschaft oder in der Nähe von landschaftlichen Sehenswürdigkeiten. Die meisten Luftfahrtgesellschaften können für Informationen und Buchungen telefonisch gebührenfrei angerufen werden; ihre Nummern findet man unter *Airline Companies* im Branchentelefonbuch. Der Weitertransport von allen Flughäfen ist mit Taxis, Mietwagen, Zubringer- und Stadtbussen geregelt.

Nahezu alle amerikanischen Fluggesellschaften bieten *Air Passes* für USA-Rundreisen zu außerordentlich günstigen Konditionen an. Man kann sie allerdings nur außerhalb der USA erwerben, und in der Regel sind sie an einen Transatlantik-Flug mit derselben Gesellschaft gekoppelt.

Beim Erwerb des *Air Pass* müssen drei oder mehr inneramerikanische Flüge (Coupons) gebucht werden, wobei nur die Zielflughäfen im voraus festgelegt werden müssen, nicht aber unbedingt auch das Flugdatum. Eventuell kann es sich sogar auszahlen, bei Bedarf von nur zwei Inlandsflügen den *Air Pass* zu erwerben und die restlichen Coupons verfallen zu lassen, weil die beiden ›normalen‹ Flüge ohne *Air Pass* teurer wären.

Zwei Gesellschaften – Delta und Northwest – bieten darüber hinaus für DM 800 Standby Passes an, die innerhalb von 30 Tagen auf Standby-Basis beliebig viele Flüge innerhalb der USA erlauben (ca. DM 1300 für 60 Tage). Dieser Vorteil kann sich aber während der amerikanischen Ferien-Hochsaison im Juli und August ins Gegenteil wandeln, wenn die Maschinen bis auf den letzten Platz ausgebucht sind und Standby-Passagiere auf ihren Koffern sitzenbleiben.

Öffentliche Verkehrsmittel

Die USA sind das Land des Autofahrers. So fristen öffentliche Verkehrsmittel im Vergleich zu europäischem Standard nur ein Schattendasein. Wer auf dieses recht unübersichtliche und zeitaufwendige Transportsystem angewiesen ist, sollte sich als erstes Fahrpläne besorgen, die man in den Visitor Bureaus oder der jeweiligen Chamber of Commerce erhält.

Die meisten öffentlichen Busse und sonstigen Beförderungsmittel der USA haben eines gemeinsam: Man darf nur mit passendem Kleingeld zusteigen, gewechselt wird nicht.

Taxis

Taxis sind hauptsächlich vor internationalen Flughäfen anzutreffen, an Bus- und Eisenbahnhöfen oder vor den größeren Hotels. Die gelb lackierten Gefährte heißen *Cab* – Yellow –, Independent – oder Checker Cab. Auch fernmündlich kann man sie herbeiordern, jedoch zur Vermeidung langer Wartezeiten möglichst nicht während der Hauptverkehrszeit. Da Taxis nicht eben billig und ihre Fahrer auch nicht immer die reinen ›Unschuldslämmer‹ sind, empfiehlt sich vor längeren Strecken, den Fahrpreis oder wenigstens die Konditionen vor Abfahrt auszumachen. Um ausländische Fahrgäste vor Übervorteilungen zu schützen, informieren Anschläge in den meisten Flughäfen über die höchstzulässigen Fahrkosten zur nächsten Stadt. Im Nahverkehr sind Taxis – schon wegen der Parkplatznot – ihr Geld wert; Richtwert: zwei bis drei Dollar Grundpreis für die erste Meile, jede weitere gut die Hälfte, zuzüglich ca. 15 % Trinkgeld.

Organisierte Ausflüge

Wer nur wenig Zeit hat, ist gut bei einem der privaten Unternehmen aufgehoben, die mit klimatisierten Bussen zu allen bekannten Sehenswürdigkeiten, wie die National- oder Vergnügungsparks fahren. Welcher Tourenbus wann wohin fährt, erfragt man am besten bei den örtlichen Informationsstellen oder an der Rezeption des Hotels, wo Touristen in der Regel aufgenommen und wohin sie auch wieder zurückgebracht werden.

Trampen

Trampen und Tramper mitnehmen ist in den USA zwar nicht verboten, aber dennoch sehr unpopulär und aus Sicherheitsgründen auch dringend abzuraten. Da in den USA jeder zur Fortbewegung ein Auto benötigt und sich auch fast jeder eines leisten kann, werden Tramper schnell als gesellschaftliche Außenseiter abgetan, deren Geld offenbar nicht einmal für ein Greyhound-Busticket langt und die man sich deshalb lieber vom Leibe hält. Dazu kommen immer wieder Horrormeldungen aus den Medien, denen zufolge Autofahrer oder Tramper Verbrechen zum Opfer fielen. Nachts und allein sollte man deshalb nie trampen.

Wer glaubt, trotz allem trampen zu müssen, findet eine relativ gute Ausgangsbasis an Überland-Coffee Shops und vor allem an größeren Truck Stops, an denen die Fahrer schwerer Lastwagen zum Tanken und Essen halten. Wenn man wie zufällig an ihrem Tisch einen Platz gefunden hat und mit ihnen ins Gespräch gekommen ist, bieten sich weitaus bessere Chancen für eine Weiterfahrt, als mit hochgerecktem Daumen am Straßenrand zu warten.

Routenvorschläge

Die folgenden Vorschläge für Urlauber mit eigenem Wagen sind nur einige von vielen Möglichkeiten, eine Rundreise durch die USA zu unternehmen. Die Straßen in den USA sind folgendermaßen

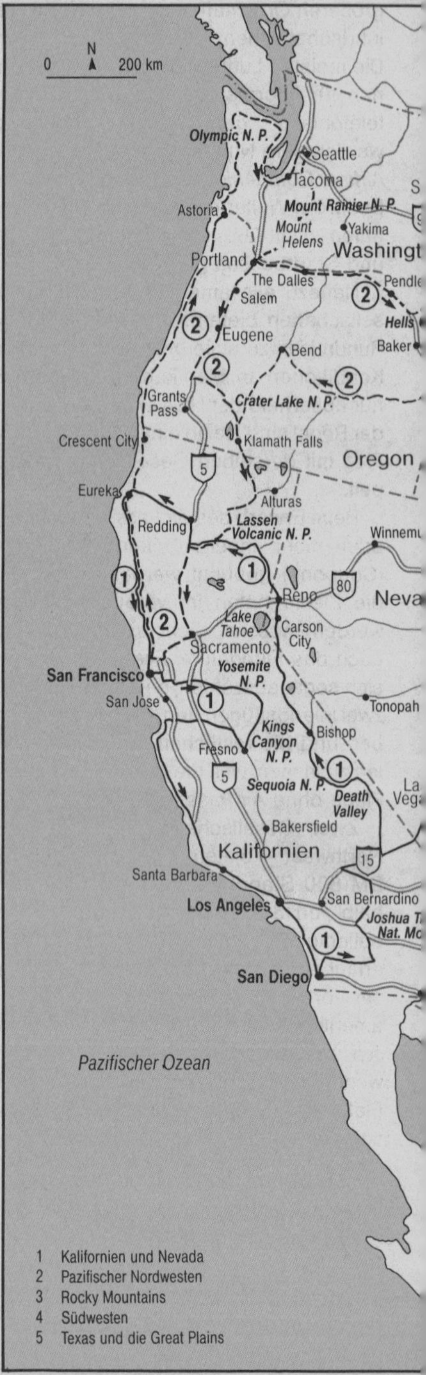

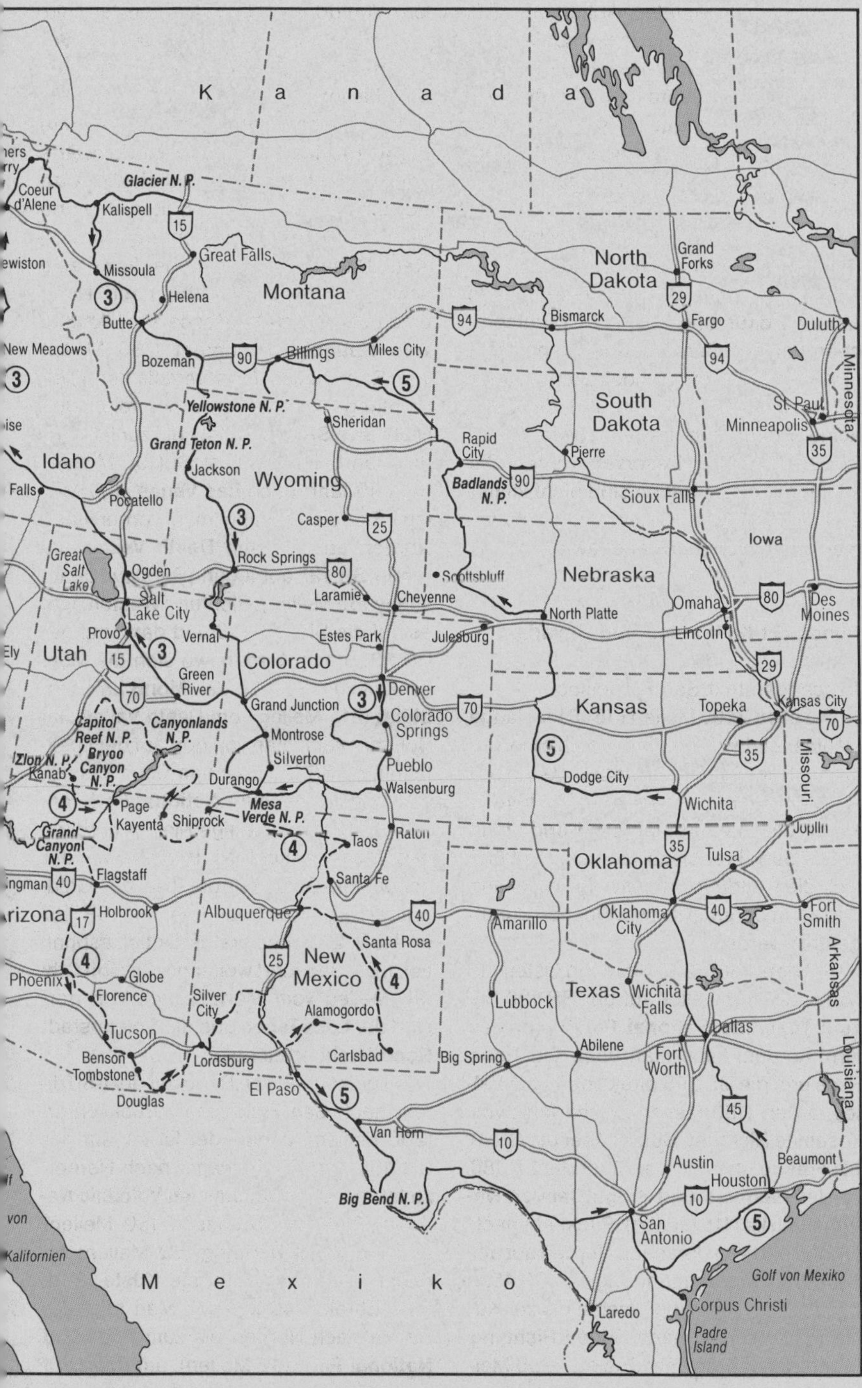
K a n a d a
Coeur d'Alene
Glacier N. P.
Kalispell
15
Great Falls
Missoula
Helena
Montana
Butte
New Meadows
Bozeman
90
Billings
Miles City
94
Bismarck
North Dakota
Grand Forks
29
Fargo
Duluth
94
Minnesota
St. Paul
Minneapolis
35
South Dakota
Pierre
Rapid City
Badlands N. P.
90
Sioux Falls
Yellowstone N. P.
Sheridan
Grand Teton N. P.
Jackson
Wyoming
Idaho
Falls
Pocatello
Casper
25
Rock Springs
80
Great Salt Lake
Ogden
Salt Lake City
Provo
Vernal
Laramie
Cheyenne
Scottsbluff
Nebraska
North Platte
Iowa
Omaha
80
Des Moines
Lincoln
Julesburg
Estes Park
Colorado
Utah
Ely
15
Green River
70
Grand Junction
Denver
70
Colorado Springs
Kansas
Topeka
Kansas City
70
29
35
Missouri
Capitol Reef N. P.
Canyonlands N. P.
Bryce Canyon N. P.
Zion N. P.
Kanab
Montrose
Silverton
Pueblo
Durango
Walsenburg
Dodge City
Wichita
Page
Kayenta
Shiprock
Mesa Verde N. P.
Grand Canyon N. P.
Raton
Taos
Joplin
Oklahoma
Tulsa
35
Flagstaff
Kingman
40
Santa Fe
Arizona
Holbrook
17
Albuquerque
40
Amarillo
Oklahoma City
40
Fort Smith
Arkansas
Santa Rosa
New Mexico
25
Phoenix
Globe
Florence
Silver City
Alamogordo
Lubbock
Texas
Wichita Falls
Tucson
Benson
Tombstone
Douglas
Lordsburg
Carlsbad
Big Spring
Abilene
Fort Worth
Dallas
Louisiana
El Paso
Van Horn
10
45
Austin
Beaumont
Houston
10
Big Bend N. P.
San Antonio
Golf von Kalifornien
M e x i k o
Golf von Mexiko
Laredo
Corpus Christi
Padre Island

klassifiziert: *Interstates,* Abkürzung z. B. I-5, sind an blauen Kartensymbolen und der blauen Highway-Beschilderung erkennbar. Sie entsprechen Autobahnen und eignen sich gut für schnelles Vorwärtskommen. Diese Straßen werden bei den Routenvorschlägen allerdings nur in Ausnahmefällen einbezogen, da sie kaum einen Eindruck der Landschaft vermitteln. *US Federal,* Abkürzung z. B. US 101, entsprechen Bundesstraßen; *State Roads,* Abkürzung z. B. SR 21, entsprechen Landstraßen. Überdies kennt man noch *Forest Roads* (Waldstraßen) und *Local Roads* (Gemeindestraßen), die meist keine Abkürzung tragen sowie *Indian Roads,* die durch Reservate führen. Die letztgenannten Straßen sind nicht immer asphaltiert und in Karten auch nicht immer durch Nummern ausgewiesen.

Rundfahrt Kalifornien und Nevada

Ausgangspunkt San Francisco

Die etwa 2400 Meilen (3840 km) lange Route bietet sich für eine drei- bis vierwöchige Rundreise an, wobei genügend Zeit für den Besuch der Sehenswürdigkeiten bleibt. Fährt man von Reno direkt nach San Francisco zurück, verkürzt sich die Rundreise um etwa 1200 Meilen und kann bequem in zwei Wochen durchgeführt werden.

Auf den I-580/205 Richtung Osten bis Manteca, dort weiter auf der SR 120 bis zum **Yosemite National Park** (120 Meilen). Ab Juni kann man über den Tioga Pass und die US 395 direkt ins **Death Valley** fahren (180 Meilen). Weiterfahrt von Yosemite Richtung Süden über die SR 41 bis Fresno und von dort über die SR 180 zu den **Sequoia und Kings Canyon National Parks** (115 Meilen). Rückkehr nach Fresno und von dort nach Norden auf der SR 99 bis zur Einmündung der SR 152/33, der man Richtung Westen bis zur Küste folgt, wo man nach Süden Richtung **Monterey** und **Carmel** abbiegt (200 Meilen). Von dort auf der schmalen, faszinierenden Küstenstraße US 1 über **Big Sur** und **Hearst Castle** bis nach **Los Angeles** (270 Meilen).

Nach einem Abstecher nach **San Diego** (80 Meilen) wieder landeinwärts und dort auf der US 78 durch die Anza Borrego-Wüste bis zum Salton Sea und weiter auf der US 195 Richtung Nordwesten. Nahe dem See-Ende führt eine schmale Straße (SR 195) nach Nordosten über den Ort Mecca zum **Joshua Tree National Monument** (160 Meilen von San Diego). Man verläßt den Park Richtung Nordwesten und folgt den Highways SR 62 und 247 bis zur I-15, auf die man bei Barstow stößt (100 Meilen). Die I-15 führt nach **Las Vegas** (150 Meilen). Bei Baker kann man vorher nach Norden auf die zum **Death Valley** führende SR 127 abbiegen (Barstow-Death Valley 165 Meilen). Richtung Westen geht es auf die SR 190/136 und dann auf der US 395 nach Norden, wo sich die Möglichkeit zum Besuch des **Mono Lake** anbietet (215 Meilen vom Death Valley). Im Sommer kann man von dort auf der spektakulären SR 120 über den Tioga Pass direkt in den **Yosemite National Park** fahren (60 Meilen). Wenige Meilen nördlich des **Mono Lake** liegt Bodie, eine der schönsten Geisterstädte aus der Goldgräberzeit, erreichbar über die SR 167 und SR 270 (nur erstes Drittel asphaltiert). Die 395 führt weiter bis **Carson City** (90 Meilen vom Mono Lake). Von dort sind der **Lake Tahoe** und die Spielerstadt **Reno** leicht erreichbar.

Eilige können von Reno auf der I-80 direkt nach San Francisco zurückkehren (200 Meilen). Lohnender ist es, auf der US 395 und SR 44 weiter nach Norden zu fahren. Über den **Lassen Volcanic National Park** (Reno-Lassen 150 Meilen) und die Stadt **Redding** (50 Meilen) erreicht man bei Eureka die Küste (Redding-Eureka 140 Meilen). Man folgt der Straße nach Norden bis zum **Redwood National Park** (40 Meilen), um dann auf der US 1/101 nach San Francisco zurückzukehren, vorbei an zahlreichen Sehenswürdigkeiten wie etwa Mendocino, Fort Braggs und dem historischen Fort Ross (Eureka–San Francisco 350 Meilen).

Rundfahrt durch den Pazifischen Nordwesten

Ausgangspunkt San Francisco

Ohne den Abstecher zum Snake River ist die Route etwa 2400 Meilen (3840 km) lang, so daß etwa drei Wochen eingeplant werden sollten. Der Abstecher zum Snake River verlängert die Strecke um etwa 1000 Meilen (1600 km), wofür man mindestens eine zusätzliche Woche benötigt.

Über die Golden Gate-Brücke geht es auf die Küstenstraße 1/101, der man bis Seattle folgen kann. Diese 1200 Meilen lange Route zählt zu den schönsten der USA. Auf kalifornischem Gebiet gehören vor allem die mächtigen **Redwood-Wälder** bei Eureka (400 Meilen) zu den herausragenden Sehenswürdigkeiten, in Oregon sind es **Coos Bay,** die **Oregon Dunes National Recreation Area,** die Küstenstädtchen **Florence** und **Newport** sowie die Felsformationen von **Cannon Beach.** Vom historischen **Astoria** erreicht man nach Überquerung des Columbia River den Staat Washington.

Landschaftlicher Höhepunkt ist dort die **Olympic Peninsula** mit dem gleichnamigen Nationalpark. Die US 101 umrundet den Park und führt nach **Seattle.** Von dort wendet man sich nach Südosten und erreicht über die US 164 und US 410 den **Mount Rainier National Park** (70 Meilen). Auf der US 23 Richtung Süden geht es bis Bandle (25 Meilen). Dort zweigt die schmale, im Winter gesperrte County Road 26/25 nach Süden zum **Mount St. Helens** ab (20 Meilen zum See, 45 Meilen zum Haupteingang). Über kleine Waldstraßen gelangt man vom Vulkan direkt zum Columbia River bei Carson (36 Meilen). Von dort sind es auf der SR 14 flußabwärts 46 Meilen bis **Portland.** Man kann aber auch zunächst ein Stück flußauf bis zur nächsten Brücke bei Bingen fahren (15 Meilen), den Columbia River kreuzen und auf der SR 35 den Mt. Hood besichtigen (45 Meilen), ehe man über die US 26 Portland erreicht (50 Meilen).

Reisende mit genügend Zeit können einen lohnenden Abstecher zum **Snake River** an der Ostgrenze von Oregon unternehmen. Man fährt zunächst entlang der SR 14 auf der rechten Flußseite des Columbia River Richtung Osten durch das eindrucksvolle Tal, bis man auf die I-82 stößt (175 Meilen), von dort nach Süden bis zu I-84, der man in südlicher Richtung bis La Grande folgt (85 Meilen). Von dort auf der SR 82 nach Joseph (70 Meilen), den Ausgangspunkt für Exkursionen zum **Hells Canyon.** Für den langen Rückweg zur Küste empfiehlt sich die schöne Route von Joseph auf der SR 3/129 nach Norden bis **Lewiston** an den Grenzen von Washington und Idaho (90 Meilen) und von dort Richtung Süden auf der US 95 bis Ontario an der I-84 (220 Meilen). An mehreren Stellen sind Abstecher zum Hells Canyon möglich. Von Ontario Richtung Westen auf der US 20 bis Bend (275 Meilen). Auf der US 97 geht es dann nach Süden Richtung **Crater Lake National Park** (100 Meilen).

Für die Fahrt von Portland nach Süden empfiehlt sich statt der I-5 die westlich davon verlaufende SR 99W, die durch das ländliche Oregon bis **Eugene** führt (Portland–Eugene, 120 Meilen). Bis Roseburg bleibt kaum eine andere Wahl als die I-5 (65 Meilen). Von dort lohnt sich ein Abstecher auf der SR 138 zum **Crater Lake National Park** (95 Meilen, nur im Sommer möglich). Man verläßt den Park auf der SR 62, die in die US 97 mündet und nach 50 Meilen **Klammath Falls** erreicht. Wer genügend Zeit hat, sollte von dort auf der SR 139 Richtung Südosten fahren, um das **Lava Bed National Monument** (35 Meilen) zu besichtigen. Weiter auf der SR 139 und später der SR 299 in südwestlicher Richtung bis zur US 89 zum **Lassen Volcanic National Park** (170 Meilen von Klammath). Die SR 36 führt zurück zur I-5, auf der man San Francisco erreicht (Lassen–San Francisco 260 Meilen).

Fahrt durch die Rocky Mountains

Ausgangspunkt Denver, Colorado

Da die Attraktionen auf der 3300 Meilen (5300 km) langen Tour recht weit auseinanderliegen, muß man immer wieder wenig interessante Autobahnfahrten in Kauf nehmen. Vor allem in den Nationalparks Yellowstone und Grand Teton empfiehlt sich ein mehrtägiger Aufenthalt, so daß vier Wochen zur Verfügung stehen sollten. Wer weniger Zeit hat, kann vom Grand Teton National Park direkt nach Salt Lake City fahren und spart dadurch etwa die Hälfte.

Auf dieser Rundfahrt ist man den jahreszeitlichen Einflüssen ausgesetzt und muß sich jederzeit, auch im Sommer, auf eine Änderung der ursprünglichen Pläne einstellen. Überdies erfordern die oft schmalen, kurvenreichen Bergstraßen erhöhte Aufmerksamkeit, die Tagesetappen sind daher kürzer.

Zunächst geht es auf der I-25 nach Süden bis **Colorado Springs** (60 Meilen). Von dort Richtung Westen auf der US 24 und SR 67 bis zur *Ghost Town* Cripple Creek. Weiter auf der unbefestigten SR 67 und später der SR 165 nach Süden (nur bei gutem Wetter, sonst Richtung Westen auf der US 24 bis **Colorado City** an der I-25). Man folgt der Straße bis Walsenburg (25 Meilen) und biegt dort Richtung Westen auf die US 160. Nach 60 Meilen liegt rechts die Zufahrt zum **Sand Dunes National Monument** (SR 150, 20 Meilen).

Man folgt weiter der streckenweise sehr schönen US 160 zunächst bis **Durango** (170 Meilen). Von dort lohnt ein Abstecher nach Norden auf der Bergstrecke US 560 bis **Silverton** (50 Meilen, historische Eisenbahnstrecke). Von Durango führt die US 160 nach Westen zum **Mesa Verde National Park** (50 Meilen) mit den berühmten *Cliff Dwellings.* Auf der US 160 geht es westwärts, dann auf der SR 145 Richtung Norden durch die Berge nach **Telluride** (80 Meilen); Weiterfahrt über die SR 145 und SR 62 zur US 550 (45 Meilen). Dieser folgt man nach Norden bis Montrose und fährt von dort auf der US 50 und SR 73 zum **Black Canyon of the Gunnison.** Weiter auf der US 50 nach Norden bis Grand Junction, wo sich die Zufahrt zum **Colorado National Monument** befindet (80 Meilen).

Über die wenig befahrene SR 139 und SR 64 nordwärts zum Ort Dinosaur an der US 40 (100 Meilen). Auf dieser Straße überquert man die Grenze nach Utah und erreicht nach 20 Meilen die Hauptzufahrt zum **Dinosaur National Monument.** Bei Vernal verläßt man die US 40 nach Norden auf der US 191, die zunächst nach Rock Springs in Wyoming führt (110 Meilen) und dann weiter zum Südeingang des **Teton National Park** (190 Meilen) und in den **Yellowstone National Park** hinein. Wir verlassen den Park nach Norden auf der US 89 Richtung Bozeman, Montana (95 Meilen). Schöner, aber wesentlich länger ist der Weg auf der US 212 über den Colter Pass und Red Lodge zur I-90 bei **Billings** (nur im Sommer, 170 Meilen) und von dort weiter bis **Bozeman** (125 Meilen).

Richtung Westen geht es auf der I-90, die man kurz hinter **Missoula** (190 Meilen) Richtung Norden verläßt. Von dort führt die US 93 zum **Glacier National Park** (150 Meilen). Auf der US 2 westwärts wenden und nach Bonners Ferry in Idaho fahren (ca. 190 Meilen). Von dort folgt man der US 95 nach Süden durch die Seenlandschaft von **Cœur d'Alene** (80 Meilen) zum **Hells Canyon** (120 Meilen von Cœur d'Alene). Von Lewiston am Canyon-Eingang gibt es eine gute Verbindung nach Portland an der Küste über die US 12.

Man bleibt auf der US 95 bis New Meadows (150 Meilen von Lewiston) und biegt dort nach Osten auf die reizvollere SR 55, der man bis **Boise** folgt (135 Meilen). Auf der I-84 geht es bis **Twin Falls** (75 Meilen) und weiter Richtung **Salt Lake City** (220 Meilen von Twin Falls).

Man verläßt die Mormonenstadt Richtung Süden auf der I-15 und wechselt bei der Ausfahrt 261 (50 Meilen) auf die US 89 und 10 Meilen später auf die US 6. Bei Green River erreicht man die I-70 (90 Meilen), folgt ihr ein Stück nach Osten bis zum Exit 180 (25 Meilen) und entlang der US 191 in die zauberhafte Landschaft der Nationalparks von **Canyonlands** und **Arches.** Wer noch genügend Zeit hat, sollte von dort weiter nach Süden fahren, um die großartigen Sehenswürdigkeiten des Südwesten zu besuchen (s. u.). Der direkte Rückweg nach Denver führt Richtung Osten über die I-70 (320 Meilen). Dabei ergeben sich noch einige Möglichkeiten zu reizvollen Abstechnern in die Berge. Besonders empfehlenswert ist die Schleife über die US 40 und US 34, ausgehend von Empire (40 Meilen vor Denver). Die 170 Meilen lange Bergstraße berührt Granby, Estes Park und Boulder, bevor sie von Nordwesten nach Denver hineinführt.

Rundfahrt durch den Südwesten

Ausgangspunkt Phoenix, Arizona

Da sich großartige Sehenswürdigkeiten auf dieser 2600 Meilen (4160 km) langen Strecke häufen, sollte man genügend Zeit haben und nach Möglichkeit vier Wochen einplanen.

Auf der I-10 geht es nach Süden bis zum Exit 387 (30 Meilen), dort auf die SR 387 zum **Casa Grande National Monument** (15 Meilen). Weiter Richtung Osten auf der SR 287 bis Florence (10 Meilen) und von dort nach Süden auf der US 89 (Pinal Pioneer Parkway) bis **Tucson** (70 Meilen). Weiter geht es auf der I-10 bis Benson (45 Meilen), wo man nach Süden auf die SR 80 abbiegt, die in das historische Westernstädtchen **Tombstone** führt (25 Meilen). Man bleibt auf der SR 80, die unmittelbar an der mexikanischen Grenze vorbei wieder nach Norden schwenkt und 20 Meilen vor **Lordsburg, New Mexico,** wieder die I-10 erreicht. Von Lordsburg fährt man auf der SR 90 nach Norden über Silver City (45 Meilen) bis zu den *Cliff Dwellings* des **Gila National Monument.** Die Straßen SR 35 und 152 führen über den Emory Pass Richtung Osten zur I-25 (100 Meilen). Man folgt der Autobahn etwa 60 Meilen nach Süden und biegt dann Richtung Osten auf die US 70 zum **White Sands National Monument** ab (55 Meilen). Wer genug Zeit und Interesse an Höhlen hat, sollte über Alamogordo zum südöstlich liegenden **Carlsbad Caverns National Park** fahren (170 Meilen), ehe er die Rundreise über die US 285 nach Norden fortsetzt.

Von White Sands nimmt man die weniger befahrene US 54 bis Corona (120 Meilen) und biegt dort auf die SR 42 Richtung Nordwesten ab. So hat man die Möglichkeit zum Besuch der verfallenen **Salinas Pueblo-Missionen,** ehe man **Albuquerque** erreicht (100 Meilen ohne Abstecher). In Tagesausflügen kann man die Sehenswürdigkeiten rings um die Stadt besichtigen (Pueblos von **Isleta, Acoma und Laguna**). Der schönste Weg nach **Santa Fe** führt entlang der SR 14, dem historischen Turquoise Trail, der 16 Meilen östlich von Albuquerque von der I-40 nach Norden abzweigt (50 Meilen). Von Santa Fe auf der US 285 und der SR 68 nach **Taos** (70 Meilen). Nun auf der US 64 (nur im Sommer) Richtung Westen über Chama (90 Meilen) zum **Aztec Ruins National Monument** (100 Meilen).

Weitaus lohnender sind jedoch die *Cliff Dwellings* des **Mesa Verde National Park** im benachbarten Colorado, die man über die US 550 erreicht (80 Meilen). Auf der US 160/666 geht es nach Süden bis **Shiprock** (35 Meilen). Sieben Meilen südlich des Orts verläßt man die US 666 Richtung Südwesten auf der Indian 13, die über die Grenze nach Arizona zum **Canyon de Chelly** führt (90 Meilen, streckenweise nicht asphaltiert). Auf der US 191 geht es nach Norden zurück zur US 160 (60 Meilen), in die man nach Westen einbiegt, um bei **Kayenta** (45 Meilen) auf die US 163 einzuschwenken, die durch das **Monument Valley** nach Utah führt.

Kurz hinter Mexican Hat (50 Meilen von Kayenta) sollte man der SR 261 folgen und nach etwa 8 Meilen nach rechts zum **Valley of the Gods** abbiegen. Weiter geht es auf der SR 261 bis zum **Natural Bridges National Monument** (35 Meilen) und anschließend auf der SR 95 nach Osten bis zur US 191 (40 Meilen). Man erreicht **Moab** (50 Meilen) und die Zufahrten zu den Nationalparks **Canyonlands** und **Arches.** Dann ein Stück westwärts auf der I-70 bis zum Exit 147 (24 Meilen) und dort südwärts auf der SR 24 zum **Capitol Reef National Park** (90 Meilen von der Abzweigung).

Auf der SR 12 geht es südwärts zum **Bryce Canyon National Park** (95 Meilen). Über die SR 12, die US 89 und US 9 erreicht man nach 80 Meilen den **Zion National Park.** Die US 89 führt zum berühmtesten aller Nationalparks, dem **Grand Canyon.** In Kanab (40 Meilen von Zion) gabelt sich die US 89, man wählt die Route über Fredonia nach Jacob Lake (37 Meilen), wo man sich entscheiden muß, ob man zunächst den **Nordrand des Grand Canyon** besuchen will (45 Meilen) oder den **Südrand,** der Anfahrtsweg dorthin schwenkt in großem Bogen nach Osten (190 Meilen von Jacob Lake).

Vom Grand Canyon führt die US 180 nach **Flagstaff** (85 Meilen). Wer genügend Zeit hat, sollte noch folgende Rundfahrt anschließen: I-40 nach Osten bis zum **Petrified Forest National Park** (110 Meilen), auf der US 191 nach Norden bis zum **Hubbell Trading Post** (55 Meilen), nun ostwärts auf der SR 264 durch das **Hopi-Reservat** bis zur US 89 (135 Meilen). Rückfahrt nach Flagstaff auf der US 89 mit Möglichkeiten zum Besuch der National Monuments von **Wupatki** und **Sunset Crater.** Über die I-17 erreicht man von Flagstaff den Ausgangspunkt Phoenix (140 Meilen).

Fahrt durch Texas und die Great Plains

Eine Fahrt durch die Staaten der Great Plains ist eine Reise durch die Weiten Amerikas, bei der die landschaftlichen Höhepunkte hinter historische Sehenswürdigkeiten zurücktreten. Die erheblichen klimatischen Unterschiede sollte man ebenso beachten wie die gewaltigen Entfernungen. Während im Süden zur Winterzeit angenehme Temperaturen herrschen, liegt der nördliche Teil dann unter Eis und Schnee. So läßt sich die über 2700 Meilen (4300 km) lange Tour am besten im späten Frühjahr oder im frühen Herbst durchführen. Die Reisedauer beträgt zwei bis drei Wochen.

Als Ausgangspunkt empfiehlt sich New Mexico, das man über die I-10 Richtung Osten bei El Paso verläßt, um zunächst zum **Big Bend National Park** zu fahren (300 Meilen von El Paso). Auf der US 90 geht es weiter nach **San Antonio** (400 Meilen). Wer Badefreuden genießen will, sollte die Fahrt nach **Corpus Christi** und zum vorgelagerten **Padre Island** am Golf von Mexiko in Erwägung ziehen (180 Meilen). Von dort gelangt man über die US 77 und US 59 nach **Houston** (250 Meilen).

Über **Dallas** (250 Meilen) geht es auf der I-45 und der I-35 nach Oklahoma bis **Oklahoma City** (230 Meilen). Danach weiter auf der I-35 bis **Wichita** in Kansas (200 Meilen), wo man nach Westen auf die US 54 abbiegt und dann der SR 154 nach **Dodge City** folgt (130 Meilen). Nun geht es auf der US 83 nach Norden bis North Platte in Nebraska (275 Meilen), wo man auf den alten Oregon Trail trifft. Dieser Route folgt man entlang des North

Platte River auf der US 30 und US 26 in nordwestlicher Richtung und hat dann Gelegenheit zum Besuch des National Monument von **Scotts Bluff** und des National Historical Monument von **Chimney Rock.** Man folgt der US 385 nach Norden und erreicht zunächst **Agate Fossil Beds** (35 Meilen) und schließlich die Black Hills in South Dakota (ca. 100 Meilen) mit den aus dem Felsen gemeißelten Präsidentenköpfen im **Mount Rushmore.** Von dort führt ein lohnender Abstecher zum **Badlands National Park** (60 Meilen östlich).

Für die Weiterfahrt empfiehlt sich die US 212 Richtung Nordwesten, die zunächst das **Custer Battlefield** in Wyoming erreicht (200 Meilen) und dann nach **Billings** führt (54 Meilen), von wo man den **Yellowstone National Park** auf der sehr reizvollen US 212 leicht erreicht (160 Meilen).

Unterkunft, Essen und Trinken

Hotels und Motels

Unter Hotel versteht man in den USA zum einen die Unterkünfte mit mittlerem und gehobenem Standard für Reisende aller Art, zum anderen aber auch billige Quartiere für Dauermieter, die Touristen nicht zu empfehlen sind. In Städten sollte man zentral gelegene Herbergen vorziehen. Wohl am besten ist man in einem der vielen schmucklosen Motels untergebracht, die sich an Ausfallstraßen oder in der Nähe der Freeways finden lassen und wo man seinen Wagen bequem vor der Haustür parkt. Bei einem Motor Inn kann man durchschnittlichen Komfort erwarten, die Bezeichnung Motor Lodge oder Motor Court signalisiert gehobene Ausstattung.

Große Doppelbetten nennt man *king size,* mittlere *queen size* und zwei Einzelbetten *twins.* Meist fragt niemand danach, wieviele Personen in einem Raum übernachten. Die Zimmer sind zweckmäßig eingerichtet, bieten Fernsehen und Telefon und gleichen sich über den ganzen Kontinent. Frühstück ist im Preis meist nicht enthalten. Wer in der Hauptsaison in die USA reist, sollte frühzeitig von Zuhause Reservierungen vornehmen. Die größeren Hotelketten nehmen Buchungen über ihre internationalen Filialen an, häufig ist der Anruf auch gebührenfrei.

Den Zimmerschlüssel oder die Computerkarte, wofür manchmal eine kleine Kaution hinterlegt werden muß, gibt man erst bei der Abreise ab, nicht aber bei vorübergehender Abwesenheit. Schuhe sollte man nicht zum Putzen vor die Zimmertür stellen, sie landen sonst womöglich auf dem Müll.

Bei der telefonischen Reservierung der Unterkunft leistet die Kreditkarte gute Dienste, weil damit viele Hotels das bestellte Zimmer über 18 Uhr hinaus garantieren und die sonst obligate tägliche Vorauszahlung entfällt. Allerdings wird der Zimmerpreis auch bei Nichterscheinen oder bei zu später Stornierung (unter 48 Stunden) dem Konto belastet. Buchungen außerhalb der Saison und an Werktagen sind normalerweise preiswerter, sofern man danach fragt.

Mitglieder des amerikanischen Automobilklubs AAA erhalten auf Anfrage oft einen spürbaren Preisnachlaß; gleiches wird oft auch Ausländern bei Vorlage ihrer heimischen Automobilklubkarte eingeräumt.

Vergleichsweise günstige Preise bietet der Christliche Verein junger Männer YMCA bzw. Frauen YWCA. Deshalb sind diese Hotels, in denen Verheiratete auch gemeinsam unterkommen, oft für Monate im voraus ausgebucht. Man findet sie in allen Städten, die Hauptniederlassung in 291 Broadway, New York, N.Y. 10010.

Bed & Breakfast

Meist handelt es sich bei den privaten Unterkünften um herausragende oder unkonventionelle Räumlichkeiten mit gediegenem Service, der jedoch seinen Preis hat und kaum unter dem der großen Hotels liegt. Das Angebot variiert; Näheres erfährt man von den Fremdenverkehrsbüros der jeweiligen Bundesstaaten. Generelle Informationen gibt es unter folgender Adresse: American Bed & Breakfast, Inter Bed Network, 31 Exnest Rd., Colchester, Essex, England.

Camping

Es gibt Tausende kommerzieller Campingplätze in den USA, vor allem in der Nähe von Sehenswürdigkeiten, weniger in den Weiten des Mittleren Westens. Private, wie vor allem KOA oder vieles, was sich RV Resort nennt, zählen zu den teureren; Gemeindeplätze, wie etwa die State Forest- oder State Beach Campgrounds, sind preiswerter. Zur gleichen Kategorie gehören auch die Plätze in den Nationalparks, die jedoch während der Hochsaison meist ausgebucht sind. Wer hier nicht auf sein Glück bauen will, muß über die Agentur Ticketron buchen lassen (Box 617516, Chicago, IL 60661-7516, ✆ 1-800-452-1111). Meist ist nur eine schriftliche Reservierung oder persönliche Vorsprache bei einer der Ticketron-Niederlassungen möglich, seltener geht das auch per Telefon; eine Kreditkarte ist in diesem Fall sehr von Vorteil.

In den Campingplatz-Gebühren schlagen Freizeiteinrichtungen und *hook-ups,* die Anschlüsse für Strom, Fernsehen, Frisch- und Abwasser zu Buche. Dagegen sind preiswerte oder kostenlose Übernachtungsplätze mit nur dem Notwendigsten selten geworden. Kleinere *Campgrounds* oder solche außerhalb der Hauptrouten fordern oft das *self registering,* eigenständiges Registrieren und Bezahlen. Hierfür sollte man mit Ein-Dollar-Noten gerüstet sein – Münzen passen oft nicht durch die Öffnung des Tresors. Schummler riskieren ein *ticket* oder zumindest einen unruhigen Schlaf, denn die korrekte Bezahlung wird meist noch spät abends, zuweilen selbst mitten in der Nacht, durch die zuständigen Ranger kontrolliert.

Wer sich unvorbereitet erst bei Sonnenuntergang auf die Suche nach einem Campingplatz macht, erlebt oft eine böse Überraschung. Entweder gibt es plötzlich nirgendwo mehr die blau-weißen Hinweisschilder, die dennoch gefundenen Plätze sind geschlossen, zu exklusiv und teuer, ausgebucht oder im Besitz privater Klubs. Die hereinbrechende Dunkelheit vergrößert die Nervosität und verringert die Chancen, doch noch unterzukommen, so daß sich manch einer trotzig an den Wegesrand stellt. Das ist in den Naturschutzgebieten, wo täglich Unzählige unterwegs sind, bei Strafe verboten. Campiert werden darf nur auf Privatbesitz und an den dafür eigens eingerichteten Stellen. Nicht nur im Einzugsbereich größerer Städte könnte sich übrigens nachts ungebetener Besuch einstellen – bestenfalls die Polizei. Deshalb hat man in den USA das Verbot des *overnight parking,* des ›Übernachtparkens‹ ersonnen, das überall dort ausgesprochen wird, wo ein Parkplatz am Seeufer, eine Aussichtsbucht oder Strandpromenade zu wildem Camping verlocken.

Essen und Trinken

Was heute als amerikanische Küche gilt, ist vor allem den eingewanderten Europäern, inzwischen auch den Angehörigen vieler anderer Nationen zu verdanken, die in den USA ein neues Zuhause gefunden und ihre Eßgewohnheiten mitgebracht haben. Vor allem die mexikanische Küche hat sich einen wichtigen Platz erobert, und manch Einheimischer betrachtet inzwischen Enchiladas, Tortillas oder Chili con carne als uramerikanische Gerichte. Viele Restaurants haben sich auf Asiatisches, andere auf Italienisches spezialisiert, so daß man vor allem in den Städten aus einem umfangreichen Angebot wählen kann.

In den Städten ist es üblich, in besseren Restaurants telefonisch für den Abend einen Tisch zu bestellen. Das bedeutet nicht, daß man sich damit im Restaurant seiner Wahl sofort zu seinem reservierten Tisch begeben oder gar selbst auf Platzsuche gehen darf, vielmehr muß man sich geduldig in die Schlange der Wartenden einreihen. Wem das zu lange dauert, der mag die Zeit bis zum Aufruf an der Bar überbrücken.

Eine Empfangsdame *(hostess)* oder der Oberkellner, der *maître de maison* (gesprochen Mätre Di), stets erkennbar an einem Armvoll Speisekarten, lotst dann die Gäste der Reihe nach zu den freiwerdenden Plätzen. Vor allem abends wird in vielen Restaurants Wert auf gepflegtes Äußeres gelegt, worunter man bei Damen Rock und Bluse oder Kleid, bei Herren Jackett und Krawatte versteht. Ohne Scheu kann man auch am teuersten Platz vor dem Abräumen einen *doggie bag* bestellen, eine Plastiktüte nicht nur für Hundefreunde, um Übriggebliebenes für später zu retten.

Im Vergleich zu europäischen gastronomischen Verhältnissen oder zur amerikanischen Eigenversorgung ist Ausgehen ein recht teures Vergnügen, im städtischen Bereich noch mehr als im ländlichen. Der Rechnungsbetrag erhält zwar die Umsatzsteuer, nicht jedoch das Trinkgeld, das zwischen 10 und 20 % ausmachen sollte und einen Großteil des Einkommens der Bedienung darstellt; man deponiert es beim Weggehen auf seinem Tisch.

Wie ungezwungen es hingegen in den vielen Schnellrestaurant-Ketten zugeht, weiß man inzwischen schon von zu Hause. Fast Food – manche nennen es auch *junk food* (Abfall) – wird wohl kaum Empfehlungen von Ernährungswissenschaftlern gerecht, Urlauber können sich jedoch damit schnell, preiswert und für zwei, drei Wochen auch abwechslungsreich ernähren. Die meisten Restaurants haben einen Drive-In-Schalter oder verkaufen ihre Gerichte ab Theke *to go.*

Informationen von A bis Z

Alkohol

Seit der Prohibition hat sich das Verhältnis der US-Amerikaner zum Alkohol nicht völlig entspannt. So dürfen die Laufjungen in den Supermärkten einiger Staaten keine Wein- oder Bierflasche einpacken, da das Gesetz Minderjährigen unter 21 verbietet, Behältnisse mit alkoholischem Inhalt auch nur anzurühren. Wein und Spirituosen gibt es in *Liquor Stores,* die freilich nachts, an Wochenenden und an Feiertagen geschlossen haben.

Einer Konzession bedarf es, um Restaurantbesucher, die nur zum Trinken kommen, zu bewirten. Alle anderen müssen zum Wein oder Bier ein Gericht servieren. Das Reglement verbietet ferner den Alkoholgenuß in der Öffentlichkeit. So werden alkoholische Getränke oft mit einer braunen Papiertüte ›getarnt‹. Gesetzlich verboten ist es, im Fond eines Fahrzeugs angebrochene Alkoholika zu führen – theoretisch auch im Kühlschrank eines Wohnmobils. Überhaupt keine alkoholischen Getränke, auch nicht im Kofferraum eines Fahrzeugs, dürfen über die Grenzen von Indianerreservaten gebracht oder zu Sportveranstaltungen mitgenommen werden.

Ärztliche Versorgung

Die medizinische Versorgung in den Städten der USA ist auf höchstem Stand. Für eine ärztliche oder zahnärztliche Behandlung sollte allerdings unbedingt durch ausreichenden Versicherungsschutz vorgesorgt sein. Ebenso empfiehlt sich die Mitnahme einer Kreditkarte, da Arztrechnungen sofort bezahlt werden müssen (vgl. S. 402).

Wer sich in Not wähnt, wähle entweder ›0‹ für die Telefonvermittlung oder die Notfallnummer ✆ 911 für Krankenwagen, Polizei und Feuerwehr (vgl. auch S. 427).

Apotheken

Apotheken *(Pharmacy)* findet man in Einkaufszentren und unter der Bezeichnung *Prescriptions* als eigenständige Abteilung in Warenhäusern oder Drogerien *(Drugstore)*.

In Europa ausgestellte Rezepte werden nicht akzeptiert, können aber eventuell als Information für Verschreibungen dienen. Regelmäßig benötigte Medikamente sollten in ausreichender Menge in die USA mitgenommen werden.

Auskunft

Sämtliche Städte unterhalten Informationsstellen (s. u.) sowie Chambers of Commerce, die Handelskammern.

Die Agentur Ticketron, deren Büros häufig in Warenhäusern untergebracht sind, verkauft nicht nur Eintrittskarten für Konzerte und reserviert Campingplätze, sondern besitzt aktuelle Listen mit Veranstaltungen in der weiteren Umgebung. Wer Rat sucht, ist auch in öffentlichen Bibliotheken gut aufgehoben (s. Branchentelefonbuch unter *library*).

Arizona
Arizona Office of Tourism, 1100 W. Washington, Phoenix, AZ 85007, ✆ 602-542-8687, Fax 602-542-4068

Colorado
In Deutschland nur für Denver: Rocky Mountain International, Scheidswaldstr. 73, 60385 Frankfurt/M., ✆ 0 69-44 60 02, Fax 0 69-43 96 31
In den USA: Colorado Tourism Board, Broadway, Suite 1700, Denver, CO 80202, ✆ 303-592-5510, Fax 303-592-5406

Idaho
In Deutschland: Rocky Mountain International, Scheidswaldstraße 73, 60385 Frankfurt/Main, ✆ 0 69-44 60 02, Fax 0 69-43 96 31
In den USA: Idaho Division Tourism Development, Department of Commerce, 700 W. State St., Boise, ID 83720, ✆ 208-334-2470, Fax 208-334-2631

Kalifornien
California Office of Tourism, 801 K Street, Suit 1600, Sacramento, CA 95814, ✆ 916-322-0972, Fax 916-322-3402

Kansas
Kansas Travel and Tourism Division, 400 S.W. 8th St., Topeka, KS 66603-3957, ✆ 913-296-2009, Fax 913-296-5055

Montana
In Deutschland: Rocky Mountain International, Scheidswaldstraße 73, 60385 Frankfurt/Main, ✆ 0 69-44 60 02, Fax 0 69-43 96 31
In den USA: Montana Travel Promotion Division, Department of Commerce, 1424 Ninth Ave., Helena, MT 59620-0411, ✆ 406-444-2654, Fax 406-444-2808

Nebraska
Nebraska Travel and Tourism Division, P.O. Box 94666, 301 Centennial Mall South, Lincoln, NE 68509, ✆ 402-471-3794, Fax 402-471-3778

Nevada
Nevada Division of Travel & Tourism, Capitol Complex, Carson City, NV 89710, ✆ 702-684-4322, Fax 702-687-6779

New Mexico
New Mexico Department of Tourism, 491 Old Santa Fe Trail, Santa Fe, NM 87503, ✆ 505-827-7400, Fax 505-827-7402

North Dakota
Tourism Promotion Division, Liberty Memorial Building, 604 E. Boulevard Ave., Bismarck, ND 58505, ✆ 701-224-2525, Fax 701-223-3081

Oklahoma
Oklahoma Tourism and Recreation Department, P.O. Box 60000, 500 Will Rogers Building, Oklahoma City, OK 73105-4492, ✆ 405-521-3981, Fax 405-521-3992

Oregon
Oregon Economic Development Department, Tourism Division, 775 Summer St. N.E., Salem, OR 97310, ✆ 503-378-3451, Fax 503-581-5115

South Dakota
In Deutschland: Rocky Mountain International, Scheidswaldstraße 73, 60385 Frankfurt/Main, ✆ 0 69-44 60 02, Fax 0 69-43 96 31
In den USA: South Dakota Department of Tourism, Capitol Lake Plaza, 711 E. Well Ave., Pierre, SD 57501-3369, ✆ 605-773-3301, Fax 605-773-3256

Texas
In Deutschland: State of Texas European Office, Schillerstr. 10, 60313 Frankfurt/M., ✆ 0 69-9 20 73 90, Fax 0 69-28 08 72
In den USA: Texas Department of Commerce, Tourism Division, Box 12728, Austin, TX 78711-2278, ✆ 512-936-0203, Fax 512-936-0089

Utah
Utah Travel Council, Council Hall/Capitol Hill, 300 North State St., Salt Lake City, UT 84114, ✆ 801-538-1030, Fax 801-538-1399

Washington
In Deutschland: Pacific Northwest Washington State Fremdenverkehrsamt, Bockenheimer Landstraße 100, 60323 Frankfurt/Main, ✆ 0 69/75 60 06 33, Fax 0 69-74 64 36
In den USA: Travel Development Division, Department of Trade & Economic Development, 101 General Admin. Bldg. Annex 13, Olympia, WA 98504-0613, ✆ 206-753-5600, Fax 206-586-1850

Wyoming
In Deutschland: Rocky Mountain International, Scheidswaldstraße 73, 60385 Frankfurt/Main, ✆ 0 69-44 60 02, Fax 0 69-43 96 31, auch für Idaho, Montana und South Dakota
In den USA: Wyoming Travel Commission, Division of Tourism, Department of Commerce, 1-25 & College Dr., Cheyenne, WY 82002-0660, ✆ 307-777-7777, Fax 307-777-6904

Autofahren

Die US-amerikanischen Verkehrsregeln unterscheiden sich nur wenig von den europäischen, doch gibt es Besonderheiten. Die Höchstgeschwindigkeit auf Autobahnen beträgt – je nach Ausschilderung – 55 oder 65 mph (89 oder 105 km/h), in Ortschaften 25 bis 30 mph (40–48 km/h), vor Schulen Schrittempo. Hält ein gelber Schulbus mit eingeschalteter Warnblinkanlage, hat der gesamte Verkehr zu ruhen – auch auf der Gegenfahrbahn.

Fußgänger haben immer Vorrecht und vertrauen darauf auch häufig blindlings. An Kreuzungen darf – sofern nichts Gegenteiliges angezeigt ist – trotz Ampel rechts abgebogen werden; dazu erst anhalten und die Vorfahrt des Querverkehrs beachten. Bei gelber Straßenmittelmarkierung muß man mit entgegenkommenden Fahrzeugen rechnen, bei weißer Markierung befindet man sich auf einer Einbahnstraße.

Mit farbigen Bordsteinkanten sind unterschiedliche Parkeinschränkungen gekennzeichnet: Rot bedeutet Halteverbot; das gilt übrigens auch immer vor Hydranten. Gelb und Schwarz bezeichnen die Ladezone für Lieferantenfahrzeuge, Parken nach 18 Uhr und sonntags erlaubt. Weiß gestattet während der Geschäftszeiten fünfminütiges Parken, Grün zehnminütiges. Bei Blau oder den gebräuchlichen Logos dürfen nur Behinderte mit Ausweis ihr Fahrzeug abstellen. Nur an unmarkierten Bordsteinkanten darf uneingeschränkt geparkt werden.

Bei Verstößen gegen das Halteverbot, Sonderrechte der Behinderten und Geschwindigkeitsbeschränkungen muß man in den USA mit besonders empfindlichen Geldbußen rechnen, aber auch Abschleppen aus den *Tow away*-Zonen ist kostspielig. Wer einen Streifenwagen mit blinkendem Rotlicht oder anderem Einsatzsignal hinter sich sieht und somit offensichtlich überprüft werden soll, halte sich an die Spielregeln: rechts blinken, sobald wie möglich am Straßenrand bzw. auf der Standspur stoppen, mit beiden Händen am Steuer ruhig sitzenbleiben, dann die Fahrzeugpapiere durch das Fenster reichen und erst nach Aufforderung langsam aussteigen.

Die *American Automobile Association* (AAA, gesprochen Triple A) vertritt als größter Automobilklub die Interessen der US-amerikanischen Kraftfahrer. In jeder größeren Ortschaft findet man Filialen, deren Aufgabe die Informationsbeschaffung und darüber hinaus manchmal auch die Zulassung von Fahrzeugen ist. Als Angehöriger eines deutschen Automobilklubs erhält man gegen Vorlage seines Mitgliedsausweises hervorragendes, kostenloses Karten- und Informationsmaterial.

Wer einen amerikanischen Führerschein erwerben möchte – die Prozedur ist spottbillig und denkbar einfach – oder ein Fahrzeug an- oder unmelden will, muß sich an das örtliche DMV *(Department of Motor Vehicle)* wenden, dessen Standort im Telefonbuch verzeichnet ist. Ein deutscher Führerschein wird in den USA für die Dauer eines Jahres anerkannt; ein internationaler ist nicht unbedingt notwendig, hat aber den Vorteil der englischen Übersetzung.

Alle Kraftfahrer der USA müssen haftpflichtversichert sein, was jedoch vor allem die ärmeren Bevölkerungsschichten nicht daran hindert, ohne Police zu fahren. Deshalb kann man sich neben den üblichen Zusatzversicherungen, wie Kasko- oder Unfall-, auch gegen Schäden durch Unversicherte absichern. Da die Mindestdeckungssumme bei Haftpflichtversicherungen sehr niedrig liegt, empfiehlt sich eine freiwillige Aufstokkung.

Bei einer Panne auf dem Freeway soll zum Zeichen der Fahruntüchtigkeit des Autos die Motorhaube geöffnet und in ausreichendem Abstand das Warndreieck aufgestellt werden. Ist kein Streckentelefon in der Nähe, raten Polizei und AAA, sich im Wagen einzuschließen und auf die regelmäßig patrouillierenden Streifenwagen oder Pannendienste des

AAA zu warten. Da alle privaten Hilfsangebote abgelehnt werden sollen, lassen sich Einheimische bei Pannen selten helfen. Wenn man bedenkt, daß im Handschuhfach vieler Autos ein Revolver liegt und Gewaltverbrechen vor allem in den Städten an der Tagesordnung sind, erhält das Europäern überängstlich erscheinende Verhalten durchaus einen Sinn.

Touristen sind beliebte Opfer für Diebe. Deshalb wird dringend empfohlen, am Fahrzeug alle Hinweise zu entfernen, die auf einen Mietwagen schließen lassen. Befinden sich branchenspezifische Kürzel wie Y oder Z im Nummernschild, sollte man auf einem Fahrzeug mit neutralem Kennzeichen bestehen oder die Gesellschaft wechseln. Berüchtigte Stadtviertel sind möglichst zu meiden. Bei offensichtlich provozierten Karambolagen durch andere Autos vor allem in der Dunkelheit sollte man auf keinen Fall anhalten oder gar aussteigen, sondern zur nächsten Polizeidienststelle weiterfahren.

Trampen und Tramper mitnehmen – beides ist in den USA sehr unpopulär und muß vor allem Alleinreisenden aus Sicherheitsgründen dringend abgeraten werden. Wer dennoch sein Glück als *hitchhiker* versuchen will, hat wohl eher Chancen, mitgenommen zu werden, wenn er sich durch eine aufgenähte Flagge als Ausländer zu erkennen gibt. Auch das übliche Pappschild mit dem Ziel darf dann nicht fehlen. Tankstellen und Truck Stops bieten relativ günstige Gelegenheiten zum Zusteigen; nicht versuchen sollte man es an Autobahnen und vor allem nie in der Dunkelheit.

Diplomatische Vertretungen

... der Bundesrepublik Deutschland

1330 Post Oak Blvd., Suite 1850, **Houston,** TX 77058-3018, ✆ 713-627-7770/7773

6222 Wilshire Blvd., Suite 500, **Los Angeles,** CA 90048, ✆ 213-930-2703

1960 Jackson St., **San Francisco,** CA 94109, ✆ 415–775-1061

One Union Square, Suite 2500, 600 University St., **Seattle,** WA 98101, ✆ 206-682-4312

5700 Harper N.E., Suite 330, **Albuquerque,** NM 87109, ✆ 505-822-8826/8829

P.O. Box 4897, **Corpus Christi,** TX 78469, ✆ 512-289-2416

5580 Peterson Lane, Suite 160, **Dallas,** TX 75240, ✆ 214-239-0707

6th Ave. West Office Building, 350 Indiana St., Suite 400, **Golden,** CO 80401, ✆ 303-279-1551

P.O. Box 1250, **Kansas City,** KS 66117, ✆ 913-642-5134

925 E. Desert Inn Rd., Suite C, **Las Vegas,** NV 89109, ✆ 702-734-9700

4700 Willard, **Oklahoma City,** OK 73105, ✆ 405-424-2167

4250 E. Camelback Rd., Suite 120K, **Phoenix,** AZ 85018-2751, ✆ 602-952-9100

200 S.W. Market St., Suite 1695, **Portland,** OR 97201, ✆ 503-222-0490

455 E. 4th South, Suite 404a, **Salt Lake City,** UT 84111, ✆ 801-364-9573

1500 Alamo Building, 105 S. St. Mary's St., **San Antonio,** TX 78205, ✆ 512-224-4455

6868 Nancy Ridge Dr., Suite I, **San Diego,** CA 92121, ✆ 619-455-1423

322 Spokane Falls Court, **Spokane,** WA 99201-0165, ✆ 509-838-6630

... der Schweiz

8516 Thunderbird Lane, **Dallas,** TX 75238, ✆ 214-341-2708

2810 Iliff **Boulder,** Colorado 80303, ✆ 303-499-5641

First Interstate Bank Plaza, 1000 Louisiana, Suite 5670, **Houston,** TX 77002, ✆ 713-650-0000

11766 Wilshire Blvd., Suite 1400, **Los Angeles,** CA 90025, ✆ 310-575-1145

3018 N. Scottsdale Rd., **Scottsdale,** AZ 85252, ✆ 602-947-0020 und 945-4545

456 Montgomery St., Suite 1500, **San**

Francisco, CA 94104-1233, ✆ 415-788-2272
1455 S. 11th East, **Salt Lake City,** UT 84105, ✆ 801-487-0450
c/o SASE Co., 5304 Third Ave. South, **Seattle,** WA 98108, ✆ 206-762-1223

... von Österreich
621 17th St., Suite 2450, **Denver,** CO 80293-2450, ✆ 303-292-9000; 7887 Katy Fwy, Suite 200, **Houston,** TX 77024, ✆ 713-688-1126
City Center Square, 19th Floor, 1100 Main St., **Kansas City,** MO 64105, ✆ 816-472-0800
11859 Wilshire Blvd., Suite 501, **Los Angeles,** CA 90025, ✆ 310-444-9310
41 Sutter St., Suite 207, **San Francisco,** CA 94104, ✆ 916-951-8911; 4131 11th N.E. Penthouse 1, **Seattle,** WA 98105, ✆ 206-633-3606

Einkaufen und Souvenirs

Die USA gelten als ›des Konsumenten Wunderland‹, in dem Artikel etwa der Photo- oder Elektronik-Branche wesentlich billiger als in Deutschland zu haben seien. Der erste Anschein trügt jedoch, da die Preise in den einschlägigen, auch bei uns vertriebenen US-Zeitschriften nur für den Versand *(mail order)* gelten. Die Abholpreise liegen oft sehr viel höher, so daß sich der erhoffte Gewinn schnell in einen Verlust verwandelt, vor allem, wenn bei der Rückkehr noch Einfuhrzoll und Mehrwertsteuer fällig werden. Auch darf niemand glauben, den deutschen Beamten weismachen zu können, eine in den USA erworbene japanische Kamera sei schon von Zuhause mitgebracht worden. Spezielle, nur den Zoll-Profis bekannte Nummernkreise und unauffällig angebrachte Herkunftszeichen entlarven den Schwindel schnell, und dann sind hohe Zollgebühren fällig.

Vieles, was einst als typisch für die USA galt, wie *heavy duty*-Taschenlampen, Western-Bekleidung oder gar die markanten Briefkästen, sind heute preiswert im deutschen Versandhandel erhältlich.

Die wohl schönsten Souvenirs findet man vor allem in den Indianerreservaten, wo man Webteppiche, Silberschmuck und Keramik erstehen kann. Die Preise liegen hier günstiger als in den Touristenzentren der großen Städte, zumal die Indianer über den Betrag in der Regel auch noch mit sich reden lassen.

Feiertage

Behörden und Banken, aber auch viele Geschäfte haben an gesetzlichen Feiertagen geschlossen, Fernbuslinien fahren dann oft nur nach reduziertem Plan, Touristenattraktionen sind vor allem an den langen Wochenenden häufig überlaufen und Übernachtungsmöglichkeiten in deren Nähe ausgebucht.

Neujahrstag	1. 1.
Martin Luther Kings Geburtstag	Dritter Montag im Januar
George Washingtons Geburtstag, Presidents' Day	Dritter Montag im Februar
Ostern	Ostersonntag
Kriegsopfergedenktag	Letzter Montag im Mai
Memorial Day	Beginn der Sommerferien
Unabhängigkeitstag, Independence Day	4. 7.
Tag der Arbeit, Labor Day	Erster Montag im September, Ende der Sommerferien
Kolumbus-Tag, Columbus Day	Zweiter Montag im Oktober
Kriegsveteranentag, Veterans' Day	11. 11.
Erntedankfest, Thanksgiving Day	Vierter Donnerstag im November
Weihnachten	25. 12.

Geld und Geldwechsel

Der Dollar ist unterteilt in 100 Cents. An Banknoten sind 1, (seltener) 2, 5, 10, 20, 50 und 100 Dollar im Umlauf; es gibt aber auch 500- und 1000 Dollar-Scheine. Da sie in Größe und Farbe identisch sind, sollten Ungeübte beim Bezahlen lieber zweimal hinschauen. Die im Vergleich zu europäischen Währungen unglaublich simplen Druckerzeugnisse verlocken immer wieder Geldfälscher; mit Scheinen über 20 Dollar stößt man daher beim Bezahlen öfter auf mißtrauisches Prüfen oder beim Versuch zu wechseln auf Ablehnung.

Als Münzen gibt es 1 Cent *(penny)*, 5 Cents *(nickel)*, 10 Cents *(dime)* und 25 Cents *(quarter)* sowie seltener Prägungen zu 1/2 und 1 Dollar. *Pennies* verdanken ihre Existenz hauptsächlich der etwa 6,5 %igen Umsatzsteuer, die keinen Rechnungsbetrag gerade enden läßt. Alle Preise werden übrigens grundsätzlich ohne *sales tax* genannt. Vom *quarter* besorgt man sich am besten gleich größere Bestände für Telefon, Parkuhr und Getränkeautomat.

Banken haben in der Regel Mo–Fr von 9–16 Uhr geöffnet; Wechselstuben an den Flughäfen in den Innenstädten öffnen meist früher und schließen sehr viel später.

Gesetzliche Bestimmungen

Der Verkauf von Alkohol unterliegt zeitlichen und örtlichen Beschränkungen; z. B. nicht an Sonn- und Feiertagen, in der Nähe von Kirchen, in Restaurants ohne besondere Lizenz, bei öffentlichen Veranstaltungen oder in Indianerreservaten. Das *drinking age*, das Alter, von dem an Alkoholgenuß in Restaurants erlaubt ist, beträgt fast landesweit 21 Jahre (Arizona 19 Jahre). Unverdecktes Trinken von Alkohol in der Öffentlichkeit und Mitführen von angebrochenen Spirituosen im Auto sind verboten.

Sich oben ohne zu sonnen oder gar völlig unverhüllt zu baden, ist nur an ausdrücklich dafür reservierten, meist sehr abseits gelegenen Stränden gestattet. Nicht nur die Polizei, auch das amerikanische Moralempfinden kennt dabei keine Ausnahmen, nicht einmal für Babys oder Kleinkinder.

Gesundheit

Wer schon bei Reisebeginn körperlich fit ist, wird die Umstellungen – Zeitverschiebung, Klima, Nahrung, Tagesablauf – leicht meistern.

Da sich die USA außerhalb des Geltungsbereichs deutscher Krankenkassen befinden, erhält man nach Rückkehr allenfalls die in der Heimat üblichen Kosten eines Arztbesuchs erstattet, die mit Sicherheit die Auslagen nicht decken; wenigstens sollte der amerikanische Arzt dann die Rechnung deutlich lesbar und ausführlich spezifiziert haben. So empfiehlt sich der Abschluß einer Reisekrankenversicherung.

Klimaanlagen

Die Sommertemperaturen in den USA erreichen extrem hohe Werte – die Südstaaten liegen auf gleicher Höhe wie die tiefe Sahara. Restaurants, Motels und Läden haben eine Klimaanlage, die Besucher mit nervtötendem Rattern und eisigem Luftzug nicht nur durch den Tag begleitet. Bei dem ständigen Wechsel von warm (draußen) und kalt (drinnen), können sich Erkältungen und Bronchitis einstellen. Strickjacke oder Sweatshirt sind deshalb auch in größter Hitze sinnvolle Begleiter bei allen Ausflügen, nachts schläft es sich bei offenem Fenster bedeutend ruhiger, und eine abgestellte oder wenigstens gedrosselte

Autoklimaanlage gibt dem Körper die Chance, sich langsam anzupassen und spart im Wagen obendrein noch so manchen Liter Benzin.

Maße, Gewichte und Temperaturen

Die Einführung des Dezimalsystems wurde zwar schon vor längerer Zeit verkündet, doch sind die Versuche einiger Vorreiter, zu denen die Weltraumindustrie und die Nationalparks gehören, im Land ohne allzu große Resonanz geblieben. Bestenfalls werden beide Systeme nebeneinander genannt.

Längenmaße

1 inch	2,5 cm
1 foot	0,3 m
1 yard	0,9 m
1 mile	1,6 km
1 cm	0,4 inches
1 m	1,1 yards
1 km	0,6 mile

Flächenmaße

1 square foot	929 cm^2
1 acre	0,4 ha
1 square mile	259 ha (2,59 km^2)

Gewichte

1 ounce	28,4 g
1 pound	453,6 g
1 ton	907 kg
1 kg	2,2 lbs
1 t	1,1 t (US)

Hohlmaße

1 pint	0,5 l
1 quart	0,9 l
1 gallon	3,8 l
1 l	2,1 pints
1 l	1,1 quarts
1 l	0,3 gallons

Temperaturen

Grad Fahrenheit minus 32, dividiert durch 9, multipliziert mit 5 ergibt Grad Celsius

Grad Fahrenheit	Grad Celsius
110	43,3
104	40
100	37,8
86	30
80	26,7
68	20
60	15,6
50	10
40	4,4
32	0

Nationalparks

Wer mehrere Nationalparks besichtigen will, spart Geld, wenn er beim ersten Besuch den *Golden Eagle Passport* erwirbt, der ein Jahr lang zum Eintritt in sämtliche Nationalparks der Vereinigten Staaten berechtigt. Auch bei nur wenig Zeit sollte man nicht an den jeweiligen Besucherzentren vorübergehen, die sich als ›Schule der Nation‹ verstehen und kurzweilig informieren; darin untergebrachte Stände verkaufen hervorragendes Kartenmaterial, Bücher, Broschüren und Postkarten über die Nationalparks.

Alle Parks haben rund um das Jahr geöffnet, die meisten erfahren jedoch durch jahreszeitliche Einflüsse mehr oder weniger gravierende Einschränkungen. So sind in der sommerlichen Ferienzeit besonders an langen Wochenenden Parks wie Yosemite oder Yellowstone restlos überlaufen. Im Hochsommer kann der Besuch von Wüstenparks wie Death Valley oder Joshua Tree wegen Hitze hohe körperliche Belastungen verursachen. Der Winter bringt für Parks im Bereich der Sierra Nevada und der Rocky Mountains Sperrungen von Straßen und Pässen.

Auskunft über beste Besuchszeiten und das breitgefächerte Angebot der verschiedenen Nationalparks: National Park Service, U.S. Department of Interior, 18th and C Sts N.W., Washington, D.C. 20240.

Diesem Amt unterliegt auch die Betreuung der National Monuments, wie die Nationalparks ein Stück geschützter Natur, die in noch größerer Zahl zu finden sind. Daneben kennt man die Begriffe des National Historical Park, des National Wild and Scenic River, der National Seashore, der National Recreation Area, des National Battlefield und viele weitere, die sich sämtlich der Erhaltung der Natur oder einer historischen Einrichtung verschrieben haben.

Notfalldienste

Die einheitliche Telefonnummer für Krankenwagen, Polizei und Feuerwehr ist 911. Anders als bei uns greift man in den USA schon bei geringfügigem Verdacht auf eine strafbare Handlung zum Telefonhörer und wird wegen der Präventivwirkung darin von der Polizei auch bestärkt. Geht es um dringende medizinische Hilfe oder gibt es einen sonstigen Notfall, können auch Telefongesellschaften zum Ratgeber werden – ✆ 0 (für Operator).

Öffnungszeiten

Gesetzlich festgelegte Öffnungszeiten sind in den USA unbekannt. Die meisten Geschäfte haben von 9 bis 18 Uhr geöffnet, Lebensmittelketten häufig auch rund um die Uhr. Die Informationsstellen, auch die Welcome Centers an den Grenzen der verschiedenen Bundesstaaten, ferner Banken und Postämter haben in der Regel nach 17 Uhr und an Sonn- und Feiertagen geschlossen.

Photographieren

Die Photoausrüstung und selbst amerikanisches Filmmaterial kauft man meist billiger in Deutschland als in den USA. Die Röntgeneinrichtungen der Flughäfen sollten auf dem Filmmaterial zwar keine sichtbaren Spuren hinterlassen, dennoch ist vor allem bei höherempfindlichen Filmen eine Handkontrolle vorzuziehen. Bei längerem Aufenthalt über die normale Urlaubszeit hinaus sollten Diafilme noch in den USA entwickelt werden – Hitze, Feuchtigkeit und Zeit wirken besonders am belichteten Umkehrfilm. Einen Sofort-Service für Filme, die nach dem E6-Prozeß entwickelt werden, bieten Labors, deren Adressen in den Gelben Seiten der Telefonbücher zu finden sind. Dazu müssen die Filme mit dem Vermerk *will call* meist bis 9 Uhr hingebracht und ab 12 Uhr desselben Tages abgeholt werden; sonst gelten die normalen Entwicklungs- und Postlaufzeiten.

Die immer raffiniertere Elektronik und immer leistungsfähigere Filme können nicht verhindern, daß nach wie vor Traumphotos mißlingen. Leichtsinnig handelt, wer mit einer ihm nicht vertrauten oder gar fabrikneuen Kamera auf Fahrt geht, wer die Funktion seines Apparats vor Abflug nicht mit einem Probefilm getestet hat und wer vergißt, Batterien prüfen zu lassen und Reservebatterien einzupacken. Speziell für das subtropische Klima der südlichen USA gilt: Filme im Schatten einlegen und die Kamera nie der prallen Sonne aussetzen oder im aufgeheizten Wagen liegenlassen!

Post

Die Öffnungszeiten der Postämter in Groß- und Kleinstädten schwanken, generell Mo–Fr 9–17.30 Uhr, Sa 9–13 Uhr. Die Post ist nicht für Telefonate und Telegramme zuständig. Postlagernde Sendungen schickt man mit dem Vermerk *General Delivery* unter der Adresse geschrieben möglichst mit Postleitzahl (ZIP-code) an das Main Post Office; nicht abgeholte Postsendungen werden nach zehn Tagen zurückgesandt, es sei denn, man bittet auf dem Brief deutlich um einen späteren Termin: *Please hold until* (Monat, Tag, Jahr). Pakete dürfen Maximalmaße nicht überschreiten und müssen in braunes Packpapier eingewickelt sein; Seepost nach Deutschland dauert zwei bis drei Monate; Briefkästen sind blau.

Radio und Fernsehen

Die Funkmedien erheben keine Gebühren, sie werden durch Werbung finanziert. Ständige Unterbrechungen der Programme durch *commercials* sind die Folge. Unzählige Kanäle vor allem im Großraum der Städte streiten um die Zuschauergunst, aber auch für den Zusammenhalt ethnischer Gruppen. Ein Farbfernsehgerät gehört zur Grundausstattung eines jeden Motelzimmers; das Zauberwort aber heißt Cable TV, das ohne Werbung sendet und dessen Benutzung extra bezahlt werden muß.

Sport

Die Staaten im Westen der USA sind zu allen Jahreszeiten Ziel von Sportlern und Erholungssuchenden. In der kalten Jahreszeit finden Wintersportler in den Rocky Mountains in bis zu 12 m hohem, trockenem Schnee ideale Verhältnisse, im Sommer kommen Wanderer und Mountain-Biker in trocken-warmer Witterung auf ihre Kosten.

Radwandern
Mountain Bike-Festivals finden Ende Oktober in Moab/Utah statt. Anfang Juli feiert der kleine Ort Crested Butte, Colorado, 350 km südwestlich von Denver die Fat Tire Bike Weeks. Wer an Gruppentouren mit dem Mountain-Bike interessiert ist, schreibt an Paul Wiesner, 61501 Lobo Drive, Montrose, CO 81401, ✆ 303-249-9158, Stichwort Kokopelli Trail

Wintersport
Die Kleinstadt Steamboat in Nord-Colorado verwandelt sich in der kalten Jahreszeit in ein Wintersportparadies mit Seilbahn, gut präparierten Abfahrten, 19 Liften und über 100 Pisten. Skischule für Fortgeschrittene und Erholung von Schnee und Eis in heißen Quellen im Ort. Information: Steamboat Ski Resort, 2305 Mt. Werner Circle, Steamboat Springs, CO 80487, ✆ 303-879-6111.

Nach den olympischen Winterspielen 1960 in Squaw Valley wurde am Nordrand des Lake Tahoe ein riesiges Wintersportgebiet mit 31 Skiliften und zwei Seilbahnen erschlossen, wo Gäste aus aller Welt und die kalifornische Prominenz versuchen, sich im Styling ihrer Ausrüstungen zu übertreffen. Information: Tahoe North Visitors and Cenvention Bureau, P.O. Box 5578, Tahoe City, CA 96145, ✆ 916-583-3494.

Weitere Adressen bevorzugter Wintersportgebiete: Winterpark Resort, P.O. Box 36, Winter Park, CO 80482, ✆ 303-726-5514; Deer Valley Resort, P.O. Box 3149, Park City, UT 84060, ✆ 801-649-1000; Jackson Hole Ski Resort, P.O. Box 290, Teton Village, WY 83025, ✆ 307-733-2292; Mt. Bachelor Ski Resort, P.O. Box 1031, Bend, OR 97709, ✆ 503-382-2442

Wassersport
Wassersportler finden am Lake Powell in den National Recreation Areas von Glen Canyon, Lake Mojave und Lake Mead ihr Mekka. Floßfahrten auf dem Colorado können im Grand Canyon National Park oder in Page arrangiert werden. In Kalifornien sind u. a. die American-, Eel-, Kern-, Klamath-, Stanislaus- und Toulumne River bevorzugte Reviere der

kommerziellen *white-water rafters.* Beste Zeiten sind das späte Frühjahr und der Sommeranfang.

Die Brandung des Pazifischen Ozeans in Süd-Kalifornien zieht nach wie vor Surfer in ihren Bann. Bei einer Fahrt entlang der Küste trifft man sie immer wieder, natürlich in Malibu bei Los Angeles, im Turmaline Surfing Park und der Windansea Beach in La Jolla bei San Diego; Surf Shops an der Straße vermieten Bretter.

Steuern

Alle Verkaufspreise werden grundsätzlich ohne *sales tax,* die Umsatzsteuer, genannt. Daneben gibt es je nach Staat weitere Abgaben, wie *city-, tourist-* oder *room tax,* was z. B. den Übernachtungspreis um bis zu 25 % in die Höhe treiben kann. Das Trinkgeld ist dabei noch nicht berücksichtigt.

Strom

Die Wechselstromspannung in den USA beträgt bei 60 Hertz nur 110 Volt; europäische Geräte benötigen neben der Umschaltmöglichkeit auf den halben Wert auch einen in amerikanische Steckdosen passenden Zwischenstecker, der mit anderen Normen in einem Urlaubsset verkauft wird. Vergißt man nach der Heimkehr, sein Gerät wieder auf 220 Volt zurückzustellen, kann es leicht zerstört werden.

Telefonieren

Das Telefonnetz in den USA wird von verschiedenen Privatunternehmen unterhalten, nicht aber von der Post, wo man öffentliche Fernsprecheinrichtungen – die *pay phones* – vergeblich sucht. Telefonzellen befinden sich vor Supermärkten, an Tankstellen, in Restaurants, Flughäfen usw. Zum Telefonieren benötigt man reichlich 25-Cent-Münzen, obwohl auch 10- und 5-Cent-Münzen funktionieren.

Die Bedienung kann je nach Gesellschaft leicht variieren: Man hebt den Hörer ab, wirft eine Münze ein und wählt zunächst die Landes-, dann die Ortsvorwahl ohne 0 und schließlich die Anschlußnummer. Die Vorwahl für Deutschland ist ✆ 011-49, für die Schweiz ✆ 011-41, für Österreich ✆ 011-43. Darauf meldet sich der Operator bzw. eine Computerstimme und verlangt den Einwurf eines Betrags für die ersten drei Minuten, um sich danach mit einer weiteren Zahlungsaufforderung wiedereinzuschalten – eine recht lästige und manchmal verwirrende Prozedur.

Denkbar einfach dagegen ist die Handhabung mit einer AT&T-Telefonkarte, die auf Antrag Inhabern von American Express-, Diners Club-, Eurocard/Mastercard- oder VISA-Kreditkarten zur Verfügung steht. Hierbei tippt man am öffentlichen Münztelefon meist unter Umgehung der Vermittlung nur eine Geheimnummer ein, um dann im Selbstwählverfahren mit Teilnehmern im In- und Ausland sprechen zu können. An speziellen Kartentelefonen wird diese Geheimnummer selbsttätig eingelesen. Leider erfährt man erst nach Wochen den Preis seiner Gespräche, wenn die Gebühren unter genauen Angaben dem Kreditkartenkonto zum jeweiligen Wechselkurs belastet werden. Wer die Telefonkarte besitzen möchte, sollte sie viele Wochen vor Abreise bei seiner Kreditkartenbank in Auftrag geben.

Vom Hotel/Motel kann man zwar auch sehr bequem telefonieren, muß dafür jedoch am tiefsten ins Portemonnaie greifen. Am günstigsten hingegen läßt sich von einem privaten amerikanischen Anschluß nach Europa telefonieren, wobei man mit dem ›Mondscheintarif‹ zwischen 18 und 7 Uhr Ortszeit rund 60 % weniger als von der Telefonzelle zahlen muß.

Doch ab der vierten Minuten erhalten auch *pay phone*-Benutzer den Billigtarif der privaten Anschlüsse.

›Deutschland direkt‹ heißt ein Service der Telekom, womit auch aus Nordamerika bargeldlos nach Deutschland telefoniert werden kann. Drei konkurrierende amerikanische Gesellschaften stellen dafür eine gebührenfreie Verbindung nach Frankfurt/M. zur Verfügung, wo ein *Operator* die Anrufe weitervermittelt. Eine dieser Nummern sollte in keinem Adreßbuch fehlen: AT&T 1-800-292-0049; MCI 1-800-766-0049; US-Sprint 1-800-972-0049. Die ersten drei Minuten kosten 19, jede weitere nur noch 2,07 DM. Wie bei einem R-Gespräch zahlt der Angerufene die Rechnung, sofern er sich damit einverstanden erklärt. Wer als Anrufer eine Telekarte oder Berechtigungskarte für den Mobilfunk besitzt, kann die Gebühren gegen Nennung seiner Geheimnummer auch von seinem Konto in Deutschland abbuchen lassen.

Auch innerhalb der USA kann man mit R-Gesprächen bargeldlos telefonieren. Dazu muß man beim *Operator* einen *collect call* anmelden – ein Gespräch, das zu Lasten des Angerufenen geht, sofern der damit einverstanden ist. Man wählt dazu 0 und die Rufnummer. Bei einer anderen Variante braucht man nur zu bezahlen, wenn die dem *Operator* genannte Person ans Telefon kommt. Auch hier 0 vor der Rufnummer wählen und um einen *person-to-person call* bitten; diese Verbindung ist etwas teurer als ein *station-to-station call.*

Einige Gesellschaften besitzen als Telefonnummer eine leicht merkbare Kombination aus Zahl und Wort (z. B. die Eisenbahngesellschaft Amtrak, ✆ 800-USA-RAIL); die Buchstaben befinden sich in Dreiergruppen auf der Wählscheibe neben den Ziffern. Die Vorwahl weist hierbei noch auf den besonderen Service der gebührenfreien Rufnummer *(toll-free)* hin, die mit 800 beginnen; hier muß man zuweilen noch eine 1 vorausschicken, auch wenn es nicht extra angegeben ist. Die zur Inbetriebnahme des Telefons eventuell benötigte Münze erhält man nach Gesprächsende zurück.

Bei Ferngesprächen sollte man die Zeitverschiebung berücksichtigen: die *Pacific Standard Time* (PST) in Oregon und Kalifornien beispielsweise hinkt der mitteleuropäischen Zeit (MEZ) um neun Stunden nach. Um also niemanden aus den Federn zu klingeln, hat man möglichst bis Mittag seine Überseeanrufe erledigt. Bei Ferngesprächen innerhalb der USA muß eine 1 vor die Vorwahlnummer gesetzt werden.

Auskunft über Anschlüsse im Inland: ✆ 411; Auskunft über Anschlüsse im Ausland: ✆ 00.

Telegramme

Telegramme werden bei der Western Union Telegraph Company aufgegeben – auch gebührenfrei telefonisch: ✆ 800-648-4100. Anschriften anderer Gesellschaften, z. B. ITT, stehen im Telefonbuch.

Trinkgeld

Trinkgeld geben, *tipping,* sichert das Einkommen vieler zu niedrigen Löhnen Beschäftigter, ist also mehr als nur eine Gefälligkeit. Trinkgeld erwarten Gepäckträger, Friseure, Hotelangestellte, Restaurantbedienung, Taxifahrer und Toilettenpersonal. Es beträgt in der Regel 15 % vom Rechnungsbetrag (vor der *sales tax,* der Umsatzsteuer), wobei Aufmerksamkeit und Aufwand berücksichtigt werden sollten. Deshalb benötigt man stets ausreichend Kleingeld.

Zeit und Zeitzonen

Die amerikanische Schreibweise des Datums nennt zuerst den Monat, dann den

Tag, zuletzt das Jahr; 12-31-93 bedeutet also 31. Dezember 1993. Die Tageszeit von 1 bis 12 Uhr vormittags wird mit 1 bis 12 a. m. (*ante meridiem)* bezeichnet, von 13 bis 24 Uhr mit 1 bis 12 p. m. *(post meridiem).* Am ersten Sonntag im April beginnt, zwei bis drei Wochen später als in Europa, die Sommerzeit (DST – *Daylight Saving Time),* wobei die Uhr um eine Stunde vorgestellt wird. Sie endet am letzten Samstag im Oktober.

Die kontinentalen USA kennen vier Zeitzonen: Die Pacific-, die Mountain-, die Central- und die Eastern Time, die jeweils von West nach Ost eine Stunde zulegen.

Bitte schreiben Sie uns, wenn sich etwas geändert hat!

Alle in diesem Buch enthaltenen Angaben wurden von dem Autor nach bestem Wissen erstellt und von ihm und dem Verlag mit größtmöglicher Sorgfalt überprüft. Gleichwohl sind – wie wir im Sinne des Produkthaftungsrechts betonen müssen – inhaltliche Fehler nicht vollständig auszuschließen. Daher erfolgen die Angaben ohne jegliche Verpflichtung oder Garantie des Verlages oder des Autors. Beide übernehmen keinerlei Verantwortung und Haftung für etwaige inhaltliche Unstimmigkeiten. Wir bitten dafür um Verständnis und werden Korrekturhinweise gerne aufgreifen: DuMont Buchverlag, Postfach 10 10 45, 50450 Köln.

Ortsregister

Um die Zuordnung der Ortsnamen zu den einzelnen Bundesstaaten zu erleichtern, wurden die Nennungen mit folgenden Kürzeln versehen: Arizona (Ariz), Colorado (Col), Idaho (Id), Kalifornien (Cal), Kansas (Ks), Montana (Mon), Nebraska (Neb), Nevada (Nev), New Mexico (NM), North Dakota (ND), Oklahoma (Okl), Oregon (Or), South Dakota (SD), Texas (Tx), Utah (Ut), Washington (Wash), Wyoming (Wyo)

Personenregister

DUMONT

RICHTIG WANDERN

»›Richtig Wandern‹ mit DUMONT, den ungemein brauchbaren, vielseitig informierenden, praktisch orientierenden besonderen Wanderführern. Die Bände machen einfach Lust, das Ränzel zu schnüren und den vorgeschlagenen Routen zu folgen. Wobei die Wanderungen nicht mit Scheuklappen unternommen werden, sondern sehr viel an Kultur und Geschichte mitgenommen wird.«

Oberösterreichische Nachrichten

»Jede Wanderung wird anhand einer Übersichtskarte und eines Kurztextes beschrieben. Länge, Dauer, Höhenunterschiede, Markierungen, Einkehrmöglichkeiten und Anfahrt sind in Stichpunkten übersichtlich dargestellt. Außerdem bieten die Bände noch zusätzliche interessante Hintergrundinformationen über Geschichte und Kultur.«

Aschaffenburger Zeitung

Weitere Informationen über die Titel der Reihe DUMONT Richtig Wandern erhalten Sie bei Ihrem Buchhändler oder beim DUMONT Buchverlag • Postfach 10 10 45 • 50450 Köln.